高等职业教育精品系列教材——动车组检修技术类

动车组制动系统检修

曹楚君　伍春发　黄乐艳　主编

西南交通大学出版社
·成都·

图书在版编目（CIP）数据

动车组制动系统检修 / 曹楚君，伍春发，黄乐艳主编. —成都：西南交通大学出版社，2020.3（2025.7重印）
高等职业教育精品系列教材. 动车组检修技术类
ISBN 978-7-5643-7395-5

Ⅰ. ①动… Ⅱ. ①曹… ②伍… ③黄… Ⅲ. ①高速动车 – 制动装置 – 车辆检修 – 高等职业教育 – 教材 Ⅳ. ①U269

中国版本图书馆 CIP 数据核字（2020）第 041125 号

高等职业教育精品系列教材——动车组检修技术类
Dongchezu Zhidong Xitong Jianxiu
动车组制动系统检修

| 曹楚君　伍春发　黄乐艳 / 主编 | 责任编辑 / 何明飞 |
| | 封面设计 / 严春艳 |

西南交通大学出版社出版发行
（四川省成都市金牛区二环路北一段 111 号西南交通大学创新大厦 21 楼　610031）
发行部电话：028-87600564　028-87600533
网址：http://www.xnjdcbs.com
印刷：成都中永印务有限责任公司

成品尺寸　185 mm × 260 mm
印张　19.75　字数　493 千
版次　2020 年 3 月第 1 版　印次　2025 年 7 月第 4 次

书号　ISBN 978-7-5643-7395-5
定价　56.00 元

课件咨询电话：028-81435775
图书如有印装质量问题　本社负责退换
版权所有　盗版必究　举报电话：028-87600562

前 言

2016年7月15日，我国研制的两列和谐号动车组分别以420 km/h的速度交会，创下了当时世界铁路最高交会速度，标志着中国完全自主知识产权的高铁动车组已达到世界先进水平。

在打造中国品牌高速动车组的过程中，铁路行业迫切需要大量的动车组设计、制造、运用和维修等方面的专业技术人才。

动车组制动系统与传统列车制动系统有很大不同，新制动方式的应用使原有的教材内容已经不能满足人才培养的需求，因此有必要对原有教材和近几年出版的动车组制动方面的书籍进行修订和内容扩展。

本书在编排上遵循人的认知规律，先对动车组制动系统的组成、结构、原理进行认知，然后讲解如何对制动系统进行检修，最后分析如何对制动系统故障进行处理。全书内容逻辑性较强，围绕制动系统元件名称、外观形状、图形符号、安装位置、具体功能、如何检修、如何进行故障处理等进行讲解。知识点讲解透彻、翔实，并配有大量的制动系统元件实物外形、内部图片或三维模型，便于读者认识元件。针对各动车组车型制动系统的气路原理，分模块进行详细分析，分析制动系统气路的走向与元件功能及检修维护方法。

全书分为6个项目，主要内容包括动车组制动概述、动车组制动原理、CRH1型动车组制动系统、CRH2型动车组制动系统、CRH3型动车组制动系统、复兴号动车组制动系统。本书也对各型动车组的同平台车型制动系统进行了阐述，如项目三介绍了CRH1A-A型动车组，项目四介绍了CRH380A型动车组，项目五介绍了CRH380B型动车组。

本书由湖南高速铁路职业技术学院曹楚君、伍春发、黄乐艳担任主编，李健、郝文琦、侯文卿参与了本书的编写工作。编写具体分工如下：黄乐艳、李健、郝文琦共同编写了项目一、项目二，伍春发、侯文卿共同编写了项目三、项目四，曹楚君编写了项目五、项目六，全书由曹楚君统稿。本书在编写过程中得到了广州动车段的大力支持，在此表示衷心感谢。

本书可作为高等职业院校铁道机车车辆类和轨道交通车辆类专业教材，也可作为动车组机械师岗位培训教材，还可供研究动车组的工程技术人员使用参考。

由于编写时间仓促，编者水平有限，本书在内容和编排上难免有疏漏和不当之处，敬请读者批评指正。

编 者
2019年12月

目 录

项目一　动车组制动概述 ··· 1
  任务一　制动的基本概念 ··· 1
  任务二　空气制动机 ·· 8
  任务三　动车组制动系统 ··· 13
  任务四　动车组黏着 ·· 16
  复习思考题 ·· 18

项目二　动车组制动系统原理 ··· 19
  任务一　电制动系统 ·· 19
  任务二　空气制动系统 ··· 26
  任务三　防滑装置 ··· 51
  任务四　制动控制系统 ··· 57
  复习思考题 ·· 64

项目三　CRH1 型动车组的制动系统 ··· 65
  任务一　CRH1 型动车组制动系统简介 ···································· 65
  任务二　司机室制动相关设备 ·· 68
  任务三　制动作用的种类 ·· 71
  任务四　空气制动系统 ··· 77
  任务五　辅助设备供风 ··· 94
  任务六　CRH1A-A 型动车组制动系统 ···································· 99
  任务七　CRH1 型动车组制动系统检修 ··································· 104
  任务八　CRH1 型动车组制动系统应急处理 ····························· 112
  复习思考题 ·· 117

项目四　CRH2 型动车组制动系统 ·· 118
  任务一　CRH2 型动车组制动系统简介 ···································· 119
  任务二　空气制动系统 ··· 124
  任务三　辅助设备供风 ··· 142

任务四　气路原理 ………………………………………………… 147
　　任务五　防滑装置 ………………………………………………… 150
　　任务六　制动控制系统 …………………………………………… 154
　　任务七　CRH380A 型动车组制动系统 ………………………… 161
　　任务八　CRH2 型动车组制动系统检修 ………………………… 167
　　任务九　CRH2 系列动车组制动系统应急处理 ………………… 173
　　复习思考题 ………………………………………………………… 182

项目五　CRH3 型动车组制动系统 …………………………………… 184
　　任务一　CRH3 型动车组制动系统简介 ………………………… 184
　　任务二　司机室与客室制动相关设备 …………………………… 195
　　任务三　空气制动系统 …………………………………………… 200
　　任务四　备用制动 ………………………………………………… 224
　　任务五　辅助设备供风 …………………………………………… 229
　　任务六　制动控制系统 …………………………………………… 239
　　任务七　CRH3 型动车组制动系统检修 ………………………… 251
　　任务八　CRH3 型动车组制动系统应急处理 …………………… 266
　　复习思考题 ………………………………………………………… 280

项目六　复兴号动车组制动系统 ……………………………………… 282
　　任务一　复兴号动车组制动系统简介 …………………………… 283
　　任务二　司机室与客室制动相关设备 …………………………… 286
　　任务三　空气制动系统 …………………………………………… 290
　　任务四　辅助设备供风 …………………………………………… 304
　　复习思考题 ………………………………………………………… 306

参考文献 …………………………………………………………………… 309

附　录 ……………………………………………………………………… 310

项目一 动车组制动概述

任务一 制动的基本概念

一、制动的基本概念

列车制动是人为地制止列车运动,包括使其减速、阻止其运动或加速运动的统称。

要改变运动物体的运动状态,必须对它施加外力。对于列车,人为地使其减速或阻止其加速的外力是由列车制动装置产生的,它与列车运动方向相反,由轨道作用于车轮轮周,这种外力叫作制动力。

为了能对列车实施制动作用,需要在列车上安装一套完整的制动系统或制动装置。对于传统的机车车辆运用模式而言,列车制动装置由机车制动装置与车辆制动装置组成。制动装置通常是指能产生制动作用的整套机构,一般包括制动机、基础制动装置与供风系统等装置。

制动机是产生制动原动力并进行操纵和控制的部分,包括制动装置中的制动缸、停放制动缸、制动控制装置等。基础制动装置是传送、放大制动原动力并产生制动力的部分,如制动装置中的制动盘、制动夹钳与闸片等。供风系统产生压缩空气,为制动机提供动力源。

制动装置通过司机操纵制动控制器发出的制动指令,指挥制动控制部分向基础制动装置的制动缸送风,使制动缸获得必需的空气压力,经基础制动装置的放大变换,最终形成制动力。

制动作用的解除称为缓解,包括分步操纵的部分缓解(或称阶段缓解)和一次操纵的彻底缓解(或称一次缓解)。

制动距离是从司机将制动手柄置于制动位施行制动作用开始,到列车完全停止所驶过的距离。它是综合反映列车制动装置性能和实际制动效果的主要技术指标,有时也用制动(平均)减速度作为评价指标。制动距离较具体,制动减速度则较为抽象,二者有如下关系:

$$\left(\frac{v \times 1\,000}{60 \times 60}\right)^2 = 2 \cdot a \cdot S \qquad (1\text{-}1)$$

$$a = \frac{v^2}{2 \times 3.6^2 \times S} \quad (1\text{-}2)$$

或

$$S = \frac{v^2}{2 \times 3.6^2 \times a} \quad (1\text{-}3)$$

为了确保行车安全，世界各国都要根据本国铁路情况（主要是列车速度、信号和制动技术等）制定出自己的制动距离（或减速度）标准——紧急（非常）制动距离最大允许值，又称"计算制动距离"。我国《铁路技术管理规程》原来规定的紧急制动距离为 800 m，但随着列车速度的提高，制动距离的标准也要相应加长。对国产 200 km/h 以上的动车组，当制动初速度为 160 km/h 时，规定紧急制动距离为 1 400 m；当制动初速度为 200 km/h 时，紧急制动距离为 2 000 m；当制动初速度为 250 km/h 时，紧急制动距离为 3 200 m；当制动初速度为 300 km/h 时，紧急制动距离为 3 800 m；当制动初速度为 350 km/h 时，紧急制动距离为 6 500 m。

动车组在设计制造过程中，它的最高运行速度和牵引功率要得到充分考虑和计算，而制动能力更是需要认真计算和校核的技术参数之一。它的最大速度与牵引功率有关，但它更应该受到制动能力的限制。

动车组的制动能力是指该列车的制动系统能使其在规定范围内或规定的安全制动距离内可靠地把车停下来的能力。一般动车组的制动功率要比驱动功率大 5~10 倍。

二、制动力的产生

制动力是由制动装置引起的与列车运行方向相反的外力，并且是纵向力；它比列车运行过程中的阻力（如风阻等自然产生的）大得多；列车制动减速过程中，制动力起主要作用（列车运行阻力也起作用）；与牵引力一样，制动力同样受黏着限制（非黏着制动除外）。

制动力可以由多种方式产生，以最传统的空气制动为例，将闸瓦压紧车轮踏面上（见图 1-1），或将闸片压紧在制动盘上（见图 1-2），可以获得所需要的制动力。

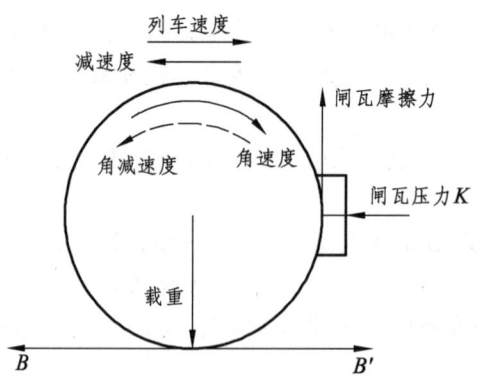

图 1-1　制动力产生示意图（踏面制动）

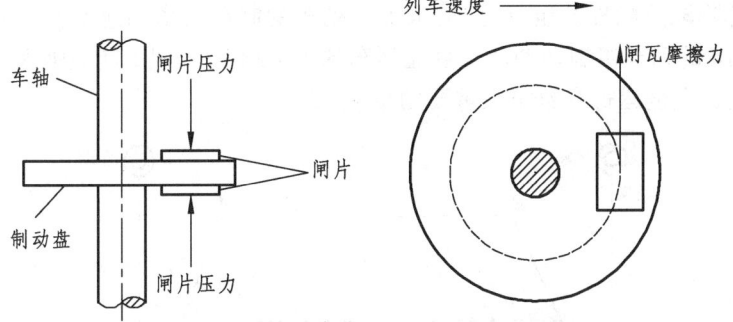

图 1-2 制动力产生示意图（盘形制动）

以轮对为研究对象，闸瓦摩擦力、制动力 B 与轮对角减速度 θ 的关系为

$$\sum K \cdot \varphi_K \cdot R - B \cdot R = I \cdot \theta \tag{1-4}$$

式中 K——每块闸瓦（闸片）的压力，N；
  φ_K——闸瓦（闸片）与踏面（制动盘）之间的摩擦系数；
  B——由轨面反作用于车轮踏面的制动力，N；
  R——车轮滚动圆半径，m；
  I——轮对的转动惯量，kg·m；
  θ——轮对的角减速度，rad/s^2。

图 1-1 中的 B' 是由车轮踏面作用于轨面的摩擦力。

在式（1-4）中，忽略轮对的转动惯量，则制动力为

$$B = \sum K \cdot \varphi_K \tag{1-5}$$

盘形制动装置的制动力 B 按式（1.6）计算：

$$\sum K \cdot \varphi_K \cdot r - B \cdot R = I \cdot \theta \tag{1-6}$$

式中 r——每块闸片所处的制动盘平均摩擦半径，m。

忽略轮对的转动惯量，则盘形制动的制动力为

$$B = \frac{r}{R} \sum K \cdot \varphi_K \tag{1-7}$$

三、制动的意义

对于动车组来说，制动的重要性早已不仅仅是安全问题了，它已成为限制列车速度进一步提高的重要因素；要想做到列车的"高速"，除了要有大的牵引功率之外，还必须有足够强的制动能力。

图 1-3 表示列车从甲地出发，经起动、匀速运行和制动工况在乙站停车的过程。在一定制动能力的保证下，动车组从图中 A 点开始减速进站。如制动能力不足，则必须从 A' 点就开始制动，从而延长了制动距离，影响了行车效率；若想在原有的减速距离内停车，则列车运

行的速度在起动阶段只能提升至 A'' 点的水平。列车的制动功率和速度的平方成正比，速度为 200~350 km/h 的动车组制动功率是普通列车的 4~9 倍。可见，能力强大的制动装置对保证动车组的高速、安全运行有着至关重要的意义。

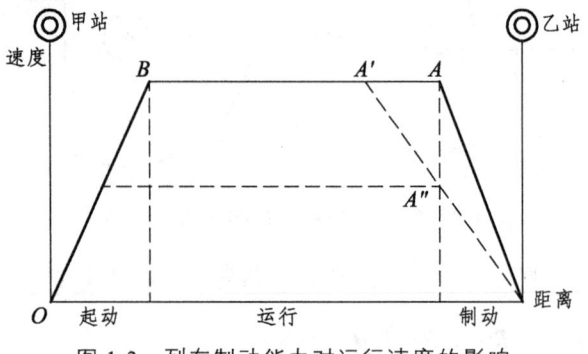

图 1-3　列车制动能力对运行速度的影响

四、制动方式

动车组制动方式可以按制动时动能转移方式、制动力形成方式和制动源动力的不同进行分类。

（一）按动车组动能转移方式分类

按动车组制动时动能的转移方式不同，动车组的制动可分为两类：一类是摩擦制动方式，即通过摩擦把动能转化为热能，然后消散于大气中；另一类是动力制动方式，即把动能通过发电机转化为电能，然后将电能从车上转移出去或供车上辅助装置用电。

1．摩擦制动

根据基础制动装置的形式分，摩擦制动又可分为闸瓦制动、盘形制动和磁轨制动三种形式。

（1）闸瓦制动又称踏面制动，它是一种最常用制动方式，制动时闸瓦压紧车轮，轮、瓦之间发生摩擦，将列车的运动动能通过轮、瓦摩擦转变为热能，消散于大气中。普通铁道车辆与城市轨道（简称城轨）车辆通常采用闸瓦制动，如图 1-4 所示。

（2）盘形制动是用带闸片的夹钳夹紧安装在车轮辐板两侧或车轴上的制动盘，使闸片与制动盘产生摩擦而起制动作用。与闸瓦制动类似，盘形制动同样将动车组动能转变成热能耗散于大气中，如图 1-5 所示。

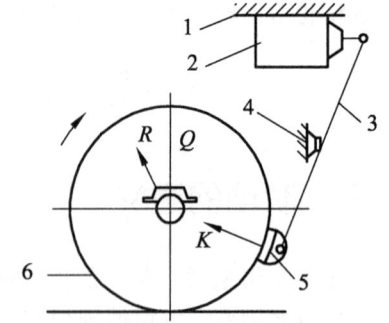

1—车底；2—制动缸；3—制动杠杆；
4—固定支点；5—闸瓦；6—车轮。

图 1-4　闸瓦制动示意

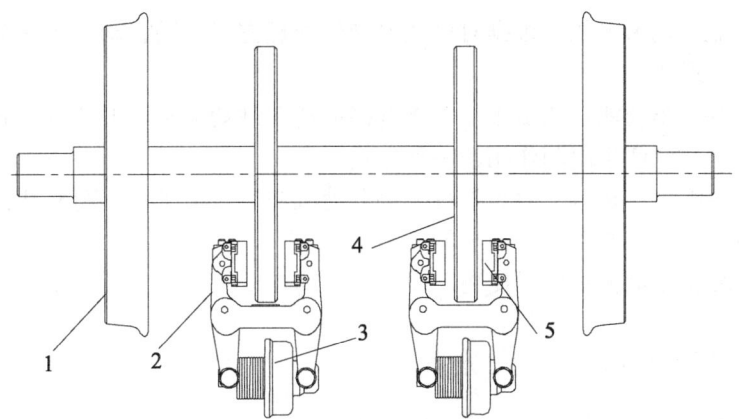

1—轮对；2—制动夹钳；3—制动缸；4—制动盘；5—闸片。

图 1-5 盘形制动装置

与闸瓦制动相比，盘形制动有下列优点：
① 可大大减轻车轮踏面的热负荷和机械磨耗。
② 可按制动要求选择最佳"摩擦副"。
③ 制动平稳，几乎没有噪声。

因此，盘形制动适合于动车组与普通提速客车。

（3）磁轨制动是在转向架两侧架下面同侧的两个车轮之间各安装一电磁铁。制动时，通过升降风缸将电磁铁放下，利用电磁吸力紧压钢轨，通过电磁铁上的磨耗板与钢轨之间的滑动摩擦产生制动力，把列车动能变为热能耗散于大气，如图 1-6 所示。

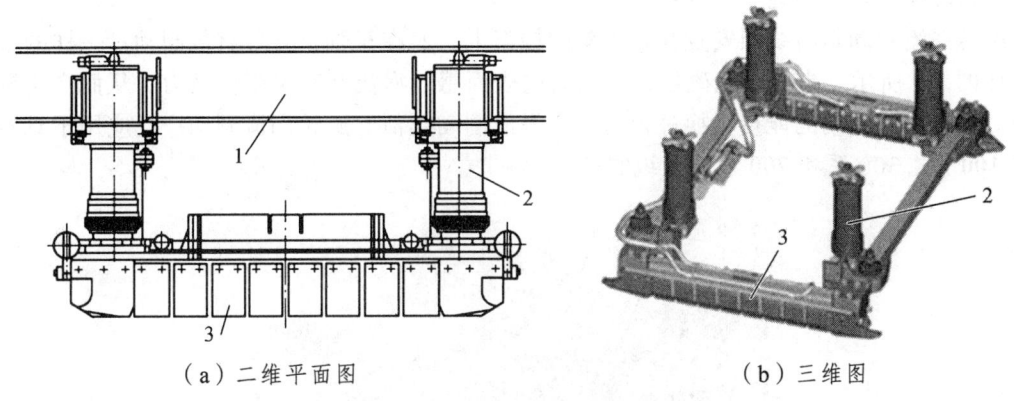

（a）二维平面图 　　　　　　　　　（b）三维图

1—转向架侧架；2—升降风缸；3—电磁铁。

图 1-6 磁轨制动装置

磁轨制动的制动力不是通过轮轨黏着产生，不受轮轨之间黏着力的限制，因而能在黏着力以外再获得一定的制动力。在高速动车组中，磁轨制动往往与其他制动方式配合进行辅助紧急制动，以满足高速动车组对制动距离的要求。

2．动力制动

动车组在制动时，把原来驱动轮对的自励牵引电动机改变为他励发电机，由轮对带动发电,将动车组动能转化为电能。根据对这些电能的处理方式不同,动力制动又可分为电阻制动和再生制动两种形式。

电阻制动是将列车动能转化出来的电能直接消耗在制动电阻器上产生热能,采用通风设备使热量消散于大气而产生制动作用的一种方式。

再生制动与电阻制动相似,它也是将牵引电动机变为发电机;不同的是,它通过牵引传动的变流器逆向变换,将制动产生的电能反馈回电网。

电阻制动在城轨车辆上被广泛使用,而再生制动在动车组上普遍使用。

(二) 按制动力形成方式分类

按照制动力的形成是否依赖于轮轨之间的黏着关系,制动可分为黏着制动与非黏着制动。

在传统的制动方式中,如闸瓦制动、盘形制动、旋转涡流制动、电阻制动和再生制动均属于黏着制动,因为其制动力的产生都离不开轮轨间的黏着关系,即轮轨接触区域必须有黏着作用,并且制动力的大小受黏着限制。

相比而言,磁轨制动、轨道涡流制动、翼板制动则属于非黏着制动,因为其制动力的产生与轮轨之间的黏着作用没有直接关系,只取决于制动体与钢轨之间因接触摩擦所产生的制动力,或因电涡流作用而产生的电磁力。

轨道涡流制动与磁轨制动相似,也是把电磁铁悬挂在转向架侧架下面同侧的两个车轮之间;不同的是,电磁铁在制动时只下放离轨面几毫米处,而不与钢轨接触,如图1-7所示。它利用电磁铁和钢轨相对运动产生的电磁力作为制动力,其原理如图1-8所示。电磁铁和钢轨的相对运动使钢轨感应出涡流,从能量的角度来看,轨道涡流制动是将列车的动能转换为电能,再转换为热能消耗于大气中。

旋转涡流制动是将线圈安置在转向架的构架上,而在车轴上安装有像制动盘一样的金属盘,如图1-9所示。当线圈励磁后,金属盘的表面感应涡流并产生洛伦兹力,从而产生制动作用。旋转涡流制动的能量转换过程与轨道涡流制动类似。旋转涡流制动广泛应用于日本新干线100系、300系和700系动车组的拖车上。

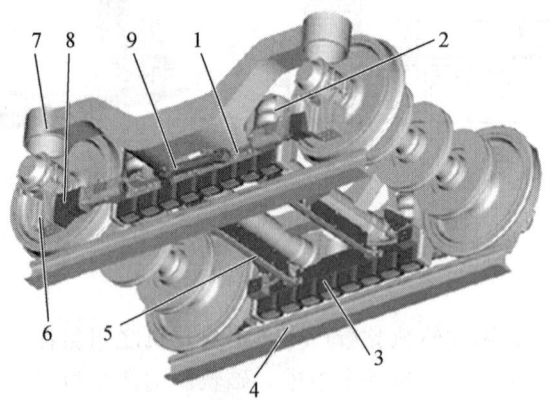

1—整体式梁;2—升降气囊;3—电磁线圈;4—钢轨;
5—拉杆;6—轴箱装置;7—转向架侧架;
8—安装座;9—纵向拉杆。

图1-7 轨道涡流制动装置

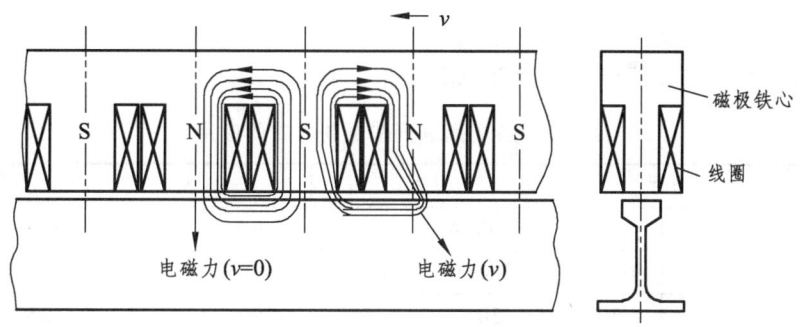

图 1-8 轨道涡流制动原理

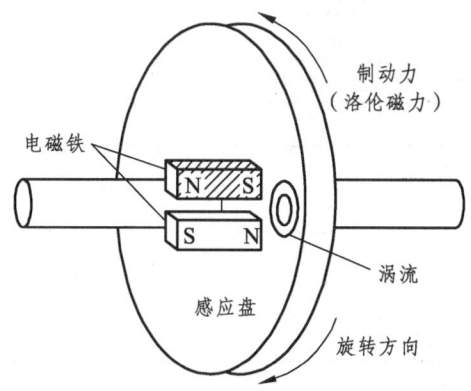

图 1-9 旋转涡流制动示意

翼板制动利用空气动力学的原理,在制动时展开翼板,增加运动方向上的迎风面积,利用大气与翼板的相对摩擦,将列车的动能转化为热能的一种制动方式,如图1-10所示。如果翼板的安装位置适当,动车组运行时的空气制动力将增加 3~4 倍,但这种制动方式目前尚处于研发试验阶段。

图 1-10 翼板制动概念图

（三）按制动源动力分类

目前动车组所采用的制动方式中,制动力的源动力主要有压缩空气和电力。以压缩空气为源动力的制动方式称为空气制动方式,如闸瓦制动、盘形制动等都为空气制动方式。以电力为源动力的制动方式称为电气制动方式,如动力制动、磁轨制动、轨道涡流制动等均为电气制动方式。

各国高速列车制动方式的应用情况见表1-1。

表1-1 各国高速列车制动方式的应用

国别	日本		法国		德国		中国	
型号	100	300	TGV-A	TGV-N	ICE-V	ICE	CRH380A	CRH380B
编组	12M4T	10M6T	2M8T	2M10T	2M3T	2M14T	6M2T	4M4T
速度/(km/h)	230	300	300	350	300	280	350	350
列车制动控制方式	电气指令直通电-液	电气指令微机控制电空	电气指令微机控制电空	电气指令微机控制电空	电气指令微机控制电空	电气指令微机控制电空	电气指令微机控制电空	电气指令微机控制电空
备用制动	直通电空	直通电空	空气制动	空气制动	空气制动	空气制动	直通电空	空气制动
动车制动 闸瓦			√					
动车制动 盘形	√	√		√	√	√	√	√
动车制动 电阻	√		√					
动车制动 再生	√			√	√	√	√	√
动车制动 涡流					√			
拖车制动 闸瓦								
拖车制动 盘形	√	√	√	√	√	√	√	√
拖车制动 磁轨			√	√				
拖车制动 涡流	√				√			

任务二　空气制动机

传统的机车车辆制动机有两种类型——空气制动机和电空制动机。电空制动机是在空气制动机基础上引入电控（电磁、电子或微机控制）部分构成的。从制动的源动力来分，两种制动机都可以称作空气制动机。

空气制动系统的制动源动力来自压缩空气，制动力形成依赖于轮轨接触关系，属于摩擦制动。其制动指令的发出和传递，制动力的产生和控制都需要压缩空气。

空气制动系统可以粗略地划分成供风系统、制动控制装置与基础制动装置三大部分。供风系统由空气压缩机、干燥装置、油水分离器、压力传感器、安全阀、风缸、压力表、管路及其附件等组成，其组成形式与具体产品有关。基础制动装置如前面制动方式所述，可采用闸瓦制动、盘形制动、动力制动，其方式也取决于产品类型。制动控制装置虽然有各种不同结构的阀类，但从整个控制原理上可分成两类：直通式空气制动机与自动式空气制动机。

一、直通式空气制动机

早期的直通式空气制动机是通过制动控制阀把总风缸的压缩空气直接变成经列车管（制动管）而直接进入制动缸、其压力大小反映制动力大小的压缩空气，直接在制动缸得到所需的制动力，如图 1-11 所示。这种直通式空气制动机的制动控制阀采用简单的结构，操纵上只有制动、保压、缓解三个位置。

图 1-11 中，1～4 号元件通常安装在机车上，其余元件安装在各个车辆上。

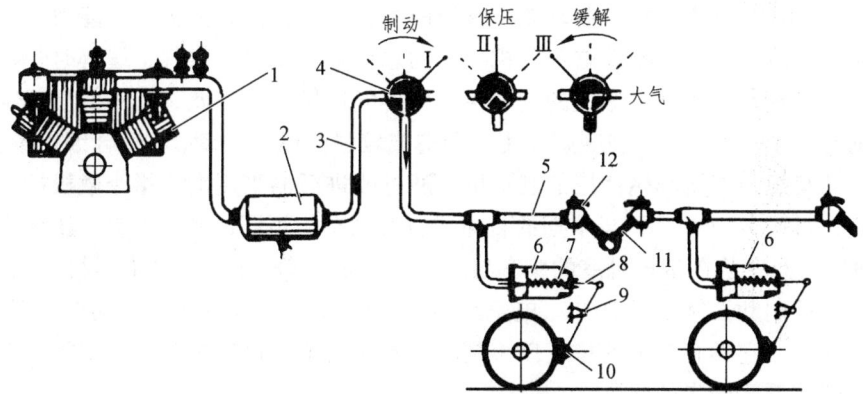

1—空气压缩机；2—总风缸；3—总风管；4—制动控制阀；5—制动管；6—制动缸；
7—缓解弹簧；8—活塞杆；9—制动杠杆及固定支点；10—闸瓦；
11—制动软管及连接器；12—折角塞门。

图 1-11　早期的直通式空气制动机示意

当司机操纵机车上制动控制阀的手柄置于制动位 I 时，总风缸的压缩空气便进入贯通全列车的制动管。制动管包括贯通每辆车的制动主管、折角塞门、端部的制动软管和软管连接器及由每根主管中部接出的制动支管。进入制动管的压缩空气可经每辆车的制动支管"直通"其制动缸，推动制动缸内的活塞右移，压缩其背后的缓解弹簧，使活塞杆向外伸出，从而使装于制动杠杆下端的闸瓦紧紧压在车轮上，产生制动作用。

当司机操纵制动控制阀手柄置于保压位 II 时，总风缸、制动管和大气三者之间的通路均被隔断，制动管和制动缸的空气压力不变，列车处于保压位。若在制动缸升压过程中将手柄反复置于制动位和保压位，可使制动缸空气压力阶段上升，这种作用称为"阶段制动"，如图 1-12 所示。阶段制动可以缓和长大列车的纵向冲动，提高车辆乘坐的舒适性。

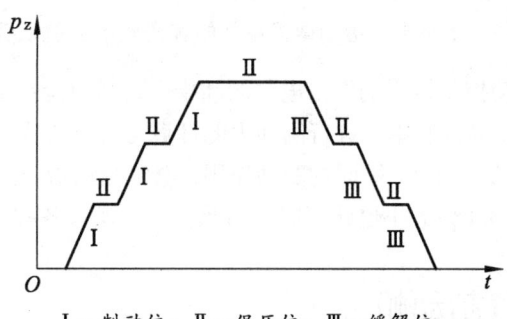

I—制动位；II—保压位；III—缓解位。

图 1-12　阶段制动和阶段缓解示意

当制动控制阀手柄置于缓解位Ⅲ时，制动管和制动缸的压缩空气可由制动控制阀排往大气。制动缸活塞在缓解弹簧的推动下左移，使活塞杆向缸内缩回，闸瓦离开车轮，制动状态得到缓解。如在制动缸降压过程中将手柄反复置于缓解位和保压位，可使制动缸压力阶段下降，这种作用称为"阶段缓解"，如图1-12所示。

这种直通式空气制动机的特点如下：

（1）列车管（制动管）增压制动，减压缓解。

（2）构造简单，可以阶段制动和阶段缓解，便于调节制动力。

（3）当列车发生分离事故，制动软管被拉断时，列车将彻底失去制动能力。

（4）制动时所有车辆的制动缸都靠机车上的总风缸经制动管供气，缓解时各车辆制动缸的压缩空气都需经制动管从机车上的制动控制阀排气口排出，因此，列车前后部制动和缓解发生作用的时间差较大，制动和缓解作用时会造成较强的纵向冲击，不适合编组较长的列车。

目前，动车组与城轨车辆使用的制动机是通过改进后的采用电气指令微机控制的直通式电空制动机，如图1-13所示。与早期的直通式空气制动机不同的是，该空气压缩机安装在车辆上，制动控制器安装在带司机室的头车与尾车上，每个车辆上均安装有微机制动控制单元，该单元主要包括制动控制单元BCU、电空转换EP阀（包括制动电磁阀、缓解电磁阀）、紧急电磁阀等。并且，它具有单独的排气口，制动缸的压力不需再通过制动控制阀排气，可以避免制动与缓解前后不同步的问题。

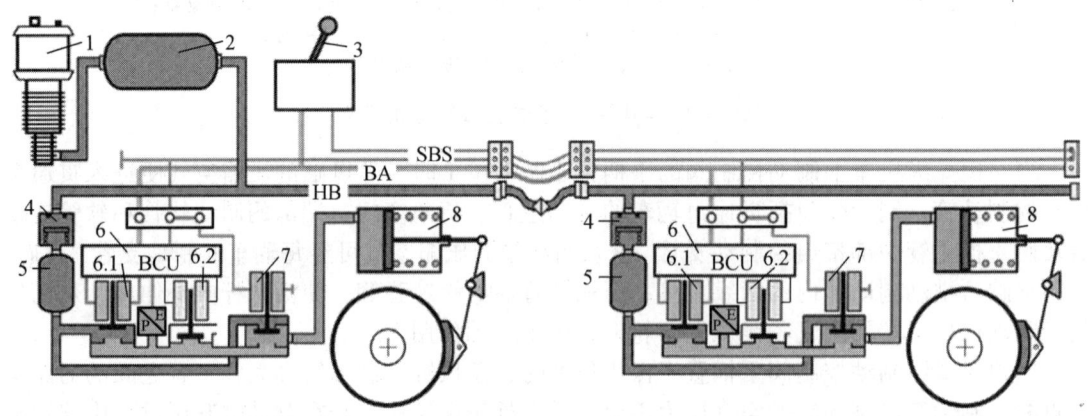

1—空气压缩机；2—总风缸；3—制动控制器；4—单向阀；5—制动风缸；6—微机制动控制单元；
6.1—制动电磁阀；6.2—缓解电磁阀；7—紧急电磁阀；8—制动缸；HB—总风管；
BA—制动指令；BCU—制动控制单元；SBS—安全回路。

图1-13 采用电气指令微机控制的直通式电空制动机示意

制动时，司机通过制动控制器手柄发出电气制动指令，制动指令通过电缆线（光缆）传递到微机制动控制单元。微机制动控制单元进行制动力的计算与分配工作。同时，将总风管的压缩空气按照电气制动指令传递给制动缸。不同的制动作用，电气制动指令的大小不同，制动缸得到的压缩空气压力也就不同，制动力大小也就不同，因此，可以实现各种情况下的不同制动作用。

二、自动式空气制动机

自动式空气制动机的基本组成原理如图1-14所示。它是通过制动控制阀改变列车管的空气压力,以此压力变化为控制信号,控制车辆制动机的三通阀(分配阀、控制阀),使制动缸获得所需要的空气压力,再经过基础制动装置产生制动作用。图 1-14 中 1~5 号、7 号、13 号安装在机车或带司机室的车辆上,其余元件安装在各个车辆上。

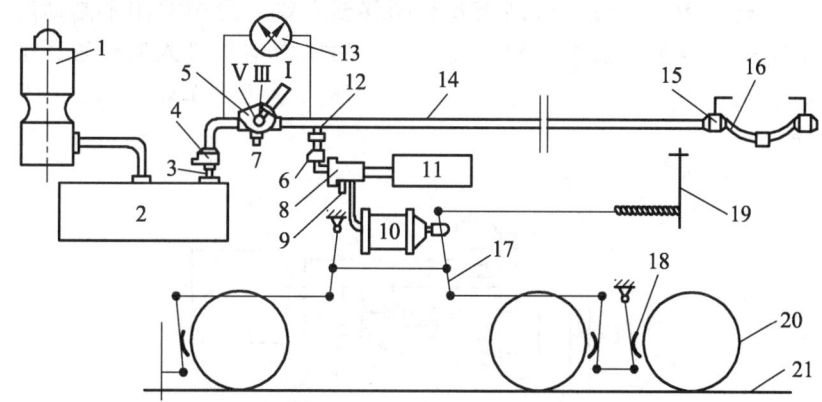

1—空气压缩机;2—总风缸;3—总风管;4—给风阀;5—制动控制阀;6—远心集尘器;7—制动阀排气口;
8—三通阀(分配阀、控制阀);9—三通阀(分配阀、控制阀)排气口;10—制动缸;11—副风缸;
12—截断塞门;13—双针压力表;14—制动管;15—折角塞门;16—制动软管及其连接器;
17—基础制动装置;18—闸瓦;19—手制动机;20—车轮;21—钢轨。

图 1-14 自动式空气制动机的组成示意

三通阀是指它与制动管、副风缸和制动缸三个元件相通,它是自动空气制动机最简单、最基本的控制阀,有些自动式空气制动装置中的"分配阀"或"控制阀"与此三通阀功能相同,但结构更为复杂。

三通阀由主活塞、滑阀和节制阀等组成,其结构与作用原理如图 1-15 ~ 1-17 所示。

当司机将制动控制阀手柄置于 I 位充气位,总风缸的压力空气经制动阀进入列车管,列车管压力升高,三通阀主活塞左侧压力升高,推动主活塞带动节制阀及滑阀右移,并打开上端充气沟,列车管内压力空气经充气沟进入滑阀室与副风缸,向副风缸充气,直至副风缸压力与列车管压力几乎相等。同时,滑阀联络沟槽连通制动缸与排气口,制动缸内压力空气经三通阀的排气口排向大气,制动缸活塞由缓解弹簧推至缓解位,呈缓解状态,如图 1-15 所示。

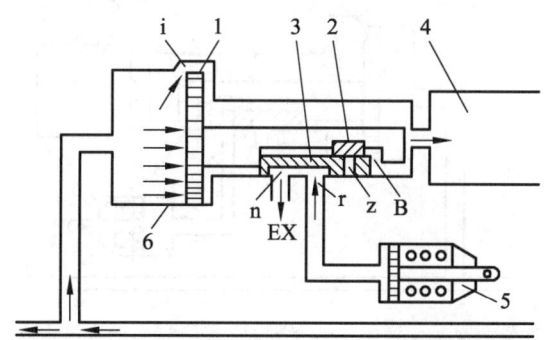

1—主活塞及活塞杆;2—节制阀;3—滑阀;4—副风缸;5—制动缸;6—三通阀;
i—充气沟;B—间隙;z—滑阀制动孔;r—滑阀座制动缸孔;
n—滑阀缓解联络沟槽;EX—排气口。

图 1-15 充气缓解位作用原理

当将制动控制阀手柄置于Ⅴ位制动位时，列车管的压力空气经制动阀排出，列车管压力降低，该压力变化成为减压，并以压力波形式向列车后部传递到每一节车辆制动装置的三通阀，三通阀的主活塞右侧压力高于左侧压力，推动主活塞先左移一个间隙，关闭三通阀上端的充气沟，再带动节制阀及滑阀移至左端，滑阀关闭了制动缸与排气口的通路，打开了副风缸与制动缸的通路，使副风缸的压力空气进入制动缸，推出制动缸活塞，经基础制动装置的放大作用，使闸瓦以较大压力紧压在车轮踏面，产生制动作用，如图 1-16 所示。

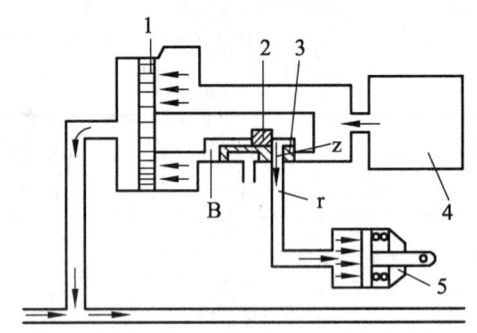

1—主活塞及活塞杆；2—节制阀；3—滑阀；4—副风缸；
5—制动缸；B—间隙；z—滑阀制动孔；
r—滑阀座制动缸孔。

图 1-16　制动位作用原理

制动后，当将制动控制阀手柄置于Ⅲ位保压位时，制动阀的通路被全部遮断，列车管的压力空气既不能从制动阀排出，总风管压力空气也不能由制动阀充入列车管，列车管压力保持不变。起初，三通阀活塞仍然处于制动位，副风缸继续向制动缸充气，使副风缸的空气压力降低，而制动缸的压力增加，直到副风缸的压力稍低于列车管的压力，形成压力差，活塞带动节制阀向右移动一个间隙的距离，而滑阀未动，节制阀遮断了副风缸与制动缸的通路，副风缸的压力不再下降，制动缸的压力也不再上升，三通阀自动形成保压位，如图 1-17 所示。

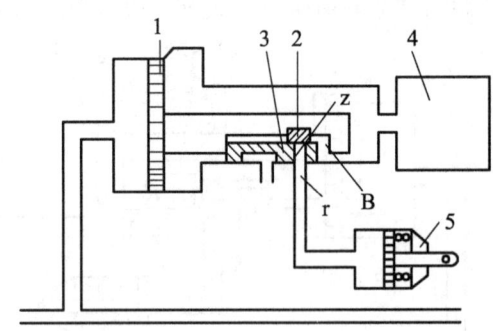

1—主活塞及活塞杆；2—节制阀；3—滑阀；4—副风缸；
5—制动缸；B—间隙；z—滑阀制动孔；
r—滑阀座制动缸孔。

图 1-17　保压位作用原理

若列车管再减压，三通阀则重复上述过程。因此，若需要再增加列车制动力时，司机只需要将制动阀交替置于制动位和保压位，控制列车管压力阶段减压，制动缸压力阶段上升，实现列车阶段制动。

列车管压力在一定范围内减压时，制动缸压力与列车管的减压量成正比。列车管减压量达到最大值时，制动缸压力与副风缸压力相平衡，制动缸压力也达到最大值；此时，若再继续减压，制动缸压力也不会上升。

随着车辆载质量不断增加、乘客对舒适性要求不断提高，对车辆制动性能的要求也越来越严格，设计人员不断对三通阀结构与性能进行改进，形成了分配阀。

自动式空气制动机的特点如下：

（1）列车管减压制动，增压缓解。

（2）当列车发生分离事故，制动软管被拉断时，制动管风压急剧下降，列车能自动、迅速地制动直至停车。

（3）制动时各车都有副风缸分别向本车的制动缸供气，缓解时各车制动缸的压缩空气也分别从本车的三通阀处排出。制动时制动缸的动作较快，风压上升也快，提高了列车运行的安全性，列车前后一致性较好，纵向冲动小，适合于长大列车。

（4）有阶段制动和一次缓解。

在我国现阶段运营的动车组中，CRH3、CRH380B和CRH5系列动车组将自动式空气制动机作为备用制动，CR200J集中动力动车组采用自动式空气制动机作为主要制动机。

任务三 动车组制动系统

一、动车组制动系统的组成

动车组运行速度高，给列车的制动能力、运行平稳性等方面带来了一系列问题。因此，高速动车组必须装备高效和高安全性的制动系统，为列车正常运行提供调速和停车的保障，并保证在意外故障或其他必要情况下有尽可能短的制动距离。此外，高速运行的动车组对制动系统的可靠性和制动时的舒适性也提出了更高的要求。

因此，动车组制动系统的性能和组成与普通的旅客列车有很大不同，它是一个能提供强大制动能力并能更好利用黏着的复合制动系统，包含多个子系统。动车组制动系统主要由电制动系统与空气制动系统构成，空气制动系统又由供风系统、制动控制系统、基础制动装置与防滑装置等组成（见图1-18），制动时采用电制动与空气制动联合作用的方式，并优先使用电制动。

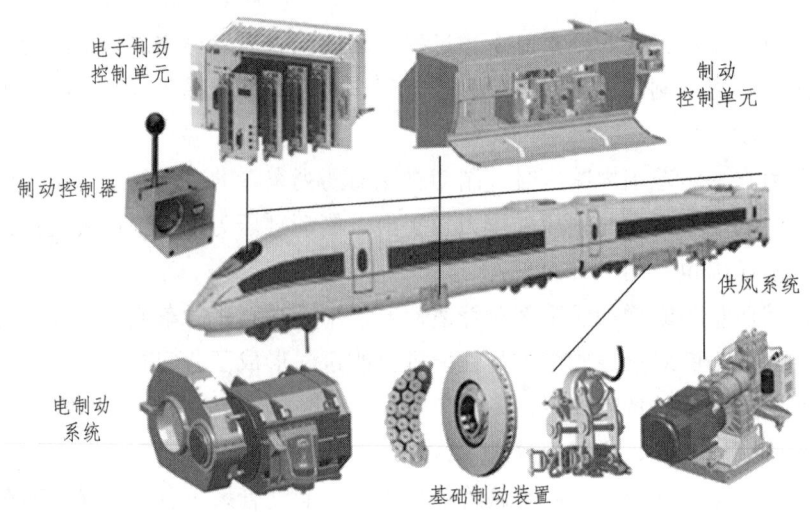

图 1-18 动车组制动系统组成简略图

二、动车组制动系统的特点

制动技术是动车组必须解决的九大关键技术之一,为了保证行车安全,动车组必须装备高效率和高安全性的制动系统,并在意外故障或其他必要情况下具有尽可能短的制动距离。一般来说,动车组的制动系统应该具有如下特点:

(一)安全性高

高速动车组制动系统的制动能力强,反应速度快,具有相当高的安全性。它在结构上具体表现在以下两个方面:

(1)采用电、空联合制动模式,电制动优先,而且普遍装有防滑器。电制动与空气制动结合可保证列车在较大的速度范围内都有充足的制动力,而防滑器的安装可使轮轨间的黏着力得到充分运用,进而有效地缩短制动距离。电制动由于操纵控制方便,并且可以大大减少空气制动系统零部件的磨耗,因而被优先使用。

(2)操纵控制采用电控、直通或微机控制电气指令式等灵敏而迅速的系统。这些装置使制动系统的反应更为迅速,进一步缩短了制动距离。

(二)控制准确

制动作用采用微机控制,可为确保列车正点运行精确地提供所需的制动力;对复合制动的模式进行合理设计,使不同形式的制动力达到最佳的组合作用。

(三)舒适度高

高速动车组制动作用的时间和减速度远大于普通的旅客列车,因此采取了相应措施来提高旅客乘坐的纵向舒适度；其制动平均减速度、最大减速度和纵向冲动的指标均高于普通的旅客列车。为提高舒适度所采取的措施主要有：

（1）采用微机控制的电气指令制动系统可实现制动过程的优化控制，并在提高平均减速度的同时尽量减少减速度的变化率。

（2）减少列车中不同车辆制动力的差别，以缓和车辆之间的纵向冲击力。

（3）防滑装置还可避免因轮轨间黏着力不足而产生车轮踏面擦伤，继而防止列车运行平稳性恶化，提高乘坐舒适性，以及避免对车轴等部件产生附加应力的问题。

（四）可靠性高

（1）采用"故障导向安全"（fail-safe）机构，以便在制动系统发生故障时，能向安全方向动作，如高速动车组一般设有空气制动、微机控制的电空制动和计算机网络三种制动控制方式。在正常运行情况下，由计算机网络控制并传递全列车各个车辆的制动信息。当该控制系统发生故障时，能自动转为电空制动作用。在电气故障或电空制动故障时，能依靠纯空气制动来保证不良状态下的制动距离。

此外，在高速动车组微机控制的制动控制过程中需要有大量的信息输入、数字运算和输出指令，为防止故障，在该指令系统的设计中也考虑了相应的可靠性措施。

（2）制动能力冗余设计。在正常条件下，复合制动系统的各种制动方式应合理分担制动能量，一旦其中的某种制动方式发生故障，备用电路、备用BCU、备用制动等应能提供补充。而且，对于空气制动，应充分考虑失电情况下系统响应时间延长和盘形制动摩擦系数下偏差对制动距离延长的影响。

（3）进行"防止误操作"（fool-proof）设计，使得非熟练操作者也能可靠地实施制动系统的功能。

（五）维修方便

动车组在设计时开发了在故障时能够进行自检的自诊断功能，并减少了磨耗件，大大减少了维修工作量。

（六）制动装置轻量化

制动系统采用模块化设计，并改进和集成制动部件，以实现小型化、轻量化。例如，高速动车组可将空气制动的电气-空气-液压方式变换为电气-气压直接变换方式，省掉副风缸、增压缸和大量的空气配管，以实现小型轻量化，可将质量减小约2/3。又如，在动车组的空气制动控制装置中，各种阀、塞门多采用单元化方式集中安装在铝合金安装板的前面，以减小质量和减少维护、检修工作量。

任务四 动车组黏着

一、轮轨之间的关系

根据刚体平面运动学的分析，沿钢轨自由滚动的车轮，具有不断变化的瞬时转动中心。车轮和钢轨的各个接触点在两者接触的瞬间是没有相对运动的，轮轨间的切向作用力就是物理学上说的静摩擦力。其最大值（最大静摩擦力）是一个与运动状态无关的常量，它等于轮轨间的法向作用力 N 与静摩擦系数 μ 的乘积。但这是一种难以实现的理想状态。

实际上问题比较复杂：车轮和钢轨在很高的压力作用下都有轻微变形，轮轨间实际并非点接触，而是椭圆形面接触；列车运行中不可避免地要发生各种冲击和振动；车轮踏面是圆锥形的，车轮在钢轨上滚动的同时，必然伴随着微量的轮轨间的纵向和横向滑动。所以，轮轨接触面不是纯粹的静摩擦状态，而是"静中有微动"或"滚中有微滑"的状态。轮轨之间的最大切向力实际上比物理学上的最大静摩擦力要小，而且与列车运动状态有关，随列车速度的升高而降低。因此，在铁路牵引和制动理论中，把"静中有微动"的状态称为"黏着状态"。在分析轮轨间切向作用力的问题时，不用静摩擦这个名词，而以"黏着"来代替它。相应地，把黏着状态下轮轨间切向摩擦力最大值称为"黏着力"，把它与车轮钢轨间垂直载荷之比称为"黏着系数"。

在列车运行中，由于制动力和惯性力不是作用在同一水平面内，又造成机车车辆前后车轮作用于钢轨的垂直载荷分配不均匀，即各个车轮对钢轨的法向反力 N 并不相等。为便于应用，又假定轮轨间垂直载荷在运行中固定不变，认为黏着力的变化是由于黏着系数的变化引起的。这样一来，黏着力与列车速度的关系就被简化成了黏着系数与列车速度的关系。黏着系数也就成了假定值，称为"计算黏着系数"。由于它与假定不变的垂直载荷的乘积等于实际的黏着力，所以这个假定用于黏着力计算是可行的，实际上一直也是这样用的（只要提到黏着系数而又无特别说明，均指假定值或计算值）。

二、黏着系数 μ 的影响因素

黏着系数 μ 的影响因素主要有两个：一是车轮和钢轨的表面状况见表 1-2；二是列车运行速度。

表 1-2 轨面状况对黏着系数的影响

轨面状况	轮轨黏着系数	
	未撒砂	撒砂
清洁干燥	0.25~0.30	0.35~0.40
润 湿	0.18~0.20	0.22~0.25
有 霜	0.15~0.18	0.22
雨 雪	0.15	0.20
油 污	0.10	0.15

轮轨间表面状态包括干湿情况、脏污程度、是否有锈、是否撒砂以及砂的数量和品质等。轮轨的湿度、脏污程度又与天气、环境污染状况及制动装置形式（有无踏面或轨面清扫设备）等因素有关。天气的因素包括有风与否、下雨与否、风雨的大小和持续时间、有无霜雪等。轮轨干燥而清洁时，黏着系数较大。轮轨刚刚潮湿或有霜雪、油污时，黏着系数将明显减小。如果连续大雨，钢轨被冲刷得很洁净，则钢轨虽然很湿，但是黏着系数也不会小。

秋天的落叶引起的黏着系数下降最为严重。落叶在轨面上被碾压成一层非常薄的黏膜，不易察觉但很黏很滑，可使黏着系数变得很小，曾经有过小到 0.05 的纪录。

轨面生锈对黏着系数的影响是两方面的：薄薄的一层黄锈可使黏着系数增大，但锈层较厚，特别是有点湿润的棕色锈层，则反而会使黏着系数明显减小。

闸瓦的材质对黏着系数也有影响：铸铁闸瓦能烧掉车轮踏面上的大部分杂质和油脂，而把铁、氧化铁和碳化微粒留下，使踏面变得稍粗糙一些，对改善黏着有利；合成闸瓦会在轮轨表面留下一层低黏着的废料，使黏着系数减小。

列车运行速度对黏着系数的影响主要是：随着制动过程中列车速度的降低，冲击振动以及伴随而来的纵向和横向的少量滑动都逐渐减弱，因而黏着力和黏着系数也逐渐增大，其增大的程度与机车车辆动力性能、轨道的情况等有关。

在轨面上适当撒砂可以增大黏着系数，但是砂的黏度、成分、硬度和湿度都必须符合一定的要求。而且，撒砂还有下列副作用：

（1）高速行车时砂易被吹走，不能成功地撒在轨面上，效果较差。

（2）有霜雪、落叶或油污很厚时，撒砂效果很差，甚至无效。

（3）会加剧钢轨和机车车辆某些部件的磨损。

（4）撒砂过度还可能影响电气设备对道岔辙轨、岔心和信号装置的控制。

（5）符合要求的砂准备费用较大。

所以，撒砂的方法一般仅限于在黏着不良的地方，且主要用于改善机车或动车的牵引黏着而非制动黏着。

由此可见，黏着系数影响因素复杂多变，故黏着系数的变化范围很大，很难以一条曲线来表示。通常给出两条曲线，即给出一个范围。

三、黏着系数 μ 的计算公式

由于制动黏着系数是制动装置设计中首先需要选定的最基本的参数之一，所以许多国家早就开展了对它的研究并取得了成果。中国铁路为了摸清符合自己国情的制动黏着系数的大小和变化规律，从 1988 年至 1991 年，先后在济南、上海和哈尔滨三个铁路局管内进行了试验研究，得出了可供中国机车车辆设计时选用的制动黏着系数公式，相应的曲线参见图 1-19。

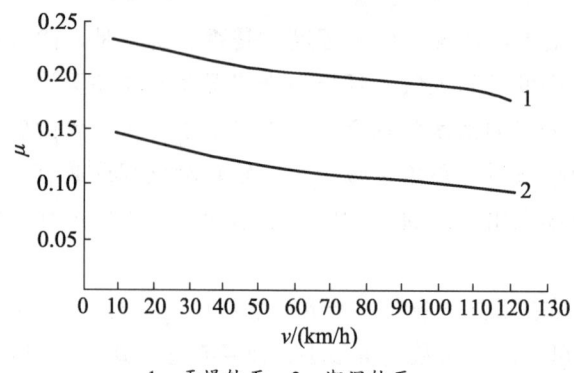

1—干燥轨面；2—潮湿轨面。

图 1-19　中国铁路推荐使用的实测制动黏着系数曲线

干燥轨面：

$$\mu = 0.062\ 4 + \frac{45.6}{v+260} \tag{1-8}$$

潮湿轨面：

$$\mu = 0.062\ 4 + \frac{13.5}{v+120} \tag{1-9}$$

式中　μ——制动黏着系数；

　　　v——列车运行速度，km/h。

但黏着系数的研究是非常复杂和困难的，目前还在持续研究中。

复习思考题

一、判断题

1. 人为地施加于运动物体，使其减速（含防止其加速）或停止运动或施加于静止物体，保持其静止状态，这种作用被称为制动作用。　　　　　　　　　　　　　　　　（　　）
2. 解除制动作用的过程称为缓和。　　　　　　　　　　　　　　　　　　　　（　　）
3. 实现制动作用的力称为阻力。　　　　　　　　　　　　　　　　　　　　　（　　）
4. 制动距离，即第一辆车开始制动，到列车停车，列车所走过的距离。　　　　（　　）
5. 速度为 350 km/h 的动车组的紧急制动距离为 6 500 m。　　　　　　　　　　（　　）

二、简答题

1. 请解释制动作用、缓解、制动距离。
2. 请解释制动力的产生过程。
3. 制动对动车组的意义体现在哪些方面？
4. 动车组的制动方式有哪些？
5. 轮轨之间的黏着作用与物理上的静摩擦有什么关系？黏着系数的影响因素有哪些？
6. 动车组的制动系统一般包括哪些组成部分？动车组的制动系统有何特点？
7. 直通式空气制动机与自动式空气制动机有何异同？
8. 动车组与城轨交通车辆各自采用何种空气制动机？分别有何特点？

项目二　动车组制动系统原理

　　动车组必须采用能提供强大制动能力,并能更好地利用黏着的由多个子系统组成的复合制动系统。该复合制动系统通常由电制动系统与空气制动系统组成,而空气制动系统又包括供风系统、制动控制装置、基础制动装置与防滑装置等部分。本项目将对制动系统各部分的组成和工作原理分别加以介绍。

任务一　电制动系统

　　列车的制动能量与速度的平方成正比,由于动车组的动能很大,需要足够大的制动功率来实现制动,而传统的空气制动的制动能力受以下因素的影响:一是制动材料的摩擦性能对黏着利用的局限性,二是制动热容量和机械制动部件磨耗寿命的限制。加之电制动具有节能、减少磨耗带来的维护保养工作量等优点,所以动车组采用电制动与空气制动联合作用的方式,并以电制动为主。

　　应用在动车组上的电制动有电阻制动和再生制动两种,它们都是让列车的动轮带动动力传动装置(牵引电动机),使其产生逆作用发电,将列车的动能转变为电能,再变成热能消耗掉或反馈回电网。使用直流电机的动车组在制动时是把直流主电动机转变为发电机,然后进行电阻制动;直流电机的电阻制动控制是将电机与制动电阻串联,随着速度的降低逐渐减小电阻值。使用交流感应电机的动车组利用整流器和逆变器的组合(称为变换器),进行变频调速(Variable Voltage and Variable Frequency,VVVF)控制,采用可将能量再利用的再生制动。

一、电阻制动

　　使用直流电机的动车组有的是通过调节主变压器输出侧抽头,将电网上 25 kV 的交流电变为电压可调的交流电，再经整流后送给主电动机（如日本新干线 0 系动车组）；有的是把经主变压器降压的交流电通过主控制整流器的连续相位控制，得到电压连续可调的直流电送给主电动机（新干线 100 系、200 系和 400 系动车组）。下面以新干线 100 系动车组为例，介绍电阻制动系统的组成和工作原理。

（一）系统构成

动车组的主电动机回路和电阻制动主回路分别如图 2-1 和图 2-2 所示。

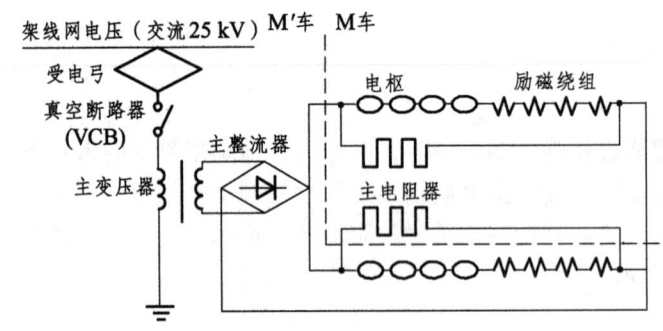

图 2-1 主电动机回路

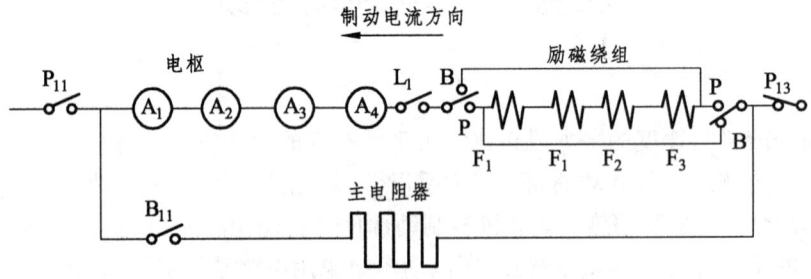

图 2-2 电阻制动主回路

系统的工作过程如下：由司机制动控制器或列车自动控制系统（ATC）发出制动指令后，制动控制单元（BCU）首先对列车运行速度进行判断。当速度大于 25 km/h 时，制动主回路构成，电空（EP）转换阀转为制动位置，然后制动接触器动作（B_{11} 闭合、P_{11} 打开、P_{13} 打开），随后依次是励磁削弱、接触器打开、预磁接触器投入，最后断路器投入（L_1 闭合）。此时，电枢绕组、励磁绕组和主电阻器构成电阻制动主回路，并使电流向增加牵引时剩磁的方向流动，再由主电阻器将电枢转动发出的电能变为热能消耗掉。电阻制动主回路的控制原理如图 2-3 所示。

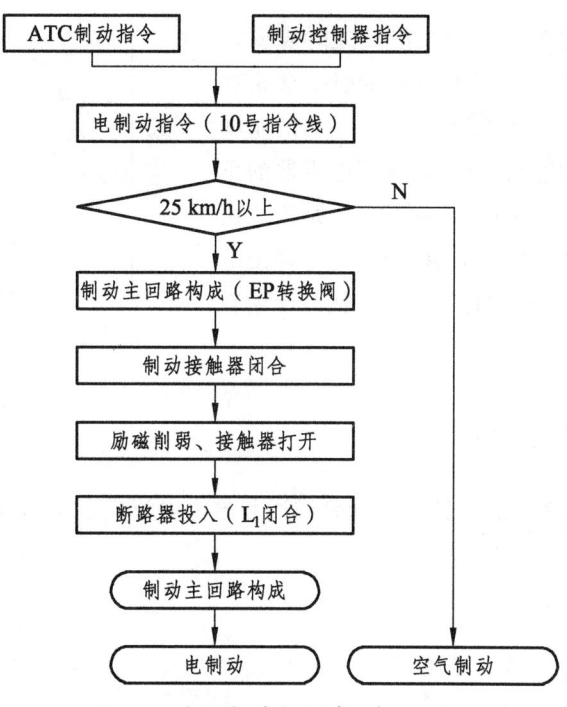

图 2-3 电阻制动主回路的控制原理

（二）制动力的产生原理

制动力的产生原理如图 2-4 所示。电阻制动的制动力产生原理是：假设转子（电枢）顺时针转动，励磁磁力线从 N 极到 S 极构成回路，按照右手法则，则会产生如图 2-4 所示的从纸面向外的电流"⊙"和从纸面向里的电流"⊗"。这一电流按左手法则会产生在图左侧"⊗"处向下、图右侧"⊗"处向上的阻止电枢转动的力，这就是直流电机产生的电制动力。

在电制动系统中，无论采用何种方式，电制动力的产生原理均如上所述，即将根据右手法则产生的感应电动势通过回路形成感应电流，这一电流在电枢中流过时就会产生与电枢运动方向相反的制动力。简单地说，就是让运动的导体切割磁力线发电，然后利用该电流产生与导体运动方向相反的力，来实现对电枢的制动作用。

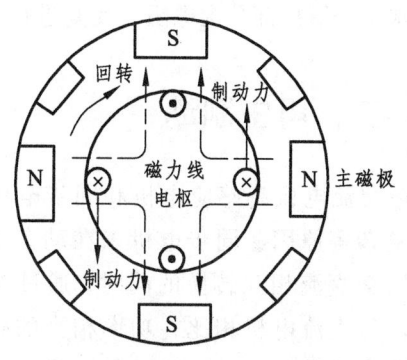

图 2-4 制动力的产生原理

（三）制动特性

直流电机电阻制动的制动特性如图 2-5 所示，转速增加时电枢电流减小，电枢电流增加时制动力增加。

该特性与速度变化较大的动车组低速时需要较大牵引力、高速时不需太大牵引力的牵引要求相吻合,但对在整个速度范围内都需要恒定制动力的制动控制,则需采取相应的措施。对于设有主电阻器的车辆,因变换了牵引时的主回路,电枢绕组、励磁绕组及主电阻器构成闭合回路产生制动电流,所以即使电网停电,只要供给构成回路的控制电源,就可产生制动力。

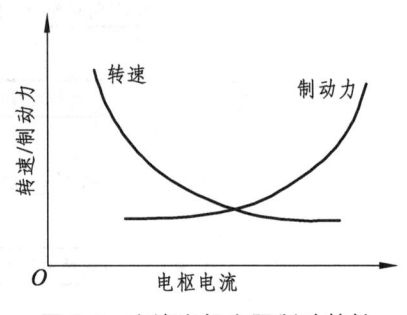

图 2-5　直流电机电阻制动特性

(四) 制动力的控制

如图 2-4 所示,直流电机的转矩与励磁磁通和电枢电流成正比,其关系为

$$T = k\Phi I \tag{2-1}$$

式中　T——转矩;
　　　k——电机常数;
　　　Φ——励磁磁通;
　　　I——电枢电流。

直流电机的感应电动势是由励磁磁场强度和电枢转速 n 决定的,通过将串联在主回路中的主电阻器阻值逐渐减少,使主回路中的平均电流保持恒定,就可以得到恒定的制动力。因此,从高速到低速电阻制动的控制方式是:制动力产生→速度下降→感应电压降低→制动电流减少→短接部分主电阻,反复进行以上动作过程可使制动力保持恒定。

二、再生制动

交流电机有感应电机和同步电机两种,由于同步电机必须向转子提供电流,以及结构复杂等原因,同步电机未在动车组上获得广泛应用。使用感应电机的动车组,在主变换器交直流相互转换的同时,通过 VVVF 控制,可以很容易地进行能源再利用的再生制动。与直流电机相比,功率相当的感应电机具有构造简单、体积小、无换向火花及维修工作量少等优点。下面以新干线 700 系动车组为例,对再生制动系统的组成和工作原理进行介绍。

(一) 系统组成和工作过程

图 2-6 所示为日本新干线 700 系动车组感应电机主回路 (3 辆车为一个单元)。图中的主变换器包含整流器和逆变器,前者的功能是将交流电变为直流电;后者正好相反。

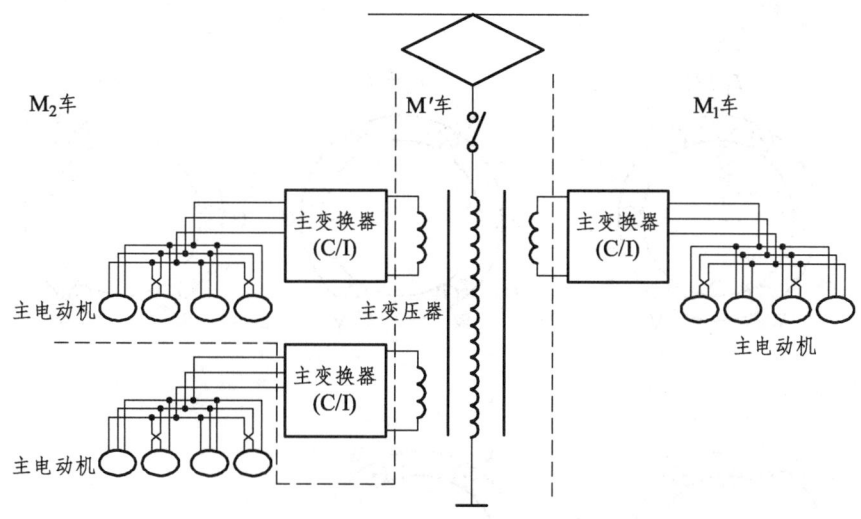

图 2-6 日本 700 系动车组感应电机主回路

列车牵引运行时，先用主变压器将电网 25 kV 的单相交流电降压，然后用整流器将交流电变为直流电，再由逆变器将直流电变成三相交流电供给感应电机（交流电的电压和频率与列车速度及牵引力相对应，并可方便地进行调节）。再生制动时，过程与牵引运行正好相反，原来的整流器和逆变器也发挥其逆作用，分别执行逆变器和整流器的功能：整流器将电机产生的三相交流电变换为直流电，再由逆变器将直流电变换为与电网频率相同的单相交流电，最后由主变压器将交流电升压后反馈回电网，供处于牵引运行状态的其他动车组利用。

（二）制动力的产生原理

与直流电机一样，感应电机制动时将主电机变为发电机运行。电机磁场从 N 极到 S 极构成磁通回路，与在转子中通过的电流相互作用产生制动力，其基本原理与直流电机相同。不同之处在于感应电机定子线圈中通过的是三相交流电，它在定子中产生旋转磁场，当定子磁场转速比转子慢时，磁场切割转子导线，根据右手法则可知：转子导体中有电流产生，产生的电流又切割定子磁力线，由左手法则可知会产生制动力。

三相交流电的波形如图 2-7 所示。当三相交流电加于电机的定子后，其结果如同在定子周围有磁场在旋转，定子磁场的旋转状态如图 2-8 所示。图中的"⊙"表示从纸面向外的电流，"⊗"表示从纸面向里的电流，"○"表示没有电流流过。

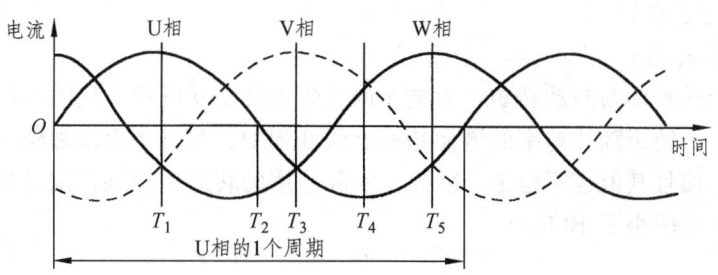

图 2-7 三相交流电的波形

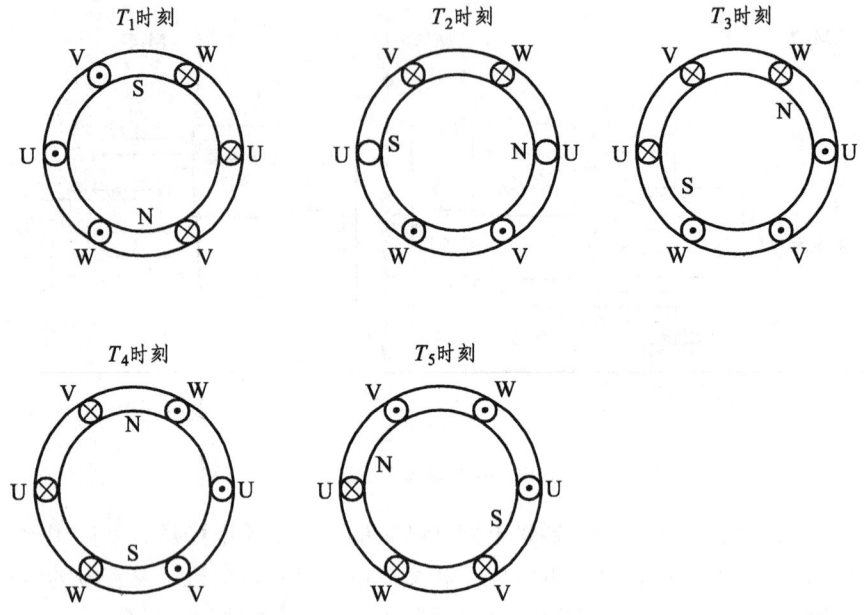

图 2-8 定子磁场的旋转状态

定子磁场绕转子转动时的转速可以表示为

$$N = 120f/p \tag{2-2}$$

式中　N——定子磁场转速；
　　　f——电源频率；
　　　P——感应电机的级数。

（三）制动特性

在分析感应电机再生制动的特性时，常用到转差率这一参数，其定义为

$$s = (N-n)/N \tag{2-3}$$

式中　s——转差率；
　　　N——定子磁场转速；
　　　n——转子转速。

感应电机的转差率与制动转矩（力矩）的关系如图 2-9 所示。从图中可以看出，在转差率较小的范围内，转矩随转差率的增大基本上线性增加；当转差率增加到一定程度后，转矩不但急剧减少，而且其值也不稳定。因此，实际应用的转差率控制范围是从 0 到产生最大转矩的范围内（转差率小于 10 Hz）。

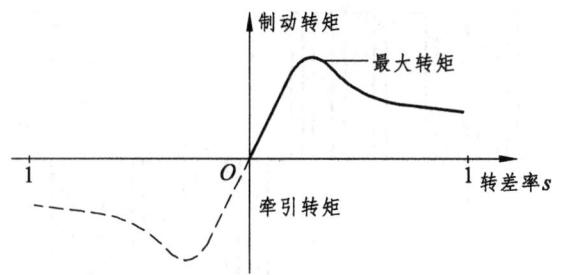

图 2-9 感应电机的转差率与制动转矩的关系

（四）制动力的控制

感应电机的制动特性如图 2-10 所示，由恒转矩区（VVVF 控制）、恒功率区和自然特性区 3 个区组成。

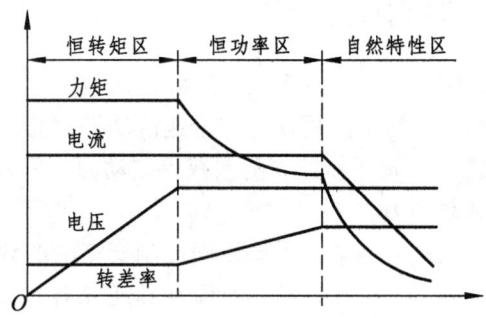

图 2-10 感应电机的制动特性

感应电机是通过定子磁场转速 N 与转子转速 n 的差得到制动力，即控制定子磁场的转速 N 使其低于转子的转速 n，根据式（2-2）、（2-3）和图 2-9，要对制动力（转矩）进行控制，就需准确控制交流电的频率 f。以前对该量进行控制是很困难的，但随着技术的进步，利用整流器和逆变器的组合，可以产生电压和频率任意可调的交流电。这时，所产生的电制动力（制动转矩）由逆变器的输出电压、逆变器的输出频率和转差频率所决定，即

$$T = k(U/f_{inv})^2 f_s \tag{2-4}$$

式中　T——制动转矩；
　　　k——电机常数；
　　　U——逆变器输出电压；
　　　f_{inv}——逆变器输出频率；
　　　f_s——转差频率。

感应电机的速度控制是通过改变逆变器的调制周期，其平均电压是用半导体器件以脉宽调制（Pulse Width Modulation，PWM）方式进行控制的，这样就可以任意地调整输出电压和频率，如图 2-11 所示。

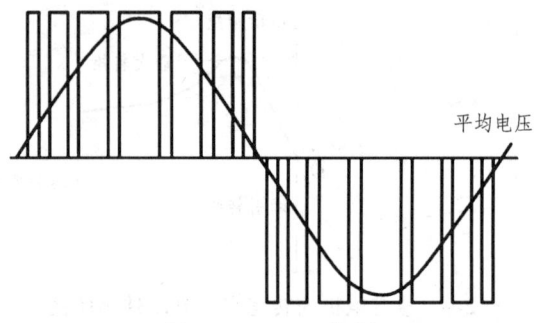

图 2-11　PWM 控制

半导体开关器件采用的是门极可关断可控硅开关（Gate Turn Off Thyristor，GTOT）或绝缘栅双极型晶体管（Insulated Gate Bipolar Transistor，IGBT），开关接通时间采用 PWM 方式进行电压控制。

三、电制动的有效利用

对于直流电机，在低速区制动力随列车的速度降低而减少，如果不采取其他制动方式，列车就不可能停下来。而感应电机的应用使得在全速区域提供有效的电制动成为可能。因感应电机是通过定子磁场转速 N 与转子转速 n 的差获得制动力，只要二者存在转数差，即使列车停止（$n=0$）也可以得到制动力。

在低速时，若想有效地利用电制动，需要正确控制交流电的频率，以及对转子转速（或列车运行速度）进行准确检测。一方面，利用整流器和逆变器的组合，目前已实现对交流电的电压与频率任意可调；另一方面，近年来已开发出在低速时也有很高精度的速度解析装置。

任务二　空气制动系统

电制动在动车组中具有较大的优势，但是也有一些不足。例如，直流电机的制动力随着列车速度的降低而减少；交流电机虽然可通过改变转差率来控制制动力的大小，理论上可使制动力不受列车速度的限制，但在动车组失去动力被救援回送时，电制动会失效。因此，空气制动目前对高速动车组来说仍然不可缺少。

我国和谐号（CRH）系列与复兴号（CR）系列动车组的空气制动系统采用电气指令的直通式电空制动装置。本任务主要以我国的 CRH 系列动车组空气制动系统为例，分压缩空气供给系统、空气制动控制装置和基础制动装置三部分讲述空气制动系统主要元件的结构原理。

一、压缩空气供给系统

压缩空气供给系统用于产生、处理并储存设备所需的压缩空气，该系统一般包括空气压缩机、干燥装置、过滤器、塞门、安全阀、压力监控器、风缸与管路等部分。

(一)空气压缩机

机车车辆上使用的空气压缩机可分为活塞式与螺杆式两种,其中,CRH1、CRH2、CRH380D 型动车组使用活塞式空气压缩机,如图 2-12 所示。CRH3、CRH5、CRH380A、CRH380B、CRH380C、CR300BF、CR400BF 型动车组使用螺杆式空气压缩机,如图 2-13 所示。动车组中通常设置多套同型号的空气压缩机,以便满足不同用气量的要求。

1—电动机;2—压缩机体;3—冷却器。

图 2-12 活塞式空气压缩机外形

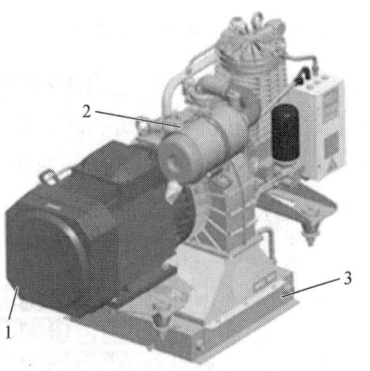

1—电动机;2—压缩机体;3—冷却器。

图 2-13 螺杆式空气压缩机外形

1. 活塞式空气压缩机

CRH1 型动车组上使用的活塞式空气压缩机结构如图 2-14 所示。它主要由电动机、空气过滤器、气缸、冷却器等组成,其中包括两个低压缸与一个高压缸。外界空气经过空气过滤器过滤后,与滤油器中喷出的油雾充分混合后分别送入两个低压气缸中被压缩之后,再通过中冷器冷却后送至高压气缸进一步压缩到最终水平。高压阶段压缩后的空气再次经过后冷却器冷却。压缩空气在压缩机中压缩与冷却后,通过管道到达下游的空气干燥器。

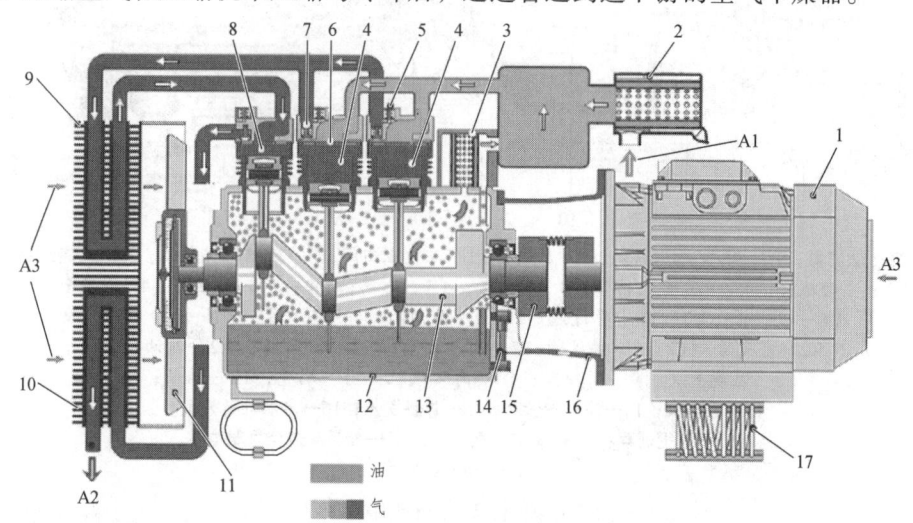

1—电动机;2—空气过滤器;3—滤油器;4—低压气缸;5—安全阀;6—进气止回阀;7—最小压力阀;
8—高压缸;9—中冷器;10—后冷器;11—风扇;12—曲轴箱;13—曲轴;14—油位计;
15—联轴器;16—连接法兰;17—减振弹簧;A1—进气;A2—出气;A3—冷却空气。

图 2-14 活塞式空气压缩机结构

安全阀能防止意外情况下气缸中的压力超高，通常设定值为 1.2 MPa。进气止回阀能防止进入气缸中的气体在压缩时倒流。最小压力阀实际上是一个单向阀，它只有当气缸中的压缩空气压力达到一定值后才能打开，保证了进入下级气缸或管道中空气压力的最低值。

冷却器的风扇油由温度控制，当压缩空气温度低时，风扇不转动；当压缩空气温度高时，风扇转动。温度越高，风扇转速越高，冷却效果越好。这样，可以有效节约能量。

2．螺杆式空气压缩机

CRH5 型动车组上使用的螺杆式空气压缩机结构如图 2-15 所示。空气压缩机单元主要由空气压缩机、电机、电气系统、弹性装配结构、监控和安全设施、空气过滤器和其他部件等构成。此外，压缩机还包括起过滤、调节和监控油气循环作用的部件。压缩机单元是一个独立的模块化装置，通过弹性连接安装到车上。

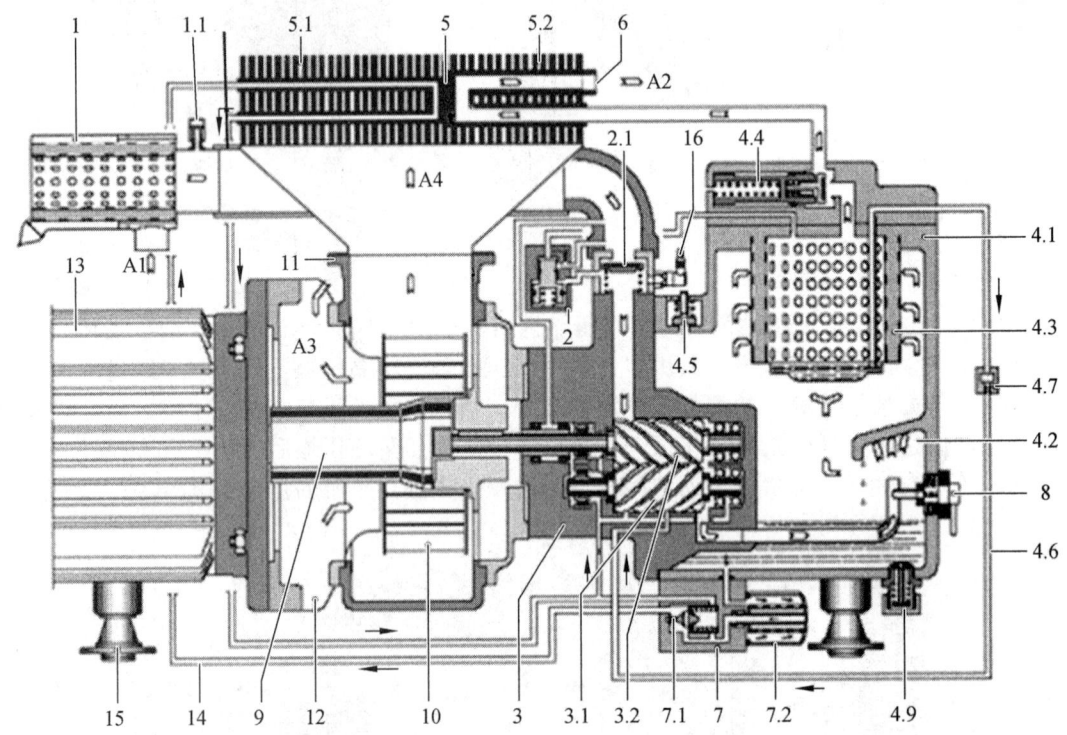

1—空气过滤器；1.1—真空显示器；2—卸压阀；2.1—入口止回阀；3—压缩机转动体；3.1—从动螺杆；
3.2—主动螺杆；4.1—压缩机箱体；4.2—挡板；4.3—油槽；4.4—最小压力阀；4.5—安全阀；
4.6—回油管；4.7—回油管过滤器；4.9—排油阀；5—冷却器；5.1—油冷却器；
5.2—空气冷却器；6—供风管；7—油控装置；7.1—恒温器；7.2—滤油器；
8—温度开关；9—联轴器；10—离心风机；11—蜗壳；12—轴箱；
13—电动机；14—油冷却管路；15—弹性支点；16—启动卸荷开关；
A1—空气进口；A2—压缩空气出口；A3—外界冷却空气进口；
A4—冷却空气。

图 2-15 螺杆式空气压缩机结构

压缩机转动体带有相互配合的螺旋槽，它在含有油分离系统（油槽 4.3 和挡板 4.2）的压缩机箱体（4.1）中运动。轴箱（12）和蜗壳（11）连接在一起，构成一个支撑机组的牢固结构。蜗壳（11）内有一个安装到电动机和压缩机转动体之间联轴节上的离心风机，冷却器

(5)可对空气和油进行冷却。

需要压缩的空气经过滤器过滤后输送到压缩机,当空气过滤器(1)需要处理时,真空显示器(1.1)会有显示。压缩机箱体(挡板4.2和油槽4.3)内部的油被抽出后,压缩机内的压缩空气通过空气冷却器(5.2)进入供风管路(6)。用于密封、润滑和分散压缩而升温的油通过一个油控装置(7)返回压缩机,随着温度和油控装置内恒温器设置的不同,通过油冷却器(5.1)的(热)油的油量有所不同。集成的油/气冷却器(5)可从离心风机(10)获得冷却空气(A4)。电动压缩机组每次关闭时,压缩机内的压力通过卸压阀(2)降低。启动卸荷开关(16)限制空气压缩机的启停频率,只有当启动卸荷开关检测到压缩机箱体(4.1)内压力低于设定值时,压缩机才能再次启动。

(二)干燥器

干燥器用于吸收空气压缩机产生的压缩空气中的水分、灰尘和大部分的油分,防止压缩空气中含有的水分在冬季时结冰破坏各种控制阀、管道、风缸或堵塞排水阀等设备。

机车车辆、动车组与城轨车辆上使用的干燥器主要有单塔式与双塔式两类。CRH1、CRH3、CRH5、CRH380B、CRH380C、CRH380D型动车组的主供风系统中使用双塔式干燥器,如图2-16所示;CRH2、CRH380A型动车组及所有动车组的辅助供风系统中使用单塔式干燥器,如图2-17所示。

图2-16 双塔式干燥器外形

图2-17 单塔式干燥器外形

1.双塔式干燥器

双塔式干燥器可同时进行干燥和再生作用,当主气流在一个塔中被干燥时,另一个塔中的干燥剂同时进行再生。

来自压缩机的潮湿压缩空气进入空气干燥器,压缩空气通过装有吸附性干燥剂的干燥塔,由干燥剂吸收大部分水分,使从干燥器出口排出的主气流相对湿度不大于35%。

另一部分经干燥的空气从主气流中引出,经再生节流孔后发生膨胀,并在穿过第2个塔内的饱和干燥剂后被释放到大气中。由于已在膨胀过程中被最大限度地干燥,这部分空气会从需再生的干燥剂中吸收其在干燥阶段所吸收的水分。两个干燥塔的干燥和再生工作状态在一个周期中通过换向阀进行交替。双塔式干燥器的工作原理如图 2-18 所示。

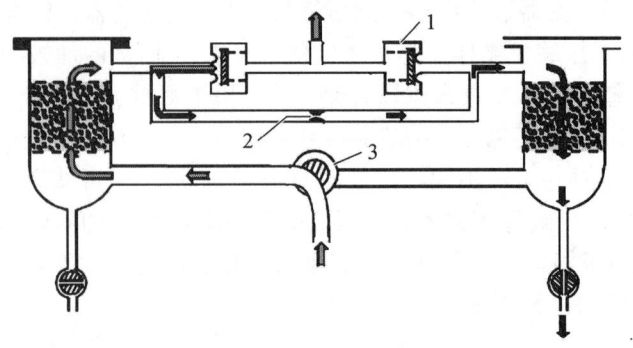

1—排气止回阀；2—再生节流孔；3—换向阀。

图 2-18 双塔式干燥器工作原理

2．单塔式干燥器

单塔式干燥器一般用于辅助空气压缩机系统，在动车组启动阶段且总风缸压力太低的情况下，辅助空气压缩机系统给受电弓的升弓提供压缩空气，升起受电弓。单塔式干燥器的干燥与再生作用不能同时进行，并且再生作用必须借助再生风缸才能完成，如图 2-19 所示。

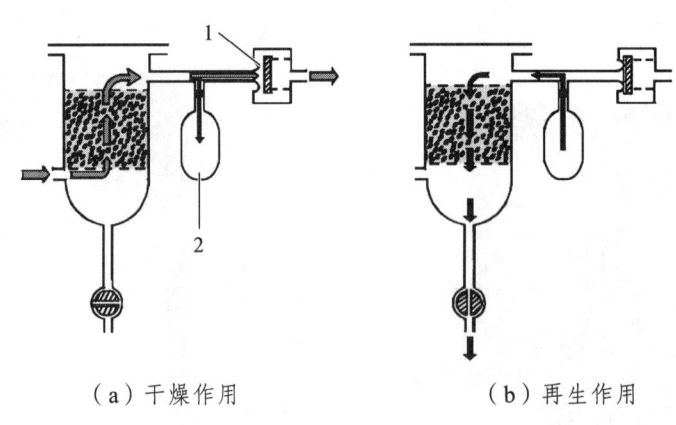

（a）干燥作用　　　　　　（b）再生作用

1—排气止回阀；2—再生风缸。

图 2-19 单塔式干燥器工作原理

当辅助空气压缩机工作时，单塔式干燥器执行干燥作用，一部分干燥后的压缩空气储存在再生风缸中。当辅助空气压缩机不工作时，再生风缸中压缩空气逆流通过干燥器，带走干燥剂中的水分、灰尘和油等杂质，从排泄阀排向大气实现再生功能。

（三）过滤器

机车车辆供风系统中使用的过滤器通常是微孔滤油器 OEF1-OEF4，如图 2-20 所示。过滤器可大大减少压缩空气中的油分。微孔滤油器位于压缩空气通路上干燥装置的下游，滤油器由筒体和过滤器油芯组成，如图 2-21 所示。其结构及工作原理如下：

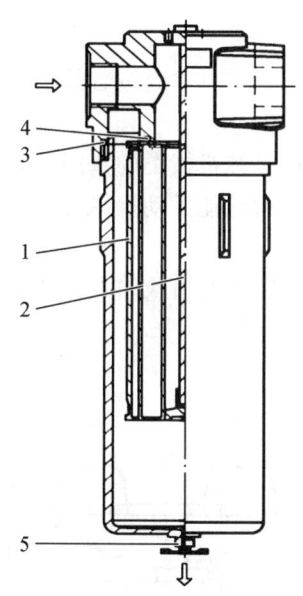 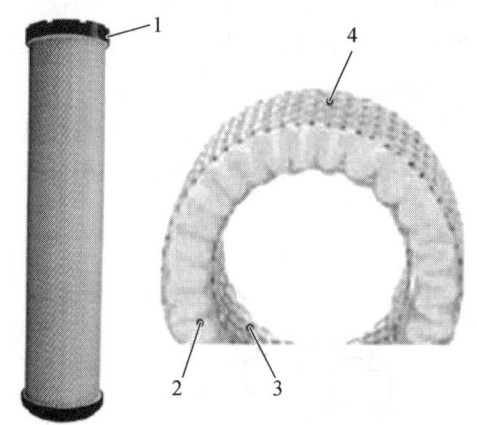

1—滤芯；2—螺杆；3，4—O形圈；
5—手动排油口。

图 2-20　微孔滤油器

1—塑料/铝制端盖；2—硼硅酸盐玻璃纤维层；
3—钢制内护套；4—钢制外护套。

图 2-21　滤芯

1. 筒体

铝制筒体可长期处于 160 kPa 的最大工作压力之下，其表面的合成树脂涂料可提供足够的防腐蚀保护。滤油器上下两部分由梯形螺纹连接在一起，过滤器滤芯用螺纹固定在机体中央的螺杆上，并用端盖密封。滤油器的检查、排气和除油都以手工方式完成。

2. 过滤器滤芯

过滤器滤芯包含一个很深的玻璃纤维层，此外还有很大的空腔，以实现较高的吞吐量和较低的压差。

滤油器可清除 1 μm 以上的悬浮油颗粒和固体杂质，残油含量不高于 0.1 mg/m³（20 ℃，700 kPa）。固体颗粒会被阻滞在玻璃纤维层中，而非常细微的液滴会在此形成较大的液滴而被强制进入滤芯的外部层，并在重力作用下成为黏性液体薄膜，流入过滤器下部的碗形容器中。

钢制支撑圆筒位于玻璃纤维材料的外部，为过滤介质提供必要的支撑，使玻璃纤维即使在气压波动很大的情况下也不会从夹层结构中漏出，滤芯的外部覆有聚氯乙烯（Polyvinyl Chloride，PVC）的泡沫层，可以阻滞矿物油、合成油和使用过久的油。

（四）塞门

塞门在气路中的主要作用相当于电路中的开关或转换开关，操作塞门的打开或关闭可使塞门两侧的气路连通、隔断或实现气路转换，从而方便检修、局部调试、人工气路切换等。有些塞门根据需要设有一些辅助功能，如带排气孔的塞门在关闭状态下在隔断进气的同时将出气口连大气，又如带电接点的塞门在塞门状态改变时通过机械装置引发外接电路的改变，将塞门状态以电信号的方式反馈给控制系统。

根据结构形式,塞门分为管式和板式。管式塞门又称为球阀,它可以通过管接头直接安装在管道上;板式塞门只能安装在阀块上。

根据控制形式,塞门分为手动式和带电接点式。手动式塞门是纯机械类的塞门,它的通断是通过人工操纵球杆手柄和蝶形手柄来实现的。带电接点式塞门除能手动操纵外,还能对塞门的状态进行监控。

根据是否带排气口,塞门分为不带排气孔与带排气孔塞门。带排气口塞门在截断时能对某部分气体排气。各种结构的塞门如图 2-22 ~ 图 2-24 所示。

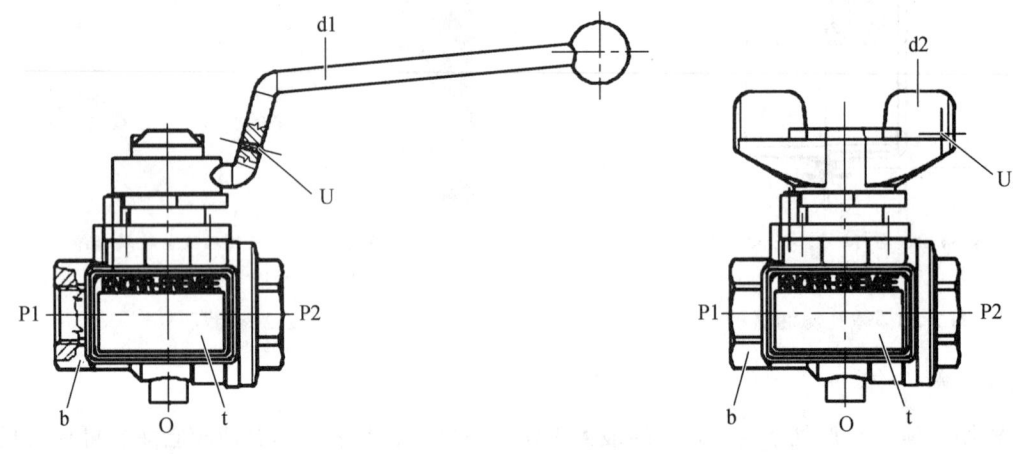

(a)带球杆手柄的管式塞门　　　　(b)带蝶形手柄的管式塞门

P1—进气接口;P2—出气接口;b—阀体;O—排气口;t—铭牌;U—铅封孔;
d1—球杆手柄;d2—蝶形手柄。

图 2-22　手动管式塞门

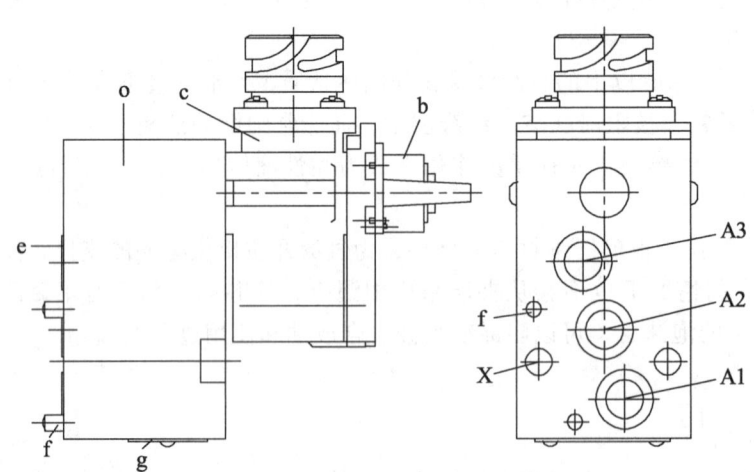

a—二位三通旋塞阀;b—锁紧手柄;c—开关模块;e—O 形环;g—铭牌;
f—槽销;X—安装孔;A1,A2,A3—压缩空气接口。

图 2-23　电接点板式塞门

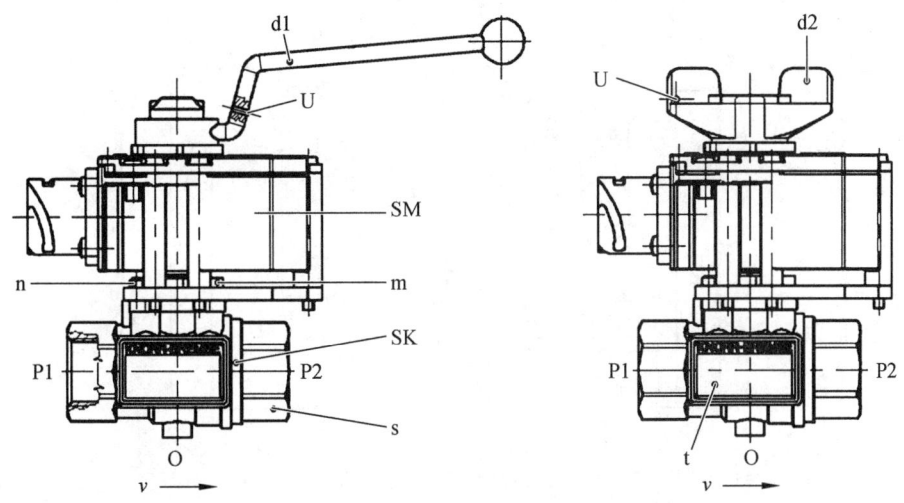

（a）带球杆手柄与电接点的管式塞门　　（b）带蝶形手柄与电接点的管式塞门

SK—球阀；t—铭牌；SM—开关模块；U—手柄上的铅封孔；d1—球杆手柄；P1—进气接口；
d2—蝶形手柄；P2—出气接口；m—止挡片；O—排气口；n—止挡销。

图 2-24　电接点管式塞门

球阀是为管式结构设计的单向旋塞，可安装在管路系统中。它有两个管螺纹接口：进气接口 P1 和排气接口 P2，接口用刻印的数字 1 和 2 在阀箱上标示出来。

管式塞门通常与各种通径的管道相连，塞门的型号、接口螺纹、管道通径扳手开口宽度匹配关系如表 2-1 所示。

表 2-1　塞门型号

塞门型号	SK-DN8	SK-DN10	SK-DN12	SK-DN20	SK-DN25
接口螺纹	G1/4	G3/8	G1/2	G3/4	G1
管道通径	DN8	DN10	DN12	DN20	DN25
扳手开口宽度/mm	22	22	27	32	41

（五）安全阀

安全阀通常安装在风缸、管道上，其作用是限定所处管路的最高压力。当所处管路中的压力高于安全阀的限定值时，安全阀向外断续式排气，起到降压和保护与其相连的其他装置的作用。安全阀的结构和原理如图 2-25 和图 2-26 所示。

在正常工作压力下阀座是关闭的。当超过所允许的压力（安全阀的设定值）时，阀杆将顶着压缩弹簧的力被提起，过压便通过排气孔泄放。压力降到相应值之后，阀座重新关闭。通过旋转调节螺栓可以设定安全阀的开启压力。为了避免该设定值在未经许可的情况下被更改，该阀由一个铅封封闭。

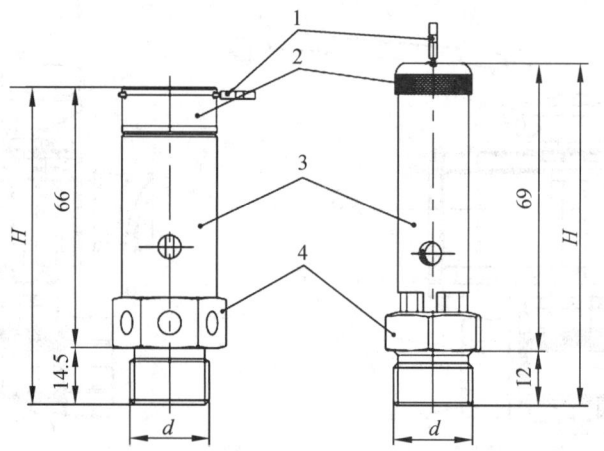

1—铅封；2—手动通气螺栓；3—安全阀体；4—扳手位置。

图 2-25　安全阀外形

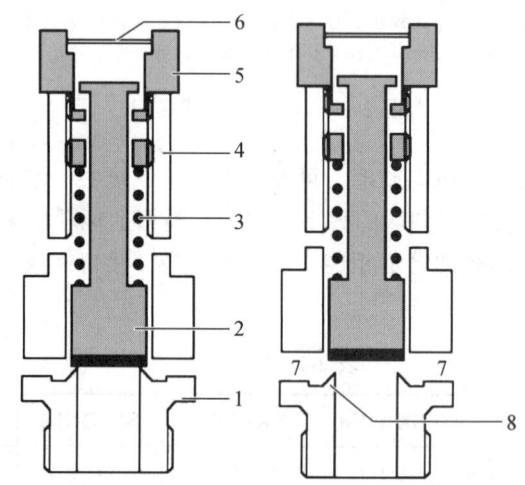

1—阀体；2—阀杆；3—调定弹簧；4—调节螺母；
5—封口螺母；6—铅封；7—排气口；8—阀座。

图 2-26　安全阀原理

为了检查功能部件的灵活性，并清除阀门可能出现的污垢，安全阀还具有一个通气装置。拧出手动通气螺栓，阀杆即被顶着压缩弹簧向上提起，阀座打开。排气时便会将可能存在的杂质沉淀从阀门中吹出。

（六）压力监控器

机车车辆中使用的压力监控器可分为压力开关与压力传感器。压力开关根据压缩空气系统的压力情况开关电路；而压力传感器能将所控制管路的压力变化转变为电信号，从而向控制系统反馈压力信息。压力监控器的动作压力值可以调整，它的结构如图 2-27 所示。

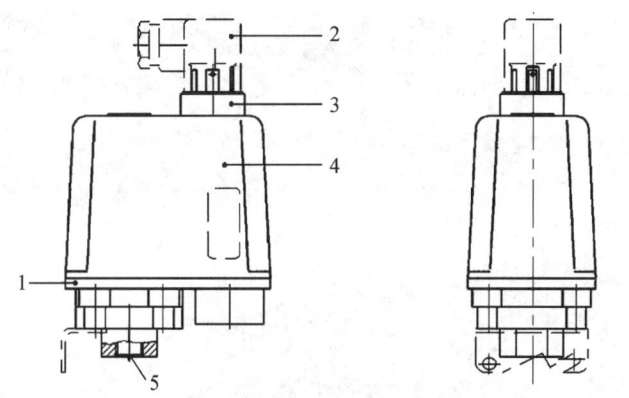

1—底板；2—电气插头；3—电气插接口；4—盖板；5—压缩空气接口。

图 2-27　压力监控器外形

动车组中，压力监控器可以用于控制空气压缩机的启动与停止，也可以用于电空转换阀、停放制动、救援回送等的控制。例如，当总风缸的压力上升到压力监控器设定值后，压力监控器发出信号给控制系统，控制系统控制空气压缩机停止运行；当总风缸的压力下降到低位设定值后，压力监控器发出信号给控制系统，控制系统控制空气压缩机开始运行。

（七）风缸与管路

空气压缩机产生的压缩空气，通过管路、经风缸入口，输送到风缸中储存起来，当动车组系统需要用压缩空气时，风缸中的压缩空气经出口，再通过管路送到制动系统各部分，实施制动作用。

二、空气制动控制装置

空气制动控制装置的作用是根据制动控制单元（BCU）的指令，产生空气制动原动力并对其进行操纵和控制。该部分包含制动缸与各种控制阀，如电空转换阀（EP阀）、中继阀、调压阀与电磁换向阀等部件。各种控制阀通常集中安装在一个控制箱内以减小质量，称为空气制动控制装置，该制动控制装置设置了各种测压口，可以减少维护检修工作量。动车组中空气制动控制装置与制动控制单元、风缸等部件模块化安装。如图 2-28 所示为 CRH2 型动车组制动控制装置。有些动车组因车底元件布局问题，制动控制箱与风缸等分开安装。CRH2 型动车组的制动控制箱里面安装了各类空气制动控制阀与制动控制单元，如图 2-29 所示。这些元件统一安装在一块底板上，底板内部通常设置有沟通控制阀或元件的气路。

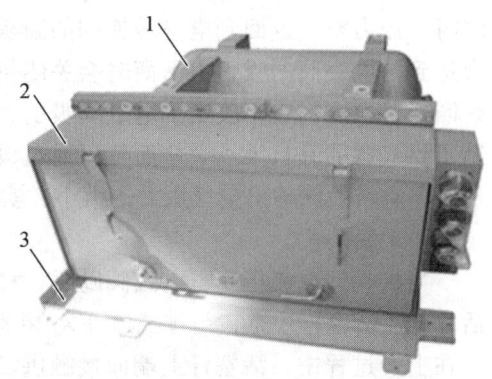

1—风缸；2—制动控制箱；3—安装支架。

图 2-28　CRH2 型动车组制动控制装置

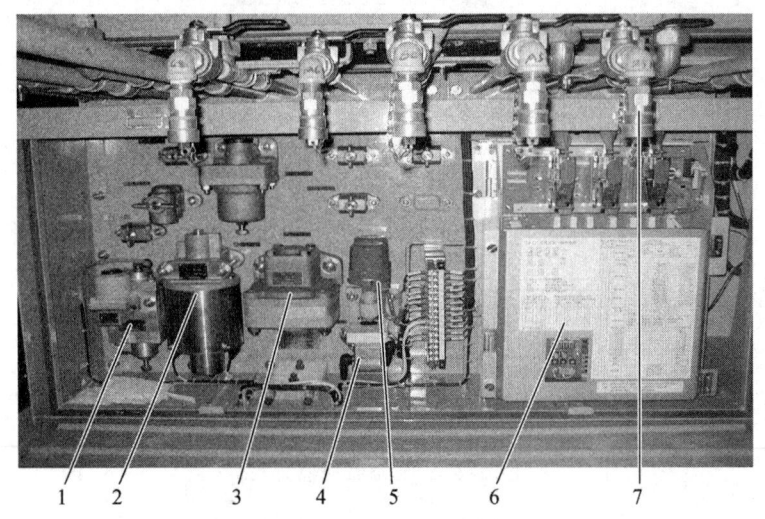

1—调压阀；2—电空转换阀；3—中继阀；4—电磁阀；5—压力开关；
6—制动控制单元；7—测压接口。

图 2-29　CRH2 型动车组制动控制阀与 BCU

（一）电空转换阀

电空转换阀简称 EP 阀，其作用是把制动控制单元（BCU）所发来的电流指令变换为空气压力，而向中继阀提供控制压力。根据电流指令形式，电空转换阀可分为模拟型与开关型。模拟型电空转换阀的输入电流指令为无级可调指令，其输出空气压力能连续且无级地控制。开关型电空转换阀输入的电流指令由两个二位二通换向阀或二位三通阀调节，从而控制输出空气的压力。

1．模拟型电空转换阀

模拟型电空转换阀相当于一种专用电磁阀，由电磁铁部和供气、排气部构成，如图 2-30 所示。电流通到电磁铁线圈，就产生吸引力打开供气阀，而供给压力空气。同时，压力空气返回到电空转换阀的膜板室，当空气压力达到与电磁阀的吸引力平衡时会关闭供气阀。电磁阀线圈通过电流的大小决定了电磁阀吸引力的大小，也控制了供气阀的开口大小，从而可以通过设定电流的大小控制电空转换阀输出空气压力的大小，实现无级调压。

（1）制动位。

当接收到电流指令，电磁阀励磁，柱塞动作使排气活塞杆（活塞杆中空，与排气口 EX 相通）上升，活塞杆在上升过程中，活塞杆上端面接触供气阀下端面而关闭排气活塞杆中的排气通道后，继续上顶供气阀，供气阀由供气阀座脱离，供气管路 SR 输送进来的压缩空气经

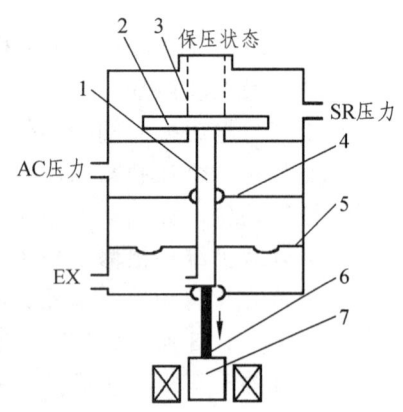

1—排气活塞杆；2—供气阀；3—弹簧；
4—上膜板；5—下膜板；6—柱塞；
7—电磁阀。

图 2-30　模拟型电空转换阀原理

供气阀口流到 AC 口，AC 口通中继阀管路，该压力作为中继阀的预控压力，如图 2-31 所示。同时，AC 口压力空气通过上膜板与排气活塞杆周边的小孔流入下膜板上面的腔室，并且作用在下膜板上，使下膜板承受向下的压力。当 AC 口压力达到设定值后，下膜板带动排气活塞杆向下运动，供气阀在上方弹簧的作用下同步下降，接触到排气阀座，从而关闭供气通路，达到平衡位置。

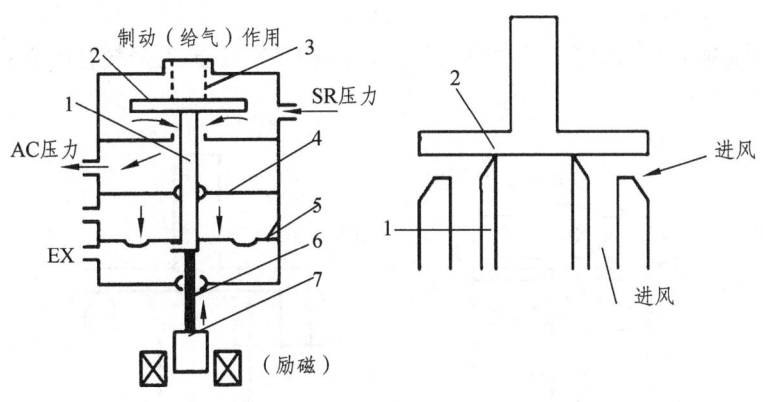

1—排气活塞杆；2—供气阀；3—弹簧；4—上膜板；
5—下膜板；6—柱塞；7—电磁阀。

图 2-31　模拟型电空转换阀充气制动位

达到平衡状态后，若增加指令电流，电磁阀的输出力作用在柱塞上，使柱塞上顶排气活塞杆，活塞杆克服膜板承受的压力，向上运动顶开供气阀，SR 压力继续向 AC 口充气。当 AC 压力再次达到指令电流对应的压力后，再次关闭供气管路，回到平衡位置，形成阶段制动。

（2）保压位。

在平衡状态，AC 口压力与上下两膜板之间的腔室具有相同的空气压力，供气阀口关闭。SR 口、AC 口与排气口（EX）之间互不相通，在不考虑泄漏的情况下，AC 口压力不会变化，形成保压状态。若因泄漏使 AC 口压力下降，作用在上下两膜板之间的压力也随之下降，排气活塞杆受力平衡被破坏，将在电磁力作用下上移，顶开供气阀，SR 口通过供气阀口向 AC 口进行自动补风，直到 AC 口压力回到设定值为止，如图 2-32 所示。

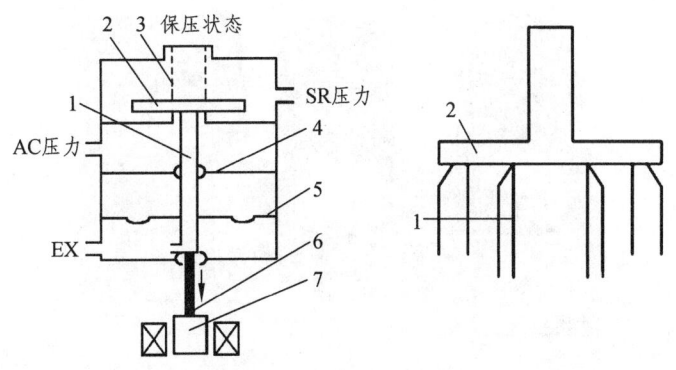

1—排气活塞杆；2—供气阀；3—弹簧；4—上膜板；
5—下膜板；6—柱塞；7—电磁阀。

图 2-32　模拟型电空转换阀保压位

（3）缓解位。

若指令电流下降，电磁阀的输出力小于膜板承受的压力，下膜板带动排气活塞杆向下运动，排气活塞杆顶端与供气阀脱离，AC 口的压缩空气经中空的活塞杆流向排气口（EX），排入大气，形成阶段缓解。

当 AC 口的压力下降到与电磁阀输出力平衡时，排气活塞杆上移，使排气管路关闭，重新回到平衡状态。若电磁阀消磁，电磁阀的输出力为零，下膜板带动排气活塞杆继续下移，同样，AC 口的压缩空气经中空的活塞杆流向排气口（EX），排入大气，形成一次缓解，如图 2-33 所示。

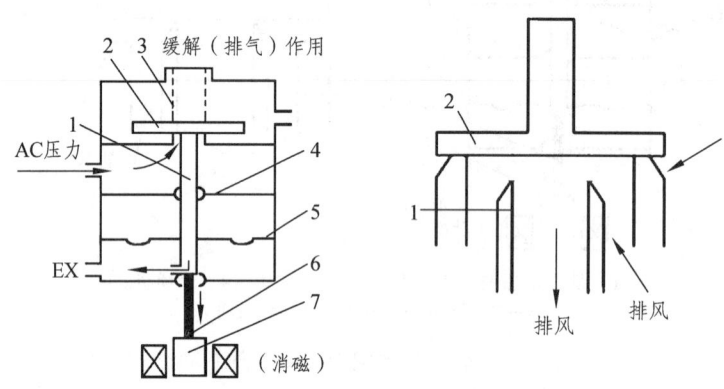

1—排气活塞杆；2—供气阀；3—弹簧；4—上膜板；
5—下膜板；6—柱塞；7—电磁阀。

图 2-33 模拟型电空转换阀缓解位

2．开关型电空转换阀

开关型电空转换阀由两个二位二通的电磁阀、一个压力传感器以及一个阀座组成。电磁阀与压力传感器共同安装在阀座上，开关型电空转换阀的外形如图 2-34 所示，其作用原理如图 2-35 所示。

1—充气电磁阀；2—阀座；3—排气电磁阀；4—压力传感器。

图 2-34 开关型电空转换阀外形

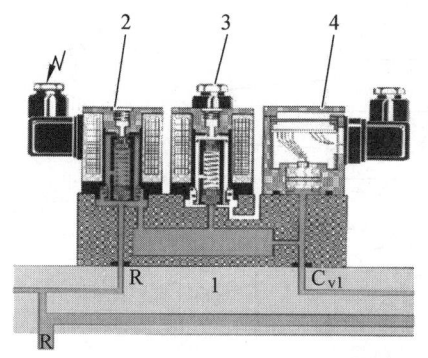 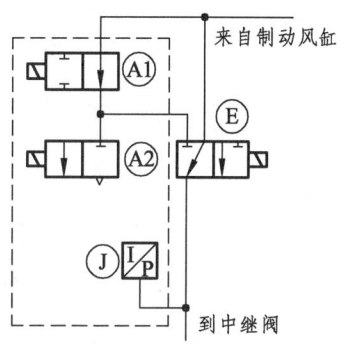

1—阀座；2—充气电磁阀；3—排气电磁阀；4—压力传感器；R—来自制动风缸压力；
C_{V1}—输出到中继阀压力；A1—充气电磁阀；A2—排气电磁阀；
J—压力传感器；E—紧急电磁阀。

图 2-35 开关型电空转换阀原理

在图 2-25 中，紧急电磁阀 E 不属于电空转换阀，电磁阀 A1、A2 分别对应于充气电磁阀和排气电磁阀。

在常用制动位，紧急电磁阀电磁铁得电，切断制动风缸经紧急制动阀到中继阀的空气通路；制动控制单元给出空气压力值后，充气电磁阀由得电变为失电，来自制动风缸的压缩空气通过 A1 送到 E，再送到中继阀，作为中继阀的预控压力。同时，排气电磁阀 A2 也由得电变为失电，切断输出经 A2 的排气通路；当中继阀的预控压力达到设定值时，压力传感器 J 给出相应的压力信号，计算机则控制 A1 得电，停止供风，电空转换阀处于保压状态。

当制动控制单元接到缓解指令后，计算机控制 A2 得电，中继阀预控压力经紧急阀 E 逆流，气体经排气电磁阀 A2 的排气口排向大气，电空转换阀处于缓解状态。

（二）中继阀

在制动控制单元内，电空转换阀完成电气指令到预控压力的转换后，还需要一个能够通过较大风量的输出元件，该元件能将预控压力的流量放大，相当于一个流量放大器，这个元件就是中继阀。

1．结　构

根据制动控制方式的不同，中继阀有多种形式。常用的一种是与电空转换阀配合、具有压力 1∶1 变换关系的比例阀，它只能完成流量比例放大，不具备压力放大功能，如图 2-36 所示为这种中继阀的原理示意图。

这种中继阀采用的是一种双膜板结构，上膜板的下腔引入来自电空转换阀常用制动预控压力，下膜板的下腔引入来自紧急电磁阀的紧急制动预控压力，两张扁平膜板的有效面积相同，具有高位优先（指在常用制动与紧急制动同时作用时 AC1 和 AC2 同时进风，哪一个的压力高就实施什么制动）功能。由于预控压力 AC1 或 AC2 与制动缸反馈压力的大小不同，使供排气活塞杆上下移动，从而使供气阀开启或关闭。当供气阀向上开启时，制动缸内压力升高；当供气阀向下关闭时，制动缸排气压力减小。

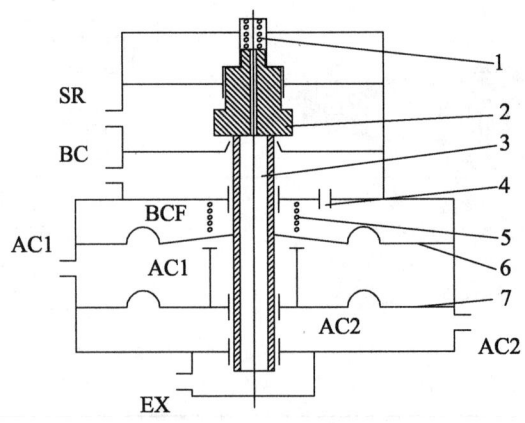

1—供气阀弹簧；2—供气阀；3—供排气活塞杆；4—阻尼孔；5—膜板复原弹簧；
6—上膜板；7—下膜板；SR—来自制动风缸压力；BC—输出制动缸压力；
AC1—电空转换阀预控压力；AC2—紧急电磁阀预控压力；
BCF—制动缸反馈压力；EX—排气口。

图 2-36 中继阀原理

2．工作原理

中继阀与电空转换阀同样具有制动位、保压位和缓解位三个状态。其作用原理如图 2-37～图 2-39 所示。

制动时，电空转换阀或紧急电磁阀的预控压力 AC1、AC2 通到膜板的上下腔中，供排气活塞杆上移打开供气阀。来自制动风缸的压力空气 SR（也称一次压力），经供气阀和供气阀座开口部送给制动缸，制动缸压力空气 BC（也称二次压力）压力上升，中继阀处于制动位。

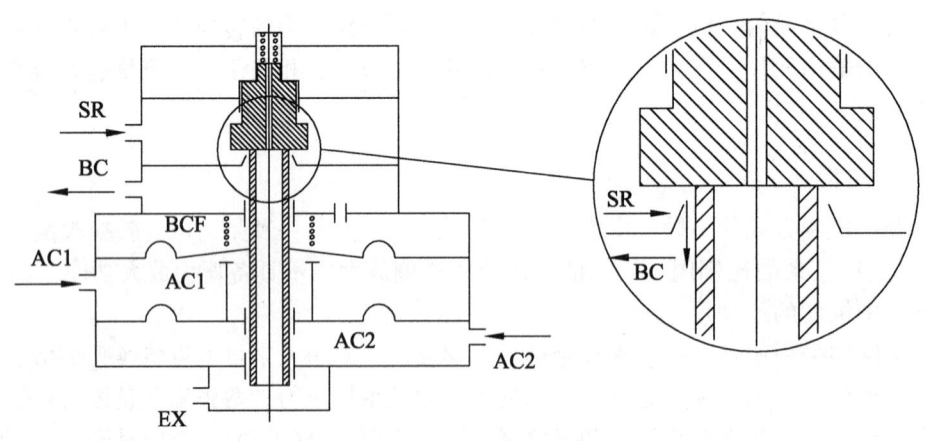

图 2-37 中继阀制动位

注：字母含义同图 2-36。

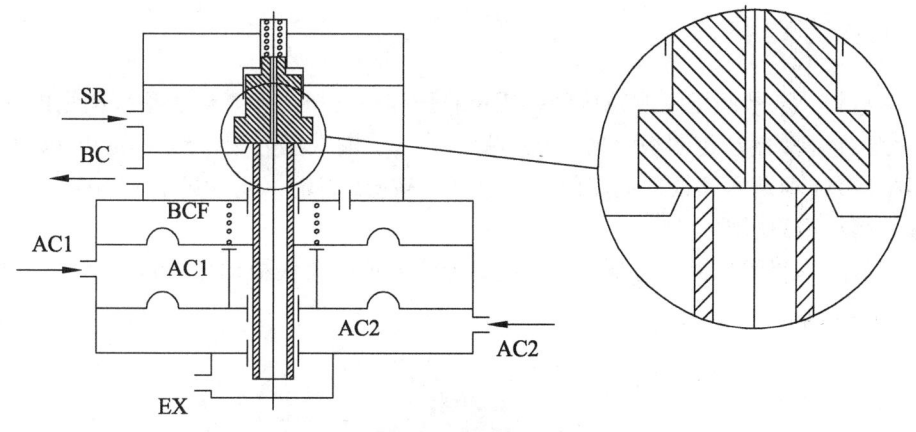

图 2-38 中继阀保压位
注：字母含义同图 2-36。

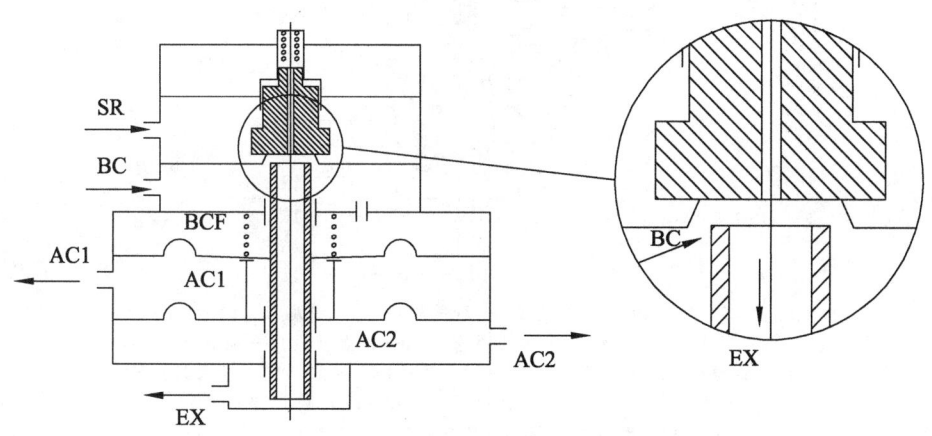

图 2-39 中继阀缓解位
注：字母含义同图 2-36。

制动缸压力通过阻尼孔反馈到 BCF 室，BCF 室压力随之上升，当下膜板的上下腔压力 AC1 或 AC2 等于 BCF 室的压力时，供排气阀活塞杆在膜板复原弹簧的作用下向下移动，供气阀也被上方的供气阀弹簧压到供气座，从而制动风缸的压力不再流向制动缸管。同时，供排气活塞杆顶面与供气阀底面接触，封闭充气与排气通道，制动缸压力维持不变，中继阀处于保压位。

当电空转换阀或紧急电磁阀的预控压力 AC1、AC2 降低，供排气活塞杆由于 BCF 室压力而向下移动，制动缸压力空气经过供排气活塞杆内的通道排出到大气中，此时制动缸压力下降，处于缓解过程，中继阀处于缓解位。

如果电空转换阀或紧急电磁阀的预控压力 AC1、AC2 停止下降，上下膜板带动供排气活塞杆上移，与供气阀底面接触，供排气活塞杆不再排气，制动缸压力维持不变，中继阀又处于保压位，实现了阶段缓解。

当制动缸存在泄漏而导致压力下降时，BCF 室的压力也随之下降，供排气活塞杆在 AC1 或 AC2 的压力作用下上移，再次打开供气阀给制动缸管充风，补充制动缸压力。直到 AC1 或 AC2 的压力等于 BCF 室的压力时，供气阀关闭，停止充风，此作用称为自动补风作用。

（三）压力调整阀

压力调整阀，又称调压阀或减压阀，用于将压缩空气压力调整到合适范围之内。例如，CRH1 型动车组停放制动控制板上的减压阀就是将入口输入压力调整到 600 kPa 以内。CRH2 型动车组中，B11 型调压阀根据动车组运行速度的高低，将输入制动风缸的压缩空气减压后，输出给紧急制动用的压缩空气。

压力调整阀是利用弹簧力与空气压力的差使活塞或橡胶膜板动作，进行空气压力的调整，如图 2-40 所示。

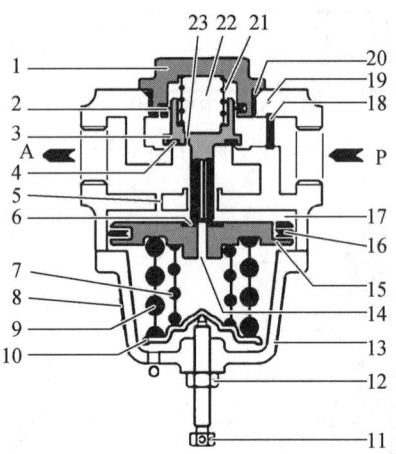

1—螺旋塞；2—密封圈；3—阀芯；4—进气阀座；5—阻尼孔；6—排气阀座；
7—压缩弹簧；8—铭牌；9—调压弹簧；10—弹簧座；11—调整螺钉；
12—调整螺母；13—外壳；14—排气孔；15—活塞；16—活塞封；
17—活塞腔；18—过滤网；19—阀体；20—O 形圈；21—弹簧；
22—弹簧腔；23—阀芯平衡孔；A—减压空气接口；
P—高压空气接口。

图 2-40 调压阀

需要减压的压缩空气通过高压空气接口 P 和打开的进气阀座流入减压接口 A。同时压缩空气通过阻尼孔流入活塞腔，并加载于活塞的上方。压缩空气通过阀芯平衡孔进入阀芯上面的弹簧腔。当减压口压力超过设定值，作用在活塞上向下的力就会超过压缩弹簧和调压弹簧的预应力，阀芯推杆带动活塞一同被压下，进气阀关闭。之后，活塞与阀芯推杆分离，打开排气孔，减压口的减压空气向大气中排放，直至减压压力下降到设定的标准值为止。之后活塞将再度被抬起上移，直至阀芯的推杆关闭排气孔，而阀芯又不至于从其进气阀座上被抬起，此时达到平衡状态。

在正常的空气消耗情况下，或者在减压接口 A 处漏气时，空气压力会降低。平衡状态被打破，活塞能够被压缩弹簧和调整弹簧的弹力向上顶起。这时阀芯的推杆被同样向上抬起，从而打开进气阀座。阀座一直保持打开状态，直到通过高压接口 P 流入的压缩空气的压力足够和压缩弹簧和调整弹簧的作用力重新平衡为止。减压口的压力大小可以通过调整螺钉进行调节。

（四）电磁阀

电磁阀通过电磁线圈得失电控制气阀阀芯动作，进而使气路在不同通路切换。电磁阀的结构如图 2-41 所示。

在电磁铁失电（未励磁）时，电磁阀的衔铁在弹簧力作用下，关闭控制气体进气阀座，同时，打开控制气体排气阀座 2，活塞 5 上方的压缩空气经排气阀座 2 排向大气，活塞 5 上方无压力。活塞、阀芯、阀门挺杆在下方弹簧的作用下上移，阀芯上移到位后关闭进气阀口，切断供气口 P 与用气设备接口 A 之间的通道；阀门挺杆在其下方弹簧作用下继续上移，打开排气阀口，开启用气设备接口 A 到排气口 R 之间的通道，用气设备压缩空气排向大气。

在电磁铁得电（励磁）时，电磁阀的衔铁在电磁力的作用下，克服弹簧力向上运动，关闭控制气体排气阀座，同时打开控制气体进气阀座。供气口 P 的气体流向活塞 5 上方，作用在活塞上，使活塞向下运动。活塞推动阀门挺杆关闭排气口，关闭用气设备接口 A 到排气口 R 之间的通道。同时阀门挺杆压迫阀芯克服其下方的弹簧力而向下运动，开启进气阀，沟通供气口 P 与用气设备接口 A 之间的通道，压缩空气从接口 P 流向用气设备接口 A。

当电磁铁未励磁时，则电磁阀重新回到静止状态，压缩空气供给中断，接口 A 通过 R 排风。

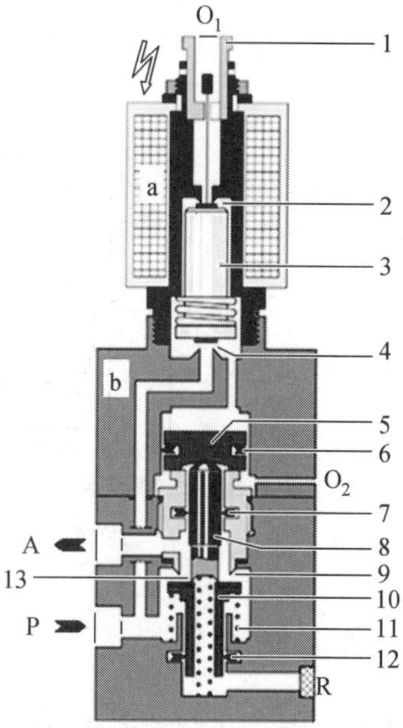

1—手动越权按钮；2—控制气体排气阀座；
3—衔铁；4—控制气体进气阀座；5—活塞；
6, 7—活塞封；8—阀门挺杆；9—进气阀座；
10—阀芯；11—复位弹簧；12—拉杆封；
13—排气阀座；A—用气设备接口；
P—供气口；R—排气口；
O_1, O_2—通大气口；
a—电磁铁；
b—主阀体。

图 2-41 电磁阀结构

（五）增压缸

增压缸是 CRH2 非统型动车组特有的部件，它由气缸、油缸、活塞和储油部等构成。增压缸有一大一小两个活塞，分别位于活塞缸的两端；大活塞上作用的是气压，小活塞上作用的是油压。

增压缸可将来自中继阀的空气压力转换成一定倍率的油压输出到夹钳装置中。由于油的压力比气压高得多，因而油压面活塞的尺寸要比气压面活塞小得多，从而使得与其相连的夹钳机构的尺寸也大大减小，以实现制动装置的小型轻量化。如图 2-42 和图 2-43 所示为增压缸的外形和原理。

图 2-42 增压缸

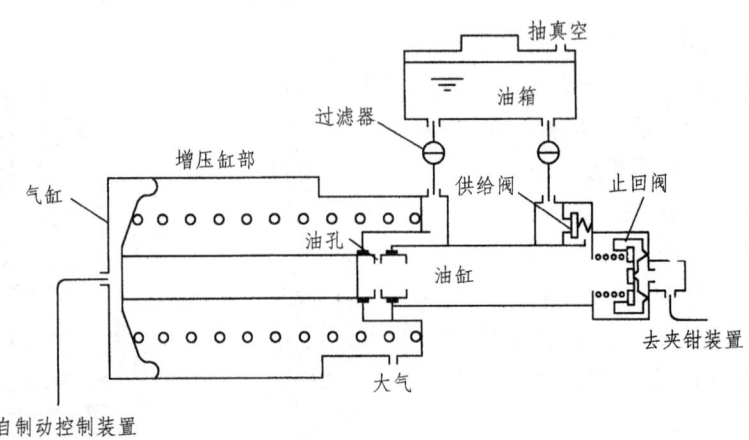

图 2-43 增压缸的原理

（六）制动缸

制动缸是产生制动原动力的部件，动车组上的制动缸安装在制动夹钳上，有气压制动缸与液压制动缸两类，分别以气压和油压作为制动原动力来驱动夹钳机构动作。

除 CRH2 型动车组非统型车以外，其他动车组上使用气压制动缸。制动缸的结构如图 2-44 所示。

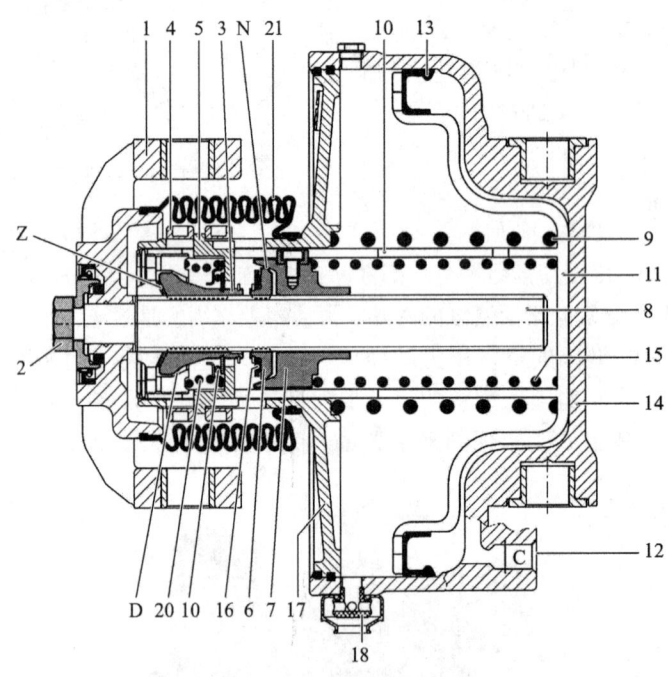

1—支架；2—夹紧螺母；3—压紧螺母；4—定位环；5—调节环；6—螺母；7—联轴器套筒；8—转轴；9，15，20—压缩弹簧；10—活塞管；11—活塞；12—压缩空气入口；13—皮碗；14—气缸；16—通气塞；17—罩盖；18—推力滚针轴承；19—滚珠轴承；21—波纹管；C—压缩空气接口；D，N—锥体联轴器；Z—齿式联轴器。

图 2-44 气压制动缸

液压制动缸仅使用在 CRH2 型动车组非统型车上，如图 2-45 所示。液压制动缸主要由夹钳本体、柱塞、防尘波纹管、U 形密封圈以及柱塞底部的复位弹簧组成。在制动时，柱塞底部油腔进油，柱塞克服弹簧力向右伸出；在缓解时，柱塞在复位弹簧作用下向左缩回。

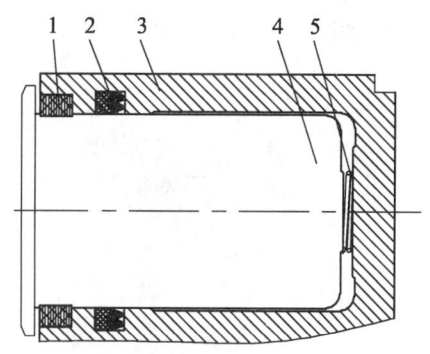

1—防尘波纹管；2—U 形密封圈；
3—夹钳本体；4—柱塞；
5—复位弹簧。

图 2-45 油压制动缸结构

三、基础制动装置

基础制动装置是指从制动缸活塞杆到闸片（闸瓦）之间的一系列零部件所组成的机械装置。它的用途是把作用在制动缸活塞上的压力空气推力增大适当倍数以后，平均地传递给各块闸片（闸瓦），使其转变为压紧制动盘或车轮踏面的机械力，阻止车轮转动而产生制动作用。

动车组的基础制动装置主要由制动盘、制动夹钳与闸片等零部件组成。

（一）制动盘

动车组上使用的制动盘有多种结构形式，按照制动盘安装的位置，制动盘可分为轴盘式和轮盘式两种。前者安装在车轴上，如图 2-46 所示。后者将摩擦盘安装在车轮辐板的两侧，如图 2-47 所示。轴盘式制动盘通常安装在动车组的拖车和动车转向架非动力轴上；轮盘式制动盘通常安装在动车组的动车转向架上，也可以安装在拖车转向架上，如 CRH380A 等型号动车组的拖车转向架上安装了轮盘式制动盘。

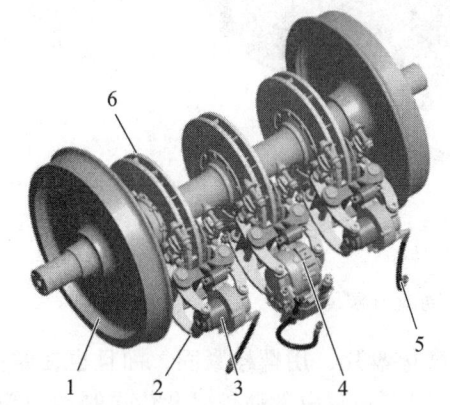

1—轮对；2—制动夹钳；3—制动缸；4—停放制动缸；
5—胶管；6—轴装式制动盘。

图 2-46 拖车基础制动装置

1—摩擦盘；2—制动夹钳；3—胶管；
4—车轴；5—制动缸。

图 2-47 轮装式制动盘

按照制动盘本身的结构，制动盘可分为整体式和对半式，对半式便于制动盘磨耗到极限时，不需退轮就可以更换。轴盘式、整体式制动盘结构如图 2-48 所示；轴盘式、对半式制动盘结构如图 2-49 所示。

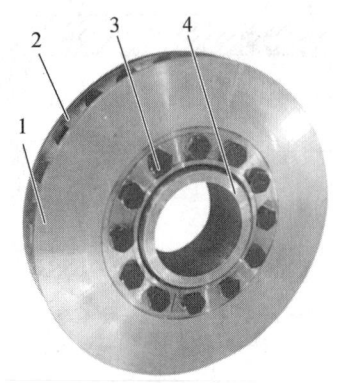

1—摩擦盘；2—散热筋；3—螺栓；4—盘毂。

图 2-48 轴盘式、整体式制动盘

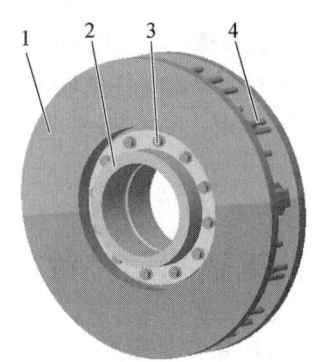

1—半摩擦盘；2—盘毂；3—螺栓；4—散热筋。

图 2-49 轴盘式、对半式制动盘

由于制动盘是一个既受力又受热的零部件，不宜用过盈配合直接装在轴上，所以轴盘式制动盘通常要采用锻钢盘毂作为车轴与制动盘之间的连接零件，而且在制动盘的螺栓连接处要加装弹性套，如图 2-50 所示。制动盘和盘毂之间采用多个径向弹性圆销实现浮动连接，受热时制动盘可沿着径向弹性圆销自由伸缩，以消除内应力。考虑到制动盘要有良好的散热性，在制动盘的中间部分设计有散热筋片，当车辆运行时，空气对流即达到散热作用。

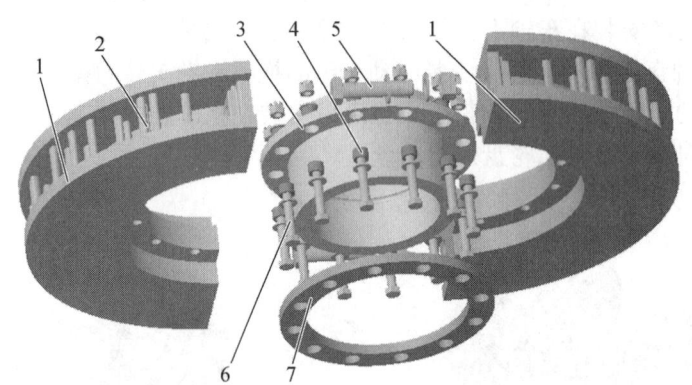

1—半摩擦盘；2—散热筋；3—盘毂；4—弹性套；5—摩擦盘安装螺栓；
6—盘毂安装螺栓；7—压板。

图 2-50 轴盘式、对半式制动盘分解图

轮盘式的制动装置是在车轮辐板的两侧各设一个摩擦盘片，用螺栓紧固，而且也在摩擦盘片的螺栓连接处加装了弹性套，如图 2-51 所示。为了固定和对中制动盘以及传送制动扭矩，摩擦盘配有许多固定螺栓或定位销，即使摩擦盘因温度升高而膨胀时，也能起沿着定位销使摩擦盘对中心的作用。轮盘式制动装置在摩擦盘片的背面也设有散热筋。轮装式摩擦盘片也有两种形式：一种是在轮对组装状态下就可以更换的对半式盘；另一种是只有卸下车轮才可以更换的整体式盘。

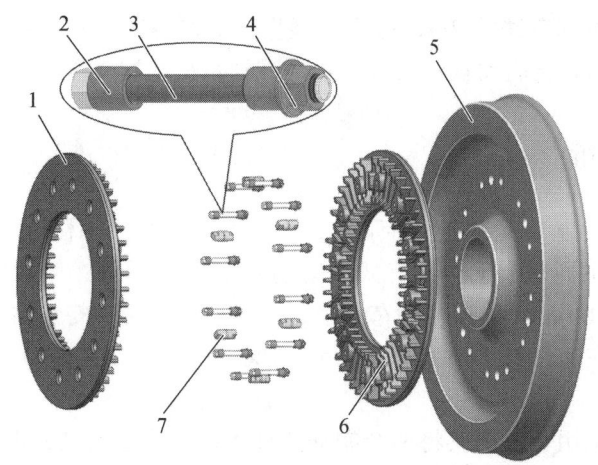

1—摩擦盘；2—弹性套；3—螺栓；4—法面螺母；
5—车轮；6—散热筋；7—定位销。

图 2-51 轮盘式制动盘分解图

在制动盘材料方面，制动盘曾使用过普通铸铁、普通铸钢、低合金铸铁；目前，由于列车轻量化的需要，又相继研究开发了特殊合金铸钢、低合金锻钢、铸铁-铸钢组合材料、C/C 纤维复合材料和铝合金基复合材料。总体来说，制动盘材料可分为两大类，即铁系金属材料和复合材料。

铸铁制动盘具有摩擦性能好、耐磨、耐热、抗热裂、抗变形及可铸性好等优点。

合金铸钢制动盘能够大量吸收制动产生的热量，并具有以下特点：

（1）温度稳定性较高，热裂纹倾向小。

（2）对潮湿环境的敏感性较低。

（3）制动力大时，闸片磨耗较少。

（4）高温时摩擦系数较均匀。

与锻钢盘相比，尽管铸钢盘的制造成本较低，但批量生产时其质量较难控制。

铸铁-铸钢组合制动盘是以铸铁作为摩擦材料制成制动盘，以铸钢作为补强材料制成盘毂。这两种材料组合在一起，从整体上兼顾了铸铁高而稳定的摩擦性能和铸钢较好的耐龟裂特性。

锻钢制动盘具有良好的机械性能，同时具有较高的抗热裂性。在研制初期，锻钢制动盘存在因制动摩擦热引起较大变形的问题，但通过改变形状或施加反向预变形等措施，可以达到实用化的程度。

C/C 纤维复合材料制动盘是用碳纤维强化碳母材得到的复合材料，具有密度小、质量小、耐热裂及高速制动性能好等特点，此种材料已在飞机和赛车上经过实际应用的考验。与传统的铁系材料制动盘相比，C/C 纤维复合材料有常用制动时磨损量大、摩擦特性易受温度影响等缺点。

铝合金基复合材料以铝合金为母材，加入陶瓷粒子并使之均匀分布，以改善耐磨性。铝合金的导热性好，用它制成制动盘时，只要有足够的热容量就不会产生局部的热量蓄积，从而使制动盘表面温度保持在一定限度下。同时，铝合金盘具有不产生疲劳裂纹的优点。另外，铝基复合材料的密度不到铸铁的 2/5，有望在轻量化上取得较好的效果。在实际使用中，考虑到必要的热容量，铝合金制动盘的实际质量应在铁系材料制动盘的一半左右。

（二）制动夹钳

CRH 系列动车组的制动夹钳有三种形式，分别为杠杆式、一体式和紧凑式。三种不同形式的制动夹钳使用在不同车型上：杠杆式制动夹钳安装在 CRH3、CRH380B、CRH380C、CRH5、CR400AF、CR400BF 等型号动车组上；一体式制动夹钳安装在 CRH2 非统型车上；紧凑式制动夹钳安装在 CRH1、CRH2 统型车、CRH380A、CRH380D、CRH6A 等型号的动车组上。

杠杆式制动夹钳是用一个支架将两个制动杠杆用销轴连接起来，形成"H"形的结构，制动缸和闸片分别安装在"H"形夹钳的两端，如图 2-52 所示。它通过支架、顶部两侧的吊耳与转向架构架相连，又称为三点吊挂式制动夹钳。制动时，通过制动缸及制动杠杆的作用，使安装在另一端的闸片夹紧制动盘；缓解时，由于制动缸内的压强降低，在制动缸内缓解弹簧的作用下，闸片离开制动盘。这种制动夹钳的闸片间隙调整器集成在制动缸上。

一体式制动夹钳由支架和"H"形的本体组成，由于整个本体为一个零件，故称"一体式"夹钳，如图 2-53 所示。它通过支架顶部和背面的 4 个螺钉安装孔与转向架支架相连。"H"形本体的一端以销轴与支架连接，本体可沿销轴的轴向滑动；另一端安装液压制动缸和闸片，本体上还有闸片间隙调整器，以适应闸片的不同磨耗程度。液压式制动缸和闸片间隙调整器均内藏在夹钳体内。这种一体式夹钳结构只在本体的一侧设有液压制动缸，夹钳本身可以移动，称为浮动式夹钳。

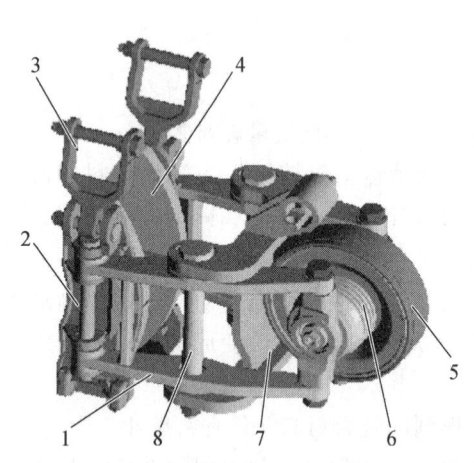

1—制动杠杆；2—闸片托；3—吊耳；4—闸片；
5—制动缸；6—闸片间隙调整器；
7—支架；8—销轴。

图 2-52 杠杆式制动夹钳

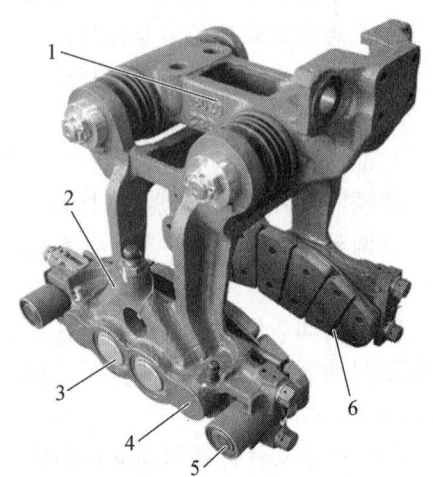

1—支架；2—夹钳本体；3—闸片间隙调整器；
4—液压制动缸；5—导向柱；6—闸片。

图 2-53 一体式制动夹钳

紧凑式制动夹钳也是由一个支架将两个制动杠杆用销轴连接起来，形成"H"形的结构，如图 2-54 所示。它通过支架上端面的 4 个安装孔与转向架的构架相连。紧凑式制动夹钳与杠杆式制动夹钳在结构上有许多差异：紧凑式制动夹钳的制动杠杆是铸造成型，外形比较厚实，强度较高；杠杆式制动夹钳的制动杠杆式杆件是装配而成的，外形比较单薄；紧凑式制动夹钳的闸片间隙调整器单独安装在夹钳的尾端；杠杆式制动夹钳的闸片间隙调整器集成在制动缸活塞杆的前端；紧凑式制动夹钳上方两侧未设置吊耳。

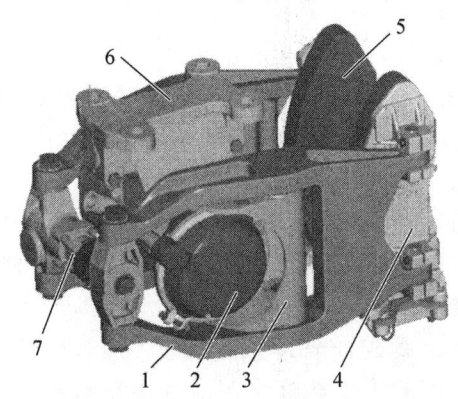

1—制动杠杆；2—制动缸；3—壳体；4—闸片托；
5—闸片；6—支架；7—闸片间隙调整器。

图 2-54　RZS 紧凑式制动夹钳

（三）闸　片

动车组所使用的闸片通常为合成闸片，其形状均呈月牙形或腰果形，如图 2-55 所示。闸片背面具有起加强作用的钢背，闸片体通常对称分成两半，其好处是容易拆卸，特别适用于闸片与轨面空间很小的情况。闸片上的散热槽有各种不同的形式，有横向槽、竖向槽和斜槽等，其作用都是增加摩擦面的贴合性，便于排除磨屑和散热。

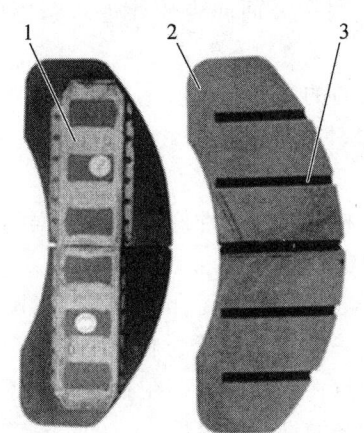

1—钢背；2—合成闸片本体；3—凹槽。

图 2-55　闸片外形

制动闸片材料的发展与制动盘材料的发展密切相关，闸片材料要求具有以下性能：
（1）具有足够且稳定的摩擦系数，外界条件（如制动初速度、压强、温度、环境介质等）

改变时对其影响较小。

（2）具有较高的耐磨性。

（3）具有良好的物理机械性能。导热性好，热容量大，有一定的高温机械强度。

（4）对制动盘的表面损伤小，不易划伤表面和产生黏着磨损，摩擦过程中不易产生噪声，无臭味，无污染。

（5）经济性好，原料来源充裕，价格便宜，生产工艺简单。

闸片材料大致可分为四种：合成材料、烧结金属材料、C/C 纤维组合材料和陶瓷基复合材料。

在高速列车发展的初期，与铸铁制动盘配对的均为合成材料闸片。合成材料闸片是通过把树脂、金属粉末、增强材料、摩擦材料等混合在一起，加热加压模压而成。合成材料闸片近几年来的发展方向主要是不含石棉的闸片，石棉的代用品有玻璃纤维、碳纤维、有机纤维、凯夫拉纤维、铜纤维和矿纤维等。

烧结金属材料是以一种金属或合金为主要成分，加入摩擦、减磨或起某些特殊作用的其他金属、非金属成分。用粉末冶金技术制成的烧结材料具有明显的金属性、优越的物理-力学性能和摩擦磨损性能。和其他材料相比，烧结金属材料具有以下优异的使用特性：

（1）高的机械强度。在工作温度下，能适应拉、挤、弯、剪等不同性质的载荷，尤其在重载和冲击载荷下，更能显示其优越性。

（2）高的使用温度。基体金属熔点高，材料在较高的温度下使用仍能保持稳定的强度和摩擦磨损性能。

（3）大的热容量。材料的比热容和密度大，单位体积内可吸收较多的摩擦热量，表面温度可迅速降低，不会导致摩擦面的性能变坏。

（4）优良的导热性能。铜铁等金属具有良好的导热能力，摩擦面的热量一方面很快地被传向对偶面，被其吸收和发散；另一方面向内传导进入摩擦层和钢质芯板，并被其吸收和散发。

（5）高的抗腐蚀能力。有较高的抗大气腐蚀能力，在油和水中也不易被破坏。

（6）优良的抗磨损能力。基体耐磨，镶嵌物中有抗磨、减磨成分，整体材料耐磨，寿命长。

（7）稳定的摩擦特性。由于材料的稳定性好，当摩擦面的温度升高时，摩擦系数和耐磨性不会明显下降，冷却后的恢复能力也强。

C/C 纤维复合材料闸片通常与 C/C 纤维复合材料制动盘配合使用，构成 C/C 制动系统，其中的制动盘与制动闸片均为同一种 C/C 复合材料。C/C 复合材料具有密度小、比热容大、热强度高、化学稳定性良好等优点；但同时也存在制动时初始力矩峰值过高、湿态下摩擦系数过低等问题，严重影响制动的平稳性和可靠性。

陶瓷基复合材料是以陶瓷为母体，加入其他元素以调节材料的脆性、强度等特性而制成的。陶瓷基复合材料具有高的耐磨性及耐腐蚀能力、良好的高温稳定性和高温抗氧化性能、低密度、稳定的摩擦系数和极低的热膨胀系数，而且在相当大的温度范围内具有较高的硬度。

任务三　防滑装置

制动过程中的滑行是由于制动力超过了轮轨之间的黏着力，车轮被"抱死"而导致车轮转动速度急剧减小的现象。轮轨之间的滑动会延长制动距离并使踏面擦伤。踏面擦伤后，不仅降低乘车的舒适性，也会给转向架零部件带来附加的冲击力，使其寿命缩短。所以，应尽可能防止滑行现象的发生。

一、防滑装置的种类

防滑装置的功能就是通过各车轴或牵引电机上安装的速度传感器，对速度进行检测，在滑行即将发生的短暂临界阶段将其检测出，并及时动作，使作用在车轮上的制动力迅速降低至黏着力以下，以防止车轮滑行，恢复轮轨的黏着状态。在黏着恢复以后，还要根据不同的情况保持或继续增加制动力。防滑装置不仅可以有效控制轮对的滑行擦伤，还可以充分利用轮轨间的黏着。

防滑装置共经历了机械式防滑器、电子式防滑器和微机控制式防滑器三个技术发展阶段。

机械式防滑装置出现得最早，它判断是否要发生滑行的依据只有一种，即车轮的角减速度。机械式防滑器利用车轮的转动带动回转体（惯性体），当某轮对的角减速度骤然降低时，利用回转体与车轮的转速差动作，打开阀门或接通电路，使该轮对缓解。机械式滑行检测器的工作原理如图 2-56 所示。机械式防滑器的灵敏度和响应速度都较差。

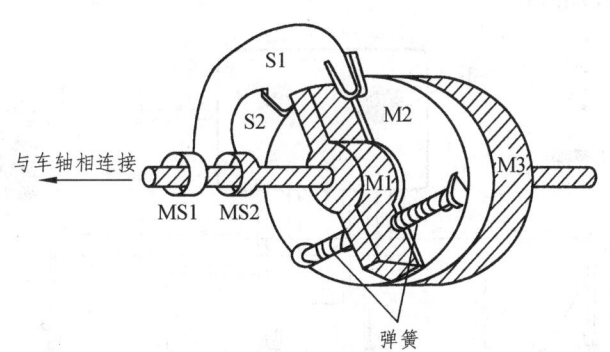

M1，M2，M3—回转体；S1—右回转侧开关；S2—左回转侧开关；
MS1，MS2—集电环。

图 2-56　机械式防滑器的工作原理

防滑装置发展的第二阶段是电子式防滑器。它可以采用多种滑行检测判断方法，具有较高的灵敏度和动作速度。其缺点是电子元件的零点漂移不易清除，需进行大量调整工作，而且易受环境影响，性能不稳定，维修量较大。图 2-57 所示为日本新干线动车组早期采用的磁放大器控制的模拟式电子防滑器的控制框图。

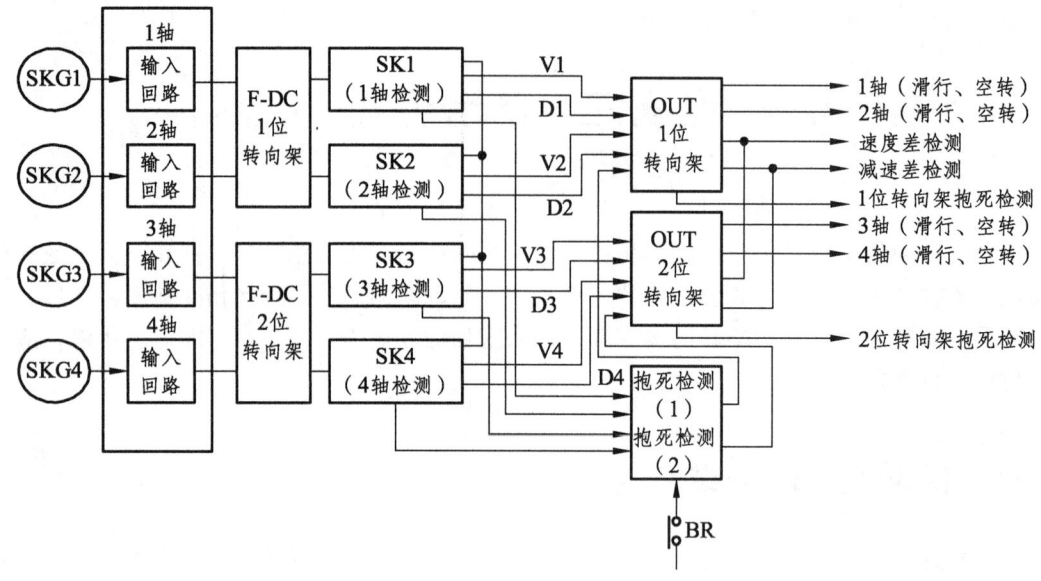

图 2-57 模拟式电子防滑器的控制框图

微机控制式防滑器由克诺尔公司和前联邦德国国铁（DB）于 20 世纪 70 年代初首先研制成功，现已在世界各国的动车组上广泛使用，如图 2-58 所示。微机控制式防滑器可对制动、即将滑行、缓解、再黏着的全过程进行动态检测与控制，信息采用脉冲处理，简单可靠，无零点漂移，故无须调节和补偿。更重要的是微处理器（MPU）的处理速度极快，可大大提高检测精度，即使微小而缓慢的滑行也能被及早检测出来并采取措施加以防止。微机控制式防滑器还有一个突出的优点，即它可以利用软件随时提供有关信息，进行自我检查、诊断和监督，必要时可对有关信息随时进行存储、调用和显示，它还能根据新的情况和要求很方便地改变控制判据而不必改动软件。

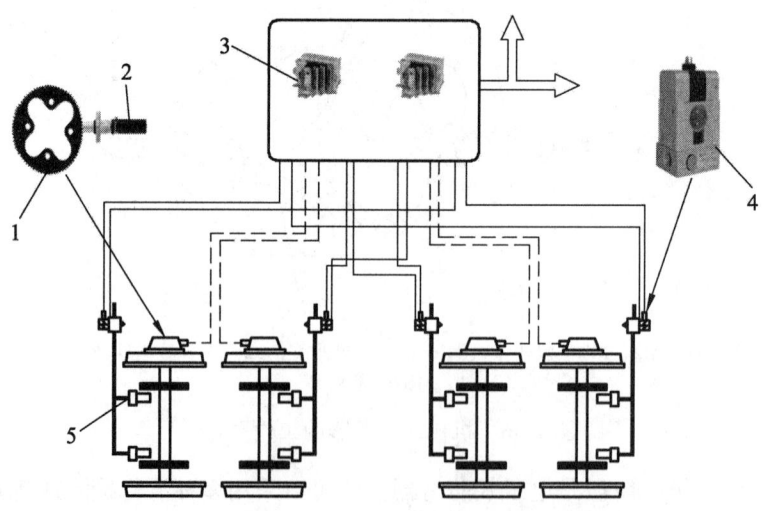

1—测速齿轮；2—速度传感器；3—滑行检测器；4—防滑电磁阀；5—制动缸。

图 2-58 微机控制式防滑器的基本结构

二、微机控制式防滑装置的结构

微机控制式防滑装置主要由滑行检测器、防滑电磁阀、速度传感器、测速齿轮及相关连接电缆、空气管道组成。防滑处理器和防滑电磁阀安装在车底下,速度传感器安装在轴箱端盖上,每一根车轴上均有一个速度传感器。测速齿轮安装在轴端,随车轴一同转动。

速度传感器检测端靠近测速齿轮的轮齿,每当轮齿通过速度传感器端部时,速度传感器会感应出一个脉冲信号,根据单位时间内的脉冲信号数、测速齿轮的齿轮数可以计算出车轮的转速,从而得出动车组当前的速度。

滑行检测器是数字式微机控制的,它按一定的方法,对速度传感器传来的车轮转动脉冲信号进行计算分析和逻辑判断,当判断发生滑行时,就使防滑电磁阀动作,降低制动力使车轮恢复转动,并按照"缓解—保压—……—再制动"的模式精确地进行控制。滑行检测器已采用 32 位或 64 位微机控制,大大提高了运算速度。动车组防滑装置的滑行检测器常集成于本车的制动控制单元中。

三、防滑电磁阀工作原理

当滑行发生时,防滑电磁阀在滑行检测器的控制下产生排风、保压和充风等动作,使制动缸压强产生相应的变化,以有效控制滑行擦伤,并最大限度地利用轮轨间的黏着。CRH2 型动车组使用的防滑阀在制动时的工作原理如图 2-59 所示。

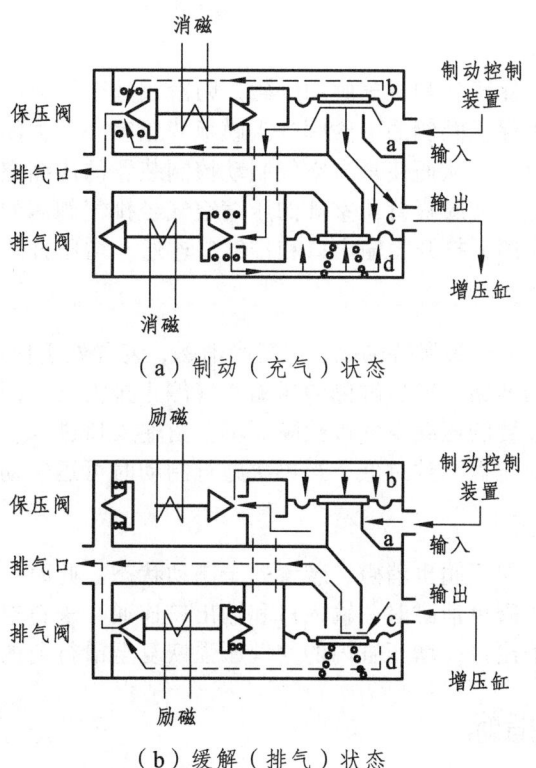

(a)制动(充气)状态

(b)缓解(排气)状态

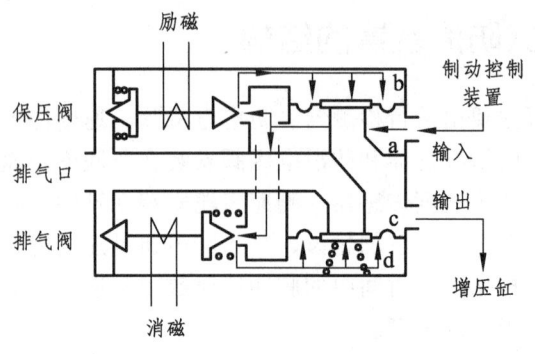

（c）保压（保持）状态

a—防滑阀空气入口；b—保压阀膜板背压室；c—防滑阀空气出口；
d—排气阀膜板背压室。

图 2-59 防滑电磁阀的工作原理

（一）无滑行时

未接收到滑行检测器的信号时，保压阀、排气阀都消磁，防滑阀处于制动状态。来自空气制动控制装置内中继阀的压缩空气由输入口进入，并经排气阀侧的入口部的橡胶膜板背压室 d，使排气阀部的隔板关闭；a 室压缩空气推开保压阀的隔板进入输出口，此时，来自制动控制装置的压缩空气可由输入口供至输出口。

（二）有滑行时

1．缓解作用

接收到缓解指令时，保压阀和排气阀均励磁，防滑阀处于缓解状态。保压阀励磁，可使来自输入口的压缩空气由保压阀侧的电磁阀进入膜板背压室 b，关闭保压阀部的隔板，截断输入口和输出口之间的通路，从而使来自空气制动控制装置的压缩空气不能由输入口供到输出口。同时，排气阀励磁，使膜板背压室 d 的压缩空气经排气阀侧的电磁阀排大气，排气阀部的隔板在 c 室压力的作用下打开，输出口和排气口连通，增压缸侧的压缩空气排大气。

2．保压作用

接收到保压指令后，保压阀保持励磁，排气阀消磁，装置处于保压状态。排气阀消磁后，截断输出口和排气之间的通路，增压缸侧的压缩空气停止排大气。同时，保压阀保持励磁状态，来自空气制动控制装置的压缩空气被截断而不会由输入口进入。因此，增压缸内压缩空气的量不变，制动缸内的压强不致过低，当再次施行制动时可迅速动作。

3．制动作用

接收到制动指令后，保压阀也消磁，装置处于制动状态。此时，排气阀已消磁，制动缸的排气通路关闭；当保压阀也消磁时，输入口和输出口连通，来自空气制动控制装置的压缩空气再次由输入口供到输出口，增压缸内的空气压强恢复至滑行前的水平。

四、滑行检测指标

动车组的防滑装置进行滑行检测时，由滑行检测器对速度传感器传来的脉冲频率信号进行计算,得出用于进行滑行检测的指标值,并根据事先规定的控制逻辑比较判断,确定是否发生了滑行。滑行的检测指标主要有减速度、速度差和滑行率三种。

(一)减速度检测

如图 2-60 所示,该方法是根据某车轮本身转动速度减少的比例 β 来判断是否滑行。由于轮对与车辆的质量相差较大,其速度变化相对也快一些,因而可及时检测到滑行。一般来说,减速度指标可单独用来对滑行轴进行评价,在防滑控制中应优先使用。日本新干线动车组的减速度检测标准设定值为 $10 \text{ km}/(h \cdot s)[2.78 \text{ m/s}^2, 1 \text{ m/s}^2 = 3.6 \text{ km}/(h \cdot s)]$,也有其他国家的动车组将此标准定为 $14.4 \text{ km}/(h \cdot s)[4.4 \text{ m/s}^2]$。

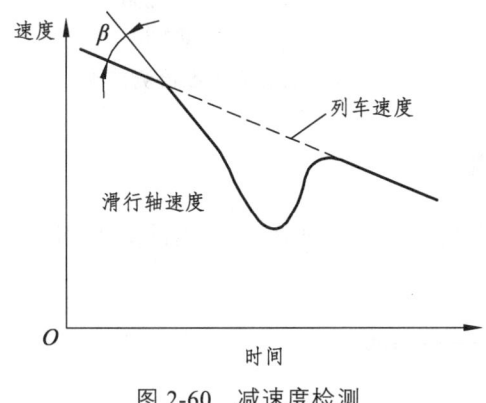

图 2-60 减速度检测

(二)速度差检测

如图 2-61 所示,速度差检测是以同一辆车两个转向架 4 个轴的速度,以及制动指令发出后以一定减速度减速的假想轴速度(也称第 5 轴速度)中速度最高的轴为基准,当某车轮的轮周速度比基准轴的速度低某一设定值 Δv 时,就判断车轮发生了滑行。

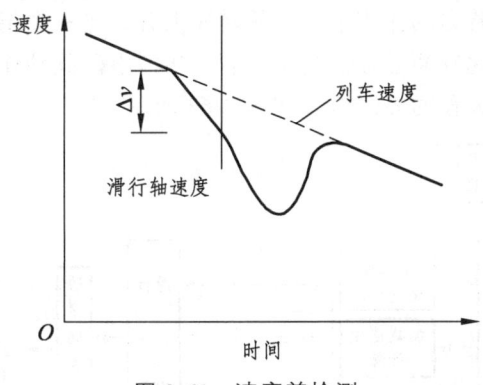

图 2-61 速度差检测

速度差指标的检测灵敏度比减速度指标要低,因此滑行检测要以减速度检测为主,速度差检测作为后备。另外,考虑到速度差指标在低速区检测灵敏度下降的问题,可在高速区采用速度差率指标(非滑行轴和滑行轴的速度差与非滑行轴速度的比值),低速区采用速度差指标来判断。例如,新干线 500 系动车组,在速度 67 km/h 以上时采用速度差率为 15% 的判断标准，67 km/h 以下时采用速度差为 10 km/h 的判断标准，如图 2-62 所示。

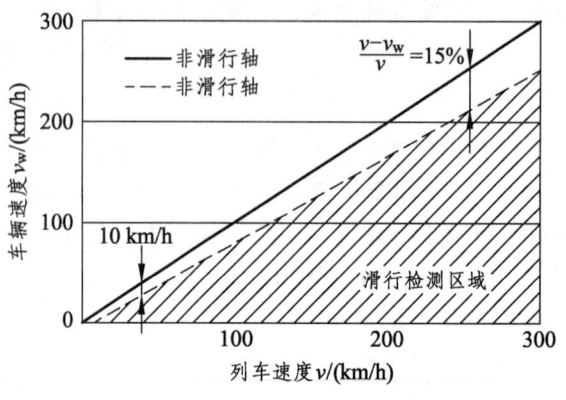

图 2-62　速度差标准检测范围

（三）滑行率检测

滑行率检测方法是根据轮轨接触点的滑行率 λ 来判断轮对是否发生了滑行。滑行率 λ 的定义为

$$\lambda = \frac{v_{心} - v_{轨心}}{v_{心}} \times 100\% \tag{2-5}$$

式中　$v_{心}$——轮心速度，km/h；

　　　$v_{轨心}$——轮轨接触点相对于轮心的速度，km/h。

由式（1-14）可以看出：轮对做理论上的纯滚动和完全滑行时的 λ 值分别为 0 和 100%，由于轮轨间实际上是处于一种"黏着"状态，轮对运行时的 λ 值应介于二者之间。

动车组的防滑装置在滑行检测时，以减速度检测方法为主，并和作为后备的速度差检测、滑行率检测方法一起使用。当根据任一检测标准判断发生滑行时，防滑电磁阀动作，使制动缸压强降低。在轮轨间黏着力的作用下，车轮转速上升，当三个指标都不满足滑行发生的条件时，滑行检测器就会据此判断已经恢复了黏着，防滑电磁阀动作，使制动缸压强保持不变或再次上升。数字式防滑装置的控制原理如图 2-63 所示。

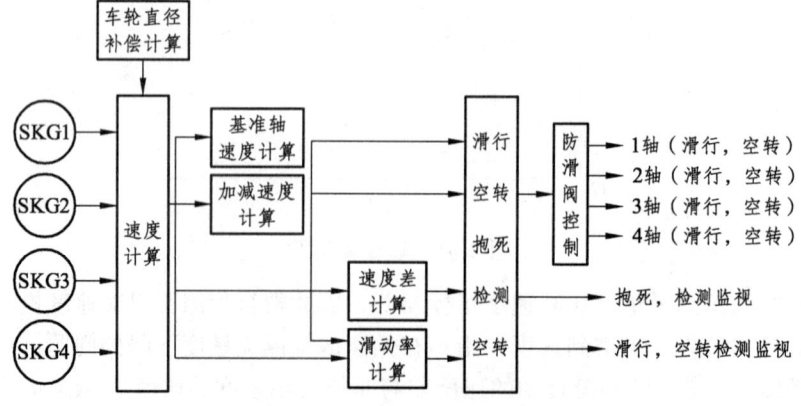

图 2-63　数字式防滑装置控制原理

前述微机控制式防滑装置主要是针对空气制动的，电制动同样也存在滑行控制问题。由于动车组是采用电、空联合且电制动优先的制动模式，如动车组的动轴在电、空制动同时作用的情况下发生滑行，则首先降低该轴的空气制动力，以使轮对恢复黏着；如空气制动力降为 0 时轮对仍打滑，就需对电制动进行滑行控制。

电制动的滑行再黏着控制原理与空气制动类似，但它是通过牵引控制单元（TCU）调节电制动力的大小实现的。当列车从制动到惰行，或者从制动到惰行再变为牵引状态后的 1.5 s 之内，若表 2-2 中的任何一种"滑行"条件成立，就判断为滑行，然后压缩电制动的模式曲线，减小再生制动力的大小；当"滑行"的任一条件都不成立时（即"复位"的三个条件全部满足），则恢复制动力。产生滑行时，每 0.6 s 对车辆的运行状态进行一次计算；恢复到正常状态后，每 2 s 进行一次计算，由此对再生制动的模式曲线进行控制。

表 2-2 电制动滑行检测指标

滑行检测指标	滑行	复位
低速域（v < 86.7 km/h）的速度差检测	$\Delta v \geq 13$ km/h	$\Delta v < 13$ km/h
高速域（v > 86.7 km/h）的速度差检测	$\lambda \geq 15\%$	$\lambda < 15\%$
第 1 轴的减速度	$\beta \geq 3.9$ km/(h·s)	$\beta < 3.9$ km/(h·s)

任务四 制动控制系统

一、制动控制系统的组成

制动控制系统是制动系统中由司机或列车自动控制系统（ATC）控制，产生、传递制动信号，并对制动力进行计算和分配的部分。由此可以看出，制动控制系统主要包括制动信号发生装置、制动信号传输装置和（电子）制动控制装置三大组成部分。以日系动车组为例，数字式电气指令电空复合制动系统的结构如图 2-64 所示。

（一）制动信号发生装置

制动信号发生装置有自动（ATC 装置）和手动（司机制动控制器）两种。在动车组中，司机制动控制器设在司机座椅的左前方。控制器手柄转动时带动安装在下部的凸轮，控制各指令线电气触点的通和断，向各车发送相应的指令。

（二）制动信号传输装置

1．功　能

制动信号传输装置即负责制动信号传输的列车线，它不但负责将制动信号发生装置发出的制动指令传送给列车中所有车辆，还负责将各车的信息传送给司机室。

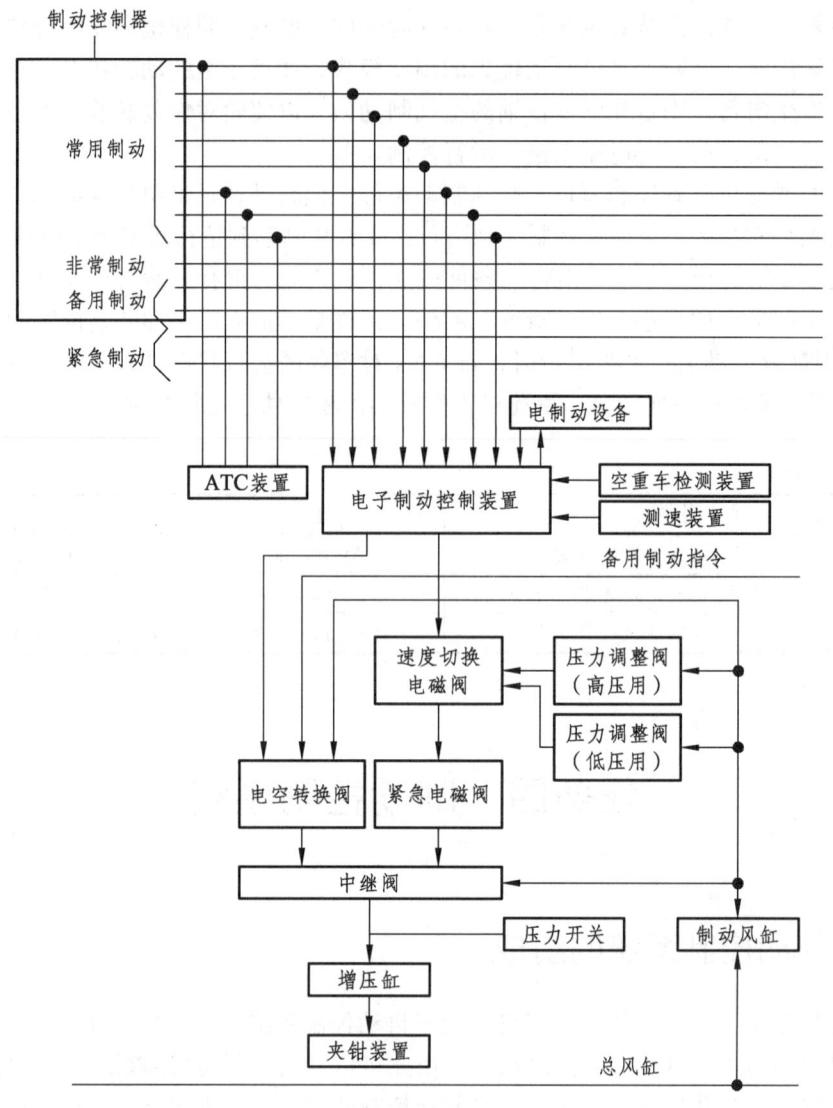

图 2-64 制动控制系统的结构

2．传输介质

列车线有带屏蔽层的金属电缆和光缆两大类。为提高信号传输的质量和速度，减小信号传输系统的质量，动车组中的列车线往往采用光缆。

3．信号的类型

制动控制系统中传输的信号有模拟信号和数字信号两种。模拟信号是以电压、电流、频率、脉宽等模拟量的大小表示不同的制动要求；数字信号则以若干指令线不同的通、断组合来表示制动要求。模拟信号系统的优点是便于实现无级精确操纵，而数字信号系统的优点在于反应迅速、可靠性高。虽然数字信号系统只能进行有级操纵，但实践证明，当常用制动设置 7 级时，已能保证运用中足够的精确度。由于数字信号系统的显著优点，信号传输系统中多采用数字信号。

(三)电子制动控制装置

电子制动控制装置也称为制动控制单元,它是制动控制系统中接收制动指令,并根据指令对制动力进行计算和分配的计算机。动车组中的每辆车均装有制动控制单元 BCU,它根据输入的制动指令信号、速度信号和载荷信号输出决定电制动力和空气制动力大小的制动模式信号。BCU 相当于制动系统的"大脑";有的车型的 BCU 除产生制动模式信号外,还可利用计算机进行防滑、空气压缩机等的控制。

制动控制单元(BCU)往往和各种空气控制阀集成在一起,总称"制动控制装置",但其核心为 BCU。除了以上三个主要组成部分外,制动控制电路中还采用了很多继电器来进行逻辑判断和控制,如 CRH2 型动车组中表示列车头车的 MCR 继电器、表示列车设备有无异常的 JTR 继电器,以及表示是否有制动指令的状态继电器(BR 继电器)等。

二、制动控制系统的操纵方式

动车组的制动指令一般是由头车内的司机制动控制器或 ATC 装置下达;但在车辆发生事故等异常情况下,则由手动开关或异常监测系统通过列车线将制动指令传送给列车中的所有车辆。上述所有制动指令主要靠 DC 100 V 电源来传递。制动控制系统向制动装置发出制动指令的方式主要有以下几种。

(一)ATC 操纵

ATC 制动是通过比较来自轨道电路信号(ATC 信号)的允许速度和列车实际速度来决定制动指令的级别。当列车速度超过允许值时,ATC 装置向制动控制系统发出制动指令,列车自动产生制动作用。制动指令持续起作用,直至列车速度降低到最高允许速度以下时自动进行缓解。

ATC 制动可使用常用制动和非常制动来实现。一般情况下使用常用制动;当使用常用制动不能使列车速度在规定距离内降至规定值时,就使用非常制动。

(二)司机制动控制器操纵

列车的时间调整及从速度为 30 km/h 到停车地点的制动操纵都是司机通过制动控制器来进行的。在向列车发出制动指令时,人工操纵具有优先权,即当司机把制动控制器手柄转到司机控制位时,自动转到手动预定指令值。

(三)紧急制动的操纵

当出现意外情况时,安全环路断开,使紧急电磁阀失电打开,从而实现列车的紧急制动。

三、制动控制系统的工作原理

(一)制动指令控制

进行制动控制时,由司机制动控制器或 ATC 装置发出指令,制动指令被各车的 BCU 接收,进行制动力的计算和电、空制动力的分配。

司机制动控制器设在头车的司机室内，日系动车组制动指令控制电路如图 2-65 所示。当制动控制器的手柄转动时，安装在同一回转轴上的凸轮组跟着转动，使各触点闭合或断开，构成制动指令回路。在图 2-65 中，从上到下依次是紧急制动指令 153 号线、辅助指令 411 和 461 号线、非常制动指令 152 号线、电制动指令 10 号线、牵引指令 9 号线、常用制动指令 61~67 号线等指令线，以及与其平行的凸轮组。

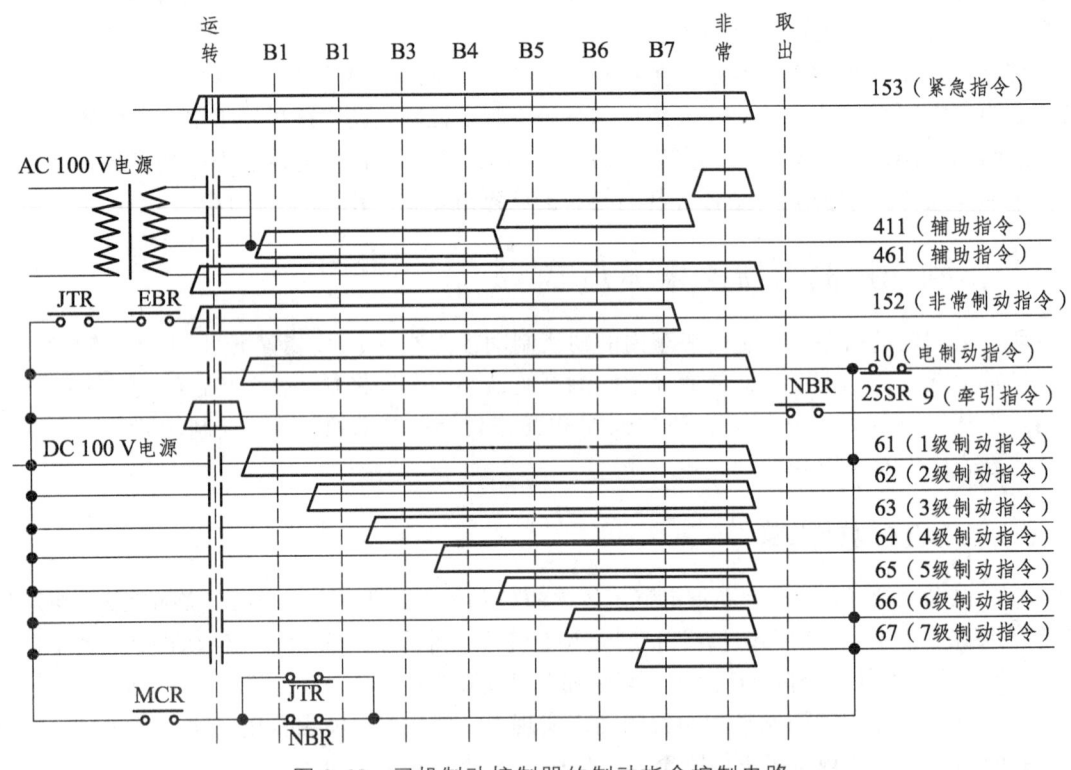

图 2-65 司机制动控制器的制动指令控制电路

电流从图的左侧经继电器触点或凸轮控制触点到右侧，将指令通过各列车线从头至尾传到每辆车。

图中的指令 411 和 461 号线为备用制动指令线，它以 AC 100 V 作为电源，通过改变变压器的抽头将 B1~B4、B5~B7、非常三个级别的模拟交流电压传给各车。除了备用制动指令线，其他指令线都是由制动控制器手柄的位置来决定是否向其供给 DC 100 V 电源，以此来向各车传达制动指令。这些数据指令的内容如下：

紧急制动指令 153 号线在制动控制器手柄从运转位到非常制动位时得电，到取出位时失电。

非常制动指令 152 号线在制动控制器手柄从运转位到 B7（7 级常用制动）位时得电；电制动指令线 10 号线从 B1（1 级常用制动）位到非常位得电；牵引指令 9 号线只在运转位得电；当施行某级别的常用制动时，该级别及其以下各级别的常用制动指令线均得电。

在 ATC 装置发送常用制动指令时，图 2-65 最下方的指令线的 MCR、JTR、NBR 条件成立，10 号线、61 号线、66 号线和 67 号线得电，相当于 7 级常用制动作用。此时，66 号线得电是为了使其具有常用最大制动的冗余性。当 ATC 发送非常制动指令时，152 号线触点前的非常制动继电器 EBR 的触点断开，152 号线失电，产生非常制动作用。

(二)各种制动作用的控制

1. 常用制动控制

动车组的常用制动控制特性曲线是以黏着特性曲线为基础来确定的,如图2-66(a)所示。将以黏着系数-速度表示的黏着特性曲线(湿轨情况)转化为图示的以减速度-速度表示的特性曲线(后一曲线上各点的纵坐标值为前一曲线上相应点的纵坐标值乘以重力加速度 g),最高级别的常用制动的特性曲线以"减速度-速度"曲线和动车组制动系统的性能为基准进行设计,使制动特性曲线上各点的纵坐标值(减速度值)不得超过并尽量接近"减速度-速度"曲线上同一速度下相应点的纵坐标值,以充分利用轮轨间的黏着。其他各级常用制动的特性曲线上同一速度下相应点的纵坐标值依次递减。非常制动特性曲线的设计与最高级别常用制动特性曲线的类似,只是要依照干轨情况下的黏着特性曲线,并留有一定的余量,如图2-66(b)所示。

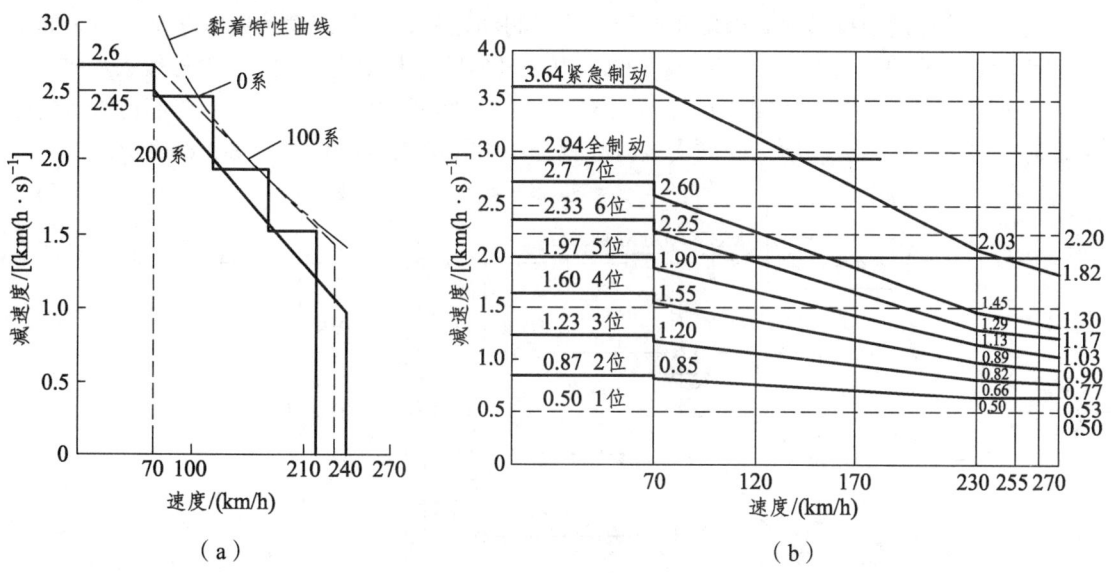

图 2-66 制动特性曲线的确定

在动车组发展的初期,为便于控制,经常将制动特性曲线设计成阶梯形。参见图2-65和图2-67。各级常用制动时,制动控制器或ATC装置使电制动指令线10得电,使制动级位指令线61~67形成不同的得失电组合,发出的制动级位指令通过这些列车指令线传送至所有车辆的制动控制单元(BCU)。各车的BCU接收到制动指令后,根据制动级别确定采用图2-66(b)中的哪条特性曲线进行控制。然后根据列车的速度确定曲线上的唯一点(即得到设定减速度的值),再根据来自空气弹簧的载重信号计算出应施加的制动力(载重和减速度的乘积)。然后,遵照优先使用电制动的原则首先让电制动装置承担制动力,即通过150A和150B线将电制动指令传送给电制动的控制装置(牵引控制单元,TCU)。电制动施加后,再将电制动力的数值反馈回BCU,如电制动不足,则以空气制动进行补偿。BCU计算出应补充的空气制动力,并以相应的电信号(电空转换阀电流)输出到EP阀,由其将电流信号按一定比例转换成空气压强信号输出到中继阀,中继阀将输入的压缩空气流量放大后输出至增压缸,由增压缸将空气压强转换为液压后输出到执行机构,最终产生制动作用。

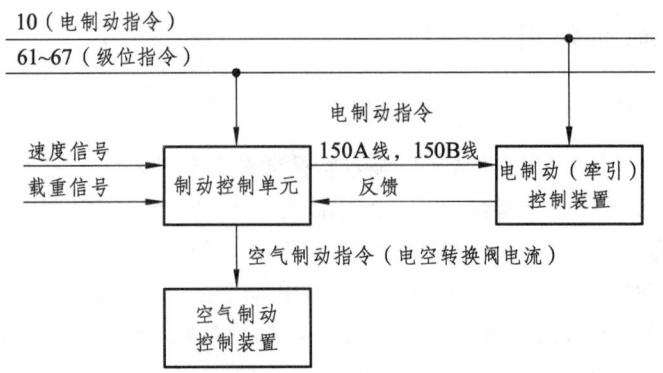

图 2-67 常用制动控制电路

2. 紧急制动控制

列车的紧急制动控制独立于常用制动和非常制动之外，紧急制动控制电路是从头车的司机制动控制器开始到尾车，再返回头车的一根往复的紧急制动指令线（153号线去，154号线回，也称为安全环路）。系统的设计为153、154线常时得电，紧急制动系统不动作；当由于任何一种原因使紧急制动指令线失电时，就会产生紧急制动作用，如图 2-68 所示。

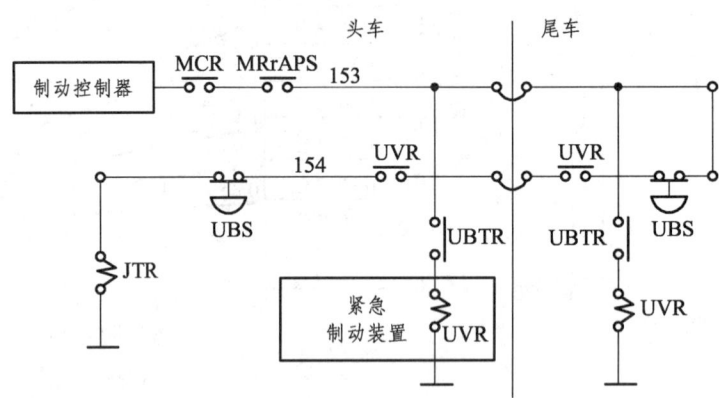

图 2-68 紧急制动控制电路

153 号线从制动控制器开始，经由头车继电器 MCR 及总风压力开关 MRrAPS（总风压强为 600 kPa 以上时闭合）到达列车尾部。154 号线是紧急制动返回线，它经由紧急开关 UBS 及各车的紧急电磁阀 UVR，使头车的 JTR 继电器励磁。

当发生如下情况时，紧急制动指令线失电，从而使紧急电磁阀失电打开（制动风缸通中继阀的气路开通），产生紧急制动作用。

① 列车分离。
② 总风压强低于 600 kPa。
③ 制动力不足。
④ 某车辆的设备发生故障。
⑤ 司机制动控制手柄处于取出位。

当列车中某处发生设备故障时故障车辆的 153 线和 154 线都失电。153 线失电导致该车的紧急电磁阀失电；154 线失电导致继电器 JTR 的线圈失电，使串联在非常制动指令线 152

线前的继电器 JTR 的触点断开，于是该车同时产生紧急制动和非常制动作用。非故障车辆只有 154 线失电，只产生非常制动作用。紧急制动和非常制动的增压缸空气压强对比随车速的不同而变化，对于故障车辆来说，是两者中增压缸空气压力大的一方起作用；非故障车辆则是非常制动的增压缸压力起作用（按速度-黏着特性曲线控制）。

列车分离时，分离处前的车辆只有 154 线失电，继电器 JTR 的触点断开，非常制动发挥作用。分离处后的车辆 153 线和 154 线都失电，紧急制动和非常制动同时动作，此时仍然是增压缸压强较大的那一方起作用。

紧急制动时，制动风缸的压缩空气经失电打开的紧急电磁阀进入中继阀，余下的控制过程同常用制动。为了较好地利用不同速度段的轮轨黏着，紧急制动设置了二级增压缸压强，即在制动风缸和紧急电磁阀之间设有调压阀对进入中继阀的空气压强进行调节，高速时用低压，低速时用高压。紧急制动没有空重车调整，而且紧急制动发生以后，动车组将一直减速直至停车，中途不能缓解。

3．紧急制动 EB 控制

非常制动指令线 152 号线为常带电，当出现以下情况时 152 号指令线失电，产生非常制动作用：
① 司机制动控制手柄处于非常位。
② ATC 装置发出非常制动指令。
③ 紧急控制电路继电器 JTR 消磁。

非常制动的控制过程与常用制动相似。非常制动的制动力为 100% 的电制动力加上 40% 或 50% 的空气常用制动力；当电制动力等于 0 时，为 140% 或 150% 的空气常用制动力。

4．备用制动控制

备用制动在动车组的常用制动控制系统发生故障时使用，其控制电路如图 2-69 所示。对于日系动车组，由司机通过备用制动控制器向头车内的备用制动控制单元发出指令，备用制动控制器可使备用制动控制单元产生不同电压等级的交流电，此交流电通过列车的 411、461 号备用制动指令线传送给各车的备用制动指令接收器，在各接收器经全波整流变为直流电，由直流电对 EP 阀直接进行控制。后面的控制过程与常用制动相同。

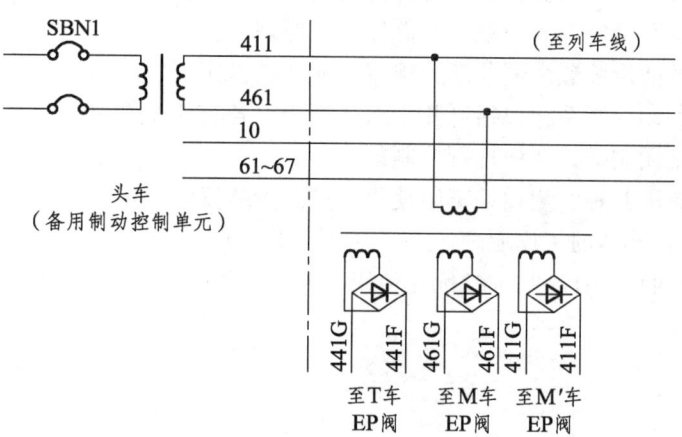

图 2-69　备用制动控制电路

CRH1型动车组备用制动的控制方式与日系动车组相同,而CRH3和CRH5型动车组的备用制动则与之不同,它们是无电控的自动式空气制动装置。对于CRH系列所有型号的动车组,备用制动只有空气制动。

复习思考题

一、填空题
1. 电制动过程中,牵引电机产生的电能由主电阻器消耗掉,这种电制动属于_____。
2. 电制动过程中,牵引电机产生的电能反馈到接触网上,这种电制动属于_____。
3. 压缩空气供给系统中,产生压缩空气的元件是_____。
4. 压缩空气供给系统中,干燥压缩空气的元件是_____。
5. 压缩空气供给系统中,过滤压缩空气中的油分、水分的元件是_____。
6. 压缩空气供给系统中,防止压缩空气压力超高的元件是_____。
7. 控制气路通断的元件是_____。
8. 将电信号转为空气压力信号的元件是_____;将压力信号转为电信号的元件是_____。
9. 将压缩空气流量放大的元件是_____。
10. 基础制动装置通常包括_____、_____和_____。

二、简答题
1. 动车组为什么要采取"电、空结合,以电为主"的制动方式?保留空气制动的意义何在?
2. 直流电机和感应电机制动力的产生原理有什么不同?请分别对它们的制动特性进行分析。
3. 如何在低速情况下有效地利用电制动?
4. 动车组的空气制动系统由哪几大部分组成?有什么特点?
5. 简要说明动车组空气制动系统的总体工作原理。
6. 微机控制的防滑装置由哪些部分组成?简述其工作原理。
7. 动车组的制动控制系统包括哪几个组成部分?各起什么作用?
8. 动车组的常用制动是如何进行控制的?
9. 防滑装置有哪几种?现在动车组使用哪种防滑装置?
10. 谈谈速度传感器的工作原理。
11. 滑行检测的指标有哪几种?优先使用哪种检测指标?

项目三　CRH1 型动车组的制动系统

CRH1 型动车组是由青岛四方-庞巴迪（BSP）铁路运输设备有限公司和瑞典庞巴迪运输有限公司合作引进 EMU 技术，专为中国市场开发的采用先进技术的、现代化的动车组，适用于我国电气化铁路的既有线和客运专线，采用的是以 200 km/h 运行的动力分散型交流传动方式。

CRH1A 型动车组以 5M3T 共 8 辆车构成一个标准编组，CRH1B 和 CRH1E 型动车组由 16 辆车构成 10M6T 长编组。也可以将两个标准编组重联运行，长编组可以提高运输能力。本项目以 CRH1A 型动车组为例，其编组如图 3-1 所示。Mc1 和 Mc2 为带司机室的动车，Tp1 和 Tp2 为带受电弓的拖车，M1、M2 和 M3 为动车，Tb 为带餐厅的拖车。一个标准编组通常分为三个列车控制单元，其中，Mc1、Tp1 和 M1 构成列车控制单元 1（TBU1）；Mc2、Tp2 和 M2 构成列车控制单元 2（TBU2）；M3 和 Tb 构成列车控制单元 3（TBU3），列车控制单元内部采用多车控制总线（MVB）相连，列车控制单元之间通过列车控制总线（WTB）进行通信。

所有动车和拖车都是四轴车，一个标准动车编组有 20 根动力轴和 12 根非动力轴。

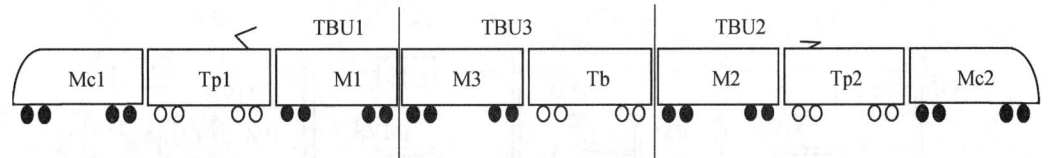

Mc1，Mc2—带司机室的动车；Tp1，Tp2—带受电弓的拖车；M1，M2，M3—动车；Tb—带餐厅的拖车；
TBU1，TBU2，TBU3—列车控制单元；●—动力轴；○—非动力轴。

图 3-1　CRH1A 型动车组编组示意

任务一　CRH1 型动车组制动系统简介

CRH1 型动车组采用微机控制的电气指令式制动系统，制动系统主要由电（再生）制动系统、空气制动系统、防滑装置和制动控制系统组成。

电制动系统主要由受电弓、牵引变压器、牵引变流器及牵引电机组成。空气制动系统主要由直通式电空制动和基础制动装置两大部分组成。直通式电空制动是通过司机直接操纵产生的电指令信号经微处理器控制，实施制动和缓解的操作，无须经过列车管路与分配阀。这种电空制动对电信指令的反应更快，更容易实现列车的平稳操纵，因此在现代高速列车上被广泛使用。基础制动装置为盘形制动装置，圆形制动盘安装在拖车转向架的车轴上及动车转向架的车轮辐板上，盘的两侧是装配有粉末冶金闸片的制动夹钳，通过压缩空气强制闸片"夹紧"制动盘产生摩擦来实现制动。防滑装置由速度传感器、测速齿轮、防滑主机、防滑电磁阀等组成。制动控制系统由各控制单元组合而成。

CRH1 型动车组采用复合制动模式，包括电制动和空气制动。电制动是 CRH1 型动车组常用制动优先使用的一种制动方式，当其制动力不足时，由空气制动来补充。当列车运行速度减慢到 7~10 km/h 以下时，电制动能力减弱，在车速大约为 2 km/h 时减至零。动车组为了在此低速阶段仍能得到需要的制动力，随着速度的减小，逐步加入空气制动，直至最后全部用空气制动取代电制动。动车组的紧急制动（包括安全环制动）主要采用空气制动。

制动系统通过列车信息与控制网络把每车的制动设备——制动模块（制动控制单元）联系在一起，形成一个整体，如图 3-2 所示。

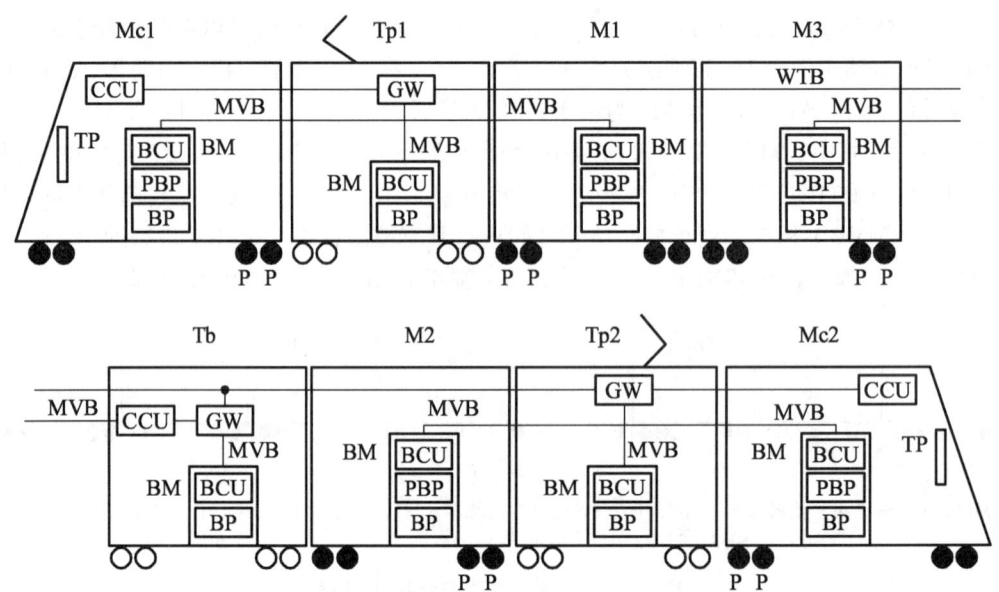

Mc1，Mc2—带司机室的动车；Tp1，Tp2—带受电弓的拖车；M1，M2，M3—动车；Tb—带餐厅的拖车；
TP—救援回送控制板；BM—制动模块；BCU—制动控制单元；PBP—停放制动控制板；
BP—制动控制板；CCU—中央控制单元；GW—网关；MVB—多车控制总线；
WTB—列车总线；●—动力轴；○—非动力轴；P—带停放制动的动力轴。

图 3-2 制动系统部件配置

每车的制动设备集中于制动模块中，悬挂于车体下方。T 车制动模块中含有制动控制单元（BCU）、空气制动控制板（BP），M 车制动模块中除了 BCU、BP 外，还有停放制动控制板（PBP），也就是说 CRH1 型动车组的停放制动缸在 M 车上。BP、PBP 之所以叫控制板，是因为把空气制动的控制阀集中安装于一块共同的底板上。Mc 动车上还有救援回送控制板（TP），在动车组救援与回送过程中使用该控制板实施制动作用。

制动系统的基础制动装置安装在每辆车的转向架上，动车转向架的每根轴上有电制动和空气制动装置，空气制动装置包括 2 套轮盘式盘形制动装置；拖车转向架的每根轴上只有空气制动装置，包括 3 套轴盘式盘形制动装置。每辆动车的转向架 5、6、7 三个轴端位置还装有弹簧驱动的停放制动装置，担负列车停放的功能，转向架制动设备的位置如图 3-3 所示。

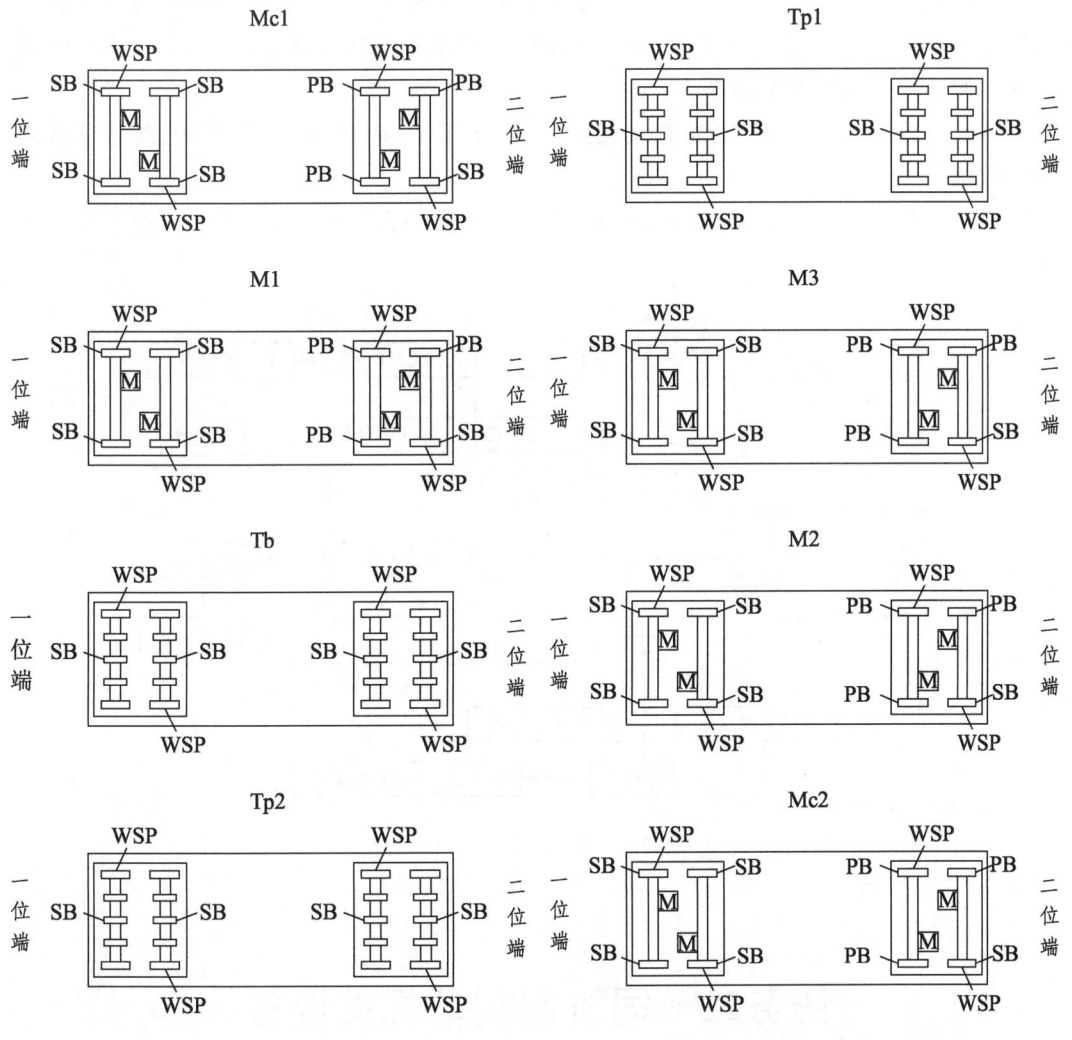

PB—停放制动（含空气制动）；SB—空气制动；M—牵引电机；WSP—防滑检测。

图 3-3 转向架制动设备的位置

制动作用实施时，动车组上与制动相关的多个系统如车辆控制单元、牵引控制单元、本地列车控制单元、制动控制单元、供风系统、基础制动装置、空气悬挂装置、防滑装置及列车网络等共同作用。如图 3-4 所示，司机制动控制器发出制动指令，先经过车辆控单元（VCU），优先由牵引控制单元实施电制动。当电制动力不足时，由本地列车控制单元（TBU）发出电气指令给制动控制装置的制动控制单元（BCU），通过 BCU 计算出所需补充的空气制动力大小及制动缸空气压力，并以电气指令形式送给电空转换阀。电空转换阀将电气指令转换为相应的空气指令。空气指令经过空气悬挂装置反馈回的空重车压力信号调节后，送入中继阀。中继阀将空气指令的流量放大后，经过防滑阀送入制动缸实施制动作用。

当实施紧急制动时，空气制动部分不经过电空转换阀，而是直接经过紧急制动电磁阀。紧急制动电磁阀接收 BCU 发出的电气信号，输出空气指令，空气指令同样经过空气悬挂装置反馈回的空重车压力信号调节后，送入中继阀。中继阀将空气指令的流量放大后，经过防滑阀送入制动缸实施紧急制动作用。

当实施停放制动时，通过停放制动控制板元件作用，将停放制动缸内的压缩空气排出，实施停放制动。

图 3-4 中虚线框内的元件构成制动控制装置，该装置为模块化结构作为一个整体吊装在车底部。

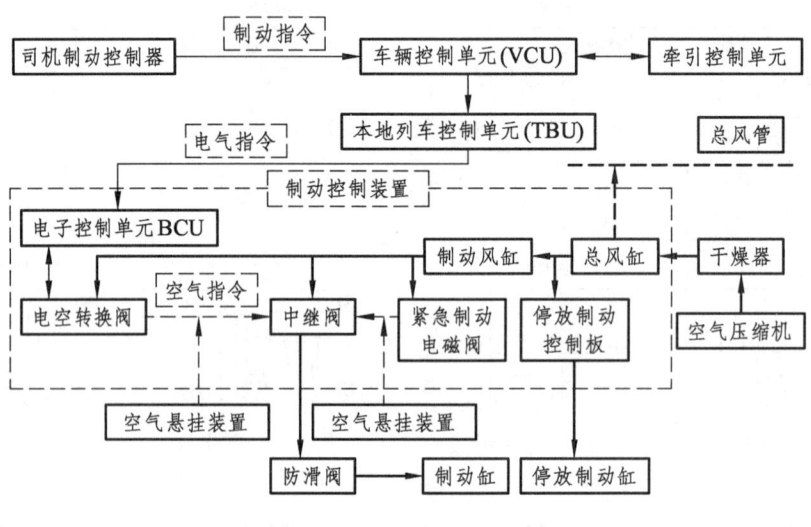

图 3-4 制动作用实施过程

任务二 司机室制动相关设备

CRH1 型动车组司机室中的制动系统相关设备集中在司机操纵台周围，在司机操纵台左侧面板上方设置有制动控制按钮；在司机操纵台右侧设置有牵引制动控制器、紧急制动按钮及安全警惕按钮；在司机制动控制台下方设置有安全警惕脚踏板，如图 3-5 所示。本任务要重点掌握 CRH1 型动车组司机室制动设备的位置及其作用。

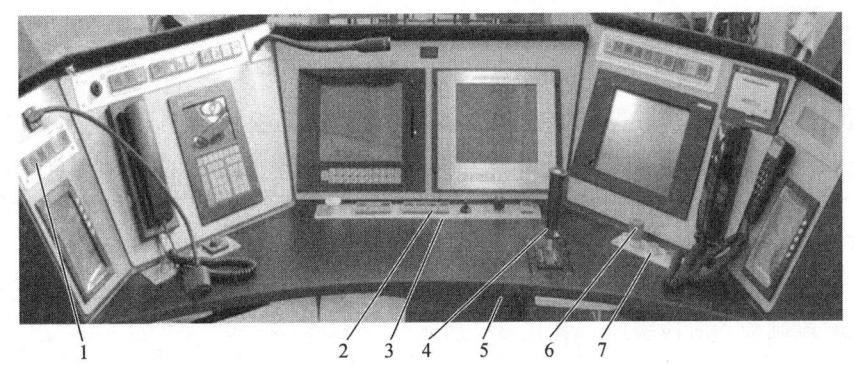

1—制动控制按钮；2—乘客紧急对话指示灯；3—忽略乘客紧急制动按钮；4—牵引制动控制器；
5—安全警惕脚踏板；6—紧急制动按钮；7—安全警惕按钮。

图 3-5　司机室操纵台

一、制动控制按钮

如图 3-6 所示，制动控制按钮位于司机室操纵台左侧面板上方，它的主要作用是进行制动试验、施加于缓解停放制动以及施加保持制动。这些按钮带有指示灯，都能自动复位。各按钮和指示灯的含义见表 3-1 所示。

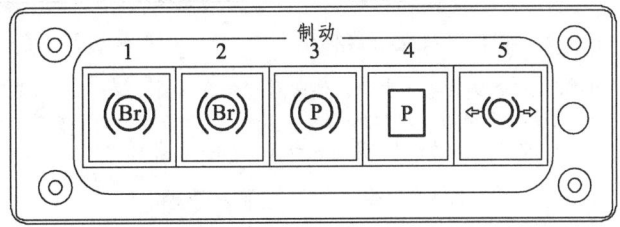

1—制动测试按钮；2—制动测试指示灯；3—停放制动按钮；4—停放制动指示灯；5—保持制动按钮。

图 3-6　制动按钮

表 3-1　制动按钮含义

序号	类型	颜色	名称	含义
1	按钮	绿色	制动测试按钮	启动制动测试 不亮——制动测试未启动； 亮——测试期间制动已缓解； 闪烁——制动测试期间出现了故障
2	指示灯	红色	制动测试指示灯	不亮——制动测试未通过； 亮——测试期间制动被施加； 闪烁——制动测试期间出现了故障
3	按钮	绿色	停放制动按钮	施加/缓解停放制动 不亮——停放制动未实施； 亮——停放制动实施； 闪烁——停放制动正在实施中/所有停放制动均未实施
4	指示灯	黄色	停放制动指示灯	不亮——司机室被启动或列车供电被切断； 亮——停放制动模式被司机钥匙启动，而且列车供电未被切断
5	按钮	绿色	保持制动按钮	按下时，暂停保持制动 不亮——保持制动未启动； 亮——保持制动被启动

二、牵引制动控制器

司机制动控制器与牵引控制器合为一体，称为牵引制动控制器，或称主控制器、主手柄，制动指令由此发出。牵引制动控制器安置在操纵台的右侧，它是一个可进行 16 个挡位操作的操控杆。司机通过控制器控制列车在不同牵引速度模式下的常用制动和紧急制动。由牵引制动控制器产生的制动作用为复合制动，电制动优先，不足时再补充空气制动。

牵引制动控制器手柄共有 8 个制动级位，1~7 级为常用制动，8 级为紧急制动，1~8 级之间能实现阶段制动和阶段缓解，如图 3-7 所示。

  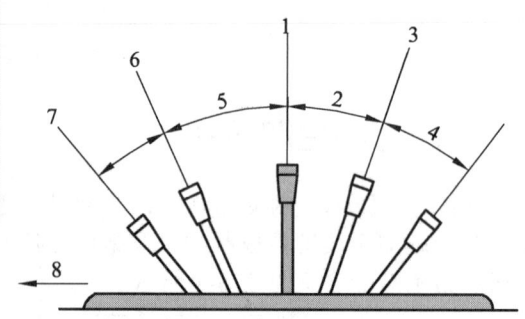

（a）牵引制动控制器手柄　（b）牵引制动控制器标示　　　（c）牵引制动控制器手柄位置

1—空挡（"0"）；2—速度递减三步幅，弹回到"向前驱动"位；3—向前驱动位；
4—速度递增三步幅，弹回到"向前驱动"位；5—制动7步幅；
6—常用全制动；7—紧急制动 EB；8—朝司机方向。

图 3-7　牵引制动控制器手柄

按压处于空挡位的操控杆顶部的锁定按钮时，操控杆就到了"向前驱动位"。自此位向前移是加速，向后移是减速。将操控杆从 0 位向后拉到 7 位可实施常用制动，向后拉过 7 位启动紧急制动 EB。

牵引制动控制器手柄在牵引区有两种指令模式，这两种模式可以通过控制台上的按钮选择。一种为自动模式：自动速度控制模式通过增加或减少速度给定值，进行恒速控制；另一种手动模式：通过增加或减少电机功率来改变加速度或减速度，进行恒加速度或减速度控制。

三、脚踏板

在司机座椅前方、操纵台下设置由一个带安全警惕装置（DSD）的脚踏板。脚踏板高度可调，通过左侧面板上的两个电动按钮操作控制其上下移动，脚踏板上还装有加热器。DSD 确认踏板有三个档位，完全踏下、中间挡位和完全释放。正常运行期间，司机必须将脚放置于踏板中间挡位，或每隔小于 50 s 的间隔就按一次位于操纵台左侧的 DSD 按钮。如果做不到这点，司机就会收到要求采取措施的信号：DSD 警告指示灯开始闪亮，3 s 后，蜂鸣器响起。司机这时应使用脚踏板或司机操控台上的按钮进行确认。如果 7 s 后没有确认，DSD 会启动列车紧急制动。这时司机必须通过脚踏板或司机操控台上的按钮进行确认以缓解紧急制动。

任务三　制动作用的种类

动车组制动有 4 个方面的要求：① 在司机的要求下轻松舒适地制动列车；② 防止车轮锁闭；③ 在危险情况下施加最大极限的紧急制动；④ 停车时防止列车溜车。为满足制动系统的功能要求，CRH1 型动车组制动系统共有 6 种制动作用，分别为常用制动、紧急制动、停放制动、保持制动、救援/回送制动和除冰制动。

一、常用制动

（一）概　述

动车组的常用制动用于正常的调速或进站停车，采用电制动和空气制动联合作用的复合制动方式（救援/回送时除外）。常用制动共分 7 级，最大常用制动减速度为 0.8 m/s^2，常用制动可通过下列方式施加：

（1）司机将牵引制动控制手柄置常用制动区（手柄底部的制动三角区、1~7 级常用制动级位）。

（2）自动速度控制系统。

（3）列车自动保护（ATP）系统。

（4）救援列车、回送车辆。

车辆控制单元（VCU）根据制动级位信号和车重信号进行制动力的计算，然后对电制动和空气制动进行制动力的分配。在制动时尽可能使用再生制动，电制动力不足时由空气制动补充；制动过程中优先使用电制动使得闸片和制动盘的磨耗寿命、乘坐舒适性和黏着力的利用都得到优化。

电制动（再生制动）过程中采用牵引电机作为发电机，这样将再生的电能供给牵引系统。由于该制动类型需要牵引电机，所以只有动车转向架可进行此类制动。在电制动过程中，制动控制板 BP 的功能在必要时按照 TCMS 的要求补偿动力制动缺少的制动效果。

空气制动是通过将摩擦闸片推向旋转的制动盘，使制动盘放慢旋转来施加制动的。该功能和一般汽车的制动相似。压缩空气供风是由（制动计算机控制的）制动控制板 BP 上的 EP 阀来调节的，并向转向架上的制动夹钳供风。制动夹钳控制可更换的制动闸片，而制动闸片可按压安装在车轮或轮轴上的制动盘。

（二）制动指令

主车辆控制单元持续监控来自主控手柄、自动速度控制系统和 ATC 系统的制动要求信号。当列车被回送时设置成回送模式，这意味着只有来自回送控制板内制动管路压力传感器的信号才受车辆控制单元的监控。车辆控制单元在通过本地从属控制单元将信号分配和传输前平衡列车载重的制动参考信号并向前传送至制动计算机以控制车内的气动制动。

（三）制动参考信号

主车辆控制单元 VCU 将收到的本车载重信号及单元内其他车辆载重信号合起来进行制动力计算，得到对应制动减速度的单元制动力。这种根据单元列车载重信号计算出的并经过分配的制动力，作为制动参考信号发送给单元内各车制动模块内的制动计算机。这种制动参考信号实质上是分为不同的动车和拖车转向架的初级复合制动信号。

在制动参考信号传输到动车的牵引变流器模块（MCM）和制动计算机之前，还要由车辆控制单元对制动力信号进行限制，根据制动冲击率限制列车减速度小于 0.8 m/s^2，把原本上升较快的制动力信号平滑呈逐渐上升的制动力信号。

（四）复合制动

车辆间的电制动及空气制动的混合是由主车辆控制单元控制的。主车辆控制单元优先采用电制动实施要求的制动。如果采用电制动的制动力不够，计算机采用空气制动补充。复合制动过程中，车辆控制单元调节空气制动参考信号，以便于在动车和拖车转向架之间均匀分配制动效果。当不要求空气制动时，制动闸片以备用模式保持在制动盘周围（低于 5 ℃，司机可人工施加"除冰制动"，这样可以通过施加摩擦制动给制动盘除冰）。制动参考信号在传输到动车变换器模块（MCM）和制动计算机前，它的变化趋势由车辆控制单元平缓。主车辆控制单元持续监控达到的电制动效果，并将制动参考信号分配给不同车辆。

在定员情况下，从 200 km/h 初速度施加最大常用制动的制动力如图 3-8 所示。图中，A 区域为 T 车的空气制动力，B 区为 M 车的空气制动力，C 区域为电制动力，D 区域为列车基本运行阻力。

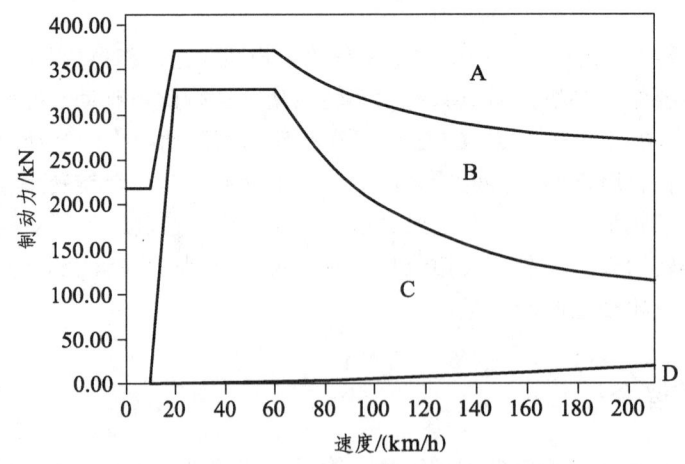

图 3-8 定员情况下 200 km/h 初速度施加最大常用制动的制动力

二、紧急制动

动车组紧急制动有两种模式，采用电空复合制动的紧急制动 EB 和采用最大空气制动的紧急制动 UB（CRH1A 型动车组的安全制动就是紧急制动 UB）。

（一）紧急制动 EB

紧急制动 EB 是在设备正常情况下实施的紧急制动，由电子制动控制单元进行空-电复合制动控制，充分利用电制动，按恒减速度模式控制方式实施制动控制。紧急制动 EB 采用单车空、电复合制动方式，动车优先使用电制动力，不足的部分由空气制动补充。列车设紧急制动 EB 安全环路控制，当安全环路断开时，动车组将产生相应的紧急制动 EB 命令。电制动力的大小，需考虑充分利用黏着限制，尽量降低摩擦轮的风险，紧急制动 EB 施加和缓解过程中不考虑制动减速度的限制。

列车控制网络正常的情况下，制动控制计算机检测到网络传输的紧急制动 EB 指令但紧急制动 EB 环路未断开时，将状态反馈给网络控制系统，延时一段时间后，如果网络的紧急制动 EB 指令仍然存在，制动控制计算机将施加紧急制动 EB，同时向主车辆控制单元 VCU 请求电制动。若在此制动过程中，网络紧急制动 EB 指令撤销且紧急制动 EB 环路闭合，BCU 将缓解此制动。

运行过程中紧急制动 EB 的触发方式：

（1）TCMS［可用 BCU 数量过少、保持制动时车辆发生了移动、主风压力低、行驶中施加停放制动、转向架失稳检测（IMS）、司机警惕装置（DSD）等］。

（2）牵引制动控制器手柄在紧急制动 EB 位。

（3）轴温监控系统（BMS）。

（4）救援装置。

（5）紧急制动 EB 回路失电。

（6）乘客拉下紧急制动手柄。

1．牵引制动控制器手柄在紧急制动 EB 位

牵引制动控制器手柄在紧急制动 EB 位时，优先启动电制动，并在电制动力不够的情况下，触发空气制动，开启电空复合制动，制动力通常为最大常用制动的 1.5 倍。当触发空气制动时，制动控制板 PB 上的紧急制动电磁阀得电，主风缸的压力不经过调压，经紧急制动电磁阀右位到达限压阀，在收到限压阀的载重信号控制之后，将压力输出到中继阀。中继阀将压缩空气的流量放大后，通过防滑阀送到制动缸，实施紧急制动 EB。在防止列车打滑的情况下利用最大轮轨黏着力，使列车在尽量短的距离内实现停车。图 3-9 为定员情况下，从初速度 200 km/h 时施加紧急制动的制动力。图中，A 区域为 T 车的空气制动力，B 区为 M 车的空气制动力，C 区域为电制动力，D 区域为列车基本运行阻力。

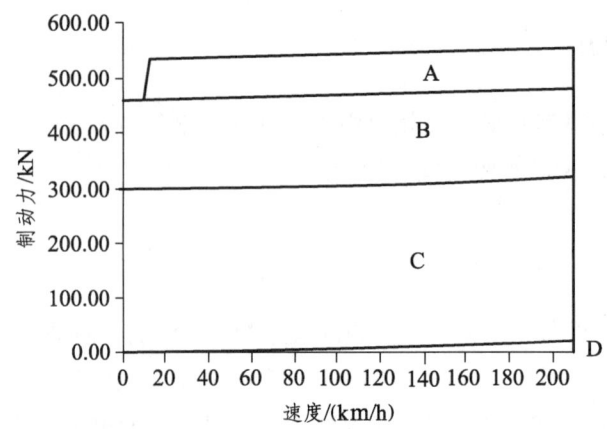

图 3-9　定员情况下 200 km/h 初速度施加紧急制动的制动力

2．乘客拉下紧急制动手柄

列车各车厢都装有紧急制动手柄，如图 3-10 所示。当乘客或乘务人员扳动手柄时，系统将在 10 s 内实施最大常用制动。这时，司机操作台上的"取消"按钮闪烁，并发出警报声向司机指示有乘客或乘务人员启动了紧急制动。在 10 s 内，司机发现线路的某个位置不适合停车（隧道内或桥上），可通过按压"取消"按钮 3 s 取消紧急制动要求；如司机没在 10 s 内按下按钮或按压时间不够长，就会实施紧急制动。

在乘客紧急制动系统启动 10 s 后，安全回路启动，此时电制动被抑制（以避免车轮损坏），实施纯摩擦制动，直至动车组完全停止。如果同一列车上有多个乘客同时拉动紧急制动手柄，不会影响紧急制动的实施。因为所有手柄都在相同的环路上，拉动列车多个紧急制动手柄，只是重复启动乘客激活的紧急制动，但司机必须多次按下按钮撤销紧急制动。

列车停车时，必须在列车继续运行前重设乘客激活的紧急制动手柄，这是因为乘客激活的紧急制动打开了安全环路。

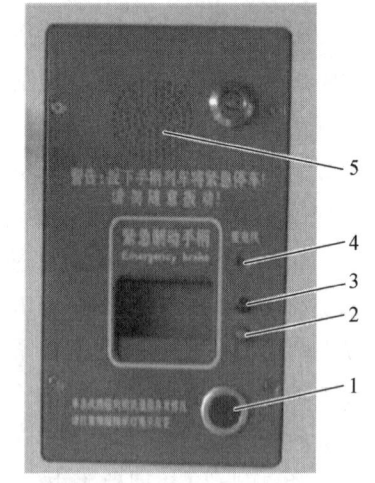

1—与司机进行通话按钮；2—对话指示灯；
3—等待指示灯；4—麦克风；
5—扬声器。

图 3-10　乘客紧急制动手柄

在进行动车组库内一级检修时，需要检查紧急制动手柄的状态。

（二）紧急制动 UB

紧急制动 UB 由紧急制动 UB 环路控制，当紧急制动 UB 环路断开时，动车组将触发紧急制动 UB。紧急制动 UB 请求可不经列车网络独立传送到所有的相关控制设备。列车紧急制动 UB 环路低电平触发紧急制动，保证故障导向安全地实施紧急制动 UB。实施紧急制动 UB 时，车轮防滑保护系统起作用。紧急制动 UB 为纯空气制动，不施加电制动。

一旦紧急制动 UB 被触发,紧急制动电磁阀将失电产生紧急制动,其将保持到列车完全停止,在此期间不能被缓解。紧急制动 UB 通过独立的安全制动回路实施。紧急制动 UB 回路直接作用于列车上的紧急制动电磁阀。

紧急制动 UB 的触发方式:
(1)司机钥匙未插入,司机室已激活。
(2)转向架监控报警。
(3)司机室紧急制动按钮(蘑菇头)被按下。
(4)列车保护系统发出的紧急制动。
(5)紧急制动 EB 减速度不足。
(6)紧急制动 UB 回路失电。
(7)蓄电池无电压。
(8)列车部分分离。
(9)回送时制动管路气压低于 400 kPa。
(10)总风管压力低于 600 kPa。

紧急制动 UB 时制动力分配原则:紧急制动 UB 时是通过紧急制动电磁阀失电产生预控压力,不受 BCU 的控制,不考虑冲击极限的限制,首先保证制动距离。BCU 将监测紧急制动 UB 环路状态以及接收来自网络控制系统的对紧急制动 EB 环路的监测信息,用于故障诊断。

(三)安全回路

CRH1 型动车组中从头车到尾车把所有可能激活紧急制动或牵引的系统串联起来,形成一个回路,这个电气回路称为安全回路,如图 3-11 所示,以确保这些系统中的任何一个部件未处于安全状态时,都会立即引发列车紧急制动或禁止牵引。安全回路分为牵引安全回路和制动安全回路,它们都符合"故障导向安全"原则。电空制动安全回路由多车控制总线(MVB)、司机安全装置(DSD)、ATP、司机钥匙(DK)、紧急制动按钮(DP)、救援回送控制板(TP)、主控制动器(MC)、列车计算机、制动计算机和制动控制板组成。

紧急制动 EB 与紧急制动 UB 均可以由相应的安全回路触发。

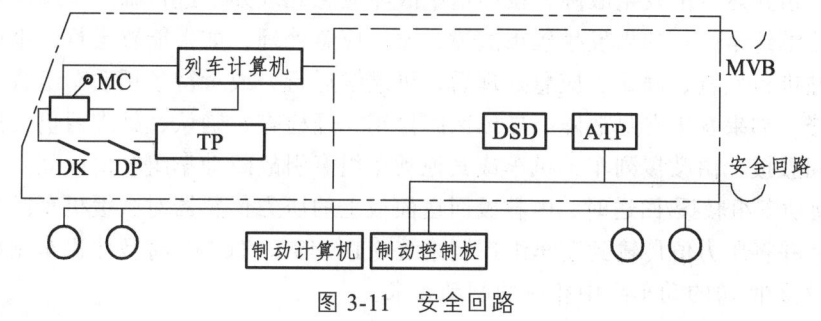

图 3-11 安全回路

三、停放制动

停放制动可使具有最大载荷的列车停在坡度为 30‰ 的坡道上不溜车。每辆动车一个转向架的 5～7 号三个制动单元中设置有含弹簧储能式停放制动缸。停放制动是由综合的压缩弹簧来施加的。停车制动通过司机操作台上的按钮来控制，它的控制回路和高压线供应压缩空气的制动控制单元相结合。如果制动缸压力低于 380 kPa，自动施加停放制动。制动缸压力低于 380 kPa 时，由于停放制动缸和制动缸之间没有止回阀，停放制动缸内的空气压力也开始下降。压力下降时弹簧拉长，这样，在制动缸压力降至零时完全施加了停放制动。

在 Mc/M 转向架内的停放制动压力开关由牵引安全环路进行监控。如果施加了停车制动，或压力开关报告已施加，就不能开动列车。停放制动力可通过停放制动控制面板的控制，向停放制动缸内充入压缩空气缓解，或使用专用工具在转向架上手动缓解，如图 3-12 所示。当停放制动装置出现故障时，通过停放制动控制面板上的截断塞门可将其作用切除。如果压力开关出现故障，可采用位于车厢 K4 的开关隔离故障继续运行。

1—停放制动缸；2—手动缓解装置。

图 3-12 停放制动手动缓解装置

四、保持制动

保持制动采用和常用制动相同的空气制动。只要列车处于静止状态，或者主控手柄置于 0 位，保持制动会自动施加，该制动施加平缓并可将车辆保持在 30‰ 内的斜面上不溜车。保持制动由司机操控台上的按钮进行暂时解除，长时间按下司机室的"保持制动"按钮，就可缓解保持制动。

五、救援/回送制动

如果动车组在运行中发生故障，按照途中故障应急处理办法进行临时处理。如果故障较轻，则处理后继续运行；如果发生较重故障，通过应急处理，如果能够走行，维持运行至前方站，在车站进行检查、确认、应急处理后，可继续运行，或者待备用动车组替换，故障动车组入段维修；如果发生严重故障，导致区间停车，经检查、确认、处理后仍无法运行的，则要等待区间救援，由救援列车、机车或其他动车组牵引故障动车组驶离区间。

CRH1 型动车组救援/回送时，由救援回送面板上的压力传感器对救援机车内的制动管压力进行检测，并将压力值传输到动车组控制系统（TCMS），TCMS 将救援机车制动管中的压力转化为被救援/回送的动车组中相应的制动要求。

六、防冰制动

防冰制动也称耐雪制动。在寒冷的冬季，它通过施加一定大小的空气制动力将制动闸片压向制动盘，通过摩擦生热很快加热闸片和制动盘，以防止制动盘和制动闸片受冰雪影响。

防冰制动启动后，每车施加共 15 kN 空气制动力，并保持 30 s，从前到后一辆接一辆依次进行。在此期间，IDU 会显示相应的信息。防冰制动通常是在环境温度低于 5 ℃，通过司机操纵的。因 15 kN 的空气制动力将对列车产生明显的减速作用，因此应在牵引位、速度大于 60 km/h 时施加。

CRH1 型动车组各种制动作用的制动模式见表 3-2。

表 3-2　CRH1 型动车组制动模式一览表

制动模式	启动方式	空气制动	电制动	WSP 车轮防滑保护	载荷补偿
常用制动	1. 制动控制器 2. ATC/ATP 3 救援/回送控制面饭 4. 速度控制	激活	1. 激活 2. 激活 3. 无 4. 激活	激活	激活
紧急制动 UB	1. 司机钥匙未插入，司机室已激活 2. 转向架监控报警 3. 司机室紧急制动按钮被按下 4. 列车保护系统发出的紧急制动 5. 紧急制动 EB 减速度不足 6. 紧急制动 UB 回路失电 7. 蓄电池无电压 8. 列车部分分离 9. 回送时制动管路气压低 10. 总风管压力过低	激活	无	激活	机械
紧急制动 EB	1. 牵引制动控制器手柄在紧急制动 EB 位 2. 轴温监控系统（BMS） 3. 救援装置 4. 紧急制动 EB 回路失电 5. 乘客拉下紧急制动手柄	激活	激活	激活	机械
保持制动	计算机被激活，处于静止状态	激活	无	不适用	无
停放制动	总风缸压力较低时自动启动或由司机启动	停放制动缸	无	不适用	无
防冰制动	环境温度较低时施加	被激活	无	不适用	无

任务四　空气制动系统

CRH1 型动车组的空气制动系统由压缩空气供给系统、制动控制装置和基础制动装置三大部分组成。

一、压缩空气供给系统

CRH1 型动车组供风系统由主供风系统和辅助供风系统两部分组成。

主供风系统由 3 台主空气压缩机（Tp 和 Tb 车）、总风缸（拖车 3 个、动车 1 个）、空气弹簧风缸（每辆车 4 个）以及一条贯穿全车的总风管和若干条支管、空气干燥装置、空气过滤器、相关辅助设备等组成。

辅助供风系统由 2 台辅助空气压缩机（Tp 车）、辅助风缸（Tp 车各 1 个）及管路附件等组成，这些设备置于车体底架的设备仓内，如图 3-13 所示。

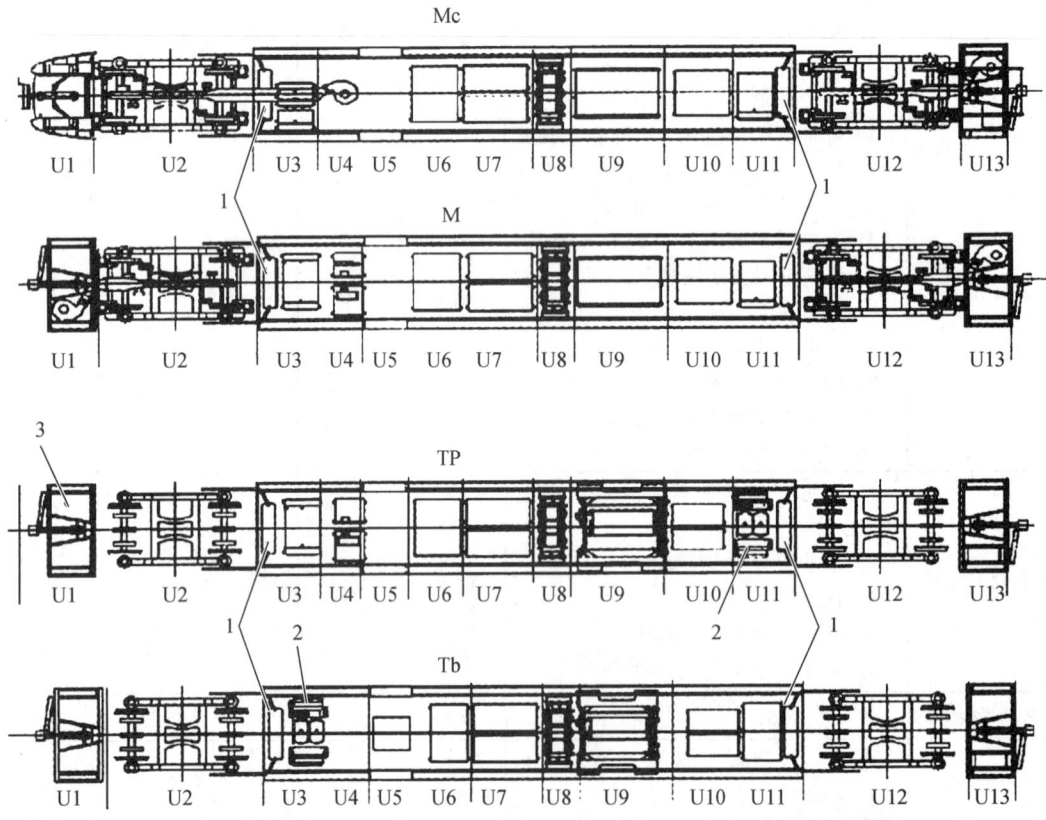

1—二系悬挂储风缸；2—主空气压缩机单元；3—辅助空气压缩机单元。

图 3-13 CRH1 型动车组压缩空气供给系统在底架上的布置

（一）主供风系统

在 CRH1 型动车组中，主供风系统采用模块化设计，安装在一个框架上，如图 3-14 所示，该单元包括空气压缩机、空气干燥装置、滤油器、管路、压力传感器、测试装置、安全阀和总风缸等设备。

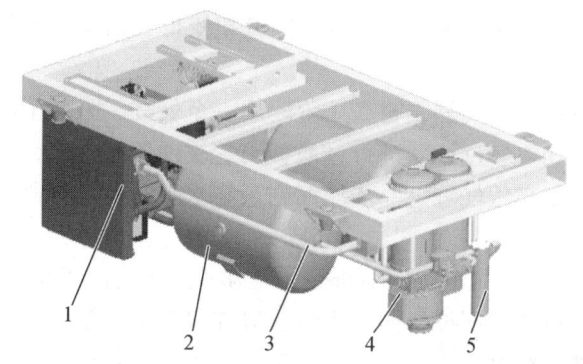

1—空气压缩机；2—总风缸；3—管道；4—干燥器；5—滤油器。

图 3-14 主空气压缩机系统

1. 主空气压缩机

CRH1 型动车组的主空气压缩机采用 Knorr-Bremse VV120-W 型三缸机，其外形如图 3-15 所示。它主要由空气过滤器、电机、冷却器、气缸、风扇等组成。主压缩机供风量为 920 L/min，工作压力为 0~1 000 kPa，由交流电机带动，电机供电电源是 AC 400 V/50 Hz。

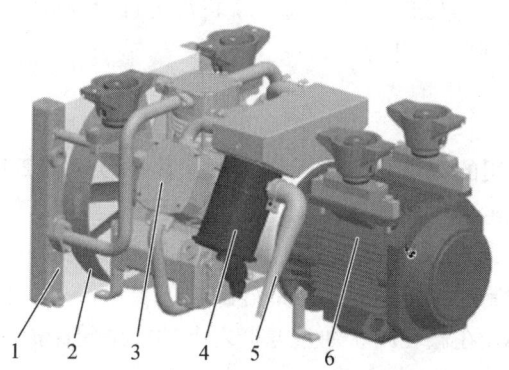

1—冷却器；2—风扇；3—气缸；4—空气过滤器；
5—进风管；6—电动机。

图 3-15 主空气压缩机

VV120 型空气压缩机的结构示意如图 2-14 所示，它具有如下特点：

（1）2 级压缩 W 形三缸装置，轴向尺寸极短，使所有缸的冷却效果最佳。

（2）自承重、法兰安装的电机-压缩机机组，无须附加框架；质量小，安装空间小。

（3）声压水平低，仅为 64 dB（A）/4.6 m，76 dB（A）/1.0 m。

（4）闭路飞溅润滑，不需要油泵、油过滤器或油分离器；不需要油管道；无曲轴箱通风（闭路）；无油溢到大气层；无油污染；润滑油消耗极低；两次换油之间不需要重加油（每年仅一次）。

（5）温度控制冷却器风扇的速度，对各种运行条件适应性强，结冰或卡住都不会损坏风扇。

（6）电机和压缩机通过扭转刚性气囊相连，无旋转、振动，不需要维护。

（7）压缩机安装使用弹簧环隔离体，免维护，在压缩机整个速度范围内无共振。

（8）压缩机传动装置特殊，耗电量很低，断开扭矩低，启动电流低，即使在低温下也能正常启动。

压缩机在低压阶段用两个气缸，在高压阶段用一个气缸，分两个阶段工作。被吸入低压气缸的空气先由一个干式空气过滤器进行过滤，当它被预压缩之后，再通过一个冷热气自动调节机将冷却的空气送至高压气缸进一步压缩到最终水平，高压阶段压缩后的空气再次经过后冷却器冷却。

当总风缸压力低于 850 kPa 时，压缩机开始工作；当压力高于 1 000 kPa 时，压缩机停止工作。列车刚启动时，所有的压缩机同时运行，以在尽可能短的时间内满足车辆对压缩空气的需求。在动车组正常运行过程中，只有一个压缩机处于工作状态，如果压力低于 850 kPa，则第二台压缩机开始工作，如果压力进一步降到 700 kPa，第三台压缩机也将启动。通过这种方法，实现压缩机的最佳工作。

如果总风缸压力降低到 700 kPa 以下，司机就会收到一个低压警告信号。总风缸压力在 600 kPa 时，由于系统压力过低，将实施紧急制动。在回送状态下，激发紧急制动的设定压力为 400 kPa。

压缩空气在压缩机中经过压缩和冷却，通过软管到达空气干燥装置。压缩空气也可以通过外部空气连接装置提供，然后也通过空气干燥装置进行干燥处理。这样压缩空气的质量能够始终得到保证，不受气源的影响。

2．空气干燥装置

CRH1 型动车组中使用的双塔式空气干燥装置，其外形如图 2-16 所示。它采用 110 V 电源，功率 14 W，每个干燥-再生周期 2 min，出口最大相对湿度 35%。

在空气干燥机单元内装配有与细网过滤器（微孔网状过滤器）相配套的油分离器，安装细网过滤器的目的是保护制动系统不受来自铝硅酸盐的灰尘侵入，并且在空气干燥器失效的情况下也可作为滤水器使用。在微孔网状油过滤器之上的安全阀保护气路系统中出口处的部件。

3．主供风系统原理

主供风系统气路原理如图 3-16 所示。主供风系统气路由主空压机气路模块、空气干燥气路模块、储风缸模块和空气供给气路模块组成。新鲜空气经过滤后被吸入压缩机中，经过压缩和冷却，再通过软管到达空气干燥器。压缩空气也可以通过外部空气连接装置提供，然后通过空气干燥器。这样压缩空气的质量能够得到保证，并不受气源的影响。空气干燥器吸收压缩空气中的水蒸气，使列车的气路系统中不会产生冷凝物；空气干燥器带加热装置，以满足低温时双塔吸收式干燥器的工作，压缩空气的干燥和再生是两个平行进行的阶段。主风气流在一个干燥塔内干燥，而在另外一个干燥塔内的干燥剂中得到再生。干燥塔有一个空气干燥单元的集成循环计数器，控制压缩空气在干燥与再生之间转换。循环计数器只有在电动压缩机或者外部开关被激活的情况下工作。空气干燥器在 2 个干燥塔上也有压力开关，以确保监控转换周期。

空气干燥器出口处微孔网状油过滤器能将干燥的压缩空气中的油悬浮微粒和固体杂质减少到较低水平。在微孔网状油过滤器之上的安全阀保护气路系统中的出口处的部件；最后压缩空气储存在两个容量为 75 L 的主风缸内。气路系统中设置有空气压力传感器，控制空气压缩机的"开/停"。这样就可以始终保持储风缸内的压缩空气压力值，满足气动设备的用风要求。

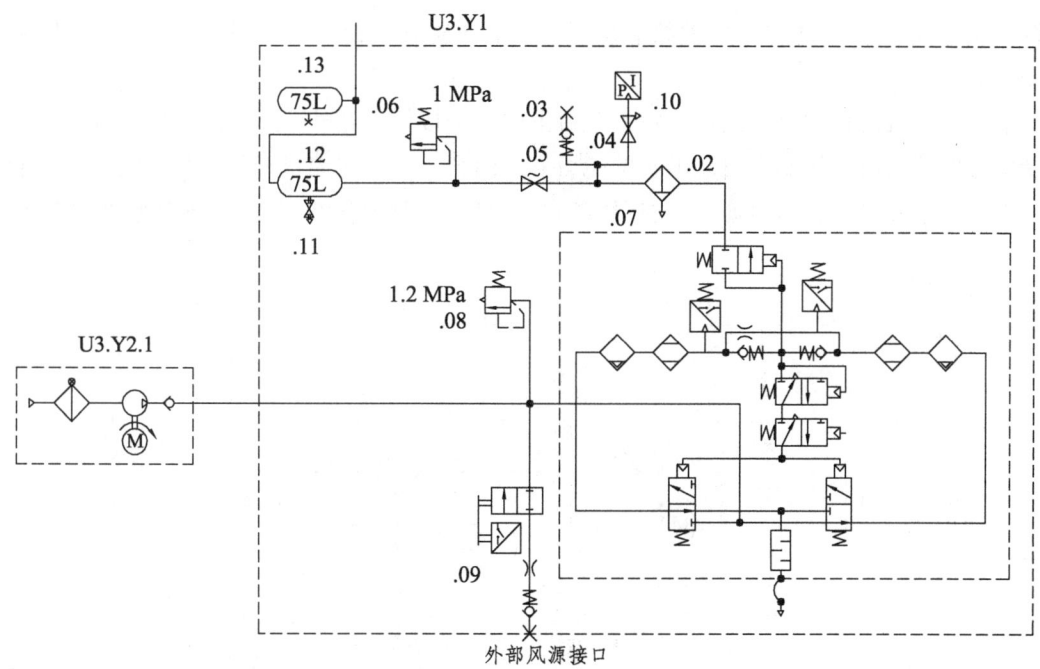

U3.Y1—主供气模块；U3.Y2.1—主空气压缩机；.02—滤油器；.03—测压口；.04，.05—截断塞门；
.06，.08—安全阀；.07—双塔式干燥器；.09—外部供气换向阀；
.10—压力传感器；.11—排水塞门；.12，.13—主风缸。

图 3-16　主供风系统气路原理

当对供风系统进行测试时，可以通过外部风源接口，在外部供气换向阀的作用下实现外部供气。

（二）辅助供风系统

辅助供风系统的功能是在当总风压力低于 500 kPa 时，给受电弓的起升提供压缩空气，保证动车组接受电网供电。辅助供风系统采用模块化设计，安装在 Tp 车两转向架中间的底架中，如图 3-17 所示，包括压缩机、单塔式空气干燥器、滤油器、再生风缸和管路等设备。辅助空气压缩机是 Knorr LP115 单活塞型压缩机，供气量为 70 L/min，工作压力 0 ~ 700 kPa。由直流电机驱动，电机工作输入电压 DC 110 V。

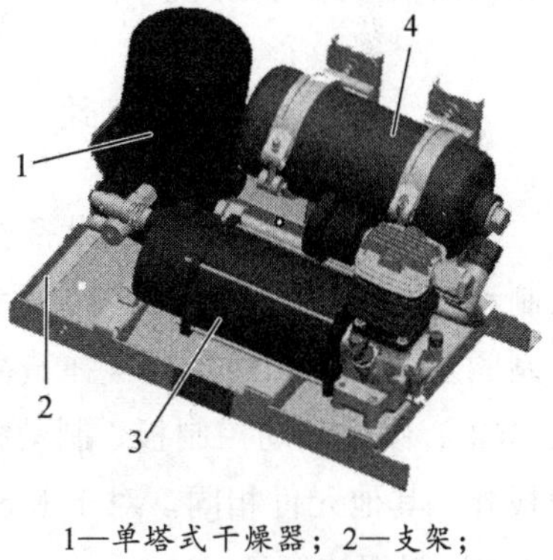

辅助空气压缩机由车载蓄电池供电，从空气压缩机输出的压缩空气经空气干燥装置过滤后进入管道和 3 L 再生风缸中，气路上设有安全阀对设备进行保护。辅助空气压缩机的空气干燥器为单塔式，在压缩机停止工作时，再生风缸内的压缩空气逆向流过干燥器对干燥剂进行再生。气路中设置有安全阀，防止辅助供风系统压力超高。压力开关设定值为 270 kPa。当辅助

1—单塔式干燥器；2—支架；
3—辅助空气压缩机；
4—再生风缸。

图 3-17　辅助供风系统

系统压力降至低于辅助空气压缩机启动压力时，恢复对辅助空气压缩机供电，压缩机启动开始供风。

辅助压缩机的控制是通过司机室控制台上的一个按钮。当司机控制台上 TCMS 接收到升高受电弓的请求时，控制空气压缩机的压力开关闭合，空气压缩机开始工作，受电弓升起。当受电弓升起并与三相电接通时，主压缩机启动，辅助压缩机停止工作。其气路原理如图 3-18 所示。

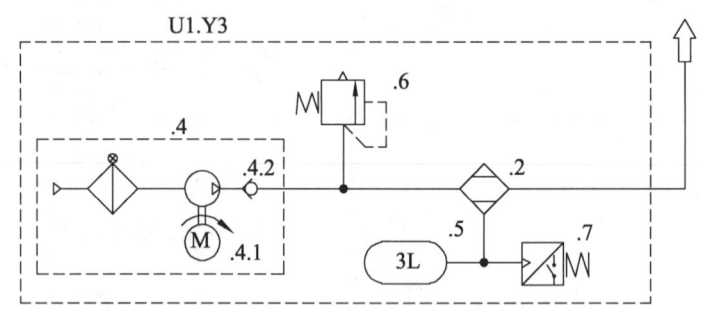

U1.Y3—辅助供风系统；.2—干燥器；.4—辅助空气压缩机；.4.1—电动机；
.4.2—单向阀；.5—再生风缸；.6—安全阀；.7—压力开关。

图 3-18 辅助供风系统气路原理

二、制动控制装置

CRH1 型动车组采用再生制动和直通式电空制动两部分组成的复合制动系统。制动控制设备主要包括司机室牵引控制手柄、列车信息控制系统车辆控制计算机（VCU）、牵引控制单元（TCU）和制动控制模块。列车信息控制系统中的车辆计算机单元（VCU）控制动车组上所有的制动功能及设备，车辆制动控制模块中的制动计算机（BCU）接收并执行车辆控制计算机（VCU）给出的制动指令。制动计算机（BCU）和车辆控制计算机（VCU）通过列车信息控制系统的数据总线（WTB）和本地多车控制总线（MVB）进行通信，制动计算机对输入和输出信号进行处理。

（一）制动控制模块

CRH1 型动车组的制动设备，制动控制计算机（BCU）及大部分空气压力控制部件安装在制动控制模块上，如图 3-19 所示。该制动控制模块包括向前后两个转向架空气弹簧供气的控制阀及管路，如两个空气弹簧截断塞门、两个顺序阀等；制动控制箱，内含制动控制计算机 BCU；停放制动控制板、制动控制板、风缸等元件。拖车制动控制模块除缺少停放制动控制板外，其他元件相同。对于 Mc 动车救援/回送所使用的回送控制板，则安装在司机室右边的 K2 控制柜的底部。

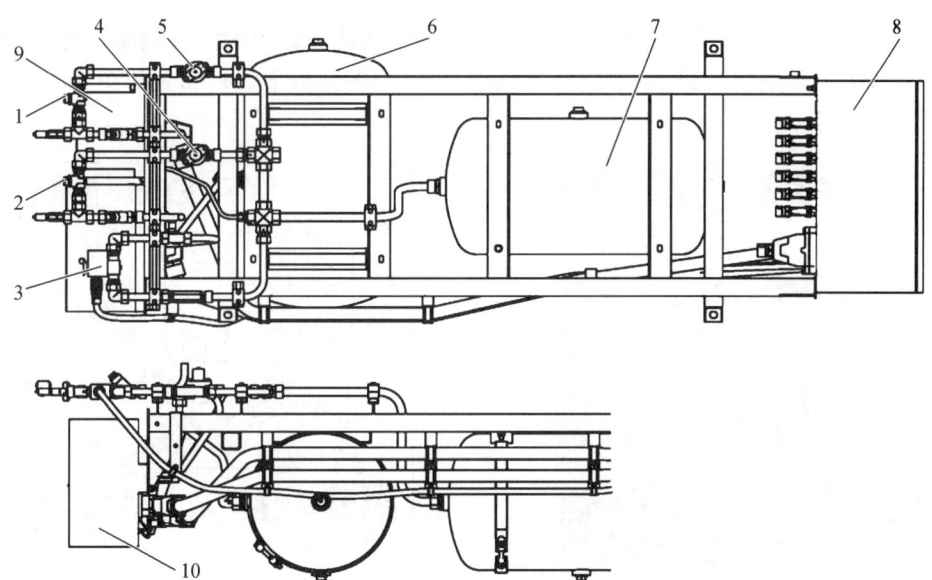

1，2—空气弹簧截断塞门；3—制动截断塞门；4，5—顺序阀；6—制动风缸；7—总风缸；
8—制动控制箱（含制动计算机BCU）；9—停放制动控制板；10—制动控制板。

图 3-19　动车制动模块

（二）制动控制计算机

制动控制计算机（BCU）安装在制动控制模块中，如图 3-20 所示，它的主要功能如下：

（1）根据来自 VCU 的输入信号，对制动进行控制和监控。

（2）从 VCU 接收制动力参考指令等相关信号。

（3）将来自空气弹簧的车辆载重信号发送至 VCU。

（4）计算所需的制动力。

（5）将电控信号发送至制动控制板（BP），实施空气制动。

（6）监控来自 WSP 防滑速度传感器的信号，并进行防滑控制计算。

（7）将电控信号发送至防滑阀。

（8）将制动控制模块的诊断信号/处理信号发送到 VCU。

图 3-20　制动控制计算机

（三）制动控制板

制动控制板（BP）的功能主要是把接收到的制动参考电信号转化称为空气压力信号，并经过中继阀放大空气压力信号的风量后，传送给空气制动缸，施加空气制动。通过 BP 板可以实现 1~7 级的常用制动和紧急制动。制动控制板 BP 面板上元件布置如图 3-21 所示。制动控制板的气路原理如图 3-22 所示。

 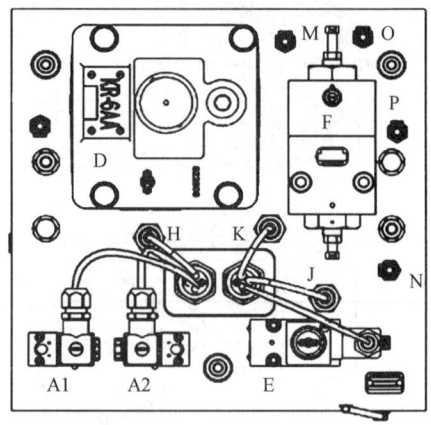

（a）实物图　　　　　　　　　　　　（b）平面图

A1—制动电磁阀；A2—缓解电磁阀；D—中继阀；E—紧急制动电磁阀；F—限压阀；
H、K、J—压力传感器；M、N、O、P—测压口。

图 3-21　制动控制板面板

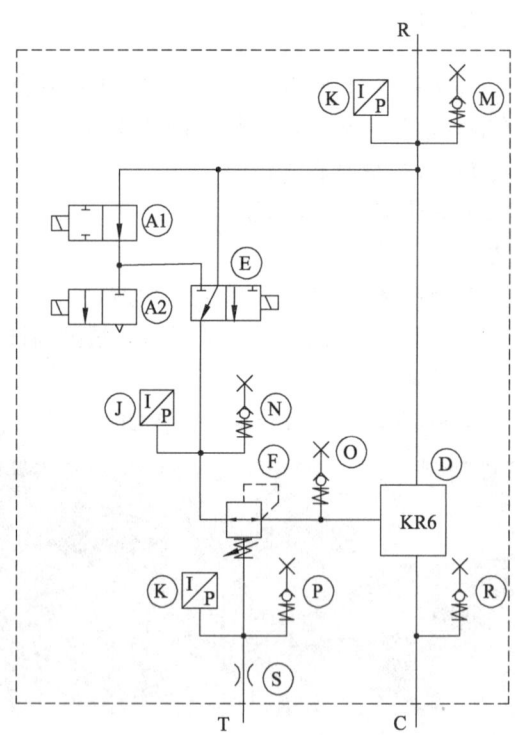

A1—制动电磁阀；A2—缓解电磁阀；C—输出到制动缸；D—中继阀；E—紧急制动电磁阀；
F—限压阀；H、K、J—压力传感器；M、N、O、P—测压口；
R—来自制动风缸的输入压力；T—来自空气弹簧的载重压力。

图 3-22　制动控制板气路原理

1. 制动控制板各部分名称与作用

A1——制动电磁阀。失电时，将压力传输到紧急电磁阀 E 左位压力口上。得电时，中断到紧急电磁阀 E 的供风。和 A2 缓解电磁阀联合工作，根据车上要求的制动力设定相应预控制压力。

A2——缓解电磁阀。失电时，不缓解任何压力；得电时，缓解来自紧急电磁阀 E 的任何压力。

C——输出口。将中继阀出口压力通过防滑阀，最终输出到制动缸。

D——KR6 型中继阀。将来自 A1 的预控制压力进行流量放大，在预控制压力控制下，将来自制动风缸 R 的压力输出到 C 口。

E——紧急制动电磁阀。在安全环路失电或紧急情况下，电磁阀失电，将来自制动风缸 R 的气压传输给限压阀 F，并实施紧急制动 UB。

F——限压阀。根据从 T 口空气弹簧反馈的载重信号，调整到中继阀 D 预控制压力的大小。

H——压力传感器。将输入制动风缸的压力信号发送至制动计算机（BCU），监测制动风缸压力大小。

J——压力传感器。将预控制压力信号发送至制动计算机（BCU），进行闭环控制。

K——压力传感器。将从空气弹簧反馈的载重信号发送至制动计算机 BCU。

M——测压口。用于人工测量来自制动风缸管路的输入压力。

N——测压口。用于人工测量预控制压力。

O——测压口。用于人工测量 KR6 中继阀 D 的控制压力。

P——测压口。用于人工测量载重压力时。

R——输入口。来自制动风缸的输入压力。

T——限压阀 F 控制口。来自空气弹簧的载重压力信号。

2. 制动控制板控制原理

通过制动控制板上的制动电磁阀、缓解电磁阀、紧急制动电磁阀的得电与失电情况。能实现动车组常用制动、保压、缓解与紧急制动四种状态，在不同状态下个电磁阀的得失电情况如表 3-3 所示。

表 3-3 电磁阀的得失电情况

电磁阀	常用制动/紧急制动 EB	保压	缓解	紧急制动 UB
制动电磁阀	-	+	+	-
缓解电磁阀	-	-	+	-
紧急制动电磁阀	+	+	+	-

注："+"表示得电，"-"表示失电。

（1）常用制动/紧急制动 EB 时。

① 制动电磁阀 A1 失电，使来自主风缸管路的压缩空气可通过常用制动电磁阀 A1。

② 缓解电磁阀 A2 失电，阻止通过来自常用制动电磁阀 A1 的压缩空气排出大气。

制动电磁阀 A1、缓解电磁阀 A2 及压力传感器 J 组成开关型 EP 阀，通过调整制动电磁阀 A1 的失电时间，进行预控制压力的控制。

③ 紧急制动电磁阀 E 得电，阻断来自制动风缸管路的压缩空气，使其不能通过紧急制动电磁阀 E，来自制动电磁阀 A1 的压缩空气可通过紧急制动电磁阀 E 的右位输出至由载重压力控制的限压阀 F，经限压阀 F 调整其压力后，作为预控制压力作用在中继阀 D 的控制口。

④ 来自制动风缸管路的压缩空气从 R 口输入中继阀，在预控制压力作用下，中继阀进行风量放大后从 C 口输出至防滑阀，再由防滑阀传输至制动缸，施加常用制动。在紧急制动 EB 作用时，采用最大常用制动与电制动相结合的复合制动。

（2）保压时。

① 制动电磁阀 A1 得电，阻断来自制动风缸管路的压缩空气，使其不能通过制动电磁阀 A1。

② 紧急制动电磁阀 E 得电，阻断来自制动风缸管路的压缩空气，使其不能通过紧急制动电磁阀 E。

③ 缓解电磁阀 A2 失电，阻止中继阀 D 控制口侧的压缩空气排出大气。

④ 来自制动风缸管路的压缩空气无法从 R 口输出至中继阀的 C 口，制动缸的压力保持不变，从而达到保压状态。

（3）缓解时。

① 制动电磁阀 A1 得电，阻断来自制动风缸管路的压缩空气，使其不能通过制动电磁阀。

② 紧急制动电磁阀 E 得电，阻断来自制动风缸管路的压缩空气，使其不能通过紧急制动电磁阀。

③ 缓解电磁阀 A2 得电，将中继阀 D 控制口侧的压缩空气排出大气。

④ 由于中继阀控制口侧的压缩空气（预控压力）经缓解电磁阀 A2 排空，制动缸的压缩空气经过防滑阀，再经过中继阀 D 的排气口排出大气，实现缓解。

（4）紧急制动 UB 时。

① 制动电磁阀 A1 失电，接通来自主风缸管路的压缩空气，使其可通过制动电磁阀 A1。

② 缓解电磁阀 A2 失电，防止来自制动电磁阀 A1 的压缩空气排出大气。

③ 紧急制动电磁阀 E 失电，阻断来自制动电磁阀 A1 的压缩空气，使其不能通过紧急制动电磁阀 E；来自制动风缸管路的压缩空气可通过紧急制动电磁阀 E 输出至由空气弹簧反馈的载重压力控制的限压阀 F，经限压阀调整其压力后，作为预控制压力作用在中继阀 D 的控制口。

④ 来自制动风缸管路的压缩空气从 R 口输入中继阀 D，经中继阀进行风量放大后从 C 口输出至防滑阀，再由防滑阀传输至制动缸，施加紧急制动 UB。

紧急制动 UB 时，预控制压力无须经过开关型 EP 阀调整，所以这时预控制压力将较大，紧急制动时制动缸内的压力也就较高，紧急制动力较大。

（四）停放制动控制板

停放制动控制板 PBP 的主要作用是控制列车的停放制动，可使具有最大载荷的列车停在坡度为 30‰ 的坡道上不溜车。当接收到 TCMS 传来的施加停放制动的电信号后，则打开停放制动回路的脉冲阀，使其输出口接通排风口，向大气排风，停放制动施加。当接收到缓解停放制动的电信号时，则接通脉冲阀输入口与输出口，向停放制动缸充风缓解停放制动。停放制动控制板的元件布置如图 3-23 所示，其气路原理图如图 3-24 所示。

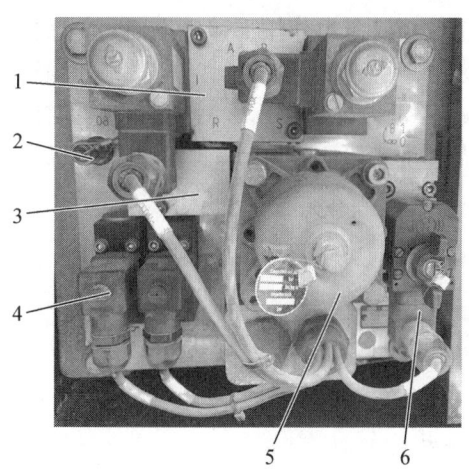 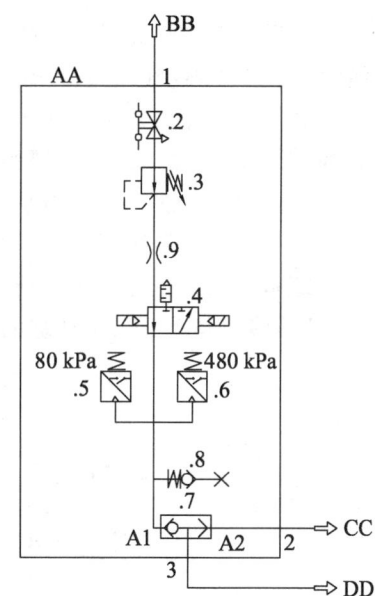

1—脉冲阀；2—测压口；3—双向阀；4—压力开关；
5—减压阀；6—截断塞门。

1—总风管供风口；2—制动缸压力信号；3—中继阀出口反馈压力；
.2—截断塞门；.3—减压阀；.4—脉冲阀；.5，.6—压力开关；
.7—双向阀；.8—测压口；.9—节流塞。

图 3-23　停放制动控制板　　　　　图 3-24　停放制动控制板气路原理

1．停放制动控制板各部分名称与作用

.2——截断塞门。可以切除停放制动作用。

.3——减压阀。将输出压力减少至设定值，即 600 kPa。

.4——脉冲阀。由车辆计算机预设好时，该阀处于两个位置：施加或缓解停放制动。

.5——压力开关。将停车制动压力信号发送至制动计算机，探测到 80 kPa 表示"施加了停车制动"。

.6——压力开关。将停车制动压力信号发送至制动计算机，如检测到 480 kPa 表示"缓解了停车制动"。

.7——双向阀。禁止停放制动的弹簧力与常用/紧急制动的气动力同时施加在制动盘上，以保护制动缸，以免达到过高制动力。

.8——测压口。用于人工测量停放制动控制板的输出压力。

.9——节流塞。限制风量大小，防止脉冲阀受到冲击。

AA——停车制动控制板 U8.Y1.2。

BB——由总风管路供风。

CC——中继阀出口反馈压力（与制动缸相通）。

DD——向停放制动缸供风。

2．停放制动控制板控制原理

来自总风管路的压缩空气经过截断塞门.2 后，经过一个设定值为 600 kPa 的减压阀，把压缩空气的压力降至 600 kPa，然后经过一个节流塞，限制压缩空气的流速，减小其对脉冲

阀体的冲击，随后压缩空气经过一个脉冲阀。

车辆缓解时，脉冲阀左边电磁铁得电，右边的电磁铁失电，脉冲阀输入口与输出口导通，压缩空气得以通过两个压力开关，到达双向阀，因处于缓解状态，由中继阀出口（制动缸）反馈的压力为零。双向阀的 A2 口无压力，双向阀阀芯在 A1 口压力作用下移动至右边，堵住 A2 口，同时沟通 A1 与 A3。压缩空气进入停放制动缸，停放制动缸的活塞杆受到压缩空气的压力被迫压缩储能弹簧缩回，使停放制动缸活塞杆的弹簧力无法作用于制动缸的活塞杆，停放制动处于缓解状态。压力开关.6 检测到管路的压强大于或等于 480 kPa 时，表示"已缓解了停放制动"。停放制动缸与制动缸的相互关系如图 3-25 所示。

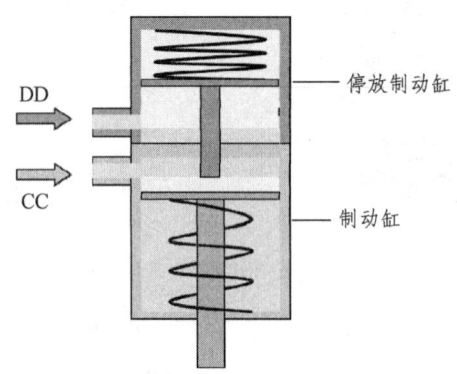

图 3-25　停放制动缸结构示意

在车辆实施制动之前，由于停放制动缸中已经存在压缩空气，停放制动缸的活塞杆受到压缩空气的压力压缩储能弹簧缩回，使停放制动缸活塞杆的弹簧力无法作用于制动缸的活塞杆，停放制动仍然处于缓解状态。车辆制动时，脉冲阀左边的电磁铁得电，右边的电磁铁失电，脉冲阀输入口与输出口导通，压缩空气得以通过两个压力开关，到达双向阀。当 A1 口压力大于 A2 口压力时，A1 与 A3 相通；当 A1 口压力小于 A2 口压力时，A2 与 A3 相通。

当动车组停车施加常用制动后，如果需要施加停放制动。司机按压操纵台左边的停放制动施加按钮。

脉冲阀左边的电磁铁失电，右边的电磁铁得电，脉冲阀切断输入、输出口，同时使输出口与排风口相通，双向阀 A1 口到脉冲阀之间的压缩空气被排空，双向阀的阀芯在 A2 口压缩空气作用下推至左边，堵住 A1 口同时接通 A2 与 A3 口，使制动缸压力与停放制动缸压力连通。停放制动施加初期，由于停放制动缸内有压缩空气，它并未输出停放制动力。动车组长时间停放时，由于泄漏等因素，制动缸及其管道压力下降，空气制动力也下降，制动缸活塞杆有回缩的趋势。但是，由于停放制动缸的压力也在下降，停放制动缸活塞杆在其储能弹簧的作用下逐步推出。停放制动缸活塞杆推出后，顶在制动缸活塞上，防止制动缸活塞杆收回，保证了制动稳定。只有当停放制动缸内的压力下降到 350 kPa 以下，停放制动才有效。当动车组停放时间足够长，制动缸与停放制动缸内的压力下降到零，此时，停放制动力完全施加，而空气制动力完全消失。所以，双向阀能禁止停放制动的弹簧力与常用/紧急制动的气动力同时施加在制动盘上。

当出现故障时，停放制动可以切除和手动缓解。将停放制动控制板上的截断塞门关闭可以切除停放制动。通过使用专用工具在停放制动缸上（6 号、7 号位）或转向架上（5 号位）可以手动缓解停放制动，如图 3-26 所示。

（a）6号、7号位停放制动手动缓解　　　　（b）5号位停放制动手动缓解

图 3-26　停放制动手动缓解

（五）救援/回送控制板

如果动车组在运行中发生故障，无法正常运行，则要等待区间救援，由救援机车或其他动车组牵引故障动车组驶离区间。

CRH1 型动车组救援回送板（TP）安装在司机室右边 K2 控制柜的底部，其元件布置图如图 3-27 所示。救援回送控制板气路原理图如图 3-28 所示。

1．救援/回送控制板各元件名称与作用

.01/1，.01/2——压力传感器。将输入压力信号发送至计算机。

.02——紧急排风阀。打开以降低制动管路压力，这样电磁阀.08 将其激活时就可激活紧急制动。

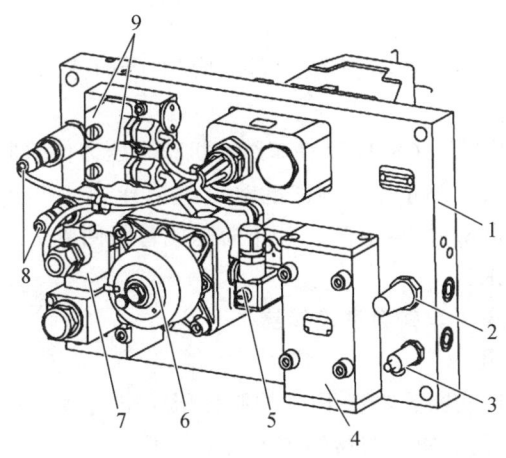

1—救援/回送控制板；2—消声器；3—测压口；4—紧急排放阀；
5，7—电磁阀；6—减压阀；8—压力传感器；
9—压力开关。

图 3-27　救援/回送控制板元件布置

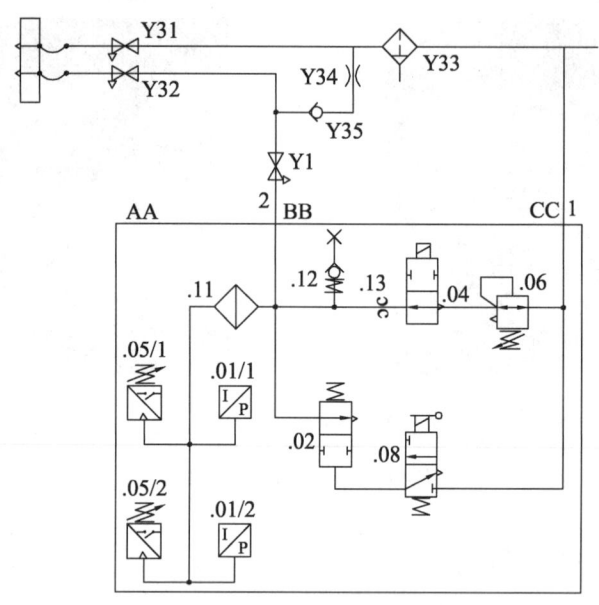

AA—救援/回送控制板；BB，CC—供风口；Y1—截断塞门；Y31—总风管截断塞门；Y32—制动管截断塞门；Y33—油水分离器；Y34，.13—节流塞；Y35—单向阀；.01/1，.01/2—压力传感器；.02—紧急排风阀；.04，.08—电磁阀；.05/1，.05/2—压力开关；.06—减压阀；.11—过滤器；.12—测压口。

图 3-28 救援/回送控制板气路原理

.04——电磁阀。TCMS 通过开关该阀来打开或关闭制动管路和总风管路之间的通道。

.05/1，.05/2——压力开关。将数字输入信号发送至 TCMS。当探测到 400 kPa 时，表示"制动管路压力低"，即紧急制动。

.06——减压阀。在回送另一辆 CRH1 型动车组时，将到主制动管路的输出压力降低至 600 kPa。

.08——电磁阀。由 TCMS 计算机在紧急停车回路打开时激活。激活后，它可使紧急排风阀.02 来激活紧急停车。

.11——过滤器。去除从回送 CRH1 型动车组或机车到压力传感器和开关的空气中的杂质。

.12——测压口。用于人工测量制动线路的输出/输入压力。

.13——节流塞。如果电磁阀.04 故障，禁止向总风管路回流。

AA——回送控制板 C.K2。

BB——向制动管路供风（车钩自动连接器）。

CC——由总风管路供风。

Y1——截断塞门。接通或断开救援/回送控制板压缩空气。

Y31——总风管截断塞门。重联时接通或断开总风管。

Y32——制动管截断塞门。救援时，接通救援车辆制动管，以便被救援车辆得到压缩空气。

Y33——油水分离器。过滤压缩空气中的油分与水分。

Y34——节流塞。限制气体流速。

Y35——单向阀。防止总风管内气体逆流。

2．救援/回送控制原理

救援回送控制板与总风管、制动管相关截断塞门、单向阀等配合使用，能完成 CRH1 型动车组的重联、救援其他车、被救援等操作。

当 CRH1 型动车组单个编组运行时，Y31、Y32、Y1 关闭，救援回送控制板（TP）的作用被切除，但是回送控制板上的压力传感器与压力开关可以监控本车的总风管压力。总风管压力低于 600 kPa 时，将实施紧急制动。

当 CRH1 型动车组重联运行时，Y31 接通，Y32、Y1 关闭，重联的动车组通过总风管截断塞门 Y31 及油水分离器 Y33 实现风路接通，救援回送控制板（TP）的作用被切除。

当 CRH1 型动车组救援其他同型号动车组时，Y31 关闭，Y32 与 Y1 接通，并且电磁阀.04 失电，电磁阀.08 得电。本车总风管中的压缩空气经减压阀减压到 600 kPa 后，继续流向电磁阀.04，经过节流塞.13 直到测压口.12。压缩空气经过输出口，截断塞门 Y1、Y32 流向列车管，直到被送至回送车辆的列车管中，以控制回送车辆的缓解与施加制动。在供风过程中，压缩空气也供给电磁阀.08。电磁阀.08 线圈得电，将压力供给到紧急制动阀.02，使得紧急制动阀关闭排气口，保持制动管压力。

压力传感器.01/1 和 01/2 和压力开关.05/1 和.05/2 实时监控制动管中的压力，如果它们监测到制动管中的压力低于 400 kPa，电磁阀.08 将失电，紧急制动阀.02 将快速排风，从而施加紧急制动。

因此，当 CRH1 型动车组救援其他同型号动车组时，救援回送控制板的作用是给列车管增压和减压。

当 CRH1 型动车组被其他同型号动车组回送时，Y31 关闭，Y32 与 Y1 接通，并且电磁阀.04 得电，电磁阀.08 得电。经过救援动车组减压到 600 kPa 后的压缩空气送到被回送动车组的制动管中，经截断塞门 Y32，单向阀 Y35，节流塞 Y34，油水分离器 Y33 送到回送车的总风管中，对总风管进行增压。同时，压缩空气还通过截断塞门 Y1，经过滤器.11 作用在压力传感器.01/1 和 01/2 和压力开关.05/1 和.05/2 上，它们监控制动管中的压力。如果它们监测到制动管中的压力低于 400 kPa，电磁阀.08 将失电，紧急制动阀.02 将快速排风，从而施加紧急制动。

当机车回送动车组时，Y31 关闭，Y32 与 Y1 接通，并且电磁阀.04 得电，电磁阀.08 得电。机车列车管 600 kPa 定压的压缩空气送到被回送动车组的制动管中，经截断塞门 Y32，单向阀 Y35，节流塞 Y34，油水分离器 Y33 送到回送车的总风管中，对总风管进行增压。

压缩空气还通过截断塞门 Y1，经过滤器.11 作用在压力传感器.01/1 和 01/2 和压力开关.05/1 和.05/2 上，它们监控制动管中的压力。当需要实施制动时，机车自动制动阀排风，机车列车管压力下降，当机车列车管压力在 400～420 kPa 时，动车组 VCU 根据压力传感器.01/1 和.01/2 反馈的压力实施等量的常用制动。如果压力传感器.01/1 和.01/2 和压力开关.05/1 和.05/2 监控制动管中的压力低于 400 kPa，电磁阀.08 将失电，紧急制动阀.02 快速排风，从而施加紧急制动。

在动车组回送动车组时，回送车对被回送车的制动控制，仅能控制紧急制动施加，常用制动无法施加（动车组无自动制动阀）。只有在机车回送动车组时，才能施加常用制动。

（六）防滑装置

CRH1 型动车组的防滑装置包括再生制动防滑系统和空气制动防滑系统，二者都由速度传感器、测速装置和车轮防滑保护（WSP）控制模块组成。无论是电制动还是空气制动的防滑保护，都为轴控制。

所有列车的最大制动力都在一个很小的速度范围内出现，蠕滑率达到 2%～3% 时制动力达到最大值。若车速是 100 km/h，为达到最大制动力，轮缘速度为 98 km/h。车轮防滑保护装置通过解读分别来自每个车轴的速度信号和制动力，以制动力最大时的轮缘速度为控制防滑的临界速度，施加或缓解制动，使得对黏着的利用达到最佳，保持最大的制动力。

再生制动防滑系统和空气制动防滑系统分别通过解读惯性数据和每个制动缸内的压力来实现每个车轮的防滑作用。防滑控制模块记忆第一次出现滑行时制动缸内的空气压力值，并立刻向车辆制动控制计算机（BCU）给出一个低于该值的新的压力值，当车轮重新回到旋转状态时，只要还能进行稳定的制动就继续向 BCU 发指令，增加制动缸压力；反之亦然。以此实现瞬间的压力优化，从而达到防滑保护的目的。这样，既能保持尽可能大的制动力，又可以达到控制列车滑行的目的。

空气防滑系统中，每一个车轴上安装有防滑阀，以防止在制动过程中空气制动力过大或黏着不足而抱死车轮，造成滑行。当防滑检测器判断车辆有滑行趋势时，防滑阀的一个电磁阀切断中继阀的来风、一个电磁阀按预定控制规律排出制动缸已有的风，并通过速度检测决定排风终止、供风恢复的时机。防滑阀的原理如图 3-29 所示。

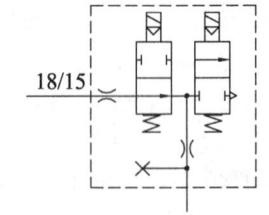

图 3-29　防滑阀的原理

再生制动防滑保护系统和空气制动防滑保护系统之间的连锁通过列车控制与管理系统（TCMS）实现。当再生制动系统使用率低时，就关闭再生制动防滑保护，防滑控制完全靠空气制动的防滑系统完成。

三、基础制动装置

（一）基础制动装置的构成

CRH1 型动车组的基础制动装置由安装在动车转向架上的轮盘、安装在拖车转向架上的轴盘和制动夹钳等装置及其连接管道组成。动车上每个车轮有 2 套轮盘式制动单元，拖车上每轴有 3 套轴盘式制动单元。动车和拖车上的制动夹钳装置分别为 RZS 和 WZK 型紧凑式制动夹钳。此外，每辆动车还装有带弹簧停放制动的制动缸，拖车停放制动缸。基础制动装置的构成如图 3-30 与图 3-31 所示。

1—轮盘；2—制动夹钳；3—软管。

图 3-30　动车转向架基础制动装置

1—轴盘；2—制动夹钳；3—软管。

图 3-31　拖车转向架基础制动装置

(二)制动盘

动车制动盘直径为 750 mm,在车轮辐板的两侧各设一个摩擦盘片,用 6 个螺栓紧固,而且也在摩擦盘的螺栓连接处加装了 6 个弹性套,如图 2-51 所示。为了固定和对中摩擦盘以及传递制动扭矩,摩擦盘有许多固定螺栓或定位销,即使摩擦盘因温度升高而膨胀时,也能起到沿着定位销使摩擦盘对中心的作用。轮盘式制动装置在摩擦盘片的背面也设有散热筋。

拖车制动盘为轴装式,直径为 640 mm,每根轴上安装 3 个制动盘,为方便更换制动盘,CRH1 型动车组的轴装式制动盘为对半式,如图 2-50 所示。CRH1 型动车组的所有制动盘都由灰口铸铁制成,灰口铸铁散热快,制动盘上热应力小。制动盘在运用与检修过程中,应不呈波浪形,无圆锥形变形,要避免导致制动盘过早出现裂纹的"热点",制动盘安装时要采取防螺栓松动的措施,保持制动性能;要绝对保证制动盘的使用安全,避免过长的裂纹引起制动盘掉块。

(三)制动夹钳

CRH1 型动车组基础制动装置使用紧凑式制动夹钳,如图 2-54 和 3-32、图 3-33 所示。动车上使用 RZS 紧凑式制动夹钳,在动车的 5,6,7 三个制动单元处安装有停放制动缸。拖车上安装 WZK 紧凑式制动夹钳。

为了在无压缩空气时能缓解停放制动,停放制动内置机械快速手动缓解机构进行应急缓解。使用该手动缓解装置能够使停放制动缸的活塞杆与储能弹簧之间脱开连接。这样,停放制动缸的活塞杆不再受储能弹簧的力,也不再有力作用在制动缸活塞上,制动缸复位弹簧将制动闸片从制动盘上拉开。在应急缓解状态下,停放制动缸不能在未恢复充气缓解功能时再次施加停放制动。必须在有压缩空气进入停放制动缸时,停放制动缸的活塞杆和储能弹簧再次连接,这样才能正常施加或缓解停放制动。

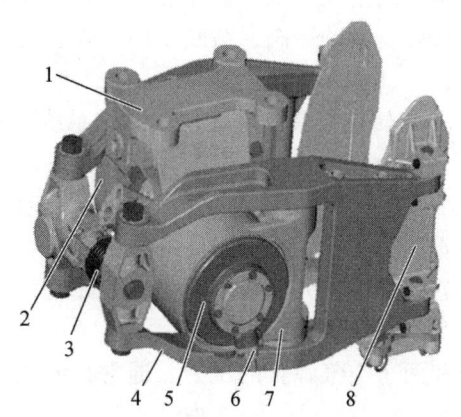

1—支架;2—制动缸;3—闸片间隙调整器;4—制动杠杆;
5—停放制动缸;6—手动缓解装置;7—壳体;8—闸片托。

图 3-32 RZS 紧凑式制动夹钳(带停放制动缸)

1—闸片;2—支架;3—闸片间隙调整器;4—制动缸;
5—制动杠杆;6—壳体;7—闸片托。

图 3-33 WZK 紧凑式制动夹钳

与传统的夹钳装置比较，紧凑式夹钳装置主要由以下优点：
（1）采用模块化设计。
模块化的设计使得紧凑式夹钳装置的结构紧凑，空间占用少，且安装方便。
（2）寿命周期成本（LCC）低。
传统的夹钳装置的 LCC 为 100%，而紧凑式夹钳装置仅为 90%；较低的 LCC 提高了紧凑式夹钳装置的效率；传统的夹钳装置的效率为 95%～90%，紧凑式夹钳装置为 97%（常数）。
（3）质量小。
紧凑式夹钳装置的尺寸小，质量小，减轻了列车自重；每个夹钳减轻约 30 kg，一台有 6 个夹钳的转向架可减轻 118 kg。
（4）列车运行过程中横移小。
减小列车运行过程中的横向位移盘，增强了列车运行的稳定性。此外，紧凑式制动夹钳的优点还有运用过程中运动轻便，噪声低，空气消耗量少，改善了列车冬季的运用条件等。

任务五　辅助设备供风

CRH1 型动车组供风系统除了给制动空气制动系统供风外，还给空气悬挂系统、塞拉门、车钩、汽笛、受电弓以及卫生间等供风。本节主要讲解空气悬挂系统、受电弓及汽笛供风的原理。

一、空气悬挂系统气路原理

空气悬挂系统能将车辆的载重情况以压缩空气压力信号的方式反馈给常用制动控制板，并能使车体与轨面之间的高度维持不变，不随空车与重车的情况而变化，还可以改善车辆的动力性能，提高旅客乘坐的舒适度。该系统主要由空气弹簧、顺序阀、截断塞门、高度调整阀、差压阀、均压阀、辅助风缸及管道组成。

图 3-34 为某转向架的空气悬挂系统气路原理，每一个转向架具有一套空气悬挂系统。从总风管送来的压缩空气到达顺序阀，当总风管压力超过 670 kPa 时，顺序阀打开；当总风管压力小于 670 kPa 时，顺序阀关闭。这样，当总风管压力较低时，压缩空气优先供给制动系统，也可以在车辆刚启动时，减少用风设备，使总风管压力上升较快。

截断塞门用于中断空气悬挂系统的供风，当空气悬挂系统的元件或管道出现故障时，可以关闭该截断塞门。

测压接头可用于人工手动测量顺序阀出口的压力和两个空气弹簧的压力，通常在调试或试验时使用。

压缩空气经过节流塞后，供风管道分成两支，分别连接到位于转向架上方、车底两侧的两个高度调整阀上。高度调整阀通过感应车体与转向架之间的高度差，控制向转向架空气悬挂的供风或者将空气弹簧的压缩空气排向大气。

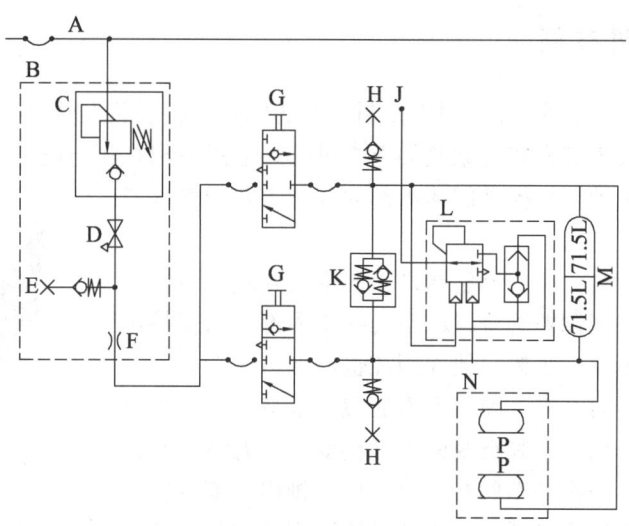

A—总风管；B—制动模块 U8.Y1；C—顺序阀；D—截断塞门；E—测压接头；
F—节流塞；G—高度调整阀；H—测压接口；J—至制动控制板的压力信号；
K—差压阀；L—均压阀；M—辅助风缸；N—转向架；P—空气弹簧。

图 3-34 空气悬挂系统气路原理

两个高度调整阀出口并联有一个差压阀，如果出现空气弹簧断裂的情况，差压阀将沟通同一个转向架的左右两个空气弹簧，将左右两空气弹簧的压力释放出去，然后车体将由紧急弹簧支撑，维持车体左右平衡。

空气悬挂系统在动车组上的安装示意如图 3-35 所示。在两空气弹簧的管路上还并联有一个均压阀，它能计算并将两个空气弹簧压力的平均值发送至制动控制板作为载重测量信号使用。每车只有一个转向架的空气悬挂系统中安装了均压阀。两个 71.5 L 的空气弹簧辅助风缸并联在管路中，在空气弹簧中供风缺失时起保压作用，也可以在空气弹簧内气压变化时起缓冲作用。

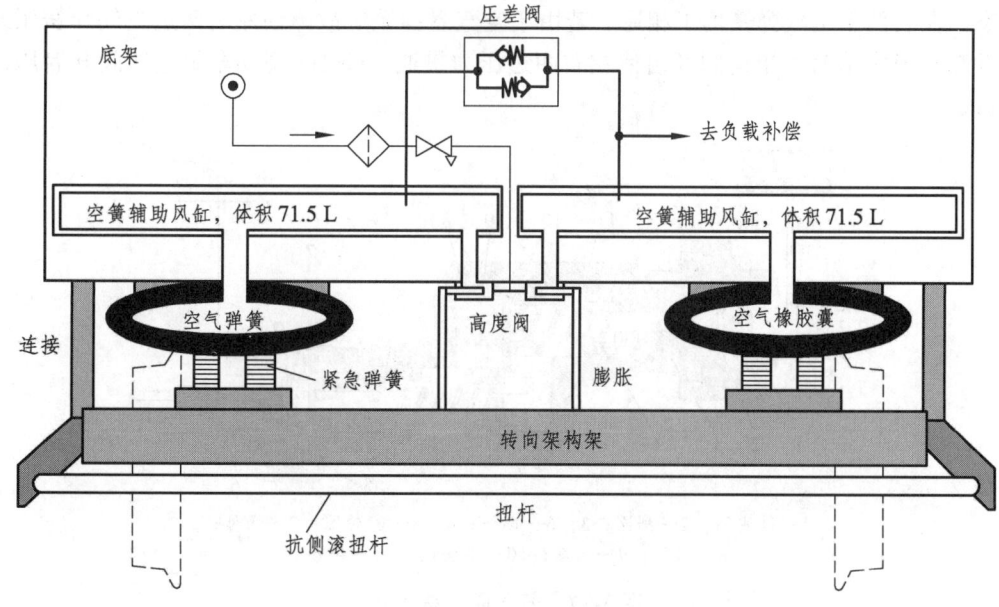

图 3-35 空气悬挂系统示意

（一）高度调整阀

高度调整阀阀体安装在车底,用于控制高度的阀杆铰接安装在转向架的侧架上,如图 3-36 所示。阀杆一端铰接固定在转向架侧架上,另一端通过一根杠杆与阀体相连。当车体与轨面高度变化时,阀杆带动杠杆推动阀体内部的阀芯,实现供气或排气。

当车辆载重不变时,高度调整阀既不向空气弹簧供风,空气弹簧也不会通过高度调整阀排风,空气弹簧内部压力保持不变,其自身高度也不变,车体与轨面距离也就保持不变。

当车辆载重变小时,空气弹簧上方的载荷也变小,空气弹簧在内部压缩空气作用下,其自身的高度会变大,有带动车体上升的趋势。此时,高度调整阀接通排气口,排出一部分空气弹簧内的空气,内部压力降低,使空气弹簧回到原来的高度,维持车体与轨面距离不变。

当车辆载重变大时,空气弹簧上方的载荷也变大,空气弹簧在载荷作用下,其自身的高度会变小,有带动车体下降的趋势。此时,高度调整阀接通供气口,向空气弹簧内的充风,压力升高,使空气弹簧回到原来的高度,从而维持车体与轨面距离不变。

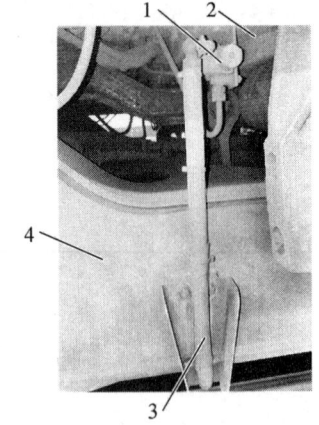

1—高度调整阀体；2—车体；
3—高度调整阀杆；
4—转向架侧架。

图 3-36　高度调整阀

（二）差压阀

差压阀的结构如图 3-37 所示,主要由单向阀、阀座、阀体、弹簧、接头及其密封件组成,实际上是两个单向阀。当左右两侧的空气弹簧压差小于设定值时,左右两个单向阀都处于关闭状态,左右两个空气弹簧均不相通。若由于空气悬挂系统故障使左右两边空气弹簧压差变大,并超过设定值时,单向阀开启使左右两边压力贯通。CRH1 型动车组差压阀开启压差为 250 kPa。

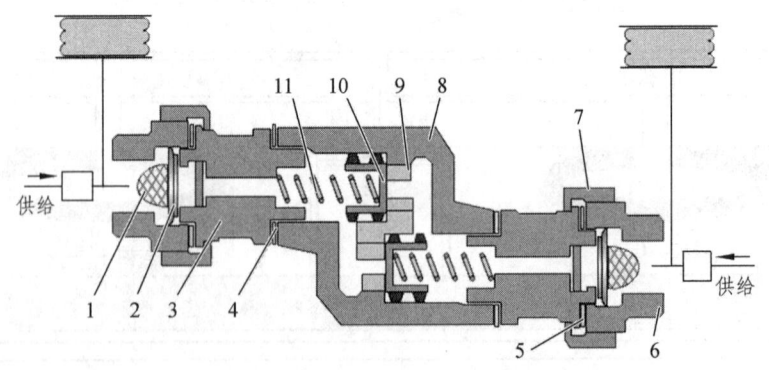

1—过滤网；2—挡圈；3,6—接头；4,5—密封圈；7—螺母；
8—阀体；9—阀座；10—单向阀；11—弹簧。

图 3-37　差压阀结构示意

(三) 均压阀

均压阀能将同一个转向架上两个空气弹簧的压力进行平均后,送到空气制动控制板,作为车辆的载重信号,其作用原理如图3-38所示。空气弹簧的压力为P1、P2。这两个压力在入口处分成两路,一路经过单向阀比较后,将较大压力送到供气阀上方,另一路分别作用在供排气活塞下方A1与A2上,在结构上,A1+A2=A3=2A1。空气弹簧的压力推动供排气活塞向上运动,打开供气阀,并且向M口供气。当M口压力上升到(P1+P2)/2时,供排气阀关闭。

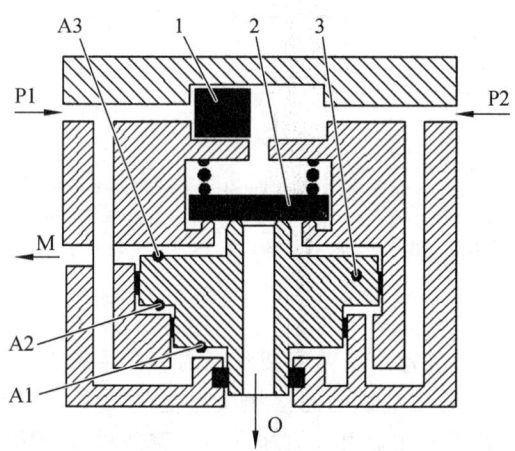

1—单向阀; 2—供气阀; 3—供排气活塞; P1, P2—空气弹簧压力;
M—到制动控制板的T口; O—排气口; A1, A2, A3—活塞面积。

图3-38 均压阀作用原理

当车辆载重减少时,空气弹簧的压力P1与P2减少,供排气活塞下方的压力减少,供排气活塞下移,沟通M口与排气口O,一部分M口压缩空气排向大气,M口压力下降,供排气活塞上方压力也下降,再次回到平衡状态时,供排气活塞杆上移,关闭排气口。

当车辆载重增大时,空气弹簧的压力P1与P2增加,供排气活塞下方的压力增大,供排气活塞上移,沟通M口与供气口,M口压力上升,当供排气活塞回到平衡状态时,供排气活塞杆下移,关闭供气口。

二、受电弓控制气路原理

受电弓升降弓控制以及受电弓碳滑板的状态监控都离不开压缩空气,当车辆刚激活时,或总风管压力不足时,由车载蓄电池向辅助空气压缩机系统供电,产生压缩空气驱动受电弓的气囊,控制受电弓的升弓。当总风管压力足够时,总风管提供受电弓升弓用压缩空气。受电弓控制气路原理如图3-39所示。

当电磁阀右边电磁铁得电时,从受电弓风缸Y4过来的压缩空气经过滤器、升弓单向节流阀、精密减压阀后送入气囊装置,受电弓在压缩空气作用下升弓。当电磁阀左边得电时,气囊装置内的压缩空气经过减压阀、单向节流阀、过滤器逆流到电磁阀,通过电磁阀排气口排向大气,此时,单向节流阀不起作用。

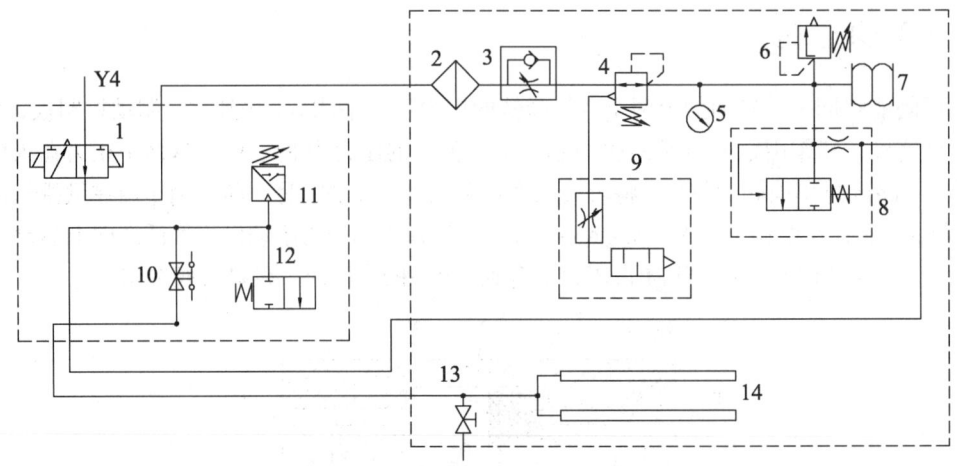

1—电磁阀；2—过滤器；3—升弓单向节流阀；4—精密调压阀；5—压力表；6—安全阀；
7—气囊装置；8—快速降弓阀；9—节流排气阀；10—自动降弓截断阀；11—压力开关；
12—快速排气阀；13—自动降弓试验阀；14—碳滑板；Y4—受电弓风缸。

图 3-39 受电弓控制气路原理

升弓单向节流阀调节升弓的速度。精密减压阀调节升弓压力，调节精度为 ±2 kPa，压力变化 10 kPa 会直接导致碳滑板与接触网的接触压力变化 10 N。安全阀在减压阀失效时防止升弓压力超高，节流排气阀能在气囊内压力超高时，调节排气速度。

碳滑板内置有压缩空气气道，正常工作时充满压缩空气，当碳滑板出现裂纹等故障时，受电弓能快速降弓。碳滑板出现裂纹时，压缩空气泄漏导致受电弓的气囊装置压力下降，压缩空气从快速降弓阀（ADD）中排出。如果碳滑板上细小裂纹引起的少量漏气在压力响应范围内，不会影响受电弓的使用。如果由于碳滑板受到冲击，导致压缩空气压力变化，压力开关会产生一个电信号并传输给 TCMS 计算机，计算机关闭主断路器，同时电磁阀得到"受电弓降下"的信号，这避免了受电弓降下时电弧对接触网和受电弓的损坏。

当两列动车组重联时，由于每组车中各有一个受电弓处于工作状态，全列共有两台受电弓同时工作，当前车的弓头受到损坏，自动降弓装置发生动作时，后车会从前车的压力开关得到电信号。后车的快速排气阀会将压缩空气迅速排出，后车的受电弓快速降下，从而避免后车受电弓的损坏和对接触网的伤害。

正常升弓条件下，压力开关有延时功能，压力开关和自动降弓装置可以通过关闭自动降弓截断阀而停止使用。

三、汽笛装置气路原理

汽笛也是 CRH1 型动车组耗气设备之一。CRH1 型动车组前后两个司机室各有一个汽笛。汽笛的开关装在司机室操纵台的中间控制面板 A1 上，由司机控制开关。汽笛的供风气路原理如图 3-40 所示。

当电磁阀失电时，总风管压缩空气通过截断塞门送到汽笛，产生鸣笛。正常情况下，电磁阀得电。

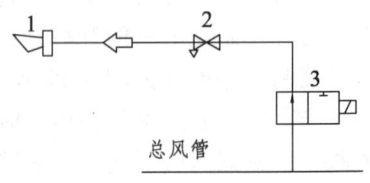

1—汽笛；2—截断塞门；3—电磁阀。

图 3-40 汽笛气路原理

任务六　CRH1A-A 型动车组制动系统

CRH1A-A 型动车组为构造速度 250 km/h 的动车组，它的制动系统沿用了 CRH1 型动车组成熟可靠的技术，并结合运行过程中出现的问题以及统型的相关要求加以改进，具有常用制动、紧急制动 EB、紧急制动 UB、停放制动、保持制动、除冰制动、救援回送制动及撒砂等功能。

相对 CRH1 型动车组制动系统，CRH1A-A 型动车组制动系统在以下几个方面做了改进设计。

（1）制动夹钳上的闸片由原来的合成闸片更换为 ISOBAR 粉末冶金闸片，闸片外形如图 3-41 所示。

 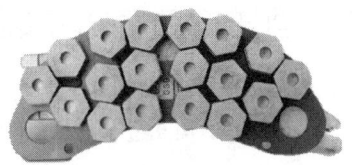

（a）CRH1 型动车组制动系统用闸片　（b）CRH1A-A 型动车组制动系统用闸片

图 3-41　闸片

（2）在 CRH1 型动车组中，手动缓解停放制动需要在车辆的两侧停放制动缸处操作，当车辆在车站站台内出现制动系统故障时，不能操作站台侧的停放制动，只能通过强行拖拉出站才能将站台侧的停放制动手动缓解。

CRH1A-A 型动车组的停放制动缸手动紧急缓解装置进行了优化，不但在转向架两侧均可手动缓解该转向架上所有停放制动缸，而且停放制动手动缓解装置安装到转向架侧架上，在站台侧也可以操作，如图 3-42 所示。

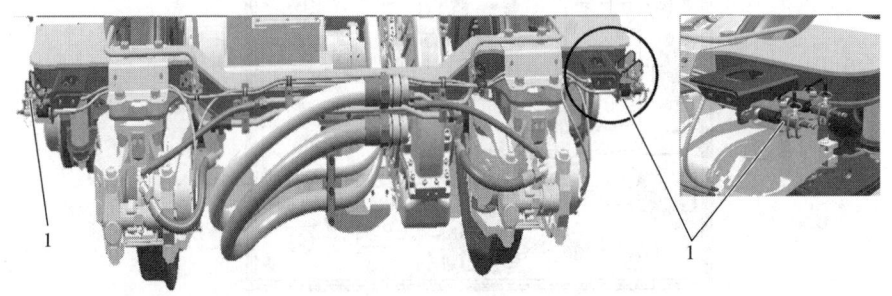

1—停放制动手动缓解装置。

图 3-42　停放制动手动缓解装置在转向架上的安装

（3）CRH1 型动车组在救援其他动车组时无常用制动功能，仅有紧急制动功能。只有当机车救援动车组时，才具有常用制动功能。

CRH1A-A 型动车组的救援/回送控制进行了改进，在 BP 救援转换装置上增加了电空转换阀与中继阀等控制元件,使CRH1A-A型动车组在救援回送时,具有常用制动功能,而且常用制动可调。

CRH1A-A型动车组新增了撒砂功能,在轮轨黏着差的情况下(如雨雪天气),通过撒砂装置把砂子喷洒到轮轨之间,增加轮轨之间的黏着,提高制动性能,更好地保证行车安全。撒砂装置设置在两个Mc车和Md车上,发生滑行时,前进方向的两个轴进行撒砂工作。撒砂装置的安装位置如图3-43所示。

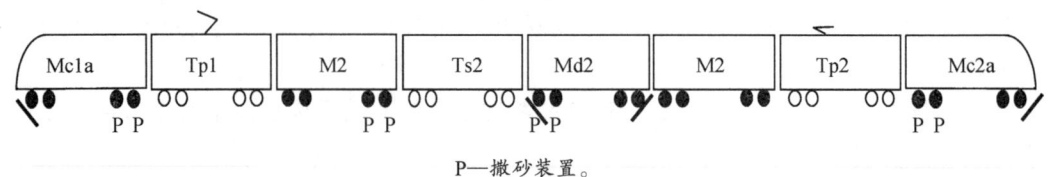

P—撒砂装置。

图3-43 撒砂装置安装示意

一、救援回送控制气路原理

CRH1A-250型铝合金动车组采用全新的救援回送控制,能够实现救援时输出常用制动指令的功能。动车组头车司机室内设计有救援回送模块——BP救援转换装置,可实现救援回送功能。

动车组救援其他车时,可以通过BCU将常用制动指令(电信号)转变为列车管压力信号,向被救援车辆发送常用制动指令,实现救援时多级(1~8级)制动控制的功能。

动车组被救援时,由救援模块上的压力传感器将机车或其他救援车的列车管压力信号转变为电信号,由被救援动车组的TCMS根据电信号指令实施相应的制动。

联动车组被救援时,需要把激活端及后列连挂端司机室内的救援回送开关都置"回送"位。

CRH1A-A型动车组BP救援转换装置结构如图3-44所示,其气路原理如图3-45所示。

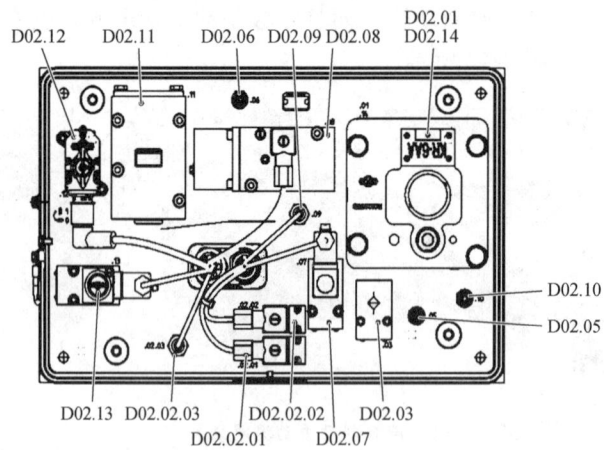

D02.01—中继阀;D02.02.01—制动电磁阀;D02.02.02—缓解电磁阀;D02.02.03,D02.09—压力传感器;D02.03—滤油器;D02.05,D02.06,D02.10—测压接头;D02.07—紧急电磁阀;D02.08—活塞阀;D02.11—紧急制动阀;D02.012—截断塞门;D02.13—电磁阀;D02.14—内置节流塞。

图3-44 BP救援转换装置

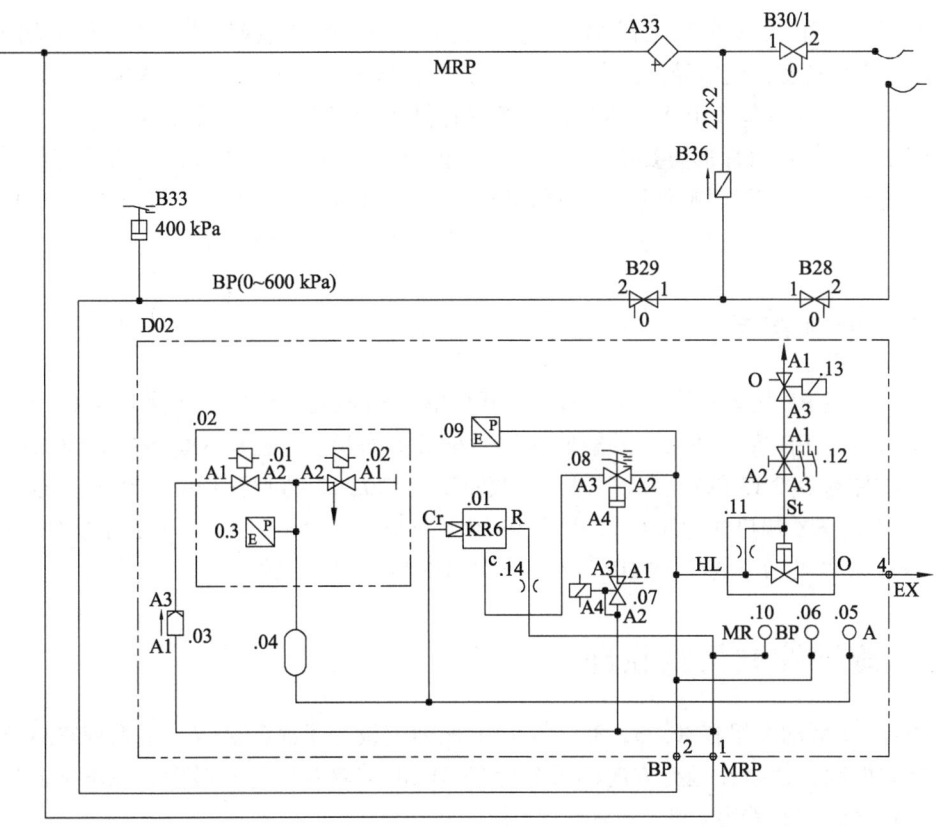

A33—过滤器；B28—制动管截断塞门；B29—救援装置截断塞门；B30—总风管截断塞门；B33—压力开关；
B36-单向阀；D02.01—中继阀；D02.02.01—制动电磁阀；D02.02.02—缓解电磁阀；
D02.02.03，D02.09—压力传感器；D02.03—滤油器；D02.04—风缸；
D02.05，D02.06，D02.10—测压接头；D02.07—紧急电磁阀；
D02.08—活塞阀；D02.11—紧急制动阀；D02.012—截断塞门；
D02.13—电磁阀；D02.14—节流塞。

图 3-45 BP 救援转换装置

（一）在救援模式时为列车提供 BP 压力

总风管路的压缩空气进入 BP 救援转换装置后分别流至 EP 电空转换阀 D02.02，中继阀 D02.01 的 R 端口，紧急电磁阀 D02.07 和测压接头 D02.10。根据 BCU 的数据，EP 电空转换阀 D02.02 通过流入的压缩空气生成预控压力 C_V，然后将预控压力传递至中继阀 D02.01 的 C_V 端口和测压接头 D02.05。与此同时，总风管压力进入中继阀 D02.01 的 R 端口，中继阀 D02.01 根据两个压力值生成 BP 压力并由 C 端口导出至活塞阀 D02.08。

活塞阀 D02.08 的控制端口只有在有压力作用时是导通的。当电磁阀 D02.07 得电时，总风压力能够通过并作用于活塞阀 D02.08 的控制端口，使 BP 压力能够通过活塞阀 D02.08 送到被救援车辆的 BP 管中。压力传感器 D02.09 负责监控 BP 压力，同时测压接头 D02.06 可以对其压力手动进行检测。

（二）在回送时接收救援车辆制动管压力信号

动车组回送时，救援机车或动车组向制动管 BP 提供压缩空气，并且，通过单向阀 B36 将压缩空气进一步送到回送车的总风管 MRP。由回送车的 BP 救援转换模块上的压力传感器 D02.09 制动管压力信号转变为电信号，再由回送动车组的 TCMS 根据电信号指令实施相应的制动。

在两种同型号动车组相互救援时，或者双管供风的机车救援动车组时，救援车与回送车的总风管 MRP 和制动管都需要接通，总风管截断塞门 B30 也需要开启。当单管供风的机车救援动车组时，只需要接制动管，总风管截断塞门 B30 处于关闭状态。由于单向阀 B36 的反向截止作用，在制动管 BP 压力减压时，不会影响回送车总风管的压力。

（三）紧急制动

救援动车组 BP 救援转换装置上的压力开关 B33 监控制动管压力下降到 400 kPa 以下时，会断开紧急制动 EB 安全环路。并触发救援动车组上的紧急电磁阀 D02.07 和 D02.13 立即失电。然后电磁阀 D02.13 的控制端口排风，截断塞门 D02.12 同置开位。BP 压力通过紧急制动阀 D02.11 的 EX 端口快速排出，直至 BP 压力降至 180 kPa。与此同时，活塞阀 D02.08 因电磁阀 D02.07 失电而关断，向 BP 端口流向的 BP 压力也随之停止。

二、撒砂控制气路原理

CRH1A-A 型动车组在 1，5，8 三节车 4 根轴上设置了撒砂装置，根据列车运行方向进行切换撒砂控制，使得在运行方向的每个动车车轴的前轮对处进行撒砂，在不利的轨道状况下改善轮轨之间的黏着力。

撒砂装置主要由以下几大部分组成：砂箱、撒砂控制箱、撒砂单元及撒砂管等组成。撒砂单元安装在砂箱底部，砂箱和撒砂控制箱安装在车体底架上，撒砂喷嘴安装于转向架扫石器支架上，如图 3-46 所示。

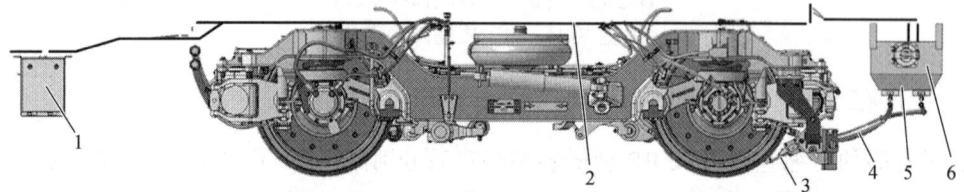

1—撒砂控制箱；2—空气管道；3—撒砂管；4—软管；5—撒砂单元；6—砂箱。

图 3-46 撒砂装置布置

撒砂系统可以实现手动撒砂控制、自动撒砂控制、砂箱干燥控制和伴热控制四种功能，撒砂控制过程如图 3-47 所示。

每个砂箱有 2 个空气入口，第一个用于维持持续气流，使沙子保持干燥；第二个用于撒砂。撒砂单元安装在砂箱的底部，其结构如图 3-48 所示。撒砂单元上配备有干燥棒（电加热棒），具有烘干功能，采用热空气烘干砂箱中保存的砂子；撒砂单

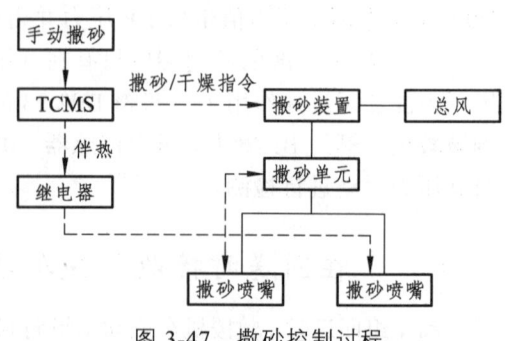

图 3-47 撒砂控制过程

元中带有自动温控装置,每隔 5 min 自动开、断砂箱加热。防止加热棒持续供电的情况下过热。当外界环境温度低于 5 ℃ 时,列车将对撒砂单元和撒砂加热器中的加热棒进行通电。

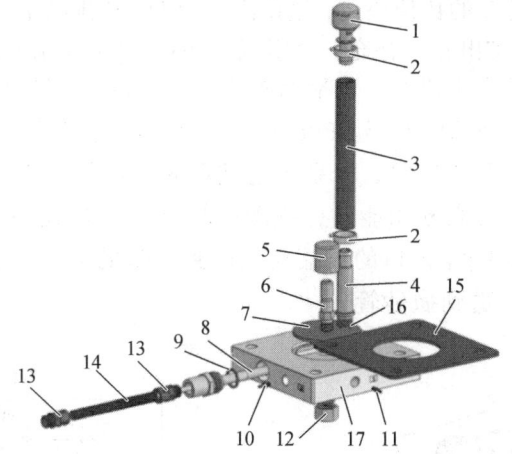

1—排气帽;2—喉箍;3—输水胶管;4—排气管;5—撒砂帽;6—流砂管;7—隔砂板;
8—撒砂单元加热棒;9—金属密封圈;10,11—节流塞;12—端直通接头;
13—PMA 防水接头;14—电缆保护软管;15—底座密封垫;
16—堵头;17—撒砂单元。

图 3-48 撒砂单元

为了防止低温下雨水堵塞撒砂管,在撒砂管上也设置了加热装置,其结构如图 3-49 所示。

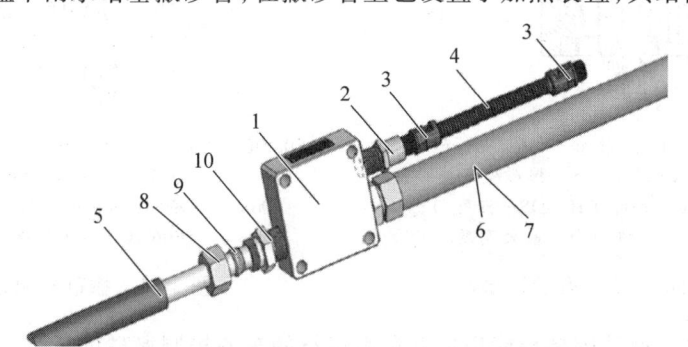

1—撒砂加热器箱体;2—撒砂加热器加热棒;3—PMA 防水接头;4—电缆保护软管;
5—喷砂管;6—金属外皮软管 A;7—金属外皮软管 B;8—不锈钢螺母;
9—不锈钢Ⅱ型卡套;10—加热器出口接头。

图 3-49 撒砂加热器

撒砂装置是一种在一定压力范围内工作的气动传送装置,与传统重力撒砂装置相比其下砂量控制精准、故障率低,具备砂箱及撒砂管干燥功能。DS-5 型撒砂装置主要由砂箱 c、砂箱盖 d、砂室、排出室高管、低管、加热棒 H、烧结板、撒砂帽等构成,如图 3-50 所示。撒砂供风由端口 S 进入,经阻气门 DS 调节后从底部通过烧结板进入砂箱中。在砂箱中供给的压缩空气被分为两股:计量的气流 A 和排出的气流 B。计量的气流 A 从烧结板流入砂室并将砂子扬起,扬起的砂子进入撒砂帽,在撒砂帽顶壁的阻碍下进入撒砂管,继而进入撒砂出口 R。排出的气流 B 流经砂箱中的砂子使它们松散,最后通过排出室高管和排出阻气门 dB 排出。干燥供风由端口 T 口进入,经阻气门 dH 调节后进入烧结板底部的空腔,并被干燥加热棒加热，然后通过烧结板进入砂箱中。干燥供风经过气门 dH 调节后，风量远小于撒砂供风量，不会输送砂子。干燥气流用于松散和干燥砂箱中的砂子，最后通过高管从撒砂口 R 排出。砂子的传输由气流 A 和气流 B 的比值决定；这由阻气门 DS 和排出室高管的内径控制或者可选择当使用分散型的砂时在排出管中补充一个阻气门 dB。两股气流汇合后流向撒砂出口 R。

撒砂控制箱安装在车体底架上，包括电磁阀、测试口、减压阀、截断塞门等元件，其气路原理如图 3-51 所示。撒砂控制箱 F06 的 1 号接口与总风管相通，总风管送来的压缩空气经截断塞门后，分为两条气路，分别经过减压阀减压后作用在三个电磁阀的 A2 口。当车辆运行过程中需要开启撒砂功能时，撒砂控制箱 3 口压缩空气送到砂箱的 S 口，供砂箱内砂子干燥。撒砂控制箱 2 口的压缩空气送到砂箱的 T 口，经过砂箱调节与砂子充分混合后，从砂箱的 R 口送到撒砂管。

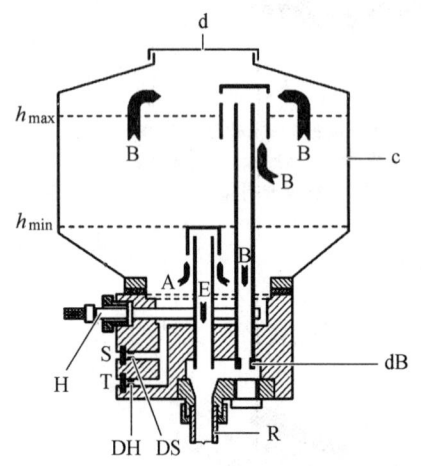

A—计量气流；B—排出气流；c—砂箱；d—砂箱盖；
H—加热棒；R—撒砂出口；S—撒砂空气接口；
T—干燥空气接口；dB、DH、DS—阻气门；
h_{min}、h_{max}—型砂允许最小、最大高度。

图 3-50 DS-5 型砂箱原理

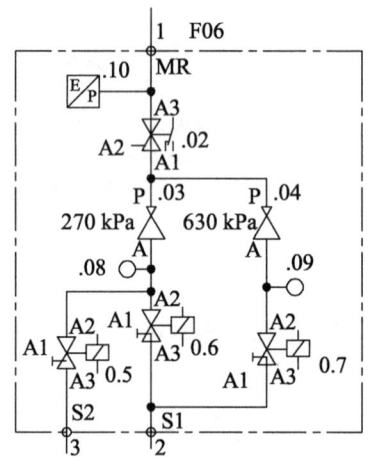

F06.02—截断塞门；F06.03—低压撒砂减压阀；
F06.04—高压撒砂减压阀；F06.05、F06.06、
F06.07—电磁阀；F06.08、F06.09—测压接头；
F06.10—压力传感器。

图 3-51 撒砂控制箱气路原理

为了节约型砂，撒砂控制箱能根据动车组运行的车速控制撒砂的压力。当动车组运行速度在 160 km/h 以下时用低压撒砂；当动车组运行速度在 160 km/h 以上时用高压撒砂。

任务七　CRH1 型动车组制动系统检修

根据 TG/CL 127—2013《铁路动车组运用维修规程》，我国动车组分为一到五级维修级别。其中，一级检修为日常检修，二级检修为专项检修，三级以上为高级检修，其具体的检修周期如表 3-4 所示。本任务重点介绍一级检修与二级专项检修。

表 3-4　CRH1 型动车组检修周期

维修级别	一级检修	二级检修	三级检修	四级检修	五级检修
周期	（4 000+400）km 或 48 小时	1.25 万 km 或 15 天	（120±10）万 km 或 3 年	（240±10）万 km 或 6 年	（480±10）万 km 或 12 年

一、制动系统一级检修作业

（一）检修限度

动车组检修限度指在检修时，对动车组零部件允许存在的损伤程度的规定。因动车组零部件的损伤程度，如磨损、腐蚀、裂纹、剥离、擦伤、变形和缝隙等，均可通过尺寸的变化来表示，在检修限度标准中，绝大部分是以尺寸数值表示限度。只要适当制定各损伤的尺寸限度，就能控制动车组零部件的损伤程度。表 3-5 为 CRH1 型动车组的制动系统一、二级检修限度表。

表 3-5　CRH1 型动车组制动系统一、二检修限度表　　　　　单位：mm

序号	项目		一级修程	二级修程	适用车型	备注
1	空气弹簧高度		265+10	265+10	CRH1A/B/E	从车体枕梁下边缘到转向架上的空气弹簧安装板座之间的距离
2	空气弹簧橡胶气囊裂纹	深度	≤1	≤1	CRH1A/B/E	织物层不得外露或出现任何形式的损伤，胶囊不得出现分层现象
		长度	≤30	≤30		
3	空气弹簧紧急弹簧裂纹	深度	≤5	≤5	CRH1A/B/E	紧急弹簧周围不得出现橡胶瘤
		长度	≤7	≤7		
4	制动盘摩擦盘剩余磨耗量（单侧）	轮制动盘	≥0.5	≥0.5	CRH1A/B/E	
		轴制动盘	≥0.5	≥0.5		
5	制动盘摩擦面凹面磨损	动车	≤2	≤2	CRH1A	CRH1A（200 km/h）
			≤1	≤1	CRH1A/B/E	CRH1A（250 km/h）
		拖车	≤2	≤2		
6	制动盘摩擦面斜面磨损	动车	≤2	≤2	CRH1A	CRH1A（200 km/h）
			≤1	≤1	CRH1A/B/E	CRH1A（250 km/h）
		拖车	≤2	≤2		
7	轴制动盘摩擦表面划伤深度		≤1.2	≤1.2	CRH1A/B/E	必须要检查擦伤原因并予以纠正
8	不从边缘开始的裂纹 a	轴装制动盘摩擦面裂纹				
		初始裂纹	≤80	≤80	CRH1A（200 km/h）	可以接受
			80<a≤100	80<a≤100		有条件接受
			>100	>100		不可接受
			≤50	≤50	CRH1A（250 km/h） CRH1B/E	可以接受
			50<a≤70	50<a≤70		有条件接受
			>70	>70		不可接受

续表

序号	项目		一级修程	二级修程	适用车型	备注
8	不从边缘开始的裂纹 a	表面裂纹	≤80	≤80	CRH1A/B/E	可以接受
			80<a≤100	80<a≤100		有条件接受
			>100	>100		不可接受
	从边缘开始的裂纹 b	初始裂纹	≤50	≤50	CRH1A (200 km/h)	可以接受
			50<b≤80	50<b≤80		有条件接受
			>80	>80		不可接受
			≤50	≤50	CRH1A (250 km/h) CRH1B/E	可以接受
			50<b≤70	50<b≤70		有条件接受
			>70	>70		不可接受
		表面裂纹	≤50	≤50	CRH1A/B/E	可以接受
			50<b≤80	50<b≤80		有条件接受
			>80	>80		不可接受
	贯穿裂纹		不允许有贯穿裂纹	不允许有贯穿裂纹	CRH1A/B/E	
9	轮装制动盘摩擦面裂纹					
	不从边缘开始的裂纹 a		≤80	≤80	CRH1A/B/E	可以接受
			80<a≤100	80<a≤100		有条件接受
			>100	>100		不可接受
	从边缘开始的裂纹 b		≤60	≤60	CRH1A/B/E	可以接受
			60<b≤80	60<b≤80		有条件接受
			>80	>80		不可接受
	贯穿裂纹		不允许有贯穿裂纹	不允许有贯穿裂纹	CRH1A/B/E	
10	闸片与制动盘摩擦面间的间隙		1.5±0.5	1.5±0.5	CRH1A/B/E	测量每侧
11	闸片厚度	动车轮盘	≥5	≥5	CRH1A/B/E	测量最薄处
		拖车轴盘	≥5	≥5	CRH1A/B/E	
		最低	830	830		

(二)制动盘检修限度

轮对上的制动盘螺栓安装牢固,无松动。轮盘裂纹不过限,盘面磨耗不过限,盘面裂纹沿半径方向长度不过限。轮盘内无异物。

1. 轴装制动盘裂纹检查

(1)发纹。

发纹是制动盘由于严重热应力,在摩擦盘的表面形成浅裂纹。这种发纹并不严重,可能在摩擦盘的任意位置出现,如图3-52所示。

(2)初始裂纹。

初始裂纹是深度贯穿了整个摩擦盘的厚度,但是没有从摩擦盘的内缘向外缘扩展的裂纹,如图3-53所示。初始裂纹可分为以下两种:

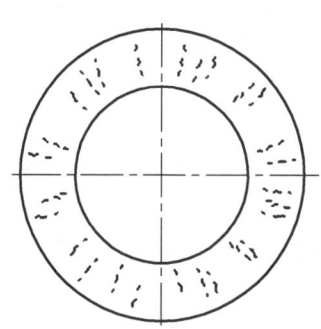
图 3-52 轴装制动盘典型的发纹

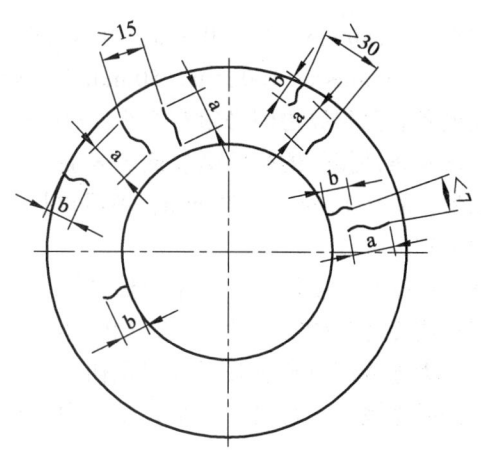
图 3-53 轴装制动盘典型的初始裂纹

a 裂纹：从摩擦环中间开始的裂纹。

b 裂纹：从摩擦环的内边缘或外边缘开始的裂纹。

① 对于初始裂纹，CRH1A（200 km/h）的判定标准如下：

如果：a≤80 mm，b≤50 mm，制动盘可以接受。

如果：80 mm<a≤100 mm，50 mm<b≤80 mm，可以有条件接受。初始裂纹必须与相邻的初始裂纹保持至少 30 mm 的距离；a 与 a 之间的间隔不小于 15 mm；裂纹 b 距离裂纹 a 的间距小于 7 mm，总长 a1≤100 mm；

如果：a>100 mm，b>80 mm，不能接受，必须尽早更换。

② 对于初始裂纹，CRH1A（250 km/h）、CRH1B、CRH1E 判定标准如下：

如果：a≤50 mm，b≤50 mm，可以接受。

如果：50 mm<a≤70 mm，50 mm<b≤70 mm，可以有条件地接受。初始裂纹必须与相邻的初始裂纹保持至少 30 mm 的距离，与相邻的表面裂纹保持至少 15 mm 的距离。而且在对面第二个摩擦盘上，不得再有其他的可有条件接受的初始裂纹或者表面裂纹。

a>70 mm，b>70 mm，不可以接受，必须尽早更换。

（3）表面裂纹。

表面裂纹在摩擦表面比较明显（可以用指尖很容易地检查出来），表面裂纹不深，分枝较少，不会影响整个摩擦盘的厚度，如图 3-54 所示。

表面裂纹的分类：

a 裂纹距离内/外轮缘的距离不小于 10 mm；

b 裂纹触及内/外轮缘，或距离内/外轮缘不足 10 mm。

如果相邻的两个或两个以上的表面裂纹（非发纹）任何一点之间的距离小于 7 mm，则这些单个裂纹应当视为组合裂纹，以两个裂纹的最长端计算组合裂纹长度。如果这些裂纹中一个是 a 类裂纹，一个是 b 类裂纹，则该组合裂纹应视为 b 类裂纹。

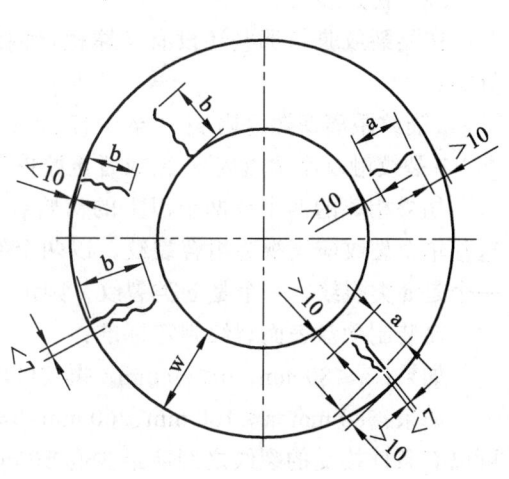
图 3-54 典型的表面裂纹

如果：a≤80 mm，b≤50 mm，可以接受。

如果：80 mm<a≤100 mm，50 mm<b≤80 mm，可以有条件地接受。表面裂纹与相邻初始裂纹或者表面裂纹之间必须有至少 15 mm 的距离。而且在对面第二个摩擦盘上，不得再有其他的可有条件接受的初始裂纹或者表面裂纹。

如果：a>100 mm，b>80 mm，不可以接受，必须尽早更换制动盘。

（4）贯穿裂纹。

贯穿裂纹是深度贯穿了整个摩擦盘的厚度，从内径向外径延伸的贯穿性裂纹，或者延伸到冷却片或冷却筋的贯穿性裂纹，如图 3-55 所示。

制动盘连接部位和盘毂不得出现初始裂纹或贯通裂纹，如图 3-56 所示。贯穿裂纹不可以接受，如果摩擦盘出现贯穿裂纹，则必须立刻更换制动盘。

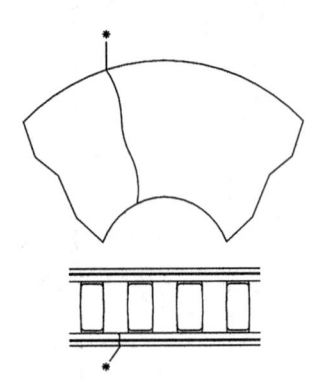

图 3-55　摩擦面盘上贯穿裂纹

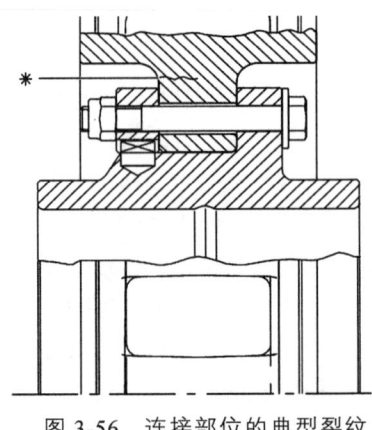

图 3-56　连接部位的典型裂纹

2．轮装制动盘裂纹检查

（1）发纹。

制动盘由于严重热应力，在摩擦盘的表面形成浅裂纹。这种发纹并不严重，可能在摩擦盘的任意位置出现，如图 3-57 所示。

（2）初始裂纹。

初始裂纹是指那些还没有从摩擦盘内缘扩展到外缘的裂纹，如图 3-58 所示。初始裂纹分类：

a 裂纹距离摩擦盘内/外径至少有 10 mm 的距离。

b 裂纹触及摩擦盘内/外径或者至摩擦盘内/外径距离少于 10 mm。

如果相邻的两个或两个以上的初始裂纹（非发纹）任何一点之间的距离小于 7 mm，则这些单个裂纹应当视为组合裂纹，以两个裂纹的最长端计算组合裂纹长度。如果这些裂纹中一个是 a 类裂纹，一个是 b 类裂纹，则该组合裂纹应视为 b 类裂纹。

轮装制动盘表面裂纹判定标准：

如果：a≤80 mm，b≤60 mm，裂纹可以接受，带有裂纹的制动盘可以使用到下一次检查。

如果：80 mm<a≤100 mm，60 mm<b≤80 mm，裂纹可以有条件地接收。裂纹和相邻的可以有条件接受的裂纹之间应最少有 50 mm 的距离，如图 3-59 所示。带有裂纹的制动盘可以继续使用直到下一次检查。

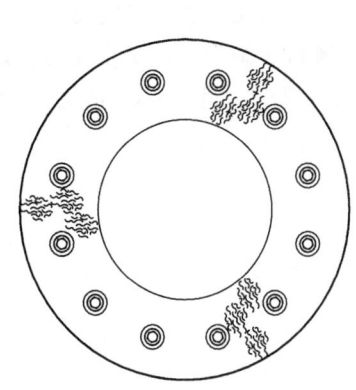
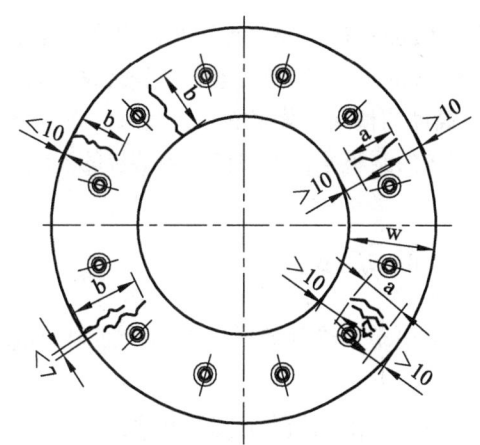

图 3-57　轮装制动盘典型发纹　　　　图 3-58　轮装制动盘典型初始裂纹

如果：a>100 mm，b>80 mm，裂纹不能接受，应该尽早更换制动盘。

（3）贯穿裂纹。

贯穿裂纹是深度贯穿了整个摩擦盘的厚度，从内径向外径延伸的贯穿性裂纹，或者延伸到冷却片或冷却筋的贯穿裂纹，如图 3-60 所示。

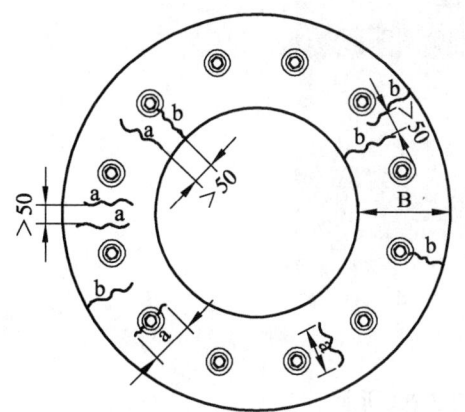
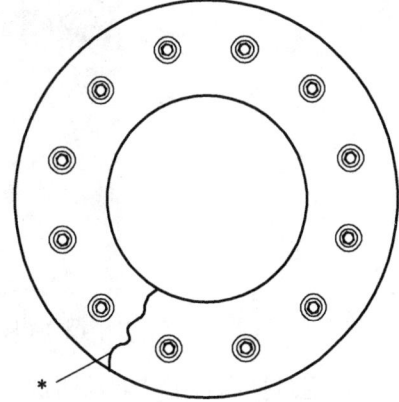

图 3-59　轮装制动盘典型初始裂纹　　　图 3-60　轮装制动盘贯穿裂纹

贯穿裂纹不可以接受，如果摩擦盘出现贯穿裂纹，则必须立刻更换制动盘。

（三）制动夹钳及闸片

闸片托外观状态良好，安装牢固。闸片厚度符合规定，闸片不反装。闸片厚度标准：动车轮盘不小于 5 mm；拖车轴盘不小于 5 mm。闸片托防翻转机构安装牢固，无变形、折断。制动夹钳装置配件齐全，状态良好；悬吊部件齐全、无裂纹，安装螺栓紧固。夹钳平衡杆安装牢固，无丢失。

（四）空气弹簧装置

空气弹簧胶囊外观状态良好、无裂损、无漏风。空气管路无漏泄、无腐蚀。空气弹簧高度限度标准（265+10）mm；空气弹簧橡胶气囊龟裂深度不大于 1 mm；空气弹簧橡胶气囊龟裂长度不大于 30 mm；空气弹簧紧急弹簧裂纹深度不大于 5 mm；空气弹簧紧急弹簧裂纹长度不大于 7 mm。高度调整阀安装牢固，无漏风。高度调整杆无变形，配件无缺失，锁紧装置安装紧固。高度控制阀的调整螺杆无损伤，各部位的安装螺栓无松动，如有松动，用 30 N·m 力矩紧固。

二、制动试验

CRH1 型动车组制动试验分为全部制动试验和简略制动试验。

（一）全部制动试验办法

1．启动制动试验

启动制动试验有两种方式：

（1）通过激活司机室 IDU 上的"启动试验"按钮启动，如图 3-61 所示。

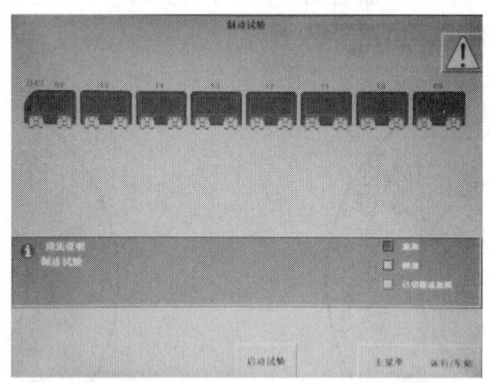

图 3-61　IDU 上的"启动试验"按钮

（2）通过操纵台上"制动测试"按钮启动，如图 3-62 所示。

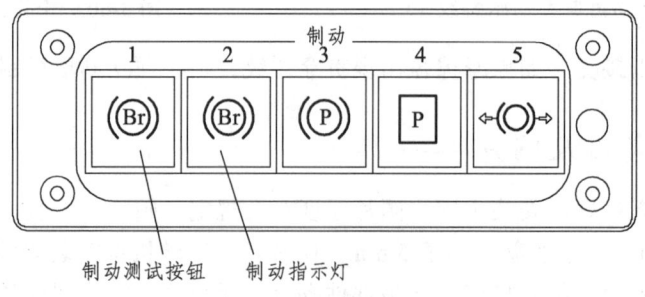

图 3-62　制动测试按钮

2．全部制动试验操作

制动试验启动后，可以通过 IDU 提示信息进行操作。手柄操作顺序如下：

（1）施加停放制动，按制动试验按钮开始试验。

（2）按 IDU 提示，将司机主控手柄置于"0"位。
（3）按 IDU 提示，将司机主控手柄置于"7"位。
（4）按 IDU 提示，将司机主控手柄置于"0"位。
（5）按 IDU 提示，将司机主控手柄置于"8"位。
（6）按 IDU 提示，将司机主控手柄置于"0"位。

执行完成以上步骤后，IDU 会给出试验结果。制动测试不成功或条件未达到的可能因素如下：

（1）主控手柄不在"0"位。
（2）主风缸压力低。
（3）已实施紧急制动。
（4）停放制动未施加。
（5）至少一辆车内的制动被隔离，必须从 IDU 气动制动测试。
（6）停放制动功能不足以实施制动测试，检查停放制动；否则，实施手动制动测试。

3．制动试验失败后的处理

如果制动试验失败，则根据 IDU 提示的故障信息处理，处理完毕后再次尝试制动试验。

4．注意事项

当车组因故障导致部分单车制动被切除时，此时通过操纵台上的制动试验按钮无法启动制动试验，必须通过 IDU 上的制动试验按钮启动。

（二）简略制动试验方法

简略制动试验采用启动制动试验方式（1），即通过激活司机室 IDU 上的"启动试验"按钮启动。

（1）施加停放制动，开始试验（按停放制动按钮施加停放制动，将司机主控手柄置于"0"位，按 IDU 上"启动试验"按钮开始测试）。
（2）施加最大常用制动（按 IDU 提示，将司机主控手柄置于"7"位）。
（3）缓解最大常用制动（按 IDU 提示，将司机主控手柄置于"0"位）。
（4）施加紧急制动（按 IDU 提示，将司机主控手柄置于"8"位）。
（5）缓解紧急制动（按 IDU 提示，将司机主控手柄置于"0"位）。

执行完成以上步骤后，IDU 会给出试验结果。

三、制动系统二级检修作业

CRH1 型制动系统二级检修主要检查制动装置、轮盘、制动夹钳及闸片、空气弹簧装置、空气压缩机等。

对于制动装置的检查，主要集中在制动装置闸片托外观状态良好，闸片厚度符合规定；夹钳装置配件齐全，状态良好；悬吊螺栓紧固，各部件无裂纹；制动缸保护托吊及闸片托防翻转装置状态良好，安装紧固。

对于轮盘的检查，主要集中在轮盘螺栓安装牢固，无松动。轮盘裂纹不过限，盘面裂纹沿半径方向长度不过限。

对于制动夹钳及闸片的检查，主要集中在闸片托外观状态良好，安装牢固，闸片厚度符合规定，闸片不反装；闸片托防翻转机构安装牢固，无变形、折断；制动夹钳装置配件齐全，状态良好；悬吊部件齐全、无裂纹，安装螺栓紧固。

对于空气弹簧装置的检查，主要集中在空气弹簧胶囊外观状态良好、无裂损、无鼓泡、无漏风；高度调整阀安装牢固，无漏风；高度调整杆无变形，配件无缺失；锁紧装置紧固；空气管路无漏泄、无腐蚀。

对于空气压缩机的检查，主要集中在空气压缩机及附属装置的外观检查，要求状态良好、压缩机油位正常，空气过滤器、油滤器无堵塞，连接螺栓无松动。

任务八　CRH1型动车组制动系统应急处理

一、运行途中故障应急处理基本流程

（一）点击IDU故障提示栏，查询故障详细描述

开始查找故障之前，应快速翻阅IDU的报警及故障纪录，判断故障的严重程度及发生位置。

IDU产生报警时，会同时给出一些应急处理方法及可能导致故障的原因，可以利用IDU在线处理运行中发生的一些故障。IDU报出的故障分以下几类：

第1类，针对司机误操作。此类事件提示会覆盖IDU整个屏幕，需立即采取措施。只有司机纠正操作错误后，事件提示信息才自动消失。事件描述栏为黑色背景，如图3-63所示。

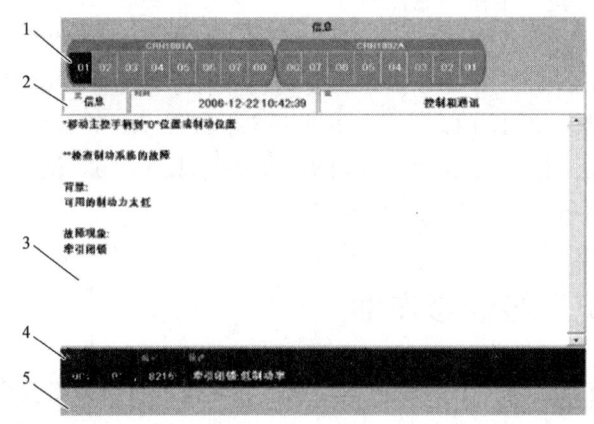

1—发生故障的司机室显示；2—事件发生信息；3—补救措施描述；
4—事件描述；5—页面选择。

图3-63　IDU信息页面

第 2 类，A 级报警，重大故障，需司机全面关注，提示信息覆盖整个屏幕，出现声音报警，直到按下 Q 按钮或报警被确认为止，否则不能进入下一个界面。当不止一个 A 类警报处于活动状态时，只显示最早的未经确认的那个。当这个 A 类警报得到确认后，再显示未经确认的第二个最早 A 类警报，以此类推。事件描述栏为红色背景，如图 3-64 所示。

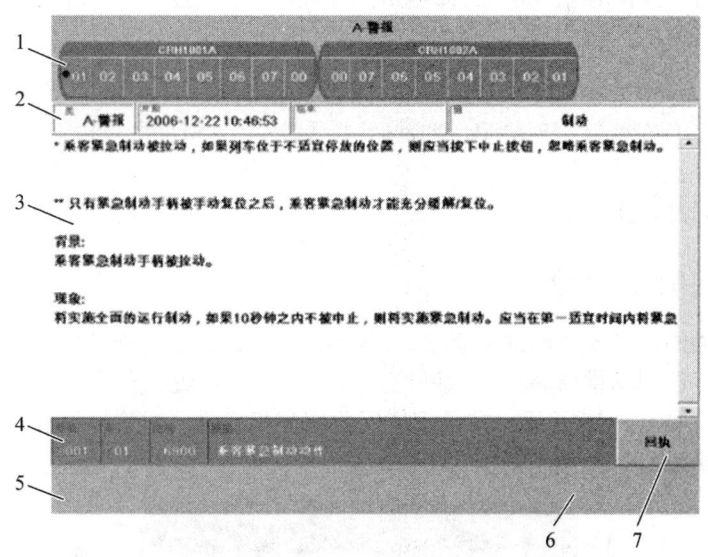

1—发生故障的司机室；2—事件发生信息；3—补救措施描述；4—事件描述；5—页面选择；
6—确认所有警报的按钮（只有维护人员可用）；7—特定警报的确认按钮。

图 3-64 A 类报警页面

第 3 类，B 级报警，不需立即采取措施，没有声音报警，事件信息仅占据屏幕一部分，在屏幕上确认报警。事件描述栏为黄色背景，如图 3-65 所示。

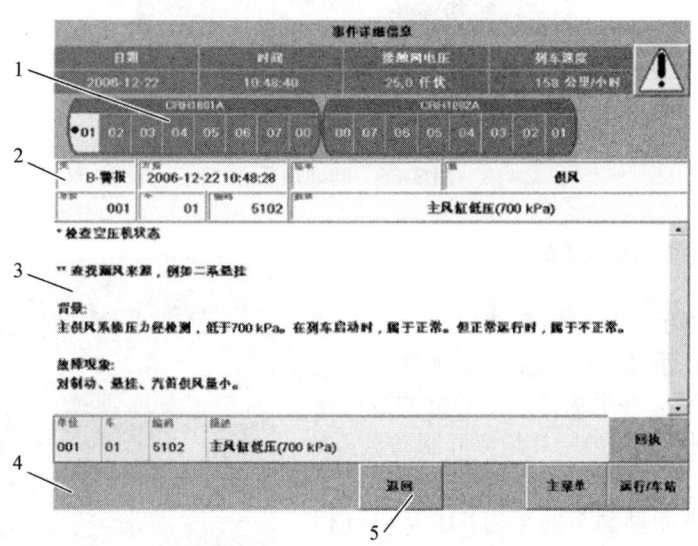

1—发生故障的司机室；2—事件发生信息；3—补救措施描述；
4—页面选择；5—返回按钮。

图 3-65 B 类报警页面

第4,5,6类故障及事件,仅需维护人员关注,事件不自动显示在屏幕上,只出现在历史记录表中,司机无法看到。运行途中应重点关注并处理第1类（黑色）、第2类（红色）故障,第3类（黄色）故障一般不影响或对运行的影响很小,可以视情况处理。

（二）根据故障情况确定采取的措施

对于有些故障,系统会自动启动备用方式,或自动隔离故障设备,此时随车人员不必采取额外的操作,维持运行。对于有些故障,需人工操作,切除故障设备,维持运行。与制动及制动控制有关的故障,如果按关门车处理,机械师处理完毕并确认后,通知司机在IDU上确认制动缸压力为0。

二、制动切除作业

（一）空气制动切除

打开故障车辆的制动模块的侧裙板（U8右侧位置）,将空气制动供风塞门（截断阀5）打到垂直位置、停放制动供风塞门（截断阀6）打到水平位置,分别切除车厢空气制动供风和停放制动供风,如图3-66所示。排风完毕后关闭裙板,确认裙板拉绳挂接良好,裙板锁芯关闭到位,手拉裙板确认已关闭到位。

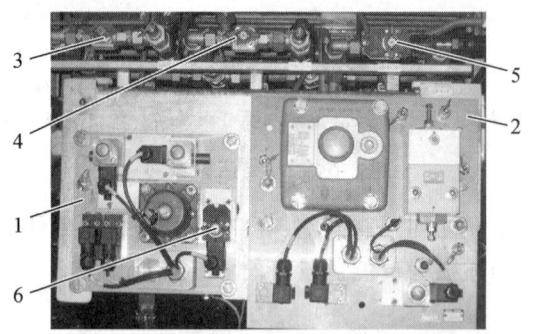

1—停放制动面板；2—制动面板；3—A架空气弹簧供风塞门；
4—B架空气弹簧供风塞门；5—制动供风塞门；
6—停放制动供风塞门。

图3-66 制动面板

（二）停放制动切除

排风完毕后再手动缓解动车转向架5、6、7轴箱位的停放制动手动缓解,使制动闸片离开闸盘,如图3-29所示。并手摇停放制动缸的制动夹钳,确认各停放制动夹钳的闸片均离开制动盘,夹钳已全部缓解。

打开切除停放制动动车的车内110V电气柜（M3中的K1柜,M1/M2中的K2柜,Mc1/Mc2中的K4柜）靠走廊侧的柜门,将牵引联锁解除开关.91置"ON"位,如图3-67所示。

图3-67 牵引联锁解除开关.91

三、救援操作

（一）机车救援活车（TCMS 可用，空气制动可控制）

自动或手动打开连挂端头罩，伸出自动车钩。检查电气钩头截断塞门应在关闭位置。连挂端司机室处于激活状态（司机室钥匙在"1"位）。将回送控制开关置于"回送"位置。检查所有的转向架轮对是否缓解。通过操作机车的制动阀，确认动车组的制动压力是否有效。活车动车组回送速度不得大于 120 km/h。动车组在回送中尽可能不实施紧急制动，尽可能避免突然加速。

（二）机车救援死车（TCMS 不可用，空气制动不可控制）

如整个编组制动不可控，动车组将作为故障车救援。操作除按机车救援活车完成与机车连挂外，还需切除车组中全部车辆的制动，即将全部车辆设为关门车，此时限速 5 km/h。

四、制动系统常见故障处理

CRH1 型动车组制动系统常见故障处理如表 3-6 和表 3-7 所示。

表 3-6 某车总风压力明显低于其他车

现象	在 IDU 上系统供风界面检查时，发现某节车厢的总风压力明显低于其他车厢的风压。如果总风压力低于 700 kPa 时，主控司机室 IDU 的界面还会自动报警
原因	该车厢所在的供风设备有漏风现象，最有可能发生漏风处设备是厕所或空气弹簧。
处理过程	1. 从 IDU 上检查是否有空气弹簧严重泄漏的报警，如果泄漏不明显则继续运行，到站后检查空气弹簧。如果风压下降很快，3 个压缩机启动后也无法使风压回升，则通知司机停车，找到漏风的空气弹簧，并截断它的风源，再继续运行。 （A架空簧供风塞门、B架空簧供风塞门）

处理过程	2. 检查该车厢的厕所，如果有漏风的声，则表示该厕所在漏风，此时尝试对该厕所进行断电复位操作（拔下/插上 X3 插头）。如果继续有漏风声，则说明是电磁阀故障或风管破裂，直接关断供风塞门，停用厕所。 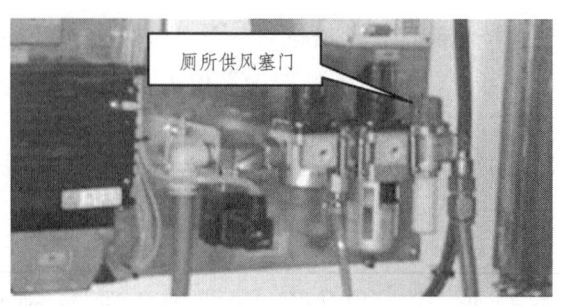 3. 如果上述故障都未发现的话，那么需要检查边门脚踏及空气密封胶囊是否漏风，如果有漏风，将相应供风塞门关闭。 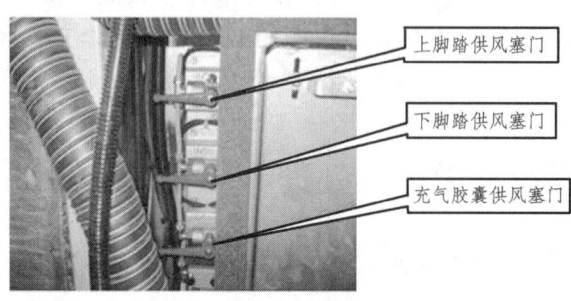

表 3-7 乘客紧急制动激活

现象	司机室"暂停乘客紧急制动"按钮闪烁，车组 B7 级常用制动动作
原因	乘客紧急制动激活
行车	停车或减速
注意	乘客紧急制动被激活后，车组将自动施加 B7 级常用制动，10 s 内不取消将施加紧急制动
处理过程	1. 司机迅速判断前方线路是否适宜停车，如不适宜停车（如隧道内），可按下"乘客紧急制动暂停按钮"至少保持 3 s，暂时取消自动制动，并减速运行至有利位置停车。 2. 机械师立即前往报警车厢，确认乘客紧急制动手柄是否被人为动作激活。如果是人为动作造成，使用三角钥匙复位后可以恢复运行（如果确有紧急情况发生，按有关规定采取措施）。 3. 如果乘客紧急制动控制器并没有动作，说明乘客紧急制动控制系统出现故障。该故障很难短时间内被排除，可以按操纵台上的"暂停乘客紧急制动"按钮继续行车，有条件的情况下可以停车降弓，使用"车下断蓄电池复位"

复习思考题

一、选择题

1. 当乘客按下 CRH1 型动车组紧急通话按钮时，正确的说法是（　　）。
   A. 全列车立即施加紧急制动
   B. 全列车立即施加 7 级制动
   C. 全列车不会施加制动只会激活紧急通话功能
   D. 全列车立即施加 7 级制动，如司机不确认将施加紧急制动

2. 当乘客拉下 CRH1 型动车组紧急制动手柄时，正确的说法是（　　）。
   A. 全列车立即施加紧急制动
   B. 全列车立即施加 7 级制动
   C. 全列车不会施加制动只会激活紧急通话功能
   D. 全列车立即施加 7 级制动，如司机不确认将施加紧急制动

3. CRH1 型动车组在运行当中，如总风管压力低至（　　）将会实施紧急制动。
   A. 400 kPa　　B. 500 kPa　　C. 600 kPa

4. CRH1 型动车组在回送状态当中，如救援机车列车风管压力低至（　　）将会实施紧急制动。
   A. 400 kPa　　B. 500 kPa　　C. 600 kPa

二、简答题

1. CRH1 型动车组常用制动分为几级？哪一级制动力最大？
2. 什么情况下，可以启动常用制动？所有常用制动都会采用电制动与空气联合制动作用吗？
3. 司机操纵制动控制手柄、乘客扳动紧急制动手柄，都一定会使列车紧急制动停车吗？它们产生的紧急制动有什么不同？
4. 图 3-68 为主供风系统气路原理，请说出图中各符号的含义，并描述其气路作用原理。

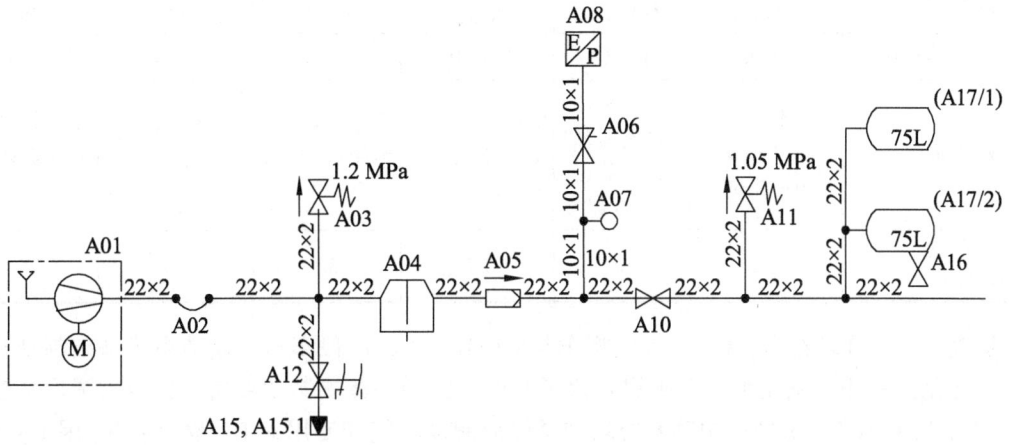

图 3-68　主供风系统气路原理

5. CRH1 型动车组的供风系统中，主空气压缩机单元包括哪些元件？
6. CRH1 型动车组有几台主空气压缩机？它们在什么时候启动？什么时候停止？
7. CRH1 型动车组辅助空气压缩机有什么作用？由什么向辅助空气压缩机的电动机供电？
8. 主空气压缩机单元与辅助空气压缩机的干燥器在结构和作用原理上有什么不同？

项目四　CRH2 型动车组制动系统

CRH2 型动车组是中车青岛四方机车车辆股份有限公司与日本川崎重工合作生产，专为中国市场开发的采用构造速度 250～350 km/h 运行的动力分散型交流传动方式的适用于我国电气化铁路的既有线和客运专线的现代化的动车组。

CRH2 型动车组的国产化率最高，型号众多，各型号中制动系统具有一定的差异，表 4-1 列出了 CRH2 型动车组各车型制动系统的差异。

表 4-1　CRH2 型动车组各车型制动系统的差异

车　型	CRH2A	CRH2A 统	CRH2B	CRH2C 第一阶段	CRH2C 第二阶段	CRH2E
年　度	2004	2013	2007	2005	2010	2007
构造速度/（km/h）	250	250	250	330	350	200
编组方式	8（4M4T）	8（4M4T）	16（8M8T）	8（6M2T）	8（6M2T）	16（8M8T）
牵引功率/kW	4 800	4 800	9 600	8 196	8 760	9 600
制动系统差异	增压缸；无停放制动；无 BP 救援	气动夹钳；浮动式闸片；停放制动；BP 救援装置	增压缸；无停放制动；无 BP 救援	增压缸；无停放制动；无 BP 救援	气动夹钳；浮动式闸片；无停放制动；无 BP 救援	增压缸；无停放制动；无 BP 救援
数量（2019 年 11 月止）	130	366	27	30	30	25

从表 4-1 中可以看出，CRH2A 统型车与 CRH2C 第二阶段车型，制动系统基础制动装置发生了变化。采用了紧凑型气动夹钳替代了原增压缸和一体式制动夹钳，将合成闸片更改为浮动式闸片。CRH2A 统型车制动系统增加了停放制动功能和专用的 BP 救援装置。因 CRH2A 统型车与非统型车均在运营，本项目兼顾 CRH2A 统型与非统型车讲解 CRH2 型动车组制动系统。

CRH2A 型与 CRH2C 型动车组的编组情况如图 4-1 和图 4-2 所示。值得注意的是，2013 年以后的 CRH2A 统型车才具有停放制动功能；2016 年以后的 CRH2 型系列动车组（包括 CRH2A 统型与非统型，CRH2B、CRH2E、CRH2C 第一阶段与第二阶段）才具有撒砂功能。

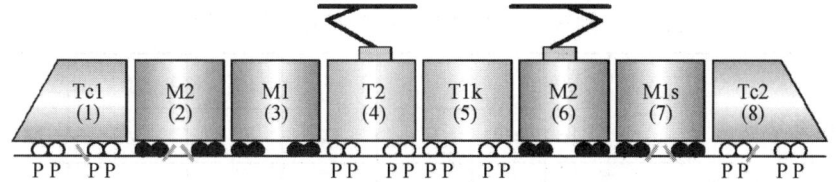

Tc1，Tc2—带司机室的拖车；T2—带受电弓的拖车；M1，M2（2），M1s—动车；
M2（6）—带受电弓的动车；T1k—带餐厅的拖车；●—动力轴；
○—非动力轴；P—带停放制动功能；/—带撒砂功能。

图 4-1　CRH2A 型动车组编组示意

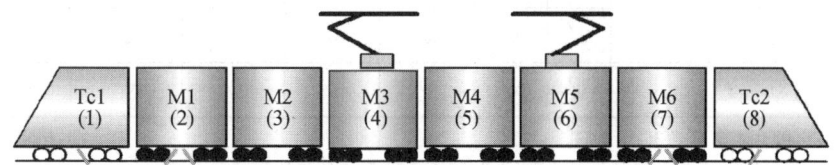

Tc1，Tc2—带司机室的拖车；M1，M2，M4，M6—动车；M3，M5—带受电弓的动车；
●—动力轴；○—非动力轴；/—带撒砂功能。

图 4-2　CRH2C 型动车组编组示意

任务一　CRH2 型动车组制动系统简介

一、CRH2 型动车组制动系统的组成

CRH2 型动车组制动系统由制动控制系统、基础制动装置及压缩空气供给系统三大部分组成。制动控制系统包括制动信号发生装置、制动信号传输装置、制动控制装置。制动信号发生装置即司机制动控制器，位于 1、8 号（T1c、T2c）车司机室操纵控制台。制动信号传输装置借助于列车信息控制系统，包括中央装置、车辆终端装置，采集与传输制动指令，同时接收制动状态指令。

制动控制装置接受制动指令、实施制动力的控制，并以整体集成方式将其吊装在每辆车的地板下。其内部集成了电子控制单元和由各风动阀（电空转换阀、紧急阀、中继阀、调压阀等）组成的制动控制单元（BCU）、空气制动管路上所需的各种阀门及风缸等。

基础制动装置位于转向架上，CRH2A 非统型车由带防滑阀的增压缸、一体式油压制动夹钳和制动盘等组成。CRH2A 统型车由防滑阀、紧凑式制动夹钳、制动盘以及停放制动等组成。

空气供给系统由位于 3、5、7 号车地板下的 3 台空气压缩机、干燥器及用于每辆车的总风缸、制动供给风缸，以及贯穿全车的总风管等组成。

制动设备主要构成及分布情况参见表 4-2。

表 4-2 列车 M、T 编组情况与制动设备布置对照

编组情况 设备分布		1	2	3	4	5	6	7	8
		T1c	M2	M1	T2	T1k	M2	M1s	T2c
司机制动控制器		√							√
制动指令传输装置	指令传输中央处理装置	√							√
	指令传输网络	列车信息控制网络							
	传输终端装置	√	√	√	√	√	√	√	√
制动控制装置		√	√	√	√	√	√	√	√
基础制动装置		√	√	√	√	√	√	√	√

注：1."√"表示该车布置有此设备。
2. 制动指令传输装置是制动系统关联设备，属于列车信息控制网络。

CRH2 型动车组制动系统采用复合制动模式，即再生制动＋电气指令式空气制动。M 车（M 指动车）采用再生制动及空气制动方式，T 车（T 指拖车）仅采用空气制动。

列车分 4 个制动控制单元，1M1T 构成一个单元。制动时在单元内再生制动优先，空气制动实行延迟充气控制，以减少闸片的磨损。

仅从对制动力控制的角度上看，制动系统由制动控制系统和制动执行系统组成，其中制动执行系统又称为基础制动装置。制动控制系统包括制动指令信号发生、传输装置和制动控制装置。以一辆车的制动控制装置为例，图 4-3 表示了 CRH2A 非统型车从制动指令产生到基础制动装置的组成；图 4-4 表示了 CRH2A 统型车从制动指令产生到基础制动装置的组成。

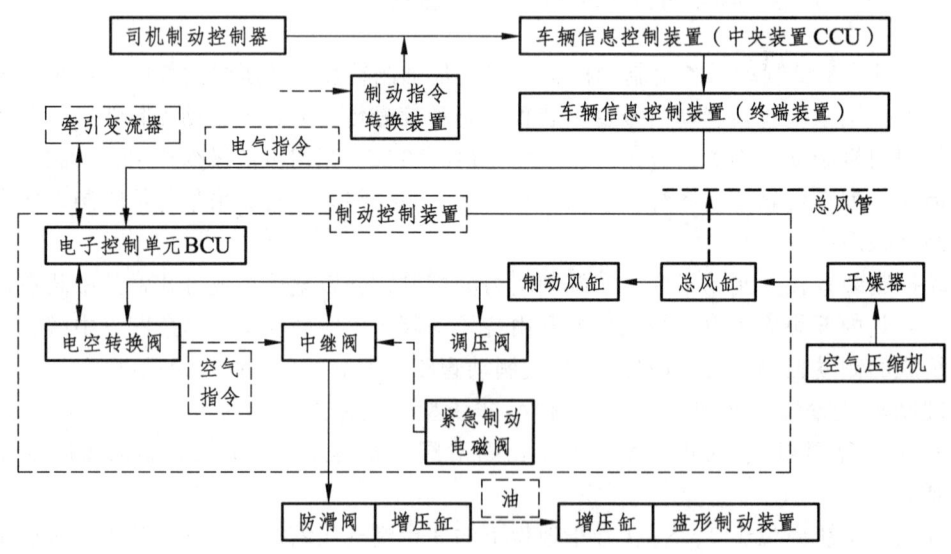

图 4-3 CRH2A 非统型车制动系统组成

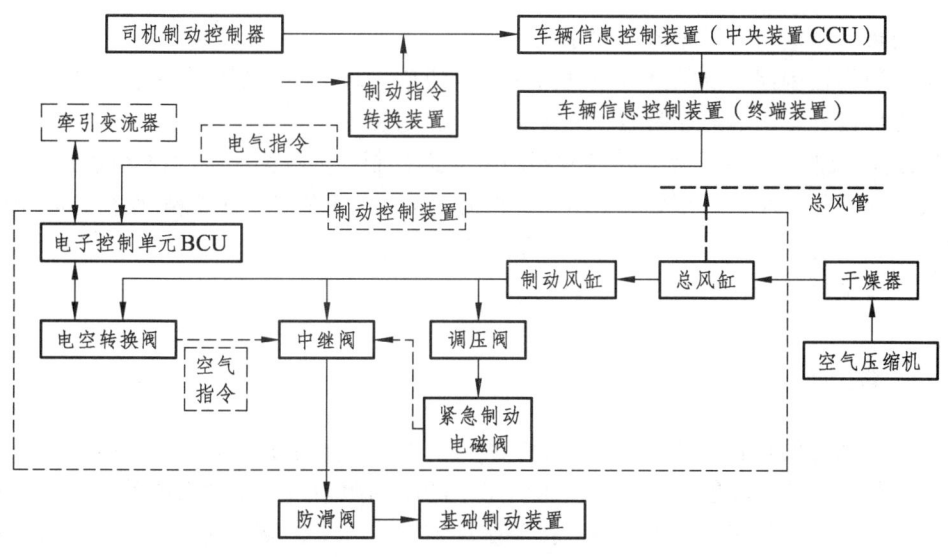

图 4-4 CRH2A 统型车制动系统组成

再生制动与空气制动的混合控制，是由微机来控制的，它优先利用动车的再生制动力，如果再生制动力不足，则由空气制动力来补充。

CRH2A 非统型车两个头车司机室内各安装一台空气制动指令转换装置，它可将连挂机车的列车管空气压力信号转换成电信号，用作动车组被救援或附挂回送时实施制动的控制。

CRH2A 统型车两个头车司机室内各安装一台 BP 救援装置，它也可将连挂机车的列车管空气压力信号转换成电信号，用作动车组被救援或附挂回送时实施制动的控制。

二、制动系统原理

制动系统能够实现制动指令的发出及传输、常用制动及紧急制动 EB 的控制、紧急制动的控制、辅助制动的控制、耐雪制动的控制、空气制动与再生制动的协调控制、防滑控制、增黏器（踏面清扫器）控制、受 ATP/LKJ2000 监控的速度控制，其中 BCU 还能进行主空气压缩机的启停控制、车门控制、系统状态记录和故障诊断等一系列功能。

动车组的制动指令由司机制动控制器发出电气指令，经列车信息控制系统传送到每辆车的制动控制装置，由 BCU 的电子控制单元运算，按速度进行减速度的控制，实施再生制动和空气制动。其中空气制动以控制电空转换阀（EP 阀）的电流为依据，送出与电流相对应的预控压力信号到中继阀，经中继阀送出流量放大的同压力的压缩空气。对于 CRH2A 非统型车，再由增压缸经空-油变换作用转变成油压，最后经制动盘液压夹钳将制动力作用到制动盘上，完成制动作用。对于 CRH2A 统型车，再经紧凑式制动夹钳将制动力作用到制动盘上，完成制动作用。

（一）制动控制系统的类型

CRH2 型动车组制动控制系统的制动指令发出有两种途径：一种是正常行车时的常用制动指令由司机制动控制器发出；另一种是由列车 ATP（自动列车防护系统）或 LKJ2000 发出

的安全制动指令由通信接口进入制动系统。

由司机制动控制器发出数字式电气指令，经列车信息控制网络的中央装置转变成数字信息，经网络传输到各车辆终端装置，再送到制动控制装置。

BCU 是在接收制动指令后，对各种制动方式进行制动力分配、协调控制的部分。由于采用了电气指令，所以可以很方便地采用微机控制，同时在可靠性、计算精度等方面得到提高。通过 BCU 的微机控制，把制动供给风缸的压缩空气直接经各车独立制动缸支管进入制动缸，其压力大小直接反映制动力大小。

（二）制动方式

就动车组动能的转移方式来说，CRH2 型动车组采用了盘形制动和动力制动两种制动方式吸收或转移动车组的动能：按照动车组所采用的制动源动力，制动系统采用的盘形制动属于空气制动，动力制动属于再生制动；按照制动力形成方式，盘形制动、动力制动均属于黏着制动。

三、制动作用的种类

CRH2 型动车组制动系统具有常用制动、紧急制动 EB、紧急制动 UB、辅助制动及耐雪制动等功能。CRH2A 统型车还具有 BP 救援和停放制动功能。

（一）常用制动

常用制动级位设 1~7 级（标记为 1N~7N），以 1M1T 为单元对动车再生制动力和空气制动力（包括动车和拖车的）进行协调控制，拖车空气制动延迟投入。

CRH2 型动车组制动系统采用数字指令式，由 61~67 号线共 7 根制动指令线组成，共可形成 7 级常用制动。制动系统会自动进行延迟充气控制。延迟时，将 M 车上产生的再生制动力多余的部分转移到 T 车上去，达到编组列车上所需要的总制动力。常用制动还具有空重车载荷调整功能，按载重来调节制动力，使动车组能够保持一定的减速度。

（二）紧急制动 EB

紧急制动 EB 又称为非常制动，采用与常用制动相同的复合制动模式，但具有最大常用制动（7 级）1.5 倍的制动力，操作司控器的制动手柄或当未能减速到在闭塞区间设定的速度而使 ATP 或 LKJ2000 响应，均可发出紧急制动 EB 指令。

（三）紧急制动 UB

紧急制动 UB 按安全回路失电而启动的制动模式进行设置，下列任何一种情况均可导致全回路失电而引起紧急制动指令的产生：

① 总风压力下降到规定值 600 kPa 以下。
② 列车分离。
③ 检测到制动力不足。
④ 操作紧急制动按钮，使紧急电磁阀失电。
⑤ 换端操纵，手柄置于（钥匙）拔取位。

以上的紧急制动使各车按不同速度范围产生纯空气制动作用：在列车速度处于 160～200 km/h 实施相对较低的减速度；在 160 km/h 以下实施相对较高的减速度，但紧急制动不具有空重车载荷调整功能。

（四）辅助制动

在制动装置异常、制动指令线路断线及传输异常时可启用电气指令式的辅助制动，能产生相当于 3 级、5 级、7 级常用制动及紧急制动 EB 的空气制动。

操作司机控制台上的辅助制动模式发生器（SBT）开关和头车配电盘内辅助制动模式发生器（ASBT）开关可以产生辅助制动。但辅助制动与列车的速度无关，即所发出的制动力的大小不随列车速度和列车质量的改变而改变，只发出预定的制动力。这一点与常用制动、紧急制动 EB 不同。

除此以外应注意，制动控制装置还进行主空气压缩机与开闭车门的速度控制，因此，使用辅助制动时不应断开制动控制装置的电源。

（五）耐雪制动

设置耐雪制动的目的是防止降雪时雪块进入制动盘和闸片之间。耐雪制动动作时，制动油缸会轻轻地推出闸片以消除闸片和制动盘面之间的空隙，防止冰雪进入。耐雪制动于行驶速度 110 km/h 以下，在耐雪制动开关置于作用位并且操纵制动手柄时动作。耐雪制动对应的制动缸（BC）压力设定值为（60±20）kPa，这是使制动缸产生有效制动力最小的工作压力，在 BCU 输出实际空气制动控制信号时，制动缸则依然按照所需的空气制动力的大小充气到相应的压力。耐雪制动对应的制动缸（BC）压力设定值可通过调整 BCU 面板上的开关来改变。

（六）BP 救援

CRH2A 统型车的 BP 救援装置布置在两头带司机室的车上，它可以接收制动手柄发出的制动指令，并将电制动指令转换为空气压力，通过 BP 管将空气压力传送至被救援车辆，从而实现对其他不同车型的车辆进行救援。

（七）停放制动

CRH2A 统型车的停放装置布置在 1、4、5、8 车，每轴一套，安装在轴盘，能在车辆长期放置、风压不足时，施加制动力，避免溜车。CRH2A 型动车组运行过程中意外施加停放制动，会引起紧急制动。

四、CRH2 型动车组制动系统的特点

概括起来,电气指令微机控制直通式电空制动系统是采用电信号来传递制动和缓解指令,司机通过电气指令经微机控制的电空转换阀和中继阀对各车辆的制动缸的空气压力进行直接控制,具有响应快、一致性好、控制方便的优点。

CRH2 型动车组制动系统具有如下主要特点:
（1）适应黏着变化规律的速度-黏着控制模式。
（2）根据载荷变化自动调整制动力。
（3）防滑保护控制。
（4）以 1M1T 为单元进行制动力的协调配合,充分利用动车再生制动力,减少拖车空气制动力的使用,仅在再生制动力不足时才由空气制动力补充。
（5）优先响应车载 ATP/LKJ2000 接口的指令,可施行安全制动。
（6）故障诊断和相关信息保存功能。
（7）当安全控制回路分离时产生紧急制动。

任务二　空气制动系统

CRH2 型动车组的空气制动系统由压缩空气供给系统、制动控制装置和基础制动装置三大部分组成。

一、压缩空气供给系统

CRH2 型动车组的风源有两套:
一套是 3 台主空气压缩机组成主风源,分别位于 3、5、7 号车,主要为空气制动系统供风,同时为气动辅助设备（包括汽笛、空气簧、门控、集便器等）提供风源。

另一套为 3 台辅助空气压缩机,分别位于 2、4、6 号车,主要为受电弓升降弓装置、真空断路器 VCB 等提供风源。

（一）主空气压缩机

CRH2 型动车组（含 CRH2 统型车）的主空气压缩机为 A1240-HS20-8（或 MH1114A-TC2000B）型往复式空气压缩机,它主要由空气压缩机、三相交流电动机、联轴节、安全阀以及干燥器等构成。

主空气压缩机采用直接驱动方式以减少振动。压缩机的气缸为对置式排列,也有助于减轻机组运行时的振动。此外,还在吊架处用防振橡胶来减小传向车体的振动。

压缩机上装有吸/排气消声器降低噪声，机体采用铝合金材料以实现轻量化。

为使负荷均匀，各台空气压缩机采用同步启动的控制方式。压缩机输出 800～900 kPa 的压缩空气，大部分被空气制动装置和空气弹簧所消耗，其余的用于受电弓、汽笛和刮雨器等设备。

空气压缩机的名义供气量为每辆车 1 745 L/min。如图 4-5 所示为主空气压缩机实物，图 4-6 为主空气压缩机的构造。

图 4-5　CRH2A 型动车组主空气压缩机外形

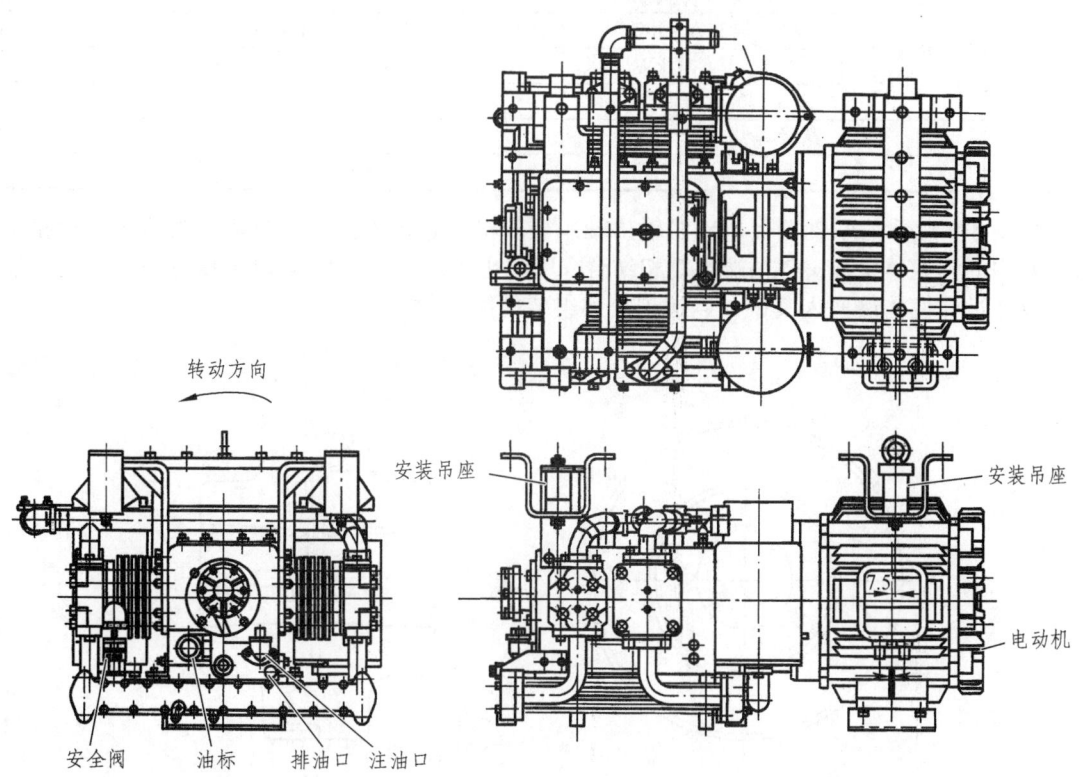

图 4-6　CRH2A 型动车组主空气压缩机构造

主空气压缩机组成及零部件规格见表 4-3，它由压缩机、电动机、法兰盘、机体及联轴器等组成。压缩机和电动机的安装采用通过凹窝的安装方式，不用出芯。另外为了调整联轴器的轴方向间隔，在安装面插入垫片。底架主要由吊手、吊手托、防振橡胶、紧固螺栓组成，底架的安装是通过吊手托架安装于车体部的。吊手用紧固螺栓安装在压缩机体 2 处和电动机侧 2 处，同时在吊手托处共计有 4 处 V 形的防振橡胶，防振橡胶主要用来减轻车体侧的振动。

表 4-3 主空气压缩机组成及零部件规格

项 目			规　格	
空气压缩机部		型　式	往复型单动 2 级压缩	
		气缸排列状态	水平对置 4 缸	
		气缸直径×行程×数量	高压级	62 mm×65 mm×2 缸
			低压级	110 mm×65 mm×2 缸
		旋转速度/r·min^{-1}	1 420	
		变位容积/L·min^{-1}	1 754	
		排出压力/kPa	最大 880	
		容积效率	70% 以上	
		润滑方式	齿轮泵强迫润滑方式	
		冷却方式	自然空冷	
电动机部		形式	3 相交流、鼠笼式、4 极	
		通风冷却方式	全封闭自冷方式	
	额定	额定工作时间/min	30	
		额定转速/r·min^{-1}	1 420	
		输出功率/kW	12	
		额定电压	AC 400 V/50 Hz	
		绝缘等级	F 级	
联轴器		形式	橡胶弹性联轴节、直接连接	

如图 4-7 所示的联轴器由电动机输出轴用橡胶接头直接连接压缩机输入轴的法兰盘和镶嵌入其中的弹性体构成。各轴端由键相结合，用防止拔出用的押板及 M10 螺栓进行固定。各法兰盘通过弹性体镶嵌入其中，以达到分解组装的简易化。

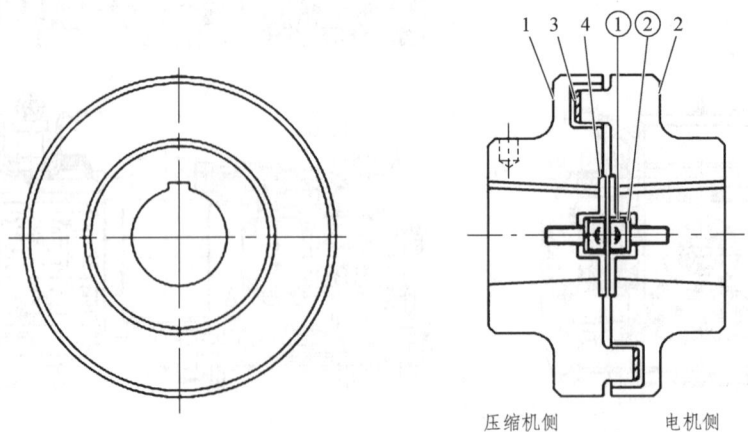

1，2—法兰盘；3—弹性体；4—压板；①，②—螺栓。

图 4-7 联轴器结构

下面将重点对压缩机部结构和功能进行介绍。

1．压缩机主体

压缩机主体主要由曲柄箱、曲柄轴、低压气缸、高压气缸、低压活塞、高压活塞、连杆、阀部以及以齿轮泵为主体的润滑装置等部分组成。

为谋求轻量化，曲柄箱由铝合金铸成的，底部兼作油储存缸。用 M10 双端螺栓和 12 个垫圈将曲柄箱上盖安装在曲柄箱上，在曲柄箱上盖上装有用于压缩机搬运用吊环螺栓。

压缩机主体有高低压气缸两种。裙板部的突起和曲柄箱安装部的孔眼都是镶嵌式的，气缸由 4 个 M12 双端螺栓安装在曲轴箱上，空气由低压气缸压缩后经中间冷却系统进入高压气缸。另外在这之间，为了防止漏油在气缸侧槽安装有 O 形环。

曲柄轴的输入、输出侧都由滚柱轴承支撑。输入侧轴端呈锥形轴的轴端，轴端上固定联轴器盖和 M10 的螺纹。输入是通过插入该轴端的联轴器法兰盘中的键被固定在联轴器盖后传送的。另外，输入侧轴承部分为防止油封引起的磨耗，在内侧安装有 O 形环，通过轴承螺母、垫片和轴承一起被固定。轴承箱用 4 个 M10 双端螺栓被固定于曲柄箱，为防止向外部漏油，通过压入油封的轴承盖。

为使其质量相同来平衡惯性偶力，低压活塞、高压活塞各为铝合金制和铸铁制。活塞上部设有 3 个环形槽，上部 2 个插入活塞环，下部 1 个插入油环。活塞销是随活塞游动嵌入的（用木榔头轻打入的程度），两端被 C 形止轮固定。

连杆小端部压入有活塞支持用的衬套，大端部上下套有嵌式分割衬套。油压泵用 4 个 M10 双端螺栓安装于曲柄箱，它们之间用 O 形环密封。

阀部采用的是低噪声类型的导阀，和气缸盖一起由 M12 双端螺栓安装于气缸上。另外这之间的密封通过垫圈来进行。阀部的阀是细长舌形状的板阀，因为阀的升程限制一端和止挡器一起紧密安装于阀座。排气阀和吸入阀相同，由于阀的升程限制，它和止挡器一起被固定于阀座。活塞进入吸入行程后，气缸内的压力变为大气压（高压段时、为中间冷却器内压力）以下，通过该压力差吸入板阀压开，空气流入空气气缸内。进入活塞压缩行程，气缸内压力变为排气口压力（低压段时、为中间冷却器内压力）以上，通过该压力差，排气板阀被推开，空气被排出。

2．中间冷却器

中间冷却器由冷却管、集管座、保护板、密封垫圈等组成，如图 4-8 所示。为提高空气压缩机效率，在从低压气缸至高压气缸的通路中设置中间冷却器，这样，低压气缸出来的高温压缩气体，经过中间冷却系统直至冷却到不产生水滴的程度。

中间冷却器通过曲柄箱下部的安装板被安装，通过连接管，入口部在低压气缸盖被连接，出口部在高压气缸盖被连接，部件间的密封采用 O 形环。中间冷却器是集管和高性能散热软管一体化构造，低压段的压缩空气冷却后送往高压段。集管部设有安全阀，安全阀调整到当冷却器内压力异常上升到 390 kPa（4 kg/cm^2）会排气，平时冷却器内压力为 200～250 kPa（2～2.5 kg/cm^2），排气压力为 880 kPa（9 kg/cm^2）。

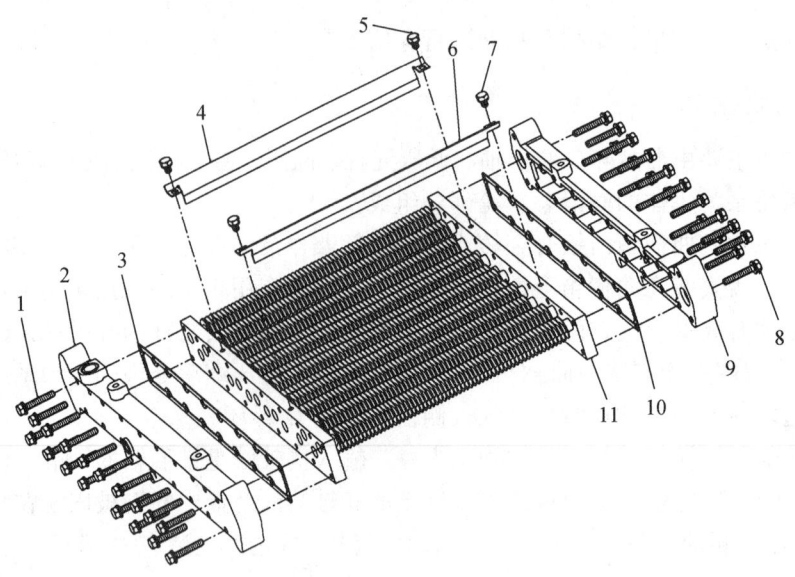

1，8—带抛光圆垫圈和弹簧垫圈的六角头螺栓 M10×6；2，9—集管座组件；3，10—密封垫；
4，6—保护板；5，7—带弹簧垫圈的六角头螺栓 M10×15；11—冷却管组件。

图 4-8　中间冷却器组件

3．吸入滤尘器和吸入消声器

如图 4-9 所示，吸入滤尘器主要由滤尘器本体、滤尘器盖、滤尘器芯片组成。如图 4-10 所示，吸入消声器主要由消声器盖、O 形密封圈、压板、吸声材料、吸声器本体等部件组成。吸入过滤器及吸入消声器各用 2 个 M12 双端螺栓安装于曲柄箱，各自通过连接管被连接。而且吸入消声器通过低压吸入管连接于低压气缸盖。吸入过滤器是将吸入过滤器元件的过滤器体内置于盖中的构造，为了保养的简易化，通过拆卸金属卡口锁可以简单地被分解。吸入消声器通过其内部的消声材料和消声器本体来降低中高频段的噪音，另外，吸入消声器能降低从吸入口来的阀部气流。

4．润滑装置

空气压缩机采用由齿轮泵进行的强制润滑，其主要是为了防止高速运转时引起的各部缺油和从降低噪声对策上考虑的。本机的油循环路径如图 4-11 所示。

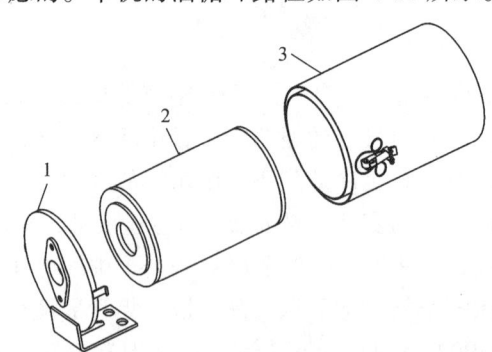

1—滤尘器芯片；2—吸入式滤尘器本体组件；3—吸入式滤尘器盖组件。

图 4-9　滤尘器组件

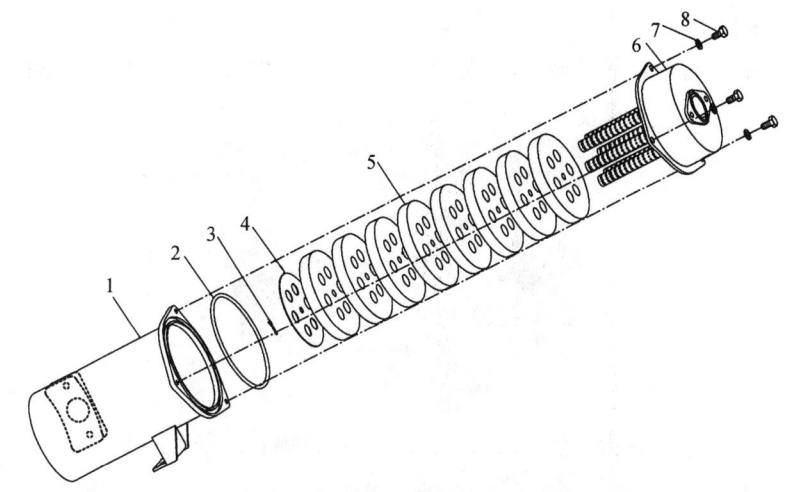

1—消声器盖组件；2—O 形密封圈；3—开口销 2.5×20；4—压板；5—吸声材料；
6—消声器本体组件；7—弹簧垫圈 M10；8—六角头螺栓 M10X20-ISO。

图 4-10 吸入消声器组件

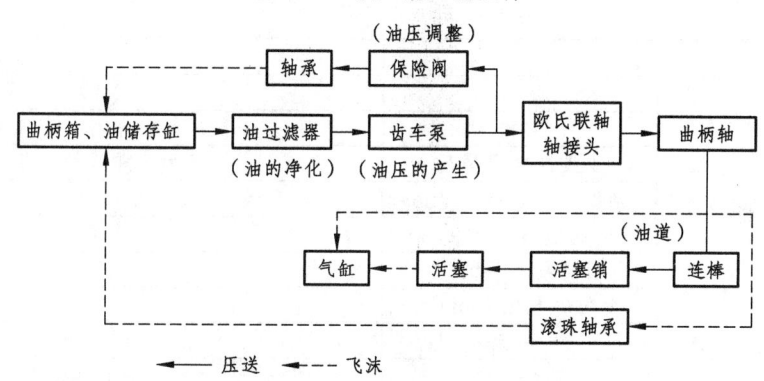

图 4-11 润滑路径

首先，曲柄箱油储存缸内的油通过 100 目的油过滤器进行净化，接着经过油储存缸、曲柄箱、齿轮泵体的通道后被吸入齿轮泵的吸入口，然后在主动齿轮、从动齿轮和齿轮泵体的间隙产生油压后被压送，通过后齿轮泵体内组装的联轴接头、经过曲柄轴后向压缩机各部供油。

另外，来自齿轮泵体的油通过齿轮泵盖的油道也压送给组装于齿轮泵体内的保险阀的头部，这样使得当油压异常上升时，油可以逃流。该保险阀通过弹簧被设定为正常油压，油压为 150~390 kPa（1.5~4.0 kg/cm^2），油压的确认可以通过拆除齿轮泵盖设有的 1/8 插头进行。

齿轮泵是通过在曲柄轴插入 7×7×30 平键和嵌入油封环的轴接头，通过欧氏联轴向主动齿轮传导动力驱动的。该构造即使曲柄轴和齿轮泵体间有偏心也是可容许的。另外，轴接头和压入曲柄轴的弹簧托架间放入弹簧，由于已使用欧氏联轴，主动齿轮和轴接头间不会分开。

（二）辅助空气压缩机

CRH2 型动车组使用的辅助空气压缩机为 ACMF2 型（安装在 4，6 车底部）及 ACMF2A 型（安装在 2 车底部），用于在动车组做运行准备时或总风压强不足时向受电弓、真空断路器 VCB 等供应压缩空气。

辅助空气压缩机与受电弓升降弓控制柜组成单元式结构安装在车底部，如图 4-12 所示。

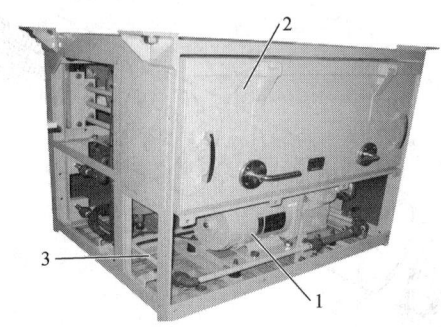

1—辅助空气压缩机；2—受电弓控制箱；3—管道。

图 4-12 辅助空气压缩机单元

辅助空气压缩机构成如表 4-4 所示。

表 4-4 辅助空气压缩机构成

项 目		规 格
空气压缩机	形式	AK19
	方式	一段压缩，单动，空气冷却
	非线性电阻排列	V 形 2 非线性电阻
	活塞口径×行程/mm	$\phi 55 \times 20$
	送出压力/kPa	最大 880
	回转数/r·min^{-1}	1 700
	变位容积/L·min^{-1}	161.6
	润滑方式	飞溅润滑
电动机	形式	MH117
	方式	直流直卷
	通风方式	全封闭，自冷形
	极数	4
	额定 时间/min	15
	额定 输出/W	850
	额定 电压/V	80
	额定 电流/A	15.5
	额定 回转数/r·min^{-1}	1 700
	绝缘种类	A 级
油水分离器	方式	过滤分离
	油分离性能/(mg/m^2)	0.012（55 ℃）
	冷凝水排出	操作 6 mm 排水用球形塞门阀
	加热器	100 V，70 W
干燥器	除湿方式	中空膜式
	处理空气量/NL·min^{-1}	90 以下
	处理空气压力/kPa	0～880
	入气温度	55 ℃ 以下
	除湿性能	30%RH 以下

续表

项　目			规　格
3/4 制压阀	开压力/kPa		635±10
调压器	形式		E5
	方式		通过半导体传感器进行空电变换的方式
	输入空气压力/kPa		0～980
	电源电压	性能保证/V	DC 70～110
		动作保证/V	DC 60～110
	输出		通过晶体三极管进行无触点输出：1a，1b（1a 是压力上升后变为关的触点）
	空气压力比较水平		600～880 kPa 内，可任意设定 ON/OFF 压力
VM31-1 电磁阀	型号		VM31-1
	形式		ON
	额定电压/V		DC 100
	通道数量		3
	线圈电阻值/Ω		970
	通气容量（孔板 orifice 换算口径）/mm		ϕ2.2
	排气容量（孔板 orifice 换算口径）/mm		ϕ2.2
	质量/kg		1.2

辅助空气压缩机单元 ACMF2A 及 ACMF2 原理如图 4-13 及图 4-14 所示。辅助空气压缩机单元主要由 MH117-AK19 电动空气压缩机、辅助风缸、排水塞门、油水分离器、干燥器、3/8Y 过滤器、3/8P 止回阀、3/4 压缩机止回阀、F-3-A 安全阀、管座组装、压力控制器、VM31-1 电磁阀、按钮开关、75×1 500 kPa 压力表、3/8 截断塞门、3/8 三通球形塞门等组成。

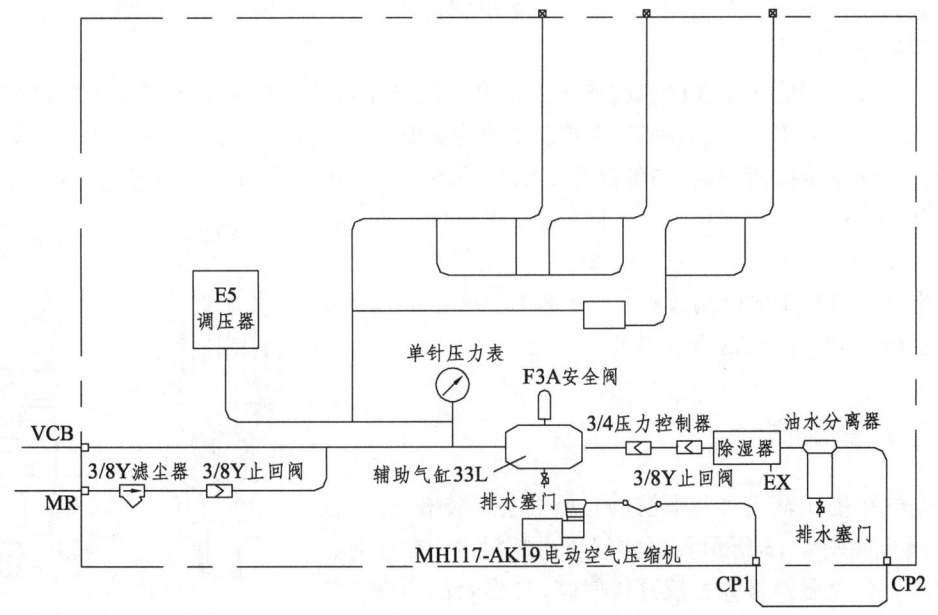

图 4-13　ACMF2A 辅助空气压缩机原理（2 号车用）

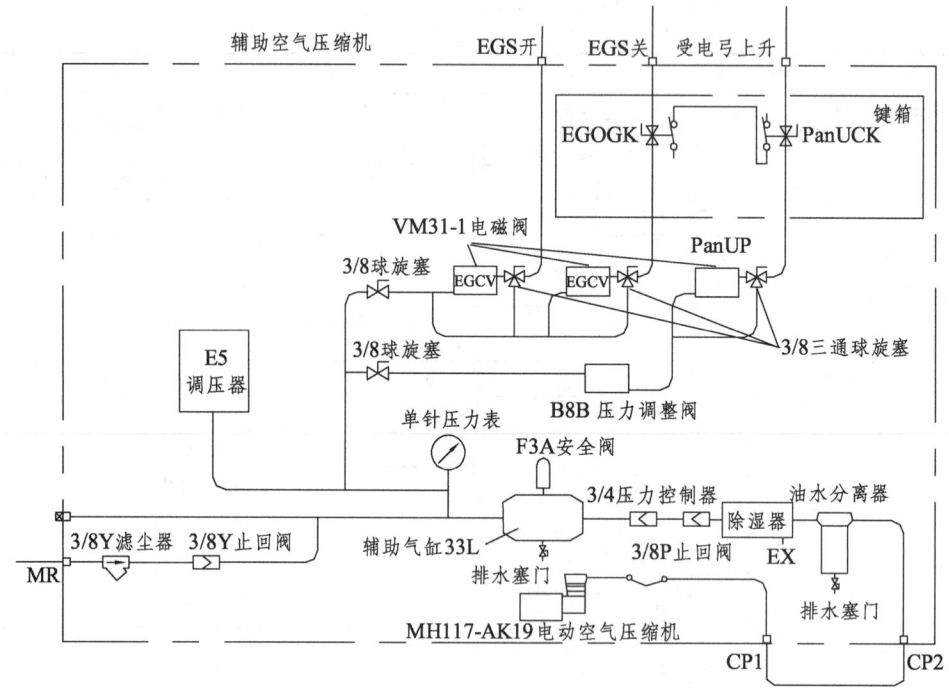

图 4-14　ACMF2 辅助空气压缩机原理（4、6 号车用）

当总风缸压力下降时。MH117-AK19 电动空气压缩机为受电弓上升提供压缩空气。辅助风缸储存压缩空气。油水分离器除去产生的冷凝水及油脂喷雾、垃圾，保护干燥器。干燥器把从辅助空气压缩机压缩的空气中的水分通过中空膜浸透压作用除去。3/8Y 过滤器通过 MR 管除去空气中的灰尘。3/8P 止回阀是当 MR 压力降低时及辅助空气压缩机停止工作时，防止辅助风缸内的压缩空气向总风管逆流。3/4 压缩机止回阀的作用是防止辅助空气压缩机停止的辅助风缸压力的倒流。

F-3-A 安全阀能防止辅助风缸的压力上升过高产生危险。压力监控器监视并自动控制辅助风缸的压力。VM31-1 电磁阀分别控制受电弓及保护接地开关。EGS 按钮开关保护接地投入、断开单独用电磁阀控制。3/8 球旋塞门能手动控制受电弓和保护接地开关。3/8 三通球旋塞能代替 VM31-1 电磁阀功能，不同的是，VM31-1 电磁阀是电磁控制阀门，而 3/8 三通球旋塞是手动控制塞门。当动车组无电或 VM31-1 电磁阀故障，手动操作 3/8 三通球旋塞能完成受电弓升弓、EGS 开关动作。

（三）安全阀

在空气压缩机输出气路下游的总风缸上安装有 E1L-乙型安全阀，如图 4-15 所示。当空气压力超过 900 kPa 时，过高的压力会克服弹簧弹力顶开排气阀，使多余的压缩空气排出，直至总风缸内的空气压力降至设定值。

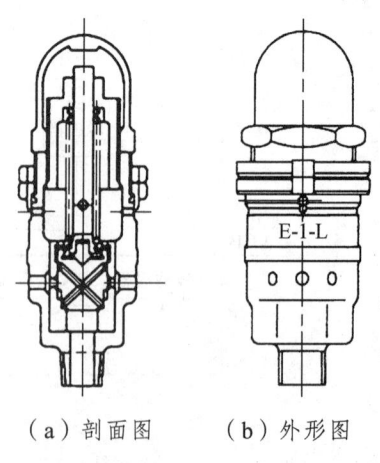

（a）剖面图　（b）外形图

图 4-15　安全阀

(四)空气干燥器

CRH2 型动车组的 D20NHA 型空气干燥装置采用模块化设计,各零部件都装在安装座上。该空气干燥装置具有干燥和再生功能。

1. 干燥功能

干燥作用原理如图 4-16 所示。当总风缸空气压强低于调压值的下限时,安装在总风管上的压力开关 MR 立即动作,使空气压缩机开始运转。同时,电磁阀励磁,其上方的排气口关闭,再生风缸和除湿滤芯下面的排气阀活塞之间的气路沟通。此时,从空气压缩机排出的压缩空气经二次冷却器冷却后送到除湿滤芯,其中的水分、灰尘和油等被吸附剂分离掉。压缩空气被干燥后,一部分经再生风缸上的止回阀进入再生风缸,再经电磁阀进入排气阀活塞的左侧,克服弹簧的弹力将活塞关闭,以免压缩空气从排气阀漏出;另一部分则经压缩空气输出口前的止回阀输送到总风缸。

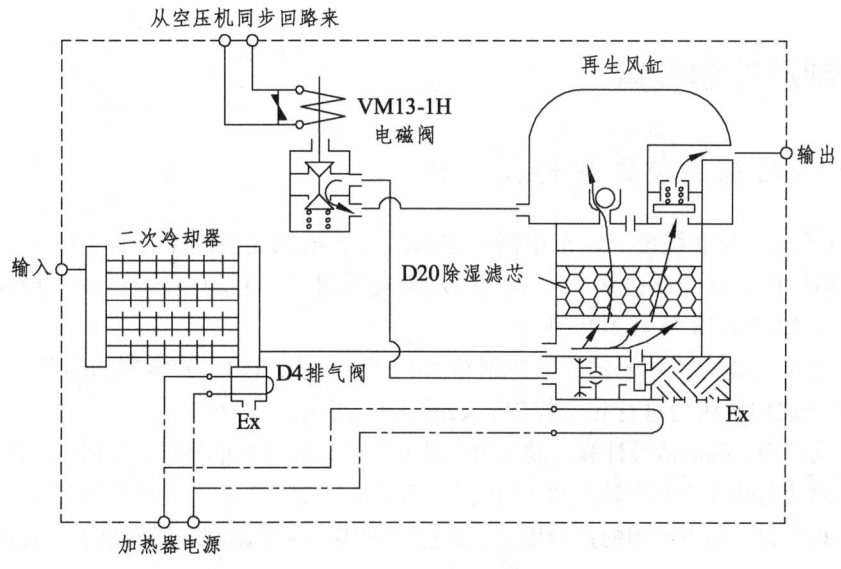

图 4-16 干燥作用原理

2. 再生功能

再生功能的原理如图 4-17 所示。当总风缸空气压强高于调压值的上限时,安装在总风管上压力开关 MR 立即动作,使空气压缩机停止供气。同时,电磁阀消磁,切断再生风缸通除湿滤芯下面的排气阀活塞的气路,电磁阀上的排气口打开,排气阀活塞左侧的压缩空气经电磁阀排向大气,排气阀在弹簧弹力的作用下打开。然后,再生风缸里的压缩空气经节流孔流出并发生膨胀,在流经吸附剂时吸收干燥过程中分离出来的水分、灰尘和油等,最后从排气阀排向大气。

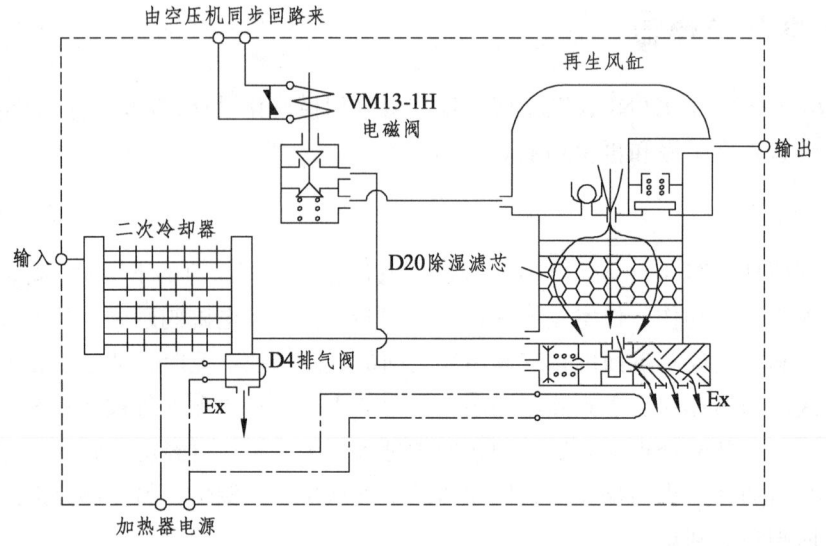

图 4-17 再生作用原理

二、制动控制装置

（一）制动控制装置的构成

CRH2A（统型与非统型）动车组制动控制装置包括制动控制计算机（BCU）、电空转换（EP）阀、调压阀、紧急电磁阀、中继阀以及风缸等附件。制动控制装置作为整体吊装在车辆底板下方，如图 4-18 及图 2-29 所示。

制动控制装置能对常用制动、紧急制动 EB、紧急制动 UB、耐雪制动的制动指令进行处理，并对制动缸控制压力进行相应控制，如图 4-19 所示。

根据制动指令、载荷信号计算出制动力，减去电制动的反馈信号后，得到实际需要的空气制动力，将此制动力转换为电空转换阀（EP 阀）的电流，由 EP 阀转换产生与其电流成比例的空气压力，将此压力作为中继阀的控制压力，通过中继阀产生制动缸（增压缸）的控制压力。

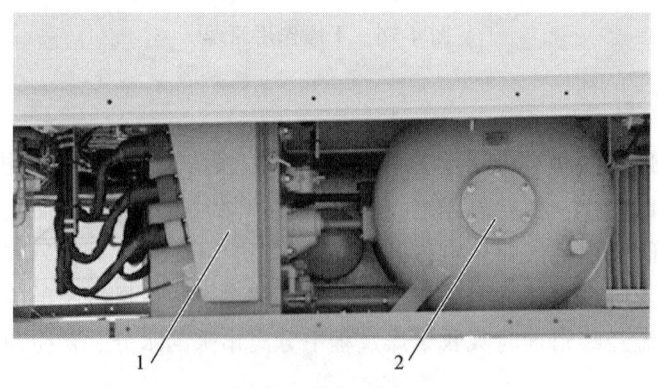

1—制动控制阀箱；2—风缸。

图 4-18 制动控制装置安装图

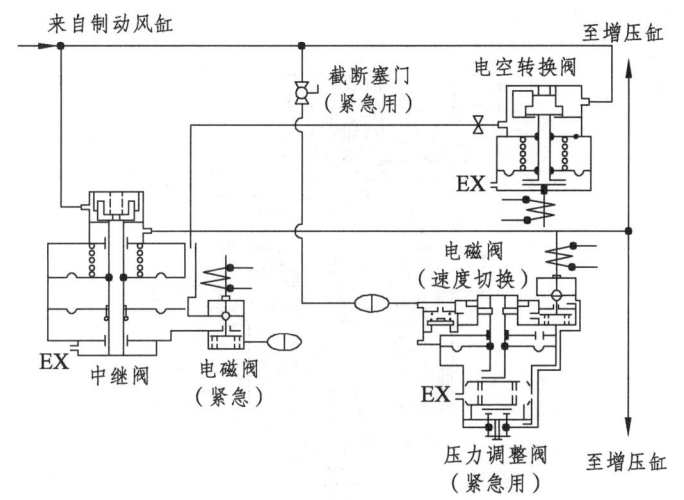

图 4-19 制动缸空气压力控制

（二）电空转换阀

电空转换阀简称 EP 阀，其作用是把制动控制器所发来的电流指令变换为空气压力，而向中继阀提供控制压力。

CRH2A 型动车组的电空转换阀为模拟型电空转换阀，它相当于一种专用电磁阀，由电磁铁部和供气、排气部等构成，如图 2-30 所示。电流通到电磁铁线圈，就产生吸引力放开供气阀，而供给压缩空气。同时，压缩空气返回到电空变换阀的膜板室，当与电磁阀的吸引力平衡时会关闭供气阀，为此，能以线圈中的电流来控制电磁阀吸引力的大小，从而可以任意设定空气压力。

电空转换阀在工作中处于制动位、保压位和缓解位，具体请参阅项目二任务一中电空转换阀相关内容，此处不再赘述。

（三）中继阀

在制动控制单元内，电空转换阀完成电气指令到预控压力的转换后，还需要一个能够通过较大风量的输出元件，该元件能将预控压力的流量放大，相当于一个流量放大器，这一个元件就是中继阀。中继阀的结构和工作原理请参阅项目二任务一中中继阀相关内容，此处不再赘述。

（四）B10 型调压阀

B10 型调压阀的结构如图 4-20 所示，它的输入为控制风缸的压缩空气，输出为踏面清扫装置用的压缩空气。该阀采用橡胶膜板结构，便于维修保养；阀体使用铝合金结构，以实现轻量化。

1．结 构

B10 型调压阀大体上可分为供气阀部、排气阀部和调压阀部三部分。供气阀部由供气阀座、供气阀和供气阀弹簧组成。为增加气密性，供气阀座设计有一定的锥度。排气阀部由供排气阀杆和橡胶膜板组成，供排气阀杆的端部也有锥度，以便与供气阀座贴合。调压阀部由调压弹簧、弹簧托和调节螺丝组成。

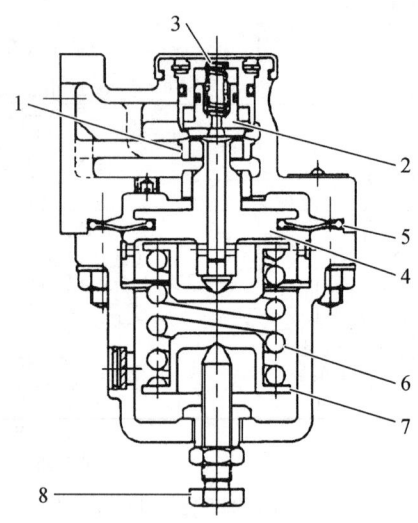

1—供气阀底；2—供气阀；3—供气阀弹簧；4—供排气阀杆；
5—橡胶膜板；6—调压弹簧；7—弹簧托；
8—调节螺丝。

图 4-20　B10 型调压阀

2．工作原理

B10 型调压阀是通过旋转调节螺丝向调压弹簧施加不同大小的作用力，来对输出的空气压强进行设定的。未供气时，调压弹簧向上顶供排气阀杆，使供气阀打开。在向供气阀周围供气时，压缩空气经供排气阀杆和供气阀座之间的间隙，供给到输出压强侧和橡胶膜板上方，供排气阀杆随着橡胶膜板上方压强的增加而被逐渐压下，直至供气阀关闭。此时，橡胶膜板上方的空气压力与调压弹簧的弹力平衡，调压阀处于保压状态，输出压强为设定的压强。

如输出压强低于设定值，橡胶膜板上方的空气压强降低，供排气阀杆就会顶开供气阀向输出侧补充压缩空气，直至调压阀重新达到保压状态。当输出压强过高时，橡胶膜板上方的空气压力升高，压缩调压弹簧使供排气阀杆下降，输出侧的压缩空气经供排气阀杆中心的通路排大气而使压强降低。当空气压力下降至与弹簧力平衡时，调压阀恢复保压状态。

（五）B11 型调压阀

B11 型调压阀是一种带电磁阀的调压阀，它从制动风缸输入压缩空气，向中继阀输出紧急制动用的压缩空气。B11 型调压阀由电气指令控制，可输出两种不同的定压。B11 型调压阀也采用橡胶膜板、铝合金件等结构，其工作原理如图 4-21 所示。

B11 型调压阀的电磁阀可由 BCU 控制，根据列车运行速度产生得、失电状态的切换，使调压阀相应地处于高压或低压输出状态。进行高压输出时，WM32 型电磁阀处于消磁状态，供气时，来自制动风缸的输入压缩空气经输入孔 A 被封闭于 C 室，阀盒被压缩空气压在最低位置。同时，输入的压缩空气，一路经被活塞顶开的供气阀，由输入孔 A 进入输出孔 B，另一路经反馈缩孔进入 D 室。随后的动作和 B10 型调压阀相似。

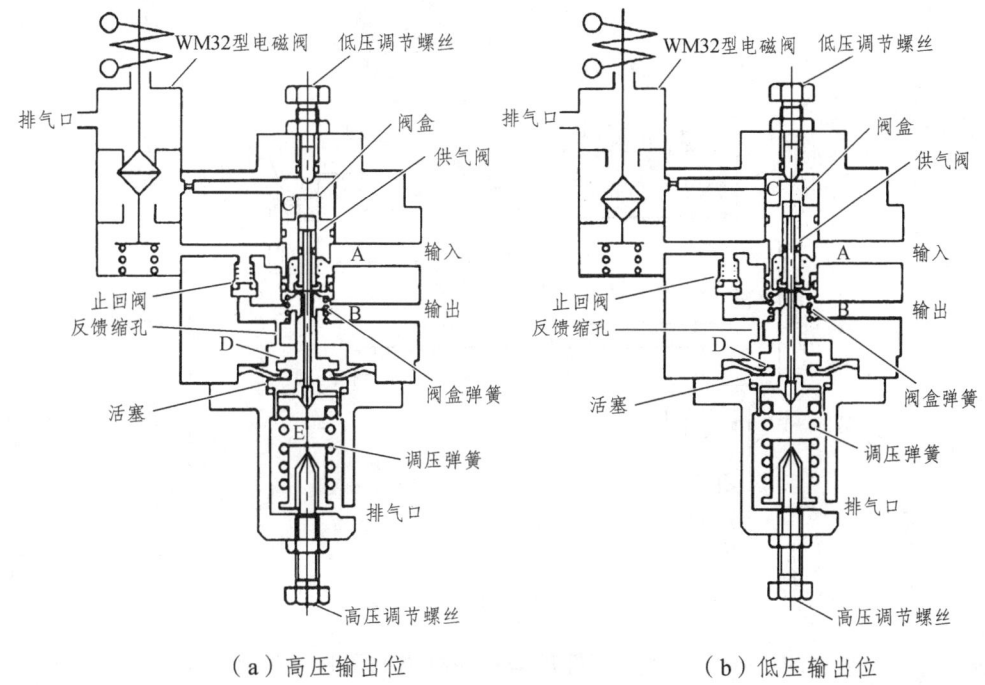

（a）高压输出位　　　　　（b）低压输出位

图 4-21　B11 型调压阀的工作原理

低压输出时，电磁阀励磁，C 室压缩空气经电磁阀的排气口排大气，阀盒被阀盒弹簧顶起，直至接触低压调节螺丝。因阀盒上移，和阀盒一体的供气阀座带着供气阀一起上升，使活塞顶端的排气口打开，输出侧压缩空气由 B 孔排向 E 室，最终排向大气。D 室的压缩空气经反馈缩孔也排到 E 室，D 室内气压随输出压强的下降而下降。此时，作用在活塞上方的空气压力低于调压弹簧的弹力，活塞上移，直至活塞顶部的排气口与供气阀接触而被关闭，输出侧压缩空气停止排放，调压阀达到新的保压状态。

在保压状态下，如输入侧的压缩空气排出，由于止回阀上方输入侧的空气压力减小，输出侧的压缩空气就会将其顶开向输入侧逆排。由于止回阀处的逆排使活塞上方的空气压力减小，活塞上移，供气阀被从阀座顶开，输出侧的压缩空气也从供气阀部逆排。

B11 型调压阀的压力设定与 B10 型调压阀类似，也是通过调节螺丝进行，注意要先调节高压，后调节低压，其调压范围为：高压 300～700 kPa；低压（与高压的压差）0～500 kPa。

（六）增压缸

增压缸使用在 CRH2A 非统型车、CRH2B、CRH2C 第一阶段、CRH2E 等型号的动车组上，增压缸型号为 180-42×55 型，其结构如图 4-22 所示，它由增压缸部和防滑部（PC1S 压力控制阀）组成、增压缸部分的工作原理如下：

由中继阀输出的压缩空气经 PC1S 压力控制阀进入气缸，并向右推动活塞，使活塞杆进入油缸；此时，油缸内的油液可随着活塞杆的右移，经活塞杆上的油孔被向上压入油箱。当油孔越过密封圈后，油缸内的油液不能再进入油箱，油液压强迅速升高，直至达到气缸内空气压强的 18 倍左右。油缸内的压力使止回阀打开，油液流向夹钳装置。然后，止回阀在弹簧力的作用下关闭，增压缸处于保压状态。

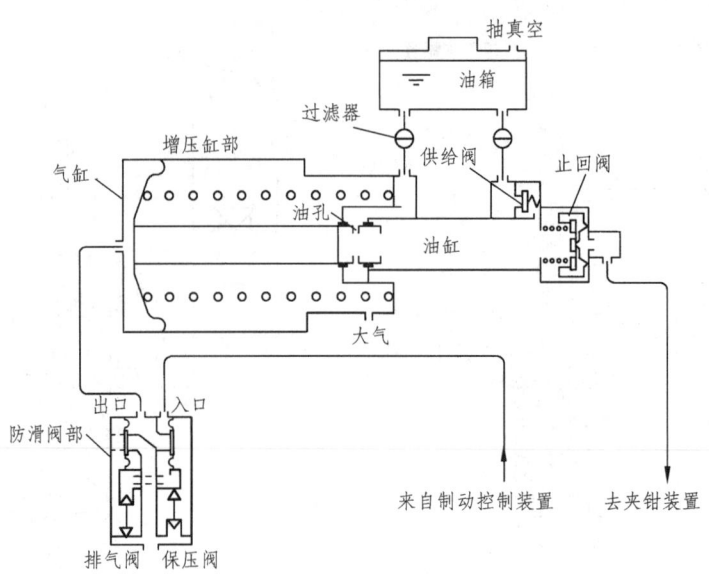

图 4-22 增压缸结构示意

缓解时，气缸内的压强减小，活塞杆后退，油缸内的压强也随之急剧下降。此时，由于夹钳装置处的油液压力大于止回阀弹簧的弹力，止回阀离开阀座，油液由打开的止回阀流回油缸。当夹钳装置处的油液压力与弹簧力平衡时，止回阀重新关闭，油液停止回流。夹钳装置处可保持 49~98 kPa 的残余油压，以防空气由间隙进入形成气泡。

若因夹钳装置回油延迟、漏油等情况使油缸油压低于油箱处时，供给阀打开向油缸补油。完全缓解时，油液经活塞杆端部的径向油孔，在靠近气缸的两个密封圈之间从油箱流回油缸，活塞退回到缓解位。

（七）制动缸

CRH2A 非统型、CRH2B、CRH2C 第一阶段、CRH2E 等型号动车组的制动缸为液压缸，它集成在一体化的制动夹钳内，如图 2-53 及图 2-45 所示。制动缸缸径分别为：动车 45 mm；拖车 32 mm。

CRH2A 统型与 CRH2C 二阶段型动车组的制动缸为气压缸，它组装在紧凑型制动夹钳上，如图 4-23 所示。

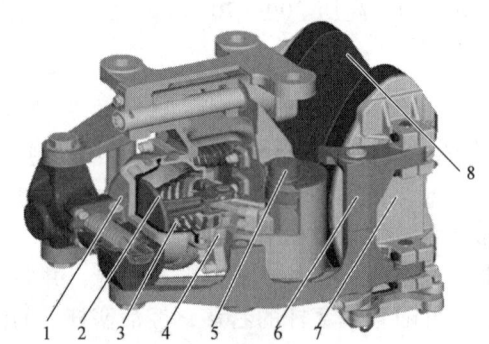

1—制动缸壳体；2—活塞推杆；3—缓解弹簧；4—前盖；5—传动销；
6—制动夹钳；7—闸片托；8—闸片。

图 4-23 气压制动缸结构

三、基础制动装置

CRH2 非统型车与统型车的基础制动装置有比较大的区别,在 CRH2A 非统型、CRH2B、CRH2C 第一阶段、CRH2E 等型号的动车组上基础制动装置采用液压夹钳式盘型制动装置。在 CRH2A 统型与 CRH2C 第二阶段动车组上采用气动式夹钳盘型制动装置。

（一）CRH2A 非统型车

CRH2A 非统型车是采用液压夹钳式盘型制动装置的动车组,动车中包括 2 组轮盘式制动装置；拖车中除 2 组轮盘式制动装置外,还有 2 组轴盘式制动装置。图 4-24 所示为 CRH2 拖车基础制动装置（局部）。

图 4-24　拖车基础制动装置（局部）

对于动车基础制动装置,轮盘式制动盘的外径为 720 mm,组装厚度为 133 mm,比车轮宽度小 2 mm,有效磨耗余量为 2 mm。制动闸片为烧结合金制成,有效磨耗余量为 6 mm。

对于拖车基础制动装置,轮盘式制动盘的外径为 720 mm,组装厚度为 133 mm,比车轮宽度小 2 mm,有效磨耗余量为 5 mm；轴盘式制动盘外径为 670 mm,组装厚度为 97 mm,有效磨耗余量为 5 mm。制动闸片为烧结合金制成,有效磨耗余量为 14 mm。一体式制动夹钳结构如图 2-53 所示。CRH2A 型动车组基础制动装置闸片外形结构见图 4-25 所示,轴装式制动盘如图 4-26 所示。

（a）非统型车　（b）统型车

图 4-25　CRH2A 闸片　　图 4-26　CRH2A 动车组轴装式制动盘外形

（二）CRH2A 统型车

CRH2A 统型车与 CRH2C 第二阶段车型采用气压式盘型制动装置，动车中包括 2 组轮盘式制动装置，拖车中除 2 组轮盘式制动装置外，还有 2 组轴盘式制动装置。图 4-27 所示为 CRH2A 统型车轮盘式基础制动装置外形结构，图 4-28 所示为轴盘式基础制动装置外形结构，图 4-29 所示为制动夹钳结构。

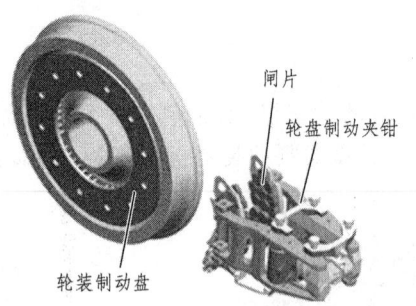 

图 4-27　轮盘式基础制动装置外形结构　　　图 4-28　轴盘式基础制动装置外形结构

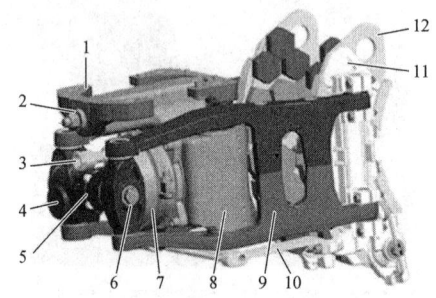

1—安装座；2—支撑销；3—进气口；4—推杆调整器；5—自动间隙调节器；
6—复位螺栓；7—制动缸；8—壳体；9—夹钳臂；
10—平行滑杆；11—闸片托；12—闸片。

图 4-29　制动夹钳结构

CRH2A 统型车还增加了停放制动功能，停放装置布置在 1、4、5、8 车，每轴一套，安装在轴盘。图 4-30 所示为带停放制动的制动夹钳结构。

1—安装座；2—支撑销；3—进气口；4—推杆调整器；5—自动间隙调节器；
6—停放制动缸；7—复位螺栓；8—制动缸；9—平行滑杆；10—壳体；
11—夹钳臂；12—闸片托；13—闸片。

图 4-30　带停放制动的制动夹钳结构

对于动车基础制动装置，轮盘式制动盘的外径为 720 mm，有效磨耗余量为 4 mm。制动闸片是采用粉末冶金材料制成的六边形摩擦块，有效磨耗余量为 4 mm，如图 4-36 所示。

对于拖车基础制动装置，轮盘式制动盘的外径为 720 mm，有效磨耗余量为 4 mm；轴盘式制动盘外径为 670 mm，有效磨耗余量为 3 mm。制动闸片为烧结合金制成，有效磨耗余量为 12 mm。

（三）踏面清扫器

为防止空转和打滑，改善轮轨接触面黏着条件，动车组装有踏面清扫装置，如图 4-31 所示。CRH2 型动车组转向架每一个车轮的斜上方设置了踏面清扫器。踏面清扫装置在动车组制动时动作，将研磨子压在踏面上，清除附着在车轮踏面上的尘埃、锈迹、油脂等杂物。研磨子采用合成树脂材料。

1—踏面；2—研磨子；3—研磨子座；4—防振橡胶；5—排气阀；
6—气缸；7—安装螺栓；8—气管。

图 4-31　踏面清扫器

踏面清扫器为空气直动式，清扫装置在车轮发生空转、滑行和施加制动过程中速度在 30 km/h 以上动作。动作时，连接风管被加压，活塞杆被顶出，装置在活塞头端的研磨子就触抵车轮踏面，车轮每旋转一周，研磨子就清扫一次。压力去除后，在复位弹簧的作用下，活塞杆及研磨子被缩回。与研磨子座结合的销子由防振橡胶支持，校正车轮的倾斜，以此来达到防止研磨子的偏磨耗和缓解振动。踏面清扫装置动作气缸内设有间隙自动调整装置，确保研磨子与踏面间隙不会随研磨子磨耗而变大。

在更换研磨子时，用手拉动排气阀止动销，排出气缸内的压力空气，待研磨子完全复位后，用手将研磨块移向转向架外侧，拆卸研磨子。若气缸筒内残留压缩空气还未排干净，研磨子未完全复位，须将排气阀止动销拉出 2～3 次进行排气，如手拉不动止动销时可用尖嘴钳适当用力夹住止动销向上挑。

踏面清扫器的技术参数如表 4-5 所示。

表 4-5 踏面清扫器的技术参数

形　式	直动型
缸径/mm	40（面积 12.57 cm^2）
车轮直径/mm	860（使用最小直径 790）
研磨装置的有效磨损量/mm	30（新制造时 40）
常规间隙/mm	15（车轮踏面与研磨装置之间的间隙）
最大行程/mm	80（间隙 15＋研磨装置磨损 30＋车轮磨损 35）
使用压缩空气压力/MPa	50～60

任务三　辅助设备供风

CRH2 型动车组的供风系统除了给制动空气制动系统供风外，还给空气悬挂系统、塞拉门、车钩、汽笛、升弓装置以及卫生间等供风。本任务主要讲解空气悬挂系统与升弓装置的原理。

一、空气悬挂系统

空气悬挂系统能将车辆的载重情况以压缩空气压力信号的方式反馈给常用制动控制板，并能使车体与轨面之间的高度维持不变，不随空车与重车的情况而变化，还可以改善车辆的动力性能，提高旅客乘坐的舒适度。该系统主要由空气弹簧、截断塞门、高度调整阀、差压阀、节流塞、辅助风缸及管道组成，系统组成气路原理如图 4-32 所示。

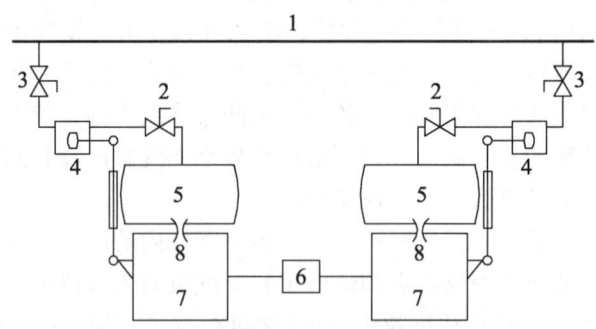

1—列车主风管；2—空气弹簧排风塞门；3—高度阀排风塞门；
4—高度控制阀；5—空气弹簧；6—差压阀；
7—附加气室；8—节流阀。

图 4-32　空气弹簧装置工作原理

压缩空气的流向为列车主风管 1→高度阀排风塞门 3→高度控制阀 4→空气弹簧排风塞门 2→空气弹簧 5→节流阀 8→附加气室 7。

当车体相对钢轨产生垂向位移时，空气弹簧内的气体容积发生变化，引起压力的变化。空气弹簧与附加气室之间产生的压差迫使气体流过节流阀。由于气体流过节流阀时流通面积减小，节流阀对气体的流动产生阻碍作用。同时空气弹簧垂向变形时由于气囊形状的改变，引起气囊与上盖和底座接触面积的改变，因此空气弹簧的垂向动态特性比较复杂。节流阀对气体流动的阻碍作用引起空气弹簧的动态刚度和阻尼相对于静态刚度产生较大的变化，而且随激扰频率的改变而改变。动态刚度和阻尼的改变影响车体振动的固有频率和衰减特性，从而影响车辆运行的舒适性。由于空气弹簧垂向动态特性规律具有一定的复杂性，因此节流阀参数对空气弹簧振动特性的影响有着非常重要的意义。

高度阀排风塞门用于中断空气悬挂系统的供风，空气悬挂系统的元件或管道出现故障时，可以关闭该截断塞门，空气弹簧排风塞门排出空气弹簧中的压缩空气。

（一）高度调整阀

1．高度调整阀的结构

高度调整阀一般由高度控制机构、进排气机构和延时机构等三部分组成。高度调整阀的高度控制机构主要包括连杆套筒、连杆和主轴等。它们主要完成进、排气的控制。高度调整阀的进排气机构主要由高度调整阀体、过滤网、空气节流阀、进气阀体、进气阀、单向阀、排气阀体和排气阀等组成。进气阀的低压侧与排气阀的高压侧（即空气弹簧侧）组成通道并进行联系。通过控制机构的控制，即打开或关闭进、排气阀来完成进、排气作用。高度调整阀的延时机构主要由活塞、吸入阀、缸盖、缓冲弹簧、弹簧支架和减振器支架等组成。延时机构以硅油作为阻尼介质，使车辆运行时，空气弹簧在正常的振动情况下，空气弹簧虽有变化，但不发生进、排气作用，仅使该机构的缓冲弹簧扭转变形，而进、排气阀并不工作。这样一方面可减少高度调整阀的误动作，另一方面可起到节省压缩空气的作用。

2．高度调节原理

为了保持车体距轨面的高度不变，在车体与转向架间装有高度调节阀，调节空气弹簧橡胶气囊中的压缩空气（充气、排气或保持压力），使车辆地板面不受车内乘客的多少和分布不均的影响，始终保持水平。高度调节原理如图 4-33 所示。

（1）在正常载荷位置，即 $h = H$ 时，充气通路 V→L 和排气通路 L→E 均被关闭；

（2）当车体载荷增加时，此时 $h<H$，阀动作，使 V→L 通路开启，压缩空气向空气弹簧充气，直至地板面上升到标定高度（即 h 达到 H 高度）为止；

（3）当车体载荷减小时，此时 $h>H$，阀动作，使 L→E 通路开启，空气弹簧向大气排气，直至地板面下降到标定高度（即 h 达到 H 高度）为止。

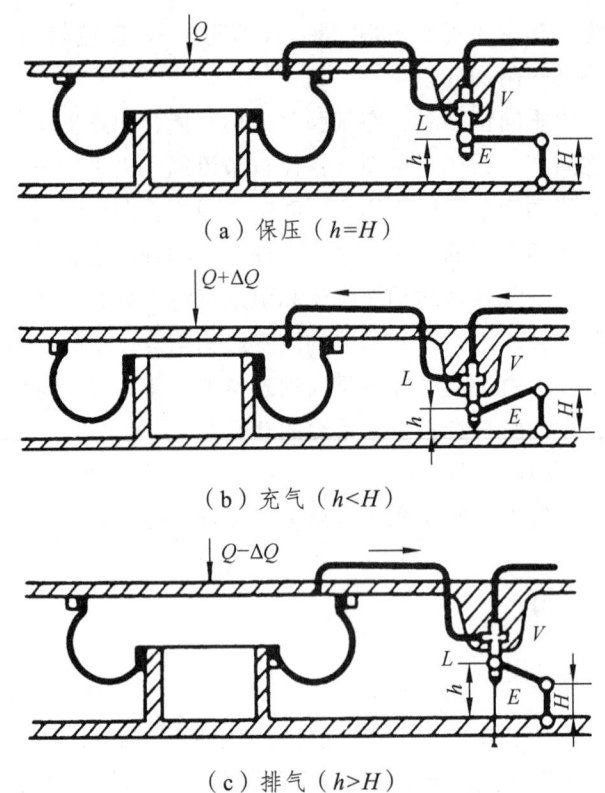

h—底板实际高度；H—底板标定高度；Q—载荷量；ΔQ—载荷变化量。

图 4-33 高度调整阀原理

3．高度调整阀工作过程

高度调整阀在工作时分进气过程和排气过程，具体如图 4-34 所示。这两种调整只能在静态时进行，不能影响车体与转向架间的正常振动。高度调整阀必须具有如下特性：

不灵敏带：(10 ± 1) mm；

时间延迟：(3 ± 1) s；

空气流量：$20 \sim 30$ m^3/s；

工作角度：$\pm 30°$。

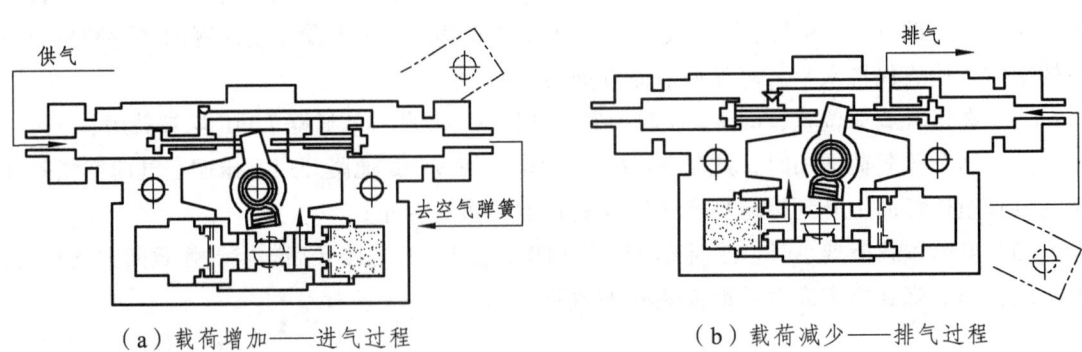

图 4-34 高度调整阀工作过程

高度调整阀是根据载荷的变化自动调整空气弹簧内压使车体保持一定高度的装置。CRH2 型动车组采用的高度调整阀为机械式的纯空气阀——日本的 LV5B-2 型，如图 4-35 所示，其使用的工作油为硅油，高度调整阀均分左右，安装在车体上。采用保温箱及加热器进行保护，以满足 -25 ℃ 的使用条件，而且应能够承受最大总风缸压力 882 kPa、供风终端压力（最大空气弹簧内压）588 kPa 的使用条件。在中立位置设置不灵敏带，对于微小的摇动不进行持续供排气。

图 4-35　LV5B-2 型高度调整阀外形

（二）差压阀

差压阀主要由两个单向阀组成，如图 4-36 所示。它是保证同一个转向架两侧空气弹簧的内部空气压力之差不能超过保证行车安全规定值的装置。左右两个空气弹簧内压差超过定值时，差压阀自动沟通左右空气弹簧，使压差维持在该定值范围内。由于空气弹簧存在进、排气时间和速度上的差异，静止或运行中的转向架左右两侧空气弹簧的内压有区别，当因转向架一侧空气弹簧出现泄漏或破损时，可造成车体的异常倾斜，使车辆稳定性下降，甚至脱轨。因此，为保证车辆运行安全，在空气弹簧悬挂系统中必须设置差压阀。

每台转向架的两只气囊之间通过差压阀相连。如果气囊突然破裂或损坏，差压阀将开通，使转向架两只气囊压力保持平衡。这可防止客车由于一只气囊充气而另一只气囊没有充气向一边严重倾斜。

为什么要用差动阀而不直接用一根气管将左右两只气囊连通起来呢？这是因为列车在曲线上运行时，左右两只气囊必须保证一定的压差，否则车体将会发生倾斜；车体左右摇摆振动时，也必须保证一定的压差，否则将加剧摇摆。CRH2 型动车组的差压阀型号为 DP5 型，如图 4-37 所示，其设定的压力差为（150±20）kPa。

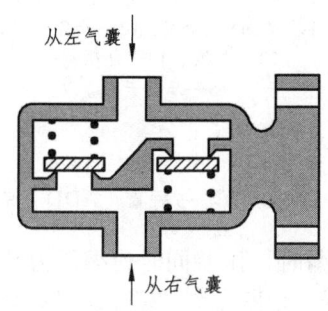

图 4-36　差压阀工作原理

图 4-37　DP5 型差压阀

二、升弓装置气路原理

升弓装置的气动原理如图 4-38 所示。

升弓装置动作,电磁阀 14 打开,压缩空气通过空气过滤器 1 和单向节流阀 2 进入精密调压阀 3。精密调压阀用于调节受电弓接触压力。输出压力恒定的压缩空气。在工作过程中,为保证输出压力稳定,精密调压阀上的溢流孔和主排气孔始终有压缩空气间歇性排出。经精密调压阀后输出的压缩空气压力的精度偏差为 ±0.002 MPa,因为气压每变化 0.01 MPa 会使接触压力变化 10 N。从调压阀输出的恒压空气继续向上传播,依次经过压力表 4、单向节流阀 5、安全阀 6、绝缘管 15,最后到达升弓装置 12,从而完成升弓动作。

单向节流阀 2 用于调节升弓时间,单向节流阀 5 用于调节降弓时间。如果精密调压阀发生故障,安全阀会起到保护气路的作用。

经过精密调压阀调压后的压缩空气进入到带有风道的碳滑板 13,如果滑板出现空气泄漏,达到一定的压力差值后,快速降弓阀 10 自动发生动作,升弓装置 12 中的气体会从快速降弓阀中迅速排出,从而实现自动降弓,原理如图 4-39 所示。

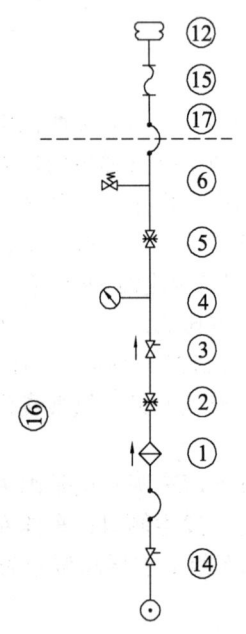
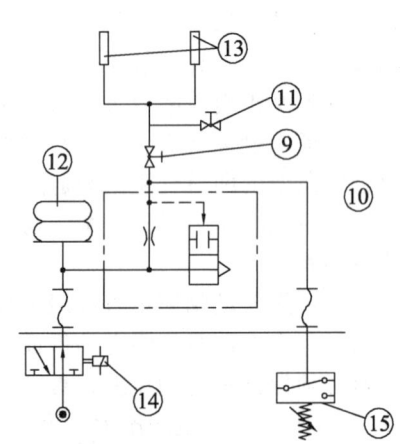

1—空气过滤器;2—单向节流阀(升弓);3—精密调压阀
(0.01~0.8 MPa);4—压力表(0~1 MPa);
5—单向节流阀(降弓);6—安全阀;
12—升弓装置;14—电磁阀;
15—绝缘管;16—受电弓阀板;
17—车顶界面。

图 4-38 气动原理

9—ADD 关闭阀;10—快速降弓阀;
11—ADD 试验阀;12—升弓装置;
13—滑板;14—电磁阀;
15—压力开关。

图 4-39 自动降弓装置(ADD)原理

装有主断分断装置的受电弓,如果滑板受到冲击泄漏时,压差同时使得压力开关 15 产生一个电信号传输给动车组主断分断装置,动车组控制器会切断主断路器。同时切断电磁阀,停止供气。压缩空气会快速从动车组主断分断装置的快排阀及受电弓的快速降弓阀排出,迅速降弓。这样可避免在下降的过程中电弧对网线和受电弓的损坏。在正常的升弓条件下，压力开关有延时功能，延时设置为 15~20 s。如果快速降弓阀和滑板间的气管断裂，自动降弓装置可以通过关闭 ADD 关闭阀 9 停止使用。管道重新连接后应清理渗水。

任务四　气路原理

一、供风装置

作为供风装置，把主空气压缩机（TC2000B）及干燥器（D20NHA）安装在 M1 车、T1k 车和 M1s 车上，其制动控制装置上安装有防止压力超高的 E1L-乙型安全阀保护装置。带空气压缩机的车辆气路原理见图 4-40 所示。

从压缩机出来的压力空气，通过软管，经干燥器（在干燥器上配有管道）进行冷却和除湿后，从制动控制装置的 MR1 管路接口向 150 L 的总风缸供风。总风缸的压力空气通过 3/4 截断塞门（MR 用）由 MR2 管路接口连接到总风缸管（MR 总风管），并向其他车辆供气。没有安装压缩机的车辆制动控制装置，则从 MR 管通过 MR1 管路接口，由总风缸（150 L）经总风管给各车提供压缩空气，如图 4-41 所示。

压力调整功能由 BCU 承担，因此 BCU 中装有 MR 压力传感器。总风管和 MR 传感器在制动控制装置内进行连接。总风管（MR 管）贯通于整个列车，在除了带有 Tc 车系的空气管路开闭装置的车辆以外的各车的两端，设置有 1 截断塞门（带有侧孔）。各车之间用空气软管进行连接。

在 8 号车上，设置有连接 MR 管的 3/8 快速接头和 3/8 截断塞门，用于连接外部风源来供风。

二、控制装置内部配管

在制动控制装置内，总风管的空气通过 3/4 截断塞门、UMA 滤尘器和止回阀，与 100 L 制动供给风缸及 20 L 控制风缸连接。

快速供给风缸的空气用于制动，与 FD-1 中继阀、常用/紧急制动 EB 用的 EP 电磁阀和紧急制动用的 B11 调压阀相连接。

为关闭空气制动（常用、快速及紧急），在列车上配置了 SR 塞门，目的是为了能从车辆地板上进行操作。来自制动供给风缸压缩空气，经 SR1 管路接口与车辆地板上的 SR 塞门进行连接，再经 SR2 管路接口返回到车下。该管系连接除了在地板上设塞门以外，在制动控制装置内还设有其他截断塞门。

此外，在列车上也配置了只关闭紧急制动的 UB 塞门，目的是为了能从车辆地板上进行操作。来自 SR2 接口的压缩空气，经 UB1 接口通往地板上的 UB 塞门的入口，再从 UB 塞门的出口返回到 UB2 管路接口。与 SR 塞门相同，该管系连接，除了在地板上设塞门以外，在制动控制装置内还设有其他截断塞门。可直接使用控制风缸内 780~880 kPa 压缩空气，通往 CTR2 接口及 B10 调压阀。B10 调压阀再将压力减至 490 kPa 后通往 CTR1 接口。

来自空气弹簧管路的压缩空气，通过 AS1 及 AS2 接口通往制动控制器内的压力传感器。其连接管路上还设置有 3/8 截断塞门、$\phi 1$ 节流堵和 2.5 L 的缓冲风缸。

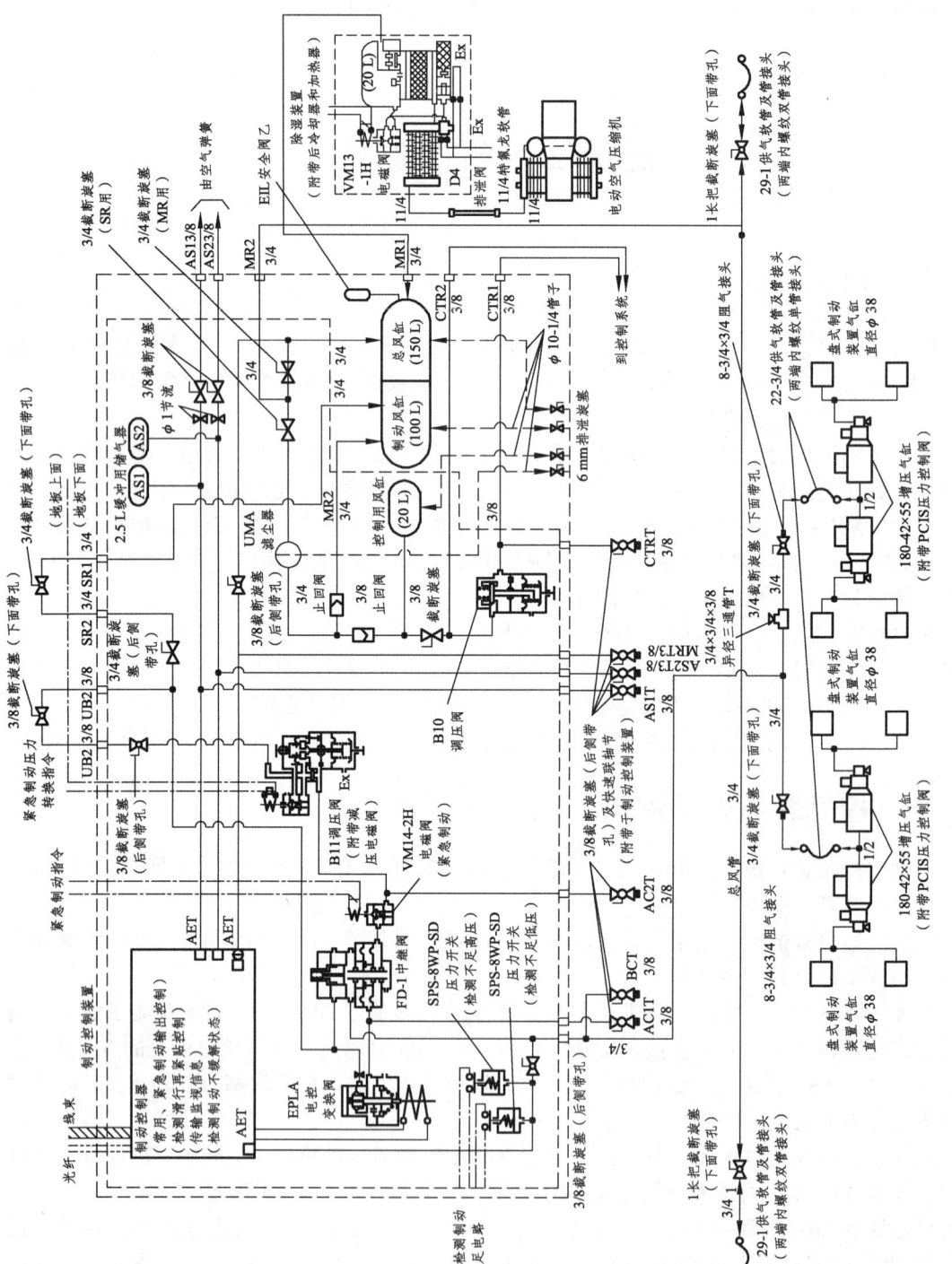

图 4.40 带有空气压缩机的动车气路原理

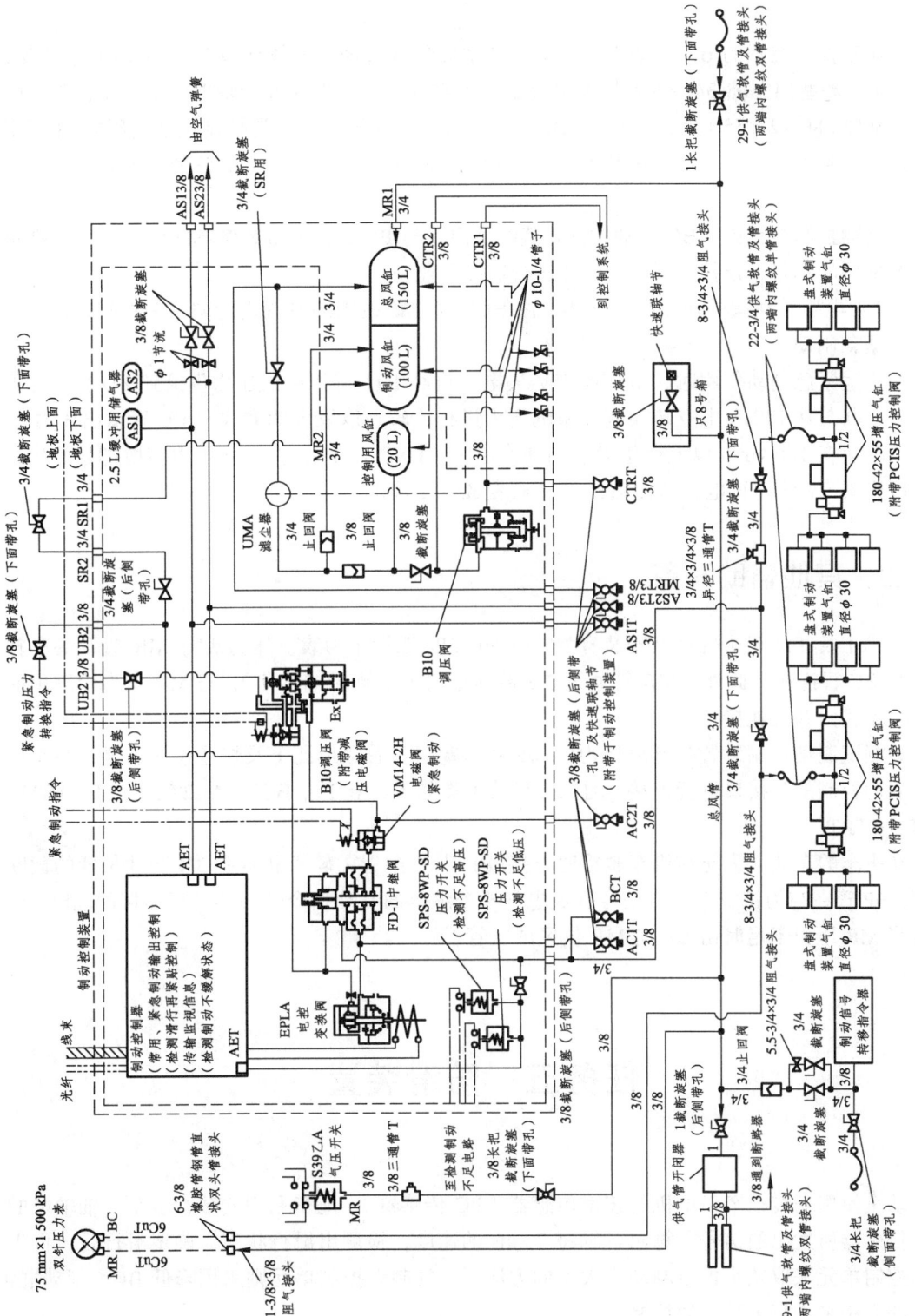

图 4-41 T1c 与 T2c 拖车气路原理

三、增压缸 BC 管

从制动控制装置的 BC 管路接口出来的制动缸管 BC，经由车体地板在前、后转向架分支，经过 3/4 截断塞门、ϕ8-3/4×3/4 节流阀和 22-3/4 空气软管，再在各个轴上产生分支，并与增压缸（型号 180-42×55）进行连接。在增压缸上进行空气压力的防滑控制及空气压力-油压变换，连接到各夹钳装置上。夹钳装置在各车轮上装备 1 套，并在 T 车的各轴上还装备 2 套夹钳装置。

在制动控制装置内，BC 管通过 3/8 截断塞门，与 BCU 的 SPS-8PW-SD 压力开关（检测高压及低压的不足）连接，对 BC 压力进行监控和监视。

EPLA 电空转换阀的输出控制压力，由 BCU 对电磁线圈的电流进行调节来控制，以适应常用及紧急制动。

当产生紧急制动作用时，电磁阀 UV 失电，将经 B11 调压后的压力供给到 FD-1 中继阀的接口，并与从 EPLA 电空转换阀发来的压力进行比较，以取大的方式向 BC 管输出压力。

当车速在 160 km/h 以上产生紧急制动作用时（UVR OFF），在紧急压力切换指令的状态下使电磁阀 SV 线圈得电，从而 B11 调压阀变成低压输出。

四、其他辅助装置

在 Tc1 及 Tc2 车司机台上安装有 75×1 500 kPa 双针压力表。压力表与 MR 管及头车转向架侧 BC 管连接。此外，MR 管通过 3/8 截断塞门（带侧向排风孔），与 MR 压力检测用的 S39 乙 A 压力开关连接。

为测试制动控制装置各部分压力的 3/8 截断塞门（后侧带孔）及快速连接装置，在车底下与制动控制的各接口进行连接。测试接口的种类如下：AC1T，BCT，AC2T，AS1T，AS2T，MRT，CTRT。

在头车的车端，为能在机车救援时连接 BP 管，配置了软管和带有 3/4 英寸长柄的截断塞门。BP 管在与为把空气压力信号变成电气指令编码的制动指令转换器进行连接的同时，还设有当 MR 压力不足时由 BP 向 MR 供风的支管。

任务五　防滑装置

动车使用安装在牵引电机的速度传感器（PG 传感器），拖车利用安装在各车车轴轴端的速度传感器所发出的信号，算出各轴每 20 ms 的速度，检测出滑行状态。确定滑行后，再生制动控制单元采取减小再生制动力大小的方法，空气制动控制单元则采用降低 BC（制动缸）压力的方法来进行再黏着的控制。

一、结构原理

防滑器由速度传感器、滑行检测单元及防滑电磁阀组成。它通过各车轴或牵引电机中安装的速度传感器,对速度进行检测,当滑移率、速度差、减速度等参数超过设定值时,立即减小该轴的制动力,进行再黏着控制,防止制动距离的延长及车轮踏面的擦伤。防滑器结构原理如图 4-42 所示。

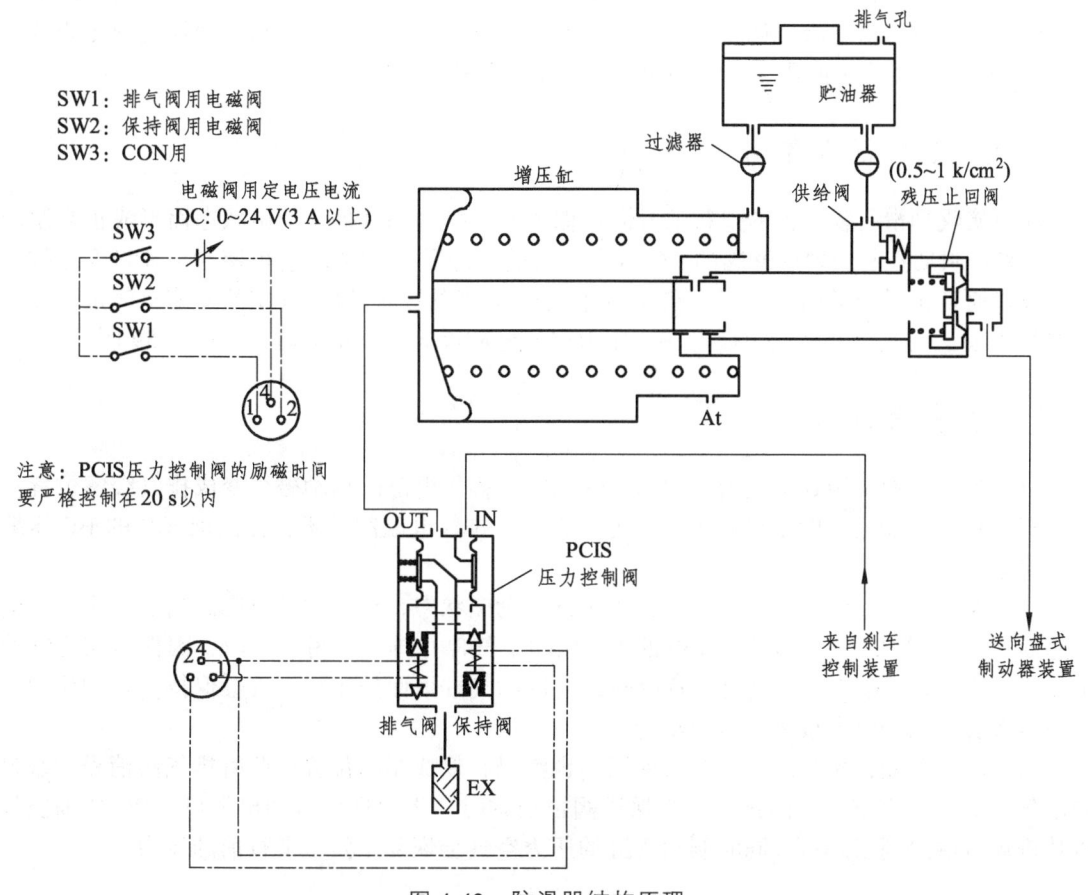

图 4-42 防滑器结构原理

防滑控制方法是,制动控制装置接收到制动指令后,制动供给风缸的压缩空气就会通过中继阀产生与制动指令相应的空气压力送到增压缸,增压缸输入空气压力后产生放大到一定倍数的液压。这时若车轮和钢轨之间的黏着力比基础制动装置和牵引电机产生的制动力小,在轮轨之间就会产生滑行,使车轮的转速迅速降低。

速度传感器的输出信号是防滑控制中速度计算的基础,所以其精度是非常重要的。CRH2 型动车组动车的速度传感器安装在牵引电机的轴端,拖车的速度传感器安装在车轴端部(前盖上)。考虑到维修的方便,采用了无磨耗的非接触式速度传感器。在牵引电机轴端安装感应盘时,依靠牵引电机轴的转动产生感应电压。因为牵引电机轴通过大小齿轮与车轮相连,所以感应出的脉冲频率与车轮转动速度(列车速度)成比例。在齿轮箱和车轴端部安装速度传感器时,工作原理与前者完全相同。而感应齿盘的齿数则根据车种的不同而异。

滑行检测单元对速度传感器送来的转动脉冲信号进行计算、分析和判断。如果判断滑行的大小（车轮的速度差或减速度）超过规定值，就使防滑电磁阀动作，通过降低油压减小基础制动和牵引电动机产生的制动力至黏着力以下，使车轮恢复转动。

防滑阀由起气路切换作用的气动阀和电磁阀构成，它安装在增压缸上。为防止无制动指令时气体从连接接头等处进入液压系统，系统保持有 50~100 kPa 的增压缸空气压力，在此压力下液压制动缸及基础制动装置不会动作。当增压缸空气压力上升，如果从滑行检测器发出的防滑控制指令使电磁阀励磁，防滑电磁阀就会在切断增压缸与液压缸之间通路的同时，构成液压制动缸与滑行余压调整部的通路，使液压制动缸的油返回油箱，把控制液压降低到约 500 kPa，在此压力下闸片刚好接触到制动盘，使制动呈缓解状态。

（一）无滑行现象时

在没接收到滑行检测器的滑行信号时，保压阀、排气阀都处于消磁状态而形成正常制动位置。来自制动控制装置中继阀的 BC 压力空气进入进风口（IN），它由密封垫片口经过排气阀常开口通到排风阀部的膜板背压室 d，而使排风阀部的膜板关闭，a 室的压缩空气推开保持阀部的膜板，流入到出口（OUT），BC 压力空气经防滑阀送到增压缸，如图 2-59 所示。

（二）有滑行时

（1）排气功能：接到排气指令的同时保压阀、排气电磁阀均励磁，变成排气缓解位置。保压阀励磁，遮断进风的密封膜板口；另一方面，排气电磁阀励磁，使制动气缸的 BC 压缩空气快速排出。

（2）保持状态：由于保持指令，保压阀维持励磁状态，只有排气电磁阀消磁。排气阀消磁遮断出风口和 EX 口，制动增压缸的 BC 压缩空气停止排气。另一方面，因保压阀还继续励磁，由进风口 BC 压力空气也一直遮断，在制动气缸里面的压缩空气会保持一定的压力，以便再次实施制动时很快产生制动力。

（3）制动功能：接收制动指令后保压阀也消磁，变成制动位置。此时排气阀消磁，来自制动气缸部的压缩空气关闭排气。当保压阀也消磁时，沟通进风口和出风口，BC 压缩空气再从进风口供给到出风口，同时制动气缸的压力空气会恢复至发生滑行前的压力。

二、滑行检测

由滑行检测单元对速度传感器送来的脉冲频率信号进行计算比较，并根据事先规定的逻辑来判断是否发生了滑行。此外，还可根据车轮的转动速度计算出列车速度，如果同一车辆的 4 根车轮同时发生滑行，则采用以一定减速度变化的假想第五轴速度——基准轴速度。

根据减速度或速度差检测标准判断车轮发生滑行时，组装在增压缸内的防滑电磁阀励磁，通过短暂排气将增压缸压力降低。增压缸空气压力降低后，在轮轨间黏着力的作用下车轮转速上升，当与基准轴的转速差降到设定值以内时，滑行检测单元就会判断为已经恢复了黏着，防滑电磁阀使液压制动缸压力再次上升。

滑行的压力控制是在检测到滑行后，为迅速降低液压制动缸压力，将防滑电磁阀励磁，使液压制动缸内的油经防滑余压逆止阀返回油箱，致使液压制动缸的液压降到 500 kPa。

三、滑行再黏着控制

（一）滑行再黏着控制

M车系列使用装备在牵引电机的速度传感器（PG传感器），T车系列利用装备在各车车轴轴端的速度传感器所发出的信号，算出各轴每20 ms的速度，检测出滑行状态。确定滑行后，再生制动控制单元采取减小再生制动力大小的方法，空气制动控制单元则采用降低BC（制动缸）压力的方法来进行再黏着的控制。

（二）再生制动的滑行再黏着控制

再生控制模式是在对于从制动到惯性滑行（即无动力滑行状态，此时车辆本身无牵引、无制动，又称为惰行状态），或者从制动到惯性滑行再变为动力运转状态后1.5 s之内符合条件时就减小再生制动力的大小。在条件不成立的情况下再恢复制动力。模式控制滑行时每0.6 s进行一次延迟计算；恢复到正常状态后每2 s对车辆的运行状态进行一次延迟计算来判别控制制动力的大小。

（三）空气制动的滑行再黏着控制

空气制动的滑行检测和再生制动滑行检测一样（再生制动滑行中再生制动有效信号在断开的情况下也进行空气制动的滑行控制）。互相比较每辆车4条轴速，根据图4-43所示的控制原理进行制动力大小的控制。根据表4-6对RV（排气阀）和HV（保压阀）进行"ON/OFF"操作，从而间接对BC进行排气、保压、充气控制，使压力值减小、不变或增加。

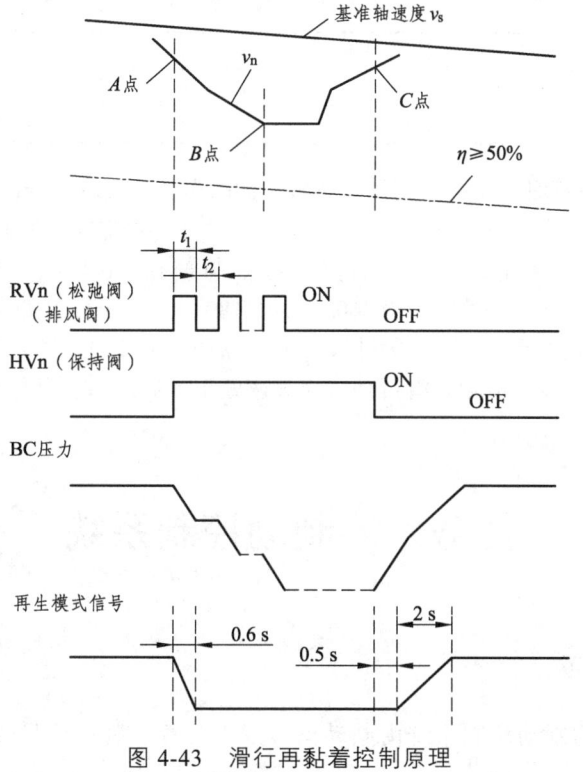

图4-43　滑行再黏着控制原理

表 4-6 滑行控制阀和 BC 压力的关系

状　态	排气	保持	供给
RV（排气阀）	ON	OFF	OFF
HV（保压阀）	ON	ON	OFF
BC 压力	减少	不变	升高

根据滑行的程度控制表 4-7 上所示的 RV（排气阀）的工作时间，使 BC 压力保持接近黏着状态从而使得闸片更进一步地压紧制动盘面，尽力控制滑行率，以防止制动距离的延长。

当符合 A 点条件时，防滑阀立即动作，RV 排气阀及 HV 保压阀均打开，此时制动缸以阶梯方式排出 BC 压力。将 BC 压力降低，缓解因制动力过大而产生的滑行并使状态趋于稳定。然后其速度降低到满足 B 点的条件时，停止 BC 压力的排气呈保压状态，此时列车的速度仍在降低。当符合 C 点的条件时，就重新升高 BC 压力恢复到发生滑行前的正常状态。

表 4-7 滑行控制阀的控制时间

检测方式	t_1/s	t_2/s
β 方式	0.060×m	0.15
Δv 方式	0.060×m	0.15

注：1. 表中，m 是按不同控制方式确定的控制时间数倍数，参见表 4-8。
　　2. t_1——排气阀打开的时间；t_2——排气阀关闭的时间。

按空气制动滑行控制方式进行滑行检测的情况下，BC 压力的排气如图 4-43 所示，表 4-7 以及表 4-8 分别显示了排气阀动作时间与其动作次数的关系。

表 4-8 BC 压力控制排气次数（n）和控制时间倍数（m）的关系

检测方式	n	1	2	3	4	5
β 方式	m	1	1	3	5	100
Δv 方式	m	1	1	3	5	100

当防滑器检测到滑行时，排气阀第 1 次排气，此时由表 4-8 知，$n=1$、$m=1$；又由表 4-6，故 $t_1=0.060$ s［以下简记为排气 $t_1=0.060$ s（$n=1$；$m=1$）］，排气阀排气 0.060 s 后关闭。若此时检测到滑行继续，则排气阀在关闭 $t_2=0.15$ s 后进行第 2 次排气 $t_1=0.060$ s（$n=2$；$m=1$）。滑行仍在继续的情况下，$t_2=0.15$ s 后第 3 次排气 $t_1=0.060$ s×3=0.180 s（$n=3$；$m=3$）。如果第 4 次排气 $t_1=0.060$ s×5=0.300 s 后滑行仍在进行，则第 5 次排气 $t_1=6$ s（$n=5$；$m=100$）变为全排气（即将制动缸中的气全部排光）。直到防滑器检测到滑行轴对应车速处于 B 状态时，开始保压。

任务六　制动控制系统

一、系统组成

CRH2 型动车组的制动控制系统由制动信号发生装置、制动信号传输装置与电子制动控制装置三大部分组成。

（一）制动信号发生装置

CRH2 型动车组制动控制系统的制动指令有两种。一种由司机制动控制器发出；另一种来自 ATP 或 LKJ2000 设备，由 ATP 或 LKJ2000 与制动系统的接口发出。司机制动控制器位于 1、8 号车（T1c、Tc2）的司机室操纵控制台，其外形如图 4-44 所示。司机制动控制器的电气指令原理如图 4-57 所示。常用制动时，61~67 线、10 线得电；非常制动时，152 线失电，10 线得电；紧急制动时，153、154 线失电；备用制动时，411、461 线得电。

图 4-44 司机制动控制器外形

（二）制动信号传输装置

制动信号传输装置借助列车信息控制系统（包括中央装置、车辆信息终端装置），不但负责将制动信号发生装置发出的制动指令传送给列车中的所有车辆，还负责将各车辆的信息传送至司机室。

（三）电子制动控制装置

CRH2 型动车组的电子制动控制装置（制动控制单元 BCU）和各种空气控制阀类集成在一起，吊装在每辆车的地板下，总称"制动控制装置"，其核心为 BCU。BCU 接收来自司机制动控制器或 ATP/LKJ2000 设备的制动指令，对电空复合制动进行控制。它通过微机处理器采用数字运算处理方式，并与传送终端之间进行信息传输，实时地输出各种控制数据。

制动控制系统能够实现制动指令的发生及传输，常用制动、非常制动、紧急制动、备用制动和耐雪制动的控制，ATP/LKJ2000 参与的速度控制、防滑控制、主空气压缩机启停控制、系统状态记录和故障诊断等一系列功能。

二、常用制动控制

（一）常用制动电路原理

常用制动的制动指令是由常用制动指令线（61~67 线）经由中央装置、车辆信息终端装置传送到各车的 BCU，并通过 10 线发出再生制动是否可用的指令。

61~66 线只用于传输。67 线以硬线贯穿方式连接到 BCU，在执行传输功能的同时兼作接入引线。这是为了在 7 级常用制动下准确地实行 ATP 制动，提高制动指令的安全程度。

常用制动指令的发生装置为司机制动控制器、ATP 装置和救援/回送时的制动指令转换器。根据司机制动控制器手柄的位置，可使 61~67 线分别得电或失电，产生不同级别的常用制动指令。也可在列车超过限制速度后，通过 ATP 实施常用制动，使 61、66 和 67 线得电，发出最大常用制动指令；若通过 ATP 判断制动力为 1 级或 4 级已经足够时，则使 61 或 64 线得电，发出 1 级或 4 级常用制动指令。动车组救援/回送时，制动指令转换器与机车上的制动管（BP）连接，将 BP 压强信号传送至制动指令转换器，制动指令转换器根据 BP 压强信号使 X61~X67 线（分别与 61~67 线相连）得电或失电，产生相应级别的常用制动作用。

10 线传送再生制动条件有效的指令。但在列车速度低于 5 km/h，使用备用制动等情况时，不会向 10 线加电发送电制动指令。

（二）电制动与空气制动的协调控制

当列车制动初速度在 65 km/h 以下时，制动力的分配为均衡制动方式，即各车制动力独立控制，各车承担各自所需的制动力。

当列车制动初速度在 75 km/h 以上时，以 1M1T 为一个单元对电制动力和空气制动力进行控制，M 车的电制动优先，T 车的空气制动延迟作用；M 车的再生制动力除了承担 M 车自身所需的制动力外，还承担 T 车部分或全部的空气制动力，即"T 车延迟充气控制"，如图 4-45 所示。

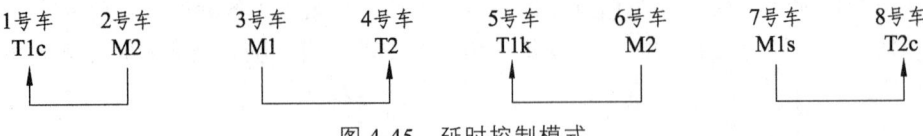

图 4-45 延时控制模式

各车的 BCU 接收到制动指令后，根据列车速度和车重计算出所需的制动力。若再生制动指令线得电，牵引控制单元 TCU 则进行再生制动力的控制，以 M 车的再生制动力承担 M 车自身所需的制动力和 T 车所需的部分或全部制动力。然后将所得到的再生制动力结果反馈到 BCU，当 M 车的再生制动力不能完全承担 T 车所需的制动力时，T 车启动空气制动，补足自身所需的制动力；若 T 车提供空气制动力后仍不能满足需要，不足部分再由 M 车的空气制动力补充；当再生制动完全失效时，M 车和 T 车施加空气制动来承担各自所需的制动力。

用 M 车的再生制动力承担 T 车所需的制动力，可增大 M 车的再生制动力，减小 T 车的空气制动力，从而提高了 M 车的电力再生率，同时也减少了 T 车制动盘和闸片的磨耗。

图 4-46 表示高制动级位（即所需制动力超过再生制动力的上限）下采用 T 车延迟充气控制时，M 车和 T 车制动力的分配情况。

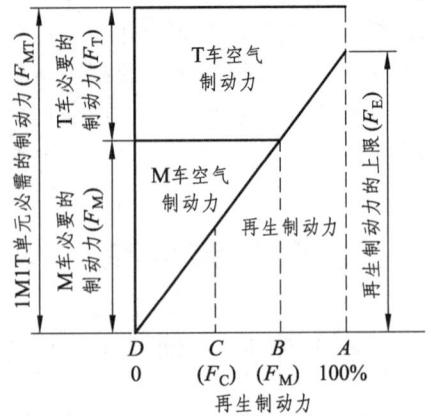

图 4-46 高制动级位时 M、T 车的制动力分配

如图 4-46 所示，由于 1M1T 单元所需的制动力 F_{MT} 高于再生制动力的最大值 F_E，即 M 车所能提供的再生制动力在满足了 M 车自身所需的制动力后，剩下的部分不足以承担 T 车需要的全部制动力，因此需 T 车空气制动力进行补充。在 A 点，M 车再生制动力达到最大值 F_E，此时的再生制动力大于 M 车所需的制动力，T 车启动空气制动以补足自身所需的制动力，这时 $F_{MT} - F_E < F_T$（F_T 为 T 车空气制动所能提供的最大制动力），M 车的空气制动不需投入使用。在 B 点，M 车再生制动力刚好只能提供自身所需的制动力，T 车启动空气制动来提供自身所需的制动力 F_T，此时，M 车空气制动仍然不启用。C 点，M 车再生制动力太小，尚不足以提供其自身所需的制动力，因此，T 车需要启动空气制动，而 M 车空气制动也投入使用，以补充再生制动力的不足。D 点表示的是 M 车再生制动完全失效的情况，在这种状态下，各车的制动力由自身的空气制动承担。各种情况下制动力的控制状态见表 4-9。

表 4-9 高级位时制动力控制状态一览表

再生点	M 车制动力		T 车制动力	备注
	再生制动力	空气制动力		
A	F_E	0	$F_{MT} - F_E$	再生制动接近黏着限制
B	F_M	0	F_T	
C	F_C	$F_M - F_C$	F_T	
D	0	F_M	F_T	再生制动完全失效

图 4-47 和表 4-10 所示为低制动级位（所需制动力小于再生制动力的上限）下采用 T 车延迟充气控制时，M 车和 T 车制动力的分配情况，各种情况下制动力分配的分析过程和高制动级位时类似。

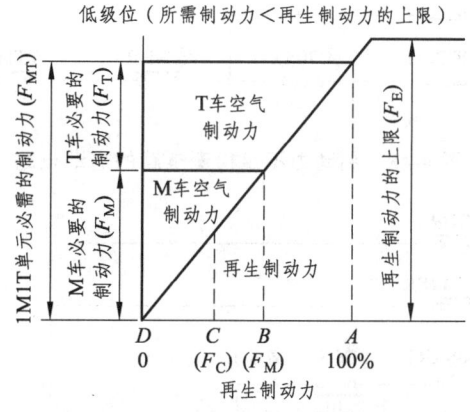

图 4-47 低制动级位时 M、T 车的制动力分配

表 4-10 低级位时制动力控制状态一览表

再生点	M 车制动状态		T 车制动力
	再生力	空气制动力	
A	F_E	0	0
B	F_M	0	F_T
C	F_C	$F_M - F_C$	F_T
D	0	F_M	F_T

三、紧急制动 EB 控制

非常制动指令线（152 线）为常带电，此时非常制动不起作用；152 线失电时向 BCU 传送非常制动信号，列车产生非常制动动作。非常制动在司机制动控制器手柄置于非常位、ATP 给出非常制动指令（EBR 继电器失电）和 JTR 继电器失电等情况下产生作用。非常制动按与常用制动相同的模式对制动作用进行控制。

四、紧急制动 UB 控制

紧急制动指令线（153、154 线）也为常带电，此时紧急制动不起作用，失电时则产生紧急制动作用。列车分离、总风压强过低、制动力不足、车辆设备故障和司机制动控制手柄置于取出位等情况都可使紧急制动指令线失电，从而引发紧急制动。下面以制动力不足的情况为例，说明紧急制动的启动和缓解原理。

（一）制动力不足检测和紧急制动的启动

图 4-48 所示为制动力不足检测电路的启动电路。图 4-49 所示为制动力不足检测电路，该电路在继电器 UBR 处于消磁状态（触点断开）且紧急制动复位开关继电器 UBRSR 也处于消磁状态（触点断开）时启动。UBRSR 平时消磁，而 UBR 在图 4-48 所示的"制动力不足检测电路的启动电路"满足以下条件时消磁：

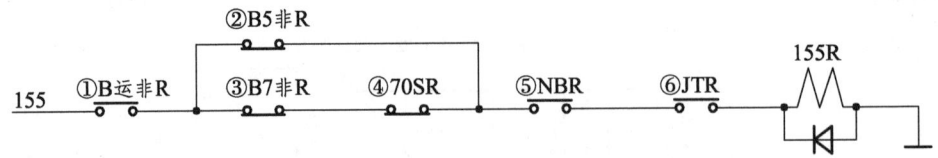

图 4-48　制动力不足检测电路的启动电路

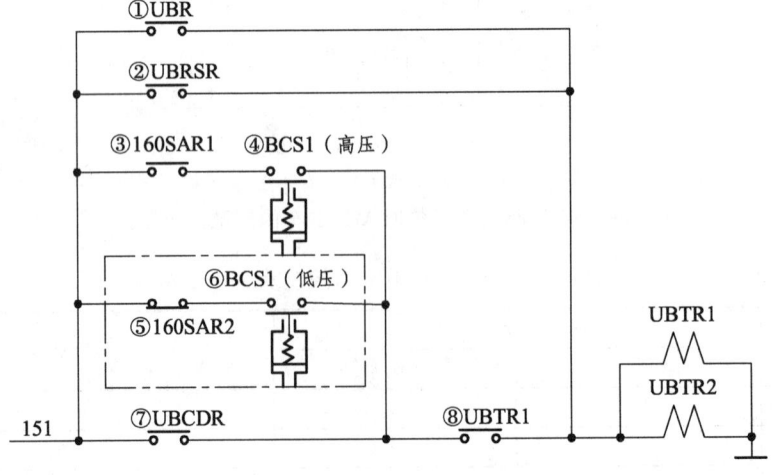

图 4-49　制动力不足检测电路

①∨[②∧(③∨④)]∨⑤∨⑥

其中，∧表示"与"，∨表示"或"；

① B 运非 R 消磁：司机制动控制器手柄置于"取出"位；
② B5 非 R 励磁：司机制动控制器手柄置于"B5～非常"位；
③ B7 非 R 励磁：司机制动控制器手柄置于"B7～非常"位；
④ 70SR 励磁：列车速度在 70 km/h 以下；
⑤ NBR 消磁：启动 ATP 常用制动；
⑥ JTR 消磁：启动非常制动。

在制动力不足检测电路启动前，UBR 励磁闭合（UBRSR 消磁断开），无论用于检测空气制动力的继电器 BCS1、BCS2 和用于检测电制动力的继电器 UBCDR 处于何种状态，继电器线圈 UBTR1 和 UBTR2 都励磁，因而与之相应的继电器触点 UBTR1 和 UBTR2 都闭合，UBTR 闭合会使紧急电磁阀得电，紧急制动不起作用，如图 4-50 所示。

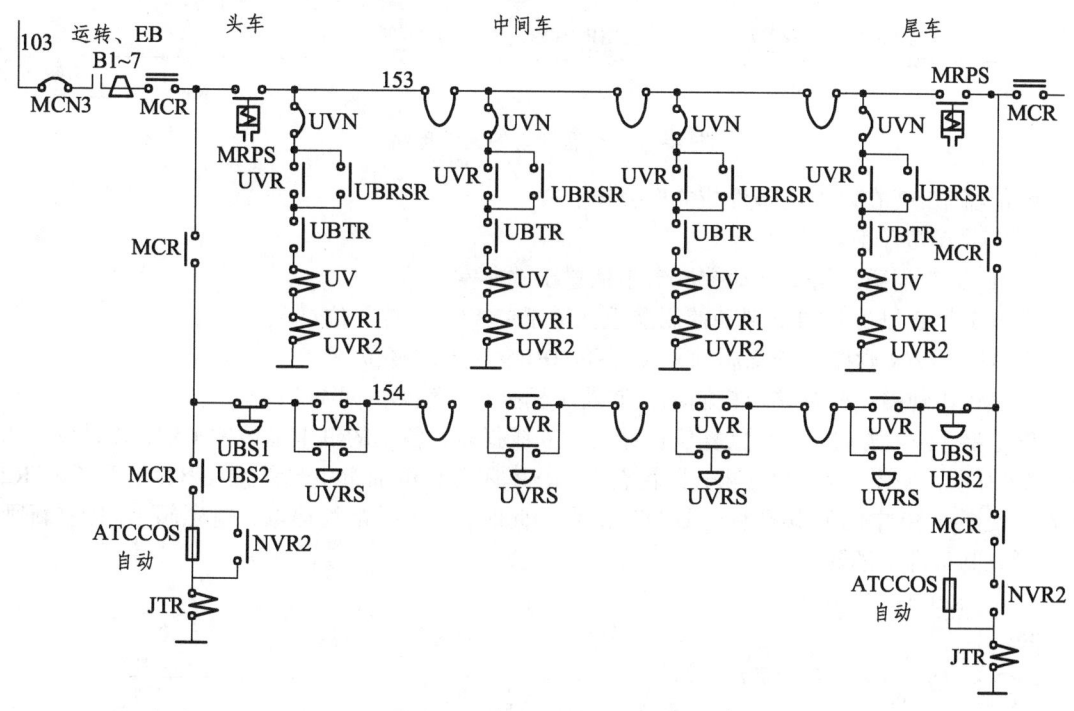

图 4-50 紧急制动控制电路

制动力不足检测电路启动后（继电器 UBR 和 UBRSR 断开），BCS1 和 BCS2 及 UBCDR 分别对电、空制动力进行检测。其中，BCS1 和 BCS2 检测不同车速下的空气制动力是否足够，因不同车速下紧急制动对空气压强的要求不同，低速时用高压，高速时用低压：当车速在 160 km/h 以下时，继电器 160ASR1 闭合，160ASR2 断开，BCS1 起检测作用；车速在 160 km/h 以上时，160ASR2 闭合，160ASR1 断开，BCS2 起作用。总之，若制动力足够（即电制动力和空气制动力中至少有一方足够），则继电器 BCS1、BCS2、UBCDR 中至少有一个闭合，其所在的支路就会接通，而由于继电器触点 UBTR1 也处于闭合状态，继电器线圈 UBTR1 和 UBTR2 就都保持励磁，相应的继电器触点 UBTR1 和 UBTR2 也都保持闭合，紧急电磁阀得电，紧急制动不起作用。

若检测到制动力不足，即列车运行速度在 160 km/h 以下时高压检测开关 BCS1 消磁断开，或速度在 160 km/h 以上时低压检测开关 BCS2 消磁断开，与此同时，若继电器 UBCDR 也消磁断开（牵引变流器检测到再生制动力不足），则继电器线圈 UBTR1 和 UBTR2 消磁，继电器触点 UBTR1 和 UBTR2 都断开。UBTR 断开后，紧急电磁阀 UVR 消磁，紧急制动起作用。

在继电器 UBR 和 UBRSR 消磁期间，即使制动力恢复，但由于继电器触点 UBTR1 是断开的，线圈 UBTR1 和 UBTR2 也不会励磁，因而继电器触点 UBTR1 和 UBTR2 始终断开，紧急电磁阀 UVR 保持消磁状态，紧急制动依然起作用。只有继电器 UBR 或 UBRSR 励磁闭合，才会使线圈 UBTR1 和 UBTR2 励磁。

（二）紧急制动的复位（缓解）

紧急制动启动后，动车组将减速直至停车，中途无法缓解。列车再次启动时必须进行紧急制动的复位操作，复位电路如图 4-51 所示。

图 4-51　紧急制动的复位电路

继电器 156R 在以下的条件成立时励磁：
① ∧ ② ∧ ③ ∧ ④
① B 非 R 消磁：司机制动控制器手柄置于"非常"位；
② B7 非 R 励磁：司机制动控制器手柄置于"B7～非常"位；
③ UBRSWR 励磁：紧急制动复位开关 UBRS 处于"复位"；
④ MCR 励磁：操纵端司机制动控制器手柄置于"运转～非常"位。

继电器 156R 励磁后，紧急复位贯穿线 156 线得电，各车的继电器线圈 UBRSR 励磁，如图 4-52 所示，使图 4-49 中的继电器触点 UBRSR 闭合，继而继电器线圈 UBTR1 和 UBTR2 励磁，使图 4-50 中的继电器触点 UBTR 闭合。此时，153 线恢复得电，电磁阀 UVR 重新励磁，紧急制动即可解除。

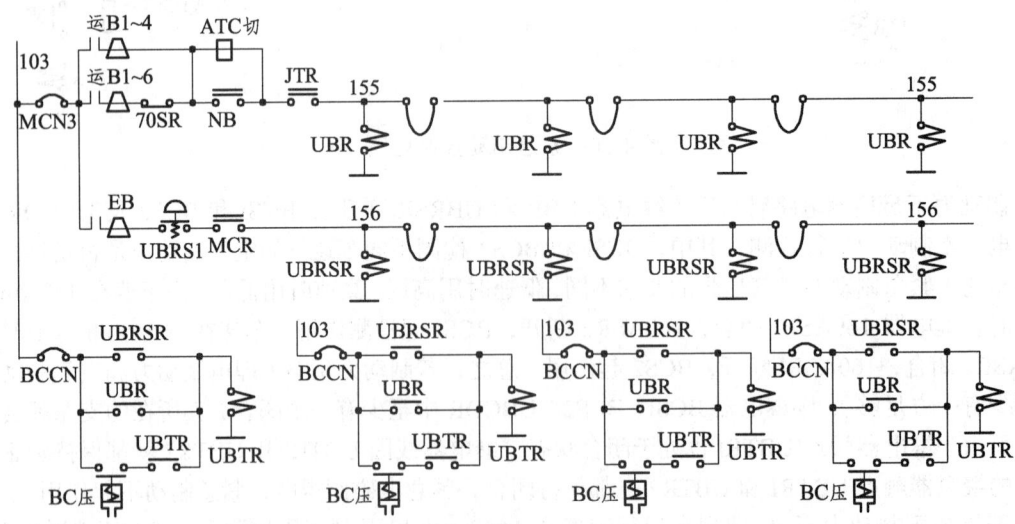

图 4-52　复位开关继电器 UBRSR 的控制电路

五、备用制动控制

使用备用制动时，备用制动继电器励磁。根据操纵端司机制动控制器手柄的位置，从备用制动模式发生器（司机台用）向 411 线、461 线输出 4 个级别的交流电压。备用制动模式发生器（各车用）将 411 线、461 线的电压变压、整流后，使之直接控制本车的电空转换阀（EP 阀），构成不经由 BCU 的制动控制回路。此时，电制动指令线（10 线）处于失电状态，再生制动不起作用。

六、耐雪制动控制

降雪时，制动盘和闸片之间有雪堆积。为防止制动力下降，列车速度在 110 km/h 以下的制动中，设定 BC 压强不低于 58.8 kPa。

该功能通过操纵司机控制台的耐雪制动开关使耐雪制动指令线得电，然后经由列车信息控制装置，将指令传送到各车的 BCU，BCU 通过识别速度，决定是否实施耐雪制动。EP 阀指令电流值可通过 BCU 的 CPU 卡上的开关设定。

任务七　CRH380A 型动车组制动系统

一、CRH380A 型动车组概述

CRH380A 型动车组是在 CRH2C 第二阶段动车组的平台上成功研制的，由于 CRH2C 二阶段动车组只是在速度 250 km/h 的 CRH2A 型动车组基础上优化设计，难以满足京沪高速铁路上速度 380 km/h 的营运要求，因此 CRH380 型动车组需要自主创新全面提升列车整体性能，对动车组的牵引系统、空气动力外形做出了较大的改变。

CRH380A 型动车组列车总数为 40 列，采用 6 动 2 拖的编组方式，牵引功率为 9 600 kW，使用 DSA350 型高速受电弓，以及在受电弓的两侧为挡板。

2013 年新设计的动车组中，根据中国铁路总公司的要求及运营经验和乘客乘坐需求，在各型动车组技术平台上，对列车的车型、定员、旅客服务设施、司机操作设施、列车的主要性能进行统一而设计出来的动车组的设计而衍生出统型 CRH380A。针对制动系统相关的零部件，CRH380A 统型车与之前的 CRH380A 型非统型的不同点体现在如下几个方面：

（1）改变了供风系统中压缩机布置。
（2）增加 BP 救援装置。
（3）增加停放制动功能。
（4）取消车厢紧急制动红阀。
（5）增加制动切除牵引功能。

（6）增加撒砂装置。

这些不同的配置除撒砂装置是 2016 年以后加装的以外，其余均在 2013 年统型时配置。CRH380A 统型车编组示意图如图 4-53 所示。

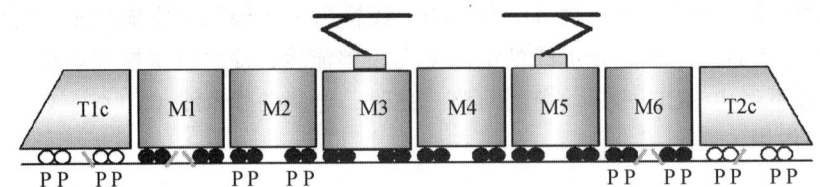

Tc1，Tc2—带司机室的拖车；M1，M2，M4，M6—动车；M3，M5—带受电弓的动车；
●—动力轴；○—非动力轴；P—带停放制动功能；/—带撒砂功能。

图 4-53 CRH380A 统型车编组示意

二、供风系统

CRH380A 型动车组的风源有两套：一套是 2 台主空气压缩机组成主风源，分别位于 3、7 号车，主要为空气制动系统供风，同时为气动辅助设备（包括汽笛、空气簧、门控、集便器等）提供风源；另一套为 2 台辅助空气压缩机，分别位于 4、6 号车，主要为受电弓升降弓装置、真空断路器 VCB 提供风源。

CRH380A 非统型车的风源系统布置与 CRH2A 型动车组相同，风源布置位置见本项目任务二压缩空气供给系统部分内容。CRH380AL 型动车组的风源同样有 2 套，主空气压缩机分布在 3、5、9、15 号车，辅助空气压缩机分布在 3、5、9、13 号车。

CRH380A 型动车组的主空气压缩机为 GAR14BD 型螺杆式空气压缩机，如图 4-54 所示。GAR14BD 型空气压缩机系统包括压缩机机头、整体冷却风扇、复合冷却器（空气/油）、油气分离器、水分离器（WSDR）、集成过滤器装置及驱动电机等部件。

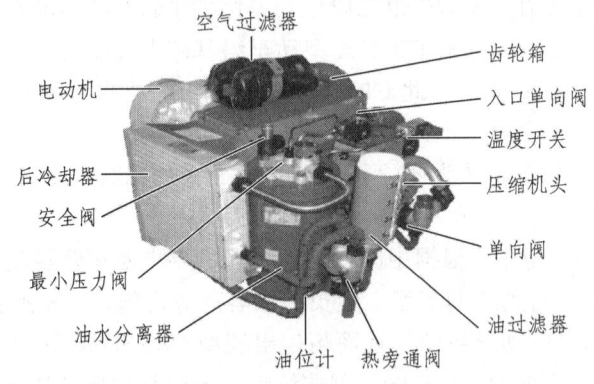

图 4-54 GAR14BD 型螺杆式空气压缩机

压缩机机头包含两个反向转子，由向心止推滚动轴承支撑，压缩机仅有这两个运动部件，使机头简单且坚固。当转子旋转时，进气口和排气口由转子末端自动打开和关闭，因此无须额外的阀门及定时机构。这使得磨损减少，增加了可靠性。

由于交叠及连续压缩循环，转子的螺线型设计无振动，提供无冲击的压缩空气。因在压缩腔内没有金属和金属之间的摩擦，机组在运行中性能不会降低。

为了降低压缩机启动时的转矩峰值，将驱动电机的转矩通过一个弹性联轴器传递给压机头。运行过程中，直接安装在电机轴上的冷却风扇运转提供冷却风。

压缩机结合了齿轮箱设计，齿轮箱与压缩机头外壳紧密相连，齿轮箱组件的润滑是通过在其内部沟槽中注入压缩机油实现，无须分离于齿轮箱的润滑系统及外部管道。联轴器的外壳连接压缩机机头及电机，使其永久对中，优化了驱动系统的可靠性。

CRH380A（统型与非统型车）的辅助空气压缩机系统与CRH2A型动车组辅助空气压缩机系统大体相同，具体见本项目任务二压缩空气供给系统部分内容。不同在于：4号车的辅助空压机启用原先为VCB预留的空气接口；2号车的辅助空压机主要是为适应装载钥匙箱变更其控制部分，如图4-55所示。

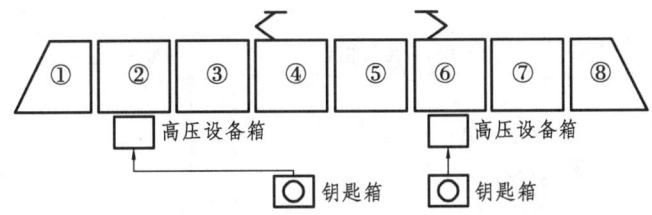

（a）CRH2A型动车组高压设备箱与钥匙箱的布置

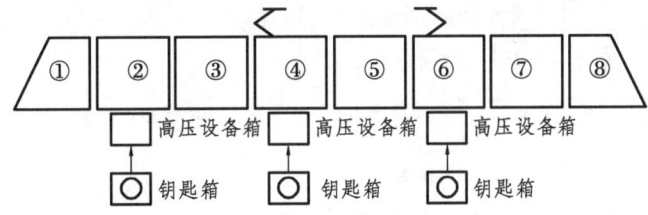

（b）CRH380A型动车组高压设备箱与钥匙箱的布置

图4-55　高压设备箱与钥匙箱的布置

三、制动控制装置

CRH380A型动车组制动控制装置与CRH2A型动车组相同，同样是将制动控制计算机（BCU）、控制制动相关阀门及风缸等组合成的单元，安装在车底部，其外形结构如图4-18所示，控制阀板结构如图2-29所示。

CRH380A非统型车制动系统功能与CRH2A型动车组相同，同样具有常用制动、紧急制动EB、紧急制动、耐雪制动、辅助制动等功能，CRH380A统型车还具有停放制动功能与BP救援功能。

（一）停放制动控制装置

CRH380A统型车停放装置布置在1、3、7、8车，每轴一套，其中1、8车安装在轴盘，3、7车安装在轮盘。停放制动控制装置在车底的安装如图4-56所示，停放制动装置原理如图4-57所示。停放制动控制装置主要由截断塞门、过滤器、双向止回阀、调压阀、VM28电磁阀、压力开关、测压接头等组成。

图 4-56　停放制动控制装置

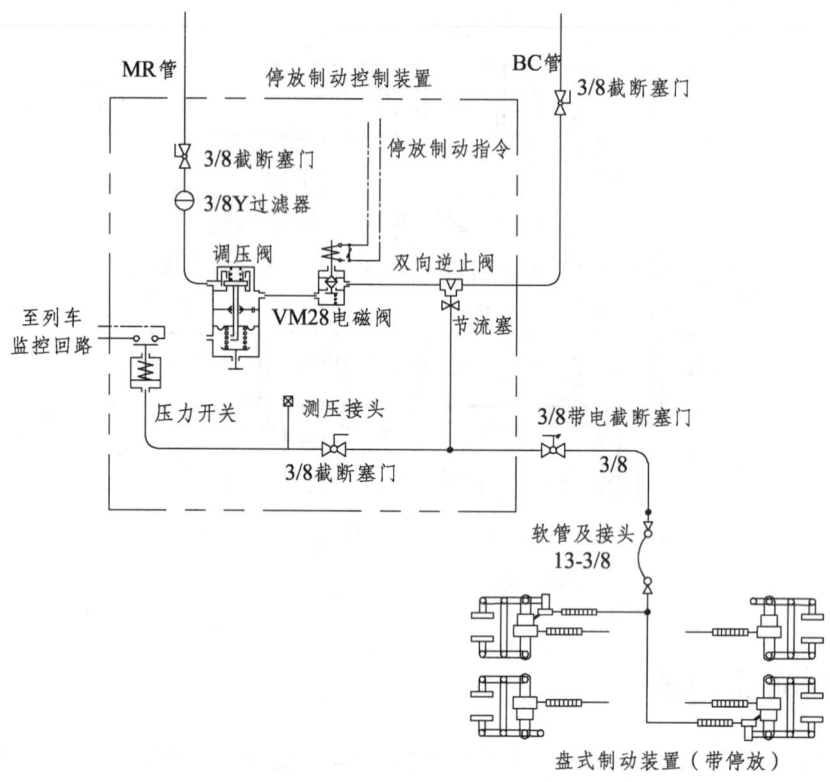

图 4-57　停放制动装置原理

在车辆正常运行时，由总风缸通过调压阀（650 kPa）、VM28 电磁阀、双向逆止阀向停放制动缸供风，缓解停放制动力。

车辆通电且总风压力高于 500 kPa 时（正常运行），可以通过司机台"停放制动"旋钮旋至"施加"位，VM28 电磁阀得电动作，切断总风供风，并排空停放制动风缸风压，列车施加停放制动。同时，停放制动装置内部压力开关对停放制动风压进行检测，当停放制动缸风压低于 500 kPa 时，压力开关断开，列车紧急制动。

缓解停放制动时，可以通过司机操纵台"停放制动"旋钮旋至"释放"位，VM28 电磁阀失电，恢复总风管供风，停放制动风缸充风，列车缓解停放制动。当停放制动缸风压高于 550 kPa 时，压力开关闭合，此时可以操作紧急制动缓解，缓解紧急制动。

车辆长期存放时，车辆断电，VM28电磁阀失电，总风管至停放制动风缸管路处于通路状态。在总风压力高于550 kPa时，停放制动处于缓解状态；当总风压力低于500 kPa时，随着总风压力的降低，停放制动逐渐自动施加。

双向逆止阀的作用是当总风MR压力大于制动管BC压力时，双向逆止阀开启总风至停放制动缸管路，关闭制动管至停放制动管路；当总风压小于制动管压力时，双向逆止阀关闭总风至停放制动缸管路，开启制动风管至停放制动风缸管路。

因此，当列车施加停放制动并施加常用制动或紧急制动EB时，为避免闸片压力施加过度，通过制动风管向停放制动风缸补风，缓解一部分停放制动压力，使闸片上的压力始终保持在550 kPa。

（二）BP救援装置

BP救援装置可以接收制动手柄发出的制动指令，并将电制动指令转换为空气压力，通过BP管将空气压力传送至被救援车辆，从而实现对其他不同车型的车辆进行救援。BP救援装置在车底的安装如图4-58所示，其气路原理如图4-59所示。BP救援装置主要由BP救援指令箱、截断塞门、滤尘器、EP电空转换阀、FD-1中继阀、快速排气阀、VM31紧急电磁阀、节流塞、压力传感器、测压接头等组成。

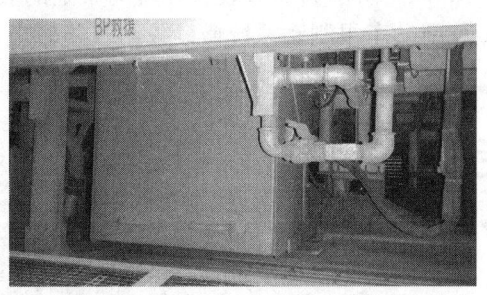

图4-58 BP救援装置

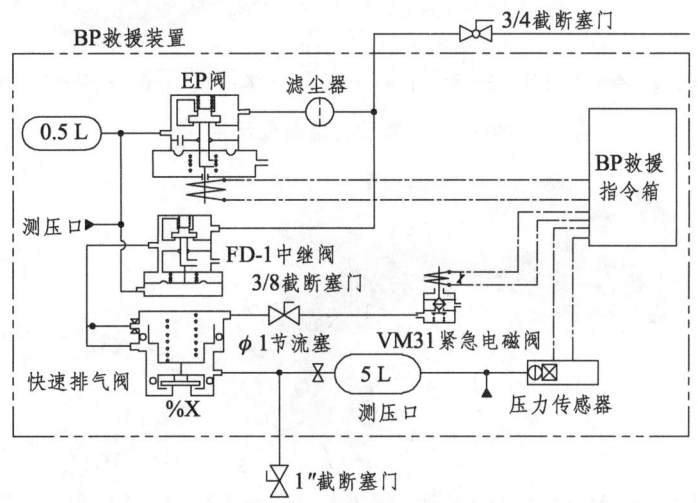

图4-59 BP救援装置气路原理图

闭合司机室"救援指令器"空开，BP 救援装置得电运行。BP 救援装置接收到制动手柄 B1~B7、快速及紧急制动信号后，通过电空变换阀将电信号转换为空气压力，通过车钩 BP 管将空气压力传送至被救援车辆。

当实施制动作用时，EP 阀根据 BP 救援指令箱的电流大小，输出不同压力的压缩空气到 FD-1 中继阀，压缩空气经中继阀进行流量放大后输出给快速排气阀，快速排气阀是一个气动控制阀，当中继阀提供压力时，排气口处于关闭状态，此状态下，允许压缩空气经快速排气阀的输出口输出到被救援动车组的 BP 管中，控制被救援动车组实施相应的制动作用。

当动车组缓解时，中继阀出口压力经中继阀的排口排向大气，快速排气阀的排气口打开，快速排出 BP 管中的压力，被救援动车组实施缓解作用。

当实施紧急制动时，VM31 紧急电磁阀得电，快速排气阀上方的空气压力增大，其输出阀口也加大，输出到被救援动车组的 BP 管的压缩空气流量加大，加快制动作用的实施。

四、撒砂装置

2016 年，根据铁路总公司的要求，对 CRH1 与 CRH2 系列动车组加装撒砂装置。CRH380A 统型与非统型车也同步加装了撒砂装置。在 CRH380A 型动车组的 1，2，7，8 号的转向架上加装了撒砂装置，其布置示意如图 4-60 所示。撒砂系统主要由撒砂控制箱、砂箱、撒砂单元、撒砂管及其连接管道组成。图 4-61 所示为撒砂装置在转向架上的安装部分结构。撒砂控制原理见项目三任务六 CRH1A-A 型动车组制动系统撒砂控制气路原理部分。

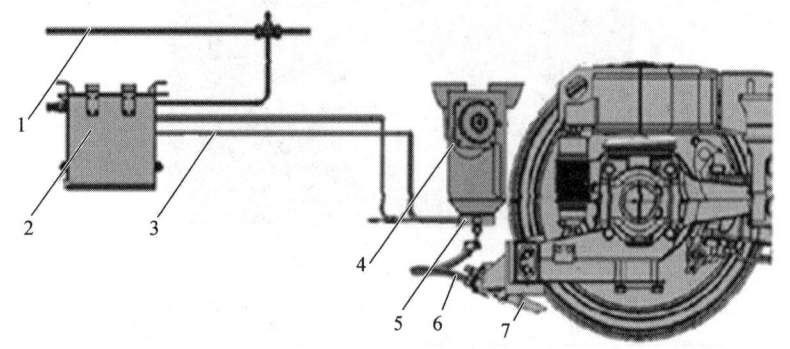

1—总风管；2—撒砂控制箱；3—管道；4—砂箱；5—撒砂单元；6—软管；7—撒砂管。

图 4-60 撒砂装置布置示意

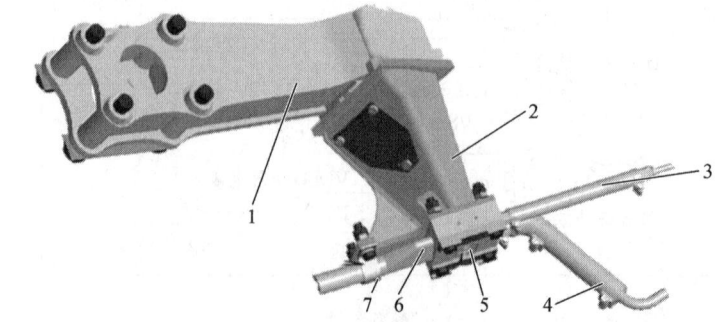

1—安装臂；2—撒砂支架；3—风管；4—砂管；5—加热器；6—撒砂管；7—管夹。

图 4-61 转向架上撒砂装置的安装结构

任务八 CRH2型动车组制动系统检修

根据 TG/CL 127—2013《铁路动车组运用维修规程》，我国动车组分为一到五级维修级别。其中，一级检修为日常检修；二级检修为专项检修；三级以上为高级检修，其具体的检修周期如表 4-11 所示。本任务重点介绍一级检修与二级专项检修。

表 4-11 CRH2 型动车组检修周期

维修级别	一级检修	二级检修	三级检修	四级检修	五级检修
周期	(4 000+400) km 或 48 小时	3 万 km 或 30 天	(60±5) 万 km 或 1.5 年	(120±10) 万 km 或 3 年	(240±10) 万 km 或 6 年

一、制动系统一级检修作业

(一) 检修限度

动车组检修限度指在检修时，对动车组零部件允许存在的损伤程度的规定。在检修限度标准中，绝大部分是以尺寸数值表示限度，因动车组零部件的损伤程度，如磨损、腐蚀、裂纹、剥离、擦伤、变形和缝隙等，均可通过尺寸的变化来表示。只要适当制定各损伤的尺寸限度，就能控制动车组零部件的损伤程度。表 4-12 为 CRH2 动车组的制动系统一、二级检修限度表。表 4-11 中制动盘摩擦面的裂纹具体内容见项目三任务七 CRH1 型动车组制动系统检修部分。

表 4-12 CRH2 型动车组的制动系统一、二检修限度表

序号	项 目		原形	一级修程	二级修程	适用车型	备 注
1	空气弹簧高度/mm				330+t	CRH2A/A 统 /B/E/C1/C2	测量位置从车体到转向架印记之间，t 为调整板厚度
2	空气弹簧橡胶气囊龟裂	深度/mm		≤1.5	≤1.5	CRH2A/A 统 /B/E/C1/C2	
		长度/mm		≤50	≤50		
	制动盘（单侧）						
3	动车轮盘厚度/mm		21	≥18.2	≥18.5	CRH2A/B/E/C1	
	拖车轴盘厚度/mm		16	≥11.3	≥12		
	拖车轮盘厚度/mm		15	≥9.3	≥10		
	轮盘磨耗厚度/mm		3	a 磨耗量不大于 2.8 mm b 同一车轮两侧磨损差不超过 2 mm	a 磨耗量不大于 2.5 mm b 同一车轮两侧磨损差不超过 2 mm	CRH2C2/A 统	可将钢尺放置在摩擦盘的摩擦面边缘，检查磨耗量

续表

序号	项目		原形	一级修程	二级修程	适用车型	备注
3	轴盘磨耗厚度/mm		5	a 磨耗量不大于 4.7 mm b 同一车轮两侧磨损差不超过 2 mm	a 磨耗量≤4.5 mm b 同一车轮两侧磨损差不超过 2 mm		
4	制动盘表面凹槽/mm			≤1	≤1	CRH2A/B/E/C1	
				≤0.8	≤0.8	CRH2C2/A 统	
5	制动盘表面刻痕/mm			≤1	≤1	CRH2C2/A 统	
6	制动盘偏磨最高点和最低点之差/mm			≤1.5	≤1.5	CRH2A/B/E/C1	
				≤0.8	≤0.8	CRH2C2/A 统	
7	闸片厚度/mm	动车	10.5	≥7	≥7	CRH2A/B/E/C1	包括钢背厚度；到限时同缸两闸片同时更换
		拖车	19.2	≥7	≥7		
			17	5 mm+磨耗余量（到下个一级检修前闸片厚度不得低于 5 mm，测量时包含摩擦块的金属背板在内，在最薄处测量）	5 mm+磨耗余量（到下个一级检修前闸片厚度不得低于 5 mm，测量时包含摩擦块的金属背板在内，在最薄处测量）	CRH2C2	任一闸片厚度小于此限度时同制动卡钳两侧的闸片须同时更换
			30	16 mm+磨耗余量（到下个一级检修前闸片厚度不得低于 16 mm，测量时包含钢背在内，在最薄处测量）	16 mm+磨耗余量（到下个一级检修前闸片厚度不得低于 16 mm，测量时包含钢背在内，在最薄处测量）	CRH2A 统	任一闸片厚度小于此限度时同制动卡钳两侧的闸片须同时更换
8	轴盘摩擦面裂纹/mm			≤70	≤70	CRH2A/B/E/C1	沿半径方向
				细微裂纹（发纹）	细微裂纹（发纹）		对于运行没有影响
		表面裂纹		a<80 b<50	a<80 b<50		允许
				80≤a<100 50≤b<80	80≤a<100 50≤b<80		一定条件下允许
				a≥100 b≥80	a≥100 b≥80	CRH2C2/A 统	不允许
		初始裂纹		a<50 b<50	a<50 b<50		允许
				50≤a<70 50≤b<70	50≤a<70 50≤b<70		一定条件下允许
				a≥70 b≥70	a≥70 b≥70		不允许
				贯穿裂纹	贯穿裂纹		立刻更换，不能继续运行

续表

序号	项目	原形	一级修程		二级修程		适用车型	备注
9	轮盘摩擦面裂纹/mm		≤70		≤70		CRH2A/B/E/C1	沿半径方向
			细微裂纹（发纹）		细微裂纹（发纹）		CRH2C2/A 统	对于运行没有影响
			裂纹	a<80 b<60		a<80 b<60		允许
				80≤a<100 60≤b<80		80≤a<100 60≤b<80		一定条件下允许
				a≥100 b≥80		a≥100 b≥80		不允许
			贯穿裂纹		贯穿裂纹			立刻更换，不能继续运行
10	踏面清扫装置研磨块厚度/mm	40	≥13		≥13		CRH2A/A 统/B/E/C1/C2	包括钢背厚度，在转向架外侧测量

（二）制动盘检修

1．检查轮装制动盘

轮盘螺栓安装牢固，螺栓无松动、窜出，螺栓头及螺母端部不得高于螺栓孔倒角下底面，表面裂纹、磨耗不过限：

（1）动车轮盘磨耗厚度（单侧）磨耗量不大于2.8 mm；同一车轮两侧磨损差不超过2 mm。制动盘表面凹槽不大于0.8 mm。制动盘表面刻痕不大于1 mm。制动盘偏磨最高点和最低点之差不大于0.8 mm。轮盘摩擦面裂纹不过限。

（2）如发现制动盘磨耗严重时，使用制动盘磨耗尺进行测量。

2．检查轴装制动盘

轴盘安装螺栓无松动，防松标记清晰无错位；表面裂纹、磨耗不过限：

（1）轴盘磨耗厚度（单侧）磨耗量不大于4.7 mm；同一车轮两侧磨损差不超过2 mm。制动盘表面凹槽不大于0.8 mm。制动盘表面刻痕不大于1 mm。制动盘偏磨最高点和最低点之差不大于0.8 mm。轴盘摩擦面裂纹不过限。

（2）如发现制动盘磨耗严重时，使用制动盘磨耗尺测量。

（三）制动夹钳检修

（1）检查制动夹钳安装座。安装座无裂纹，安装螺栓无松动，防松标记清晰无错位。

（2）制动夹钳装置及悬吊部件配件齐全，状态良好，各部件无裂纹。支持销、垫圈、开口销和防尘橡胶波纹管配件齐全。

（3）检查风管。各管路无破损、漏风，防松标记无错位，防松铁丝无断裂。管卡接口橡胶泥无脱落。

（4）检查制动缸。制动夹钳制动缸无漏风，排水口无堵塞。
（5）检查闸调器。闸调器调整杆无松脱，防尘罩无破损，排水口无堵塞，定位滑道无裂纹。
（6）检查停放制动装置。停放制动装置安装牢固，外观无异常状态，各螺栓紧固，风管接口无漏风，无松动，橡胶泥无脱落，防尘橡胶波纹管无破损。

（四）制动闸片检修

（1）测量闸片磨耗不过限。测量磨耗值不小于 17 mm（测量时包含钢背在内，在最薄处测量）。
（2）检查闸片无偏磨、掉块。单个摩擦粒子摩擦材料损伤缺陷面积总和不大于 1 cm^2；且整个闸片摩擦表面摩擦材料面积最少不能低于闸片面积的 80%，单个摩擦粒子摩擦材料表面的污渍或烧灼点面积总和不大于 1 cm^2。

（五）停放制动装置检修

检查停放制动手动缓解装置。停放制动拉杆位置正确，锁销安装良好，安装螺栓无松动，开口销无丢失，控制线缆无破裂。

（六）撒砂装置检修

（1）砂箱无明显机械损伤，各零部件状态良好；连接器连接状态良好，固定无松动。
（2）砂箱盖、撒砂单元安装牢固无松动，防松标记不错位、防松铁丝无断裂。
（3）软管无磨损、无松脱。
（4）撒砂装置安装托架的安装状态及紧固件的紧固状态良好，无松动、破损。
（5）撒砂装置撒砂口外观状态良好，无裂纹，固定螺栓紧固状态良好；无明显机械损伤。测量撒砂喷嘴底部距离轨道高度符合（50±5）mm。
（6）检查砂箱砂位，低于红色刻度线时需补砂。

（七）空气弹簧检修

（1）检查空气弹簧。空气弹簧无漏风，橡胶堆无异状。
（2）检查橡胶气囊。橡胶气囊龟裂、破损不过限，龟裂长度不大于 50 mm，且深度不大于 1.5 mm。

二、制动试验

（一）全部制动试验方法

（1）动车组停车后，用主控钥匙打开制动控制器。

（2）切换MON显示器到制动控制界面。
（3）停放制动旋至释放位。
（4）ATP显示屏选择进入CTCS-0等级，按压"紧急复位"按钮，对列车紧急制动进行缓解。
（5）将BV手柄置于"7N"，操作主空压机打风，核对双针压力表：总风压力至880 kPa时，空压机运转停止1 min后，开始保压。通过MON信息画面中观察靠近主控端的总风压力值，保压5 min，确认总风压力下降不得大于20 kPa（整个编组只做一次，用风设备停用，即断主断、降弓，关闭车门，严禁使用厕所，切除撒砂装置后进行保压试验）。

查看监控显示器BC压力画面，进行制动试验。
制动手柄"快速"位，通过MON显示器确认BC压力：各车BC压力不小于210 kPa；
制动手柄移置"B7"位，通过MON显示器确认BC压力：各车BC压力不小于140 kPa；
制动手柄移置"B4"位，通过MON显示器确认BC压力：各车BC压力不小于90 kPa；
制动手柄移置"B1"位，通过MON显示器确认BC压力：各车BC压力不小于40 kPa；
表4-13为BC压力参考值，公差为±30 kPa。

表4-13 制动试验BC参考压力表　　　　　　　　　　　　　　　单位：kPa

T车（拖车）						M车（动车）					
AS压力	制动级位					AS压力	制动级位				
	1N	4N	7N	EB	运行		1N	4N	7N	EB	运行
290	100	140	180	230	0	330	90	150	200	280	0
330	110	150	190	240	0	370	90	150	220	300	0
370	110	150	200	260	0	410	90	160	230	320	0
410	110	160	210	270	0	450	100	170	240	330	0

（6）制动试验过程要求对每一步制动信息界面进行数据记录。
（7）试验完毕后，将制动手柄置于快速位。

（二）紧急制动试验方法

（1）将驾驶室操纵台下的紧急制动按钮（UBS）拉出后再推回（复位）。
（2）由双针压力表确认BC压力（黑色针）上升。
（3）确认紧急制动表示灯亮。
（4）将制动手柄置于"快速"位，按下"紧急制动"复位按钮，进行紧急制动"复位"。
（5）确认紧急制动显示灯灭。
（6）将制动手柄置于运行位。
（7）由双针压力表确认BC压力（黑色针）下降至0 kPa。
（8）紧急制动实验完毕，将制动手柄移至"B7"位。

（三）停放制动试验方法

只有CRH2A统型车与CRH380A统型车才需要做停放制动试验。

（1）将制动控制手柄置"运行"位，右旋司机室操纵台"停放制动"旋钮至"施加"位，施加停放制动；确认动车组产生紧急制动，操作紧急制动复位，紧急制动不能缓解，通过MON屏确认1、4、5、00车"停放"制动施加。

（2）左旋停放制动旋钮至释放位，确认MON屏制动气缸压力界面1、4、5、8车"停放"显示消除。操作"紧急复位"按钮，MON屏制动信息界面"紧急""停放"显示消除。

（四）简略制动试验办法

（1）制动手柄"快速"位，通过MON显示器确认BC压力：各车BC压力不小于210 kPa。

（2）制动手柄移置"运行"位，通过MON显示器确认各车BC压力为0 kPa（区间停车，为了防止动车组溜逸，各铁路局集团公司根据情况自定）。

（3）制动手柄移置"B7"位，通过MON显示器确认BC压力：各车BC压力不小于140 kPa。

（4）制动手柄移置"B4"位，通过MON显示器确认BC压力：各车BC压力不小于90 kPa。

（5）制动手柄移置"B1"位，通过MON显示器确认BC压力：各车BC压力不小于40 kPa。

三、制动系统二级检修作业

CRH2型动车组制动系统二级检修作业项目中除了一级检修项目的内容外，还有如下检修项目。

（一）制动控制装置检查

（1）使用四角钥匙、棘轮扳手拆卸制动控制装置相应位置的底板，目视检查底板无裂纹。

（2）目视检查制动控制装置外观状态良好，安装螺栓紧固良好，防松标记无错位；手感各配管无漏气。

（3）目视检查制动控制装置配线外观良好无破损，配线连接器安装状态良好无松动。

（4）目视检查BCU箱内各电器配件外观状态良好，配线紧固无异常。

（5）旋转制动控制装置手柄至开位，打开制动控制装置盖板，目视检查阀类、调压器、气压开关的外观无异常、安装状态良好，手感各部件无漏气。

（6）检查踏面清扫电磁阀外观无破损，安装牢固，连接器安装状态良好无松动。

（二）风缸检查

（1）目视检查主储风缸、供给风缸、控制风缸本体、配管外观无异常，耳听确认无漏气。

（2）目视检查排水阀外观无异常，打开排水阀将各风缸排水，排水后将排水阀复位。

（3）目视检查安全阀铅封状态良好，防松标记无错位。

（三）防滑阀检查

（1）投入主控钥匙，BCU供电。

（2）拨动 BCU 上拨码开关，如图 4-62 所示。使 SW1 = 4、SW2 = 0，SW6 向上，实行滑行防止阀输出回路自行检测。判定方法为 1 至 4 轴防滑阀应依次排风，闸片动作，共循环动作两个周期。

（3）自检完成后拨动 BCU 上拨码开关，使 SW1 = 0、SW2 = 0。

（4）关闭制动控制装置盖板。

（四）主空压缩机过滤器滤芯清洁

图 4-62 BCU 拨码开关

（1）使用棘轮扳手配合 17 mm 套筒，打开空气压缩机旁二位侧裙板，检查裙板无变形，损伤。

（2）清扫空气压缩机围边卫生；压缩机周围无积尘、杂物。

（3）解下过滤器罩盖的蝶形搭扣，确认蝶形搭扣状态良好，如图 4-63 所示。

（4）卸下过滤器罩盖，抽出滤芯；将过滤器罩盖内灰尘清除干净；滤芯无变形、破损，过滤器罩盖内无灰尘。

（5）将滤芯外表面的杂物清干净；可以用水或者中性清洗溶剂兑水进行清洗，清洗时避免使用酸性/碱性清洗剂，使用中性溶剂之后要用水清洗干净，不能采用高压喷水，清洗后不能立即吹气（让其自然干）；也可以用压缩空气吹气清扫，采用压缩空气吹气清扫，风压要求在 685 kPa 以下，空气喷嘴和滤芯材料的距离要超过 50 mm 以上，滤芯由内侧向外侧，沿着滤材的褶皱清扫。

1—过滤器；2—蝶形搭扣。

图 4-63 主空气压缩机过滤器

（6）将滤芯按照拆下时的状态放入吸入式过滤器罩盖内，然后放在安装座上准确对位、扣紧过滤器罩盖，过滤器罩盖蝶形搭扣和底位安装扣应扣紧可靠。

（7）恢复裙板安装，螺栓扭力 25 N·m，安装螺栓齐全、安装牢固并涂打防松标识。

任务九　CRH2 系列动车组制动系统应急处理

一、制动切除作业

制动系统切除作业针对不同 CRH2 系列车型，操作方式稍有差异。

（一）CRH2A 非统型车制动切除作业

（1）在需要实施制动切除的车厢的运行配电箱内，关闭紧急截断塞门（红色）、供给截断塞门（白色），切断紧急制动与常用制动的风源，如图 4-64 所示。也可以在车下走行部切断以上风源，但每台转向架有一个截断塞门，只对本台转向架起作用。

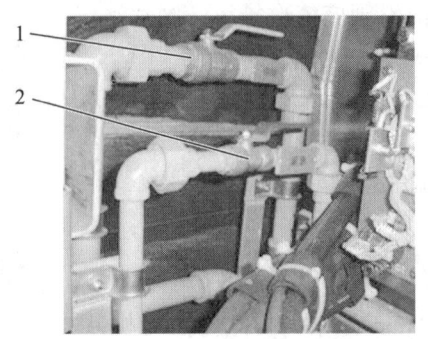

1，2—截断塞门

图 4-64　制动供给截断塞门正常状态

（2）拉出紧急短路开关或旋转紧急短路旋钮，如图 4-65 及图 4-66 所示。图 4-65 适合于 CRH2A、CRH2C（2061~2070）编号的动车组；图 4-66 适合于 CRH2B、CRH2E、CRH2C（2071~2090，2091~2110，2141~2150）编号的动车组。

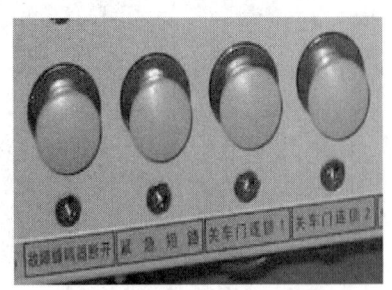 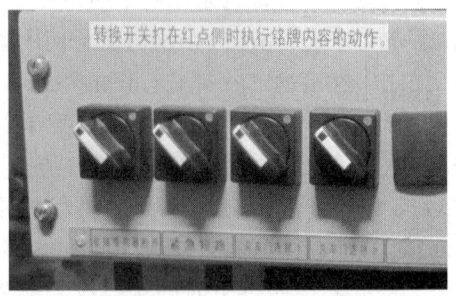

图 4-65　紧急短路开关　　　　　　　图 4-66　紧急短路旋钮

（3）断开制动控制装置断路器，该步骤仅在制动控制装置出现故障（故障代码 059）时进行操作，如图 4-67 所示。

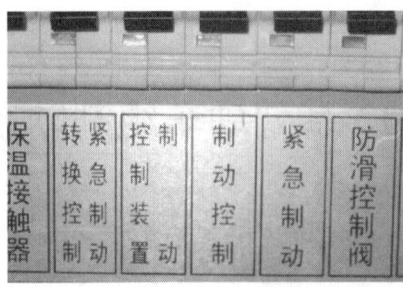

图 4-67　制动控制装置空气开关

（二）CRH2A 统型及 CRH380A 型车制动切除作业

（1）在需要实施制动切除的车厢的运行配电箱内，关闭供给截断塞门（白色），手柄置于与管路垂直位，如图 4-68 所示为 CRH2A 统型车与 CRH380A 统型车的制动供给截断塞门断开状态。如图 4-69 所示为 CRH380A 非统型车的制动供给截断塞门正常状态,紧急截断塞门(红色)、供给截断塞门(白色)均需关闭。也可以在车下走行部切断以上风源,但每台转向架有一个截断塞门,只对本台转向架起作用。

1—供给截断塞门；2—停放制动截断塞门。

图 4-68　制动供给截断塞门断开状态

1—供给截断塞门；2—紧急制动截断塞门。

图 4-69　制动供给截断塞门正常状态

（2）在如图 4-70 所示的转换开关盘中,将紧急短路开关右旋切换至红点位。

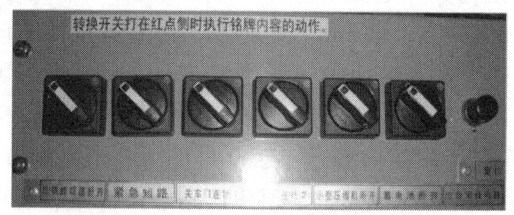

图 4-70　转换开关盘

（3）断开制动控制装置断路器,如图 4-67 所示。

（4）主控端头车做关门车时,须隔离司机警惕装置。

（三）CRH2A 统型车及 CRH380A 型车停放制动切除作业

（1）在需要实施制动切除的车厢的运行配电箱内,关闭供给截断塞门（白色）,手柄置于与管路垂直位,关闭故障车辆的停放制动带电触点截断塞门（手柄黑色）,使手柄置于垂直位,如图 4-68 所示。

（2）在旁路开关盘中操作故障车辆的"停放制动旁路"按钮,将紧急制动回路中停放制动功能旁路,如图 4-71 所示。

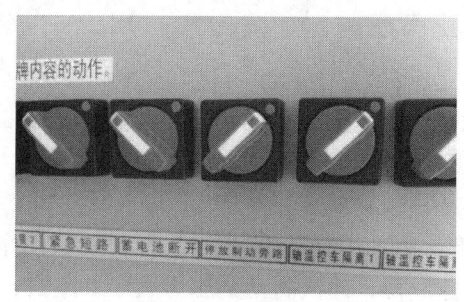

图 4-71　旁路开关盘

（3）在车辆一侧拉停放制动手动缓解拉绳，共4根（每台停放制动两侧均可操作，操作一侧即可），手动缓解停放制动，如图4-72所示。观察带停放缸的制动卡钳状态，用手摇动制动夹钳，确认其已缓解。

（4）通过MON屏"切除状态"界面，确认停放制动已切除。

（5）再恢复供给截断塞门（手柄白色），使手柄置于与管路平行位。

图4-72 停放制动手动缓解装置

二、CRH2A 与 CRH380A 统型车无动力回送方法

（一）总体要求

（1）动车组无动力回送时列车管压力为600 kPa，使用统型过渡钩时，须确认相互连挂的车钩中心水平线高度差不得超过50 mm，如超限，由随车机械师调整过渡车钩高度。

（2）动车组无动力回送，制动可用时，限速120 km/h；制动不可用时，限速5 km/h。

（3）动车组一般情况下不得通过半径小于250 m的曲线，且通过半径为250 m的曲线时，须限速15 km/h；所有动车组不得侧向通过小于9号的单开道岔和6号的对称双开道岔。

（4）通过和停靠1 200 mm以上站台时，须确认站台边缘距轨道中心距不小于1 750 mm。

（5）无动力回送时应尽可能避免实施紧急制动，无动力回送过程中发生紧急制动后，本务司机必须通知随车机械师。经随车机械师检查过渡车钩状态良好后方可继续运行。

（6）动车组无动力回送时间在2 h以内时，可使用机车直接连挂动车组的方式回送；无动力回送时间超过2 h时，必须加挂能向蓄电池供电的回送过渡车。

（7）采用回送过渡车回送动车组时，回送过渡车须挂于回送列车机后一位。

（8）动车组连挂端头罩的开启、关闭操作由司机在司机室内自动完成，随车机械师下车确认（开启及关闭需保持1 min）；当不能由司机自动完成上述操作时，由随车机械师在车下手动操作完成。

（二）机车救援动车组作业（2 h 内）

1．被救援动车组作业程序

以下内容由动车组司机完成：

（1）动车组司机操纵动车组停车，确认总风压力须在600 kPa以上（必要时启动空气压缩机），空气弹簧需充气至正常高度。

（2）进行动车组制动系统试验：

① CRH380A型动车组：制动手柄移至"B7"位，确认动车组总风缸压力在780 kPa以上。将制动手柄移置"快速"位，确认制动缸压力大于240 kPa。制动手柄移置"B7"位，确认制动缸压力大于170 kPa。制动手柄移置"运行"位，确认制动缸压力为零。

② CRH2A 统型车：制动手柄移至"B7"位，确认动车组总风缸压力在 780 kPa 以上。将制动手柄移置"快速"位，确认制动缸压力大于 210 kPa。制动手柄移置"运行"位，确认制动缸压力为零。

（3）确认上述项目后，须将制动手柄保持在"B7"的位置，保持动车组制动状态。

（4）确认蓄电池的电压（DC 100 V 控制电路）至少须在 87 V 以上（低于 84 V 时应及时升弓充电或通知机械师采用外接电源充电）。

（5）断开主断路器，降下受电弓。

（6）闭合司机室配电盘内联解控制和联解限位开关断路器，打开连挂端开闭机构。确认连挂端头罩打开后，断开联解控制断路器。

（7）CRH380A 型动车组：闭合救援转换装置断路器，分别将两端司机室总配电盘内"救援转换集控隔离开关"合上，准备工作完毕。动车组重联回送时 4 个司机室总配电盘内"救援转换集控隔离开关"都合上。

（8）CRH2A 统型车：将连挂端"警惕报警隔离"开关右旋至隔离位。闭合（救援转换装置）断路器，分别将两端司机室总配电盘内"救援转换集控隔离开关"合上，准备工作完毕。动车组重联回送时 4 个司机室总配电盘内"救援转换集控隔离开关"都合上。

（9）确认制动指令转换器正确，通知随车机械师准备工作完毕。

当动车组司机完成相关程序后，随车机械师完成以下内容：

（1）为确保蓄电池电源容量，减缓蓄电池电压的下降速度，将车厢的空调紧急通风、厕所模块、应急照明等断路器断开。

（2）下车目视确认动车组所有受电弓均处于降下状态。

（3）确认连挂端头车罩盖打开，检查密接式车钩、电气连接器状态良好，确认司机室气密墙外的"救援旁通断""救援断"处于关闭位置。若动车组开闭机构不能自动打开，则通过操作列车分合控制盘手动操作开关将手动操作开闭机构打开。

（4）为确保蓄电池电源容量，减缓蓄电池电压的下降速度，各车的断路器须按规定设置闭合/关断状态。

（5）在动车组司机或乘务人员的配合下，将统型过渡车钩安装在头车的密接车钩上，确认过渡车钩与密接车钩锁销相互咬合状况良好。

2．动车组与机车连挂作业程序

随车机械师将统型过渡车钩安装在密接车钩上并确认相互咬合状况良好后，通知机车司机进行连挂作业，机车司机完成以下内容：

（1）将机车停在距离动车组 3 m 以上的位置。

（2）将机车的车钩（15 号车钩）置于释放状态。

（3）确认机车的车钩大概处于轨道的中心位置。

（4）随车机械师指挥，机车司机以 5 km/h 以下的速度移动机车并使机车与动车组联挂。

（5）进行试拉，确认连接是否正常。

动车组随车机械师完成以下作业内容：

（1）检查机车车钩与动车组过渡车钩连挂状态，确认相互连挂的车钩中心水平线的高度差不得超过 50 mm。

（2）CRH380A型动车组：

① 若机车采用单管供风，连接机车列车管与动车组制动（BP）管。打开动车组制动（BP）管的截断塞门和机车列车管的折角塞门。打开"救援旁通断"塞门，确认动车组的MR压力达到600 kPa时，关闭"救援旁通断"塞门，打开"救援断"塞门。

② 若机车采用双管供风，将机车列车管、总风管与动车组BP管、MR管连接。打开动车组BP管、MR管和列车管、总风管折角塞门。

（3）CRH2A统型动车组：

① 若机车采用单管供风，连接机车列车管与模块3（BP）管。打开动车组制动（BP）管的截断塞门和机车列车管的折角塞门。打开"救援旁通断"塞门，确认动车组的MR压力达到600 kPa时，关闭"救援旁通"塞门，打开"救援断"塞门。

② 若机车采用双管供风，将机车列车管、总风管与动车组统型过渡车钩模块3上的BP管、MR管连接。关闭"救援MR断"塞门，打开"被救援MR通"塞门，然后再打开机车列车管、总风管折角塞门。

③ 切除CRH2A统型1、4、5、8车停放制动。

3．制动试验作业程序

该部分内容由动车组司机与机车司机共同完成。

（1）机车司机缓解机车自阀，向动车组BP管提供（600 kPa）的压力。

（2）动车组司机操作动车组的制动手柄从"B7"位移至"运行"，通过MON确认全车的BC压力为零。通知机车司机实施制动。

（3）机车司机操作制动机自阀，使BP压力从600 kPa减至430 kPa。

（4）动车组司机通过列车信息控制系统显示屏确认：

CRH2A统型动车组全列制动缸压力在160 kPa以上或CRH380A动车组全列制动缸压力在240 kPa以上后，通知机车司机实施缓解。

（5）机车司机将制动机单阀制动，自阀置于"运转"位，向列车管充风，使列车管压力逐渐从430 kPa上升至600 kPa。

（6）动车组司机确认动车组全列制动缸压力下降为零。通知机车司机制动试验完毕。

4．回送途中需要注意的事项

该部分内容由动车组司机、机车司机与随车机械师共同完成。

（1）回送列车尽可能不实施紧急制动，做到平稳操纵。在机车不得已实施紧急制动的情况下，动车组随车机械师应下车检查确认动车组与机车间过渡车钩的连接状态，特别是过渡钩头位置。

（2）动车组无动力回送途中动车组司机不得离开司机室，通过制动指令转换器确认BP压力在550 kPa以下时，列车信息控制系统显示屏上制动缸压力必须有显示（即制动作用）；BP压力为580 kPa以上时，列车信息控制系统显示屏上制动缸压力必须为"0"（即缓解）。

（3）运行中总风风压不低于530 kPa，通过连挂端驾驶台电压表确认直流电压不低于84 V。当直流电压低于84 V时，动车组司机通知机车司机申请就近站停车后升弓充电，待蓄电池电压高于87 V以上后，动车组方可继续回送。

（4）若列车电压低于 77 V 时，列车将自动实施紧急制动，此时，动车组随车机械师应对动车组全列进行手动缓解，通知机车司机限速 5 km/h 运行。司机应立即向所在铁路局集团公司调度所及车站报告，并请求限速 5 km/h 运行至前方站侧线停车等候处理。

（5）随车机械师须巡视动车组，监视动车组的制动和缓解情况，确认途中无异常声响和振动。

5．动车组与机车解编作业程序

（1）机车司机操纵列车停车。

（2）动车组司机将动车组制动手柄置"B7"位，保持动车组制动状态，另外，CRH2A 统型动车组须恢复停放制动并施加。

（3）动车组随车机械师下车关闭机车列车管和动车组制动 BP 管折角塞门以及总风管和 MR 管的折角塞门，确认机车列车管、总风管以及动车组 BP 管、MR 管无压缩空气后切除机车与动车组（或统型过渡车钩）间的风管连接。注：单管供风时，关闭动车组 BP 管和"救援断"塞门；双管供风时，关闭动车组 BP 管、MR 管和接车列车管、总风管折角塞门。

（4）机车司机下车摘解车钩，移动机车离开动车组。

（5）随车机械师拆下动车组制动（BP）软管、总风（MR）软管，以及过渡车钩（双班值乘的动车组司机应配合），放回规定位置；

（6）关闭前端罩盖，不能自动关闭时通知随车机械师手动操作。断开制动指令转换器电源（将司机室后面板"救援转换装置"断路器断开）。对于 CRH380A 型动车组还需要将所有司机室左面边柜的"救援转换集控隔离开关"逆时针断开。

三、CRH2 型动车组制动不缓解故障分析

制动指令为缓解时，如果 BC 压力残存在 40 kPa 以上（检测时间 5 s），就判断为制动不缓解，通过 M419 线输出到列车信息控制装置。

（一）案例分析

2007 年 7 月 3 日，CRH2-025 列运行过程中，全列触发紧急制动，司机在 MON 显示器"配电盘信息"画面上发现各车 UV 阀动作，1 号车 JTR 继电器动作，在"车辆信息"画面显示 1 号车总风压力低，通知随车机械师后，机械师进入头罩内部开断几次总风压力检测用塞门，590 kPa 总风压力开关不动作，从总配电盘用万用表测量 3d 线电压为 0 V，短接 1 号车总配电盘内的 3-3D 线紧急短路开关，司机把制动手柄置于"快速"位，按压"紧急制动复位"开关，紧急制动缓解，制动手柄置于"运行"位后，全列制动缓解，BC 压力回 0。

此案例为紧急制动不缓解，原因是 1 车前舱内 590 kPa 总风气压开关动作不良，不能正常闭合，导致 MRrAPSR 不能励磁，所以 MON 屏显示 1 号车总风压力低，导致全列车紧急制动不能缓解，其控制原理如图 4-73 所示。在运行途中出现该故障，在确认总风压力正常的情况下，可以使用总配电盘的应急短路开关 3-3D，短接掉 590 kPa 总风气压开关，然后缓解紧急制动。

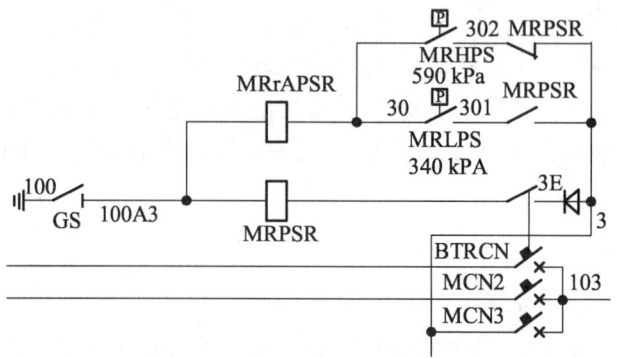

图 4-73 总风缸压力检测电路（部分）

（二）故障排查与处理

制动不缓解按照制动模式大致可以分为紧急制动不缓解、紧急制动 EB 不缓解以及常用制动不缓解三类，下面分别介绍其排查与处理的方法。

1．紧急制动不缓解故障排查与处理

紧急制动不缓解故障是因为主控端 JTR 非励磁，即 153 线与 154 线回路无压或断线。其原因可能有：

（1）总风压力不足（小于 590 kPa）或总风气压开关在关闭位。

（2）制动手柄不在快速位。

（3）紧急制动拉杆（UBS）在"作用"位（此拉杆共有 6 个，两司机室各有 2 个，7 号车监控室和乘务员室各有 1 个）。

（4）司机室救援开关在"救援"位。

（5）单列动车组两司机室连接切换器均在合并位或双列动车组重联端两司机室连接切换器在分割位。

（6）4 车、5 车运行配电盘中车端连接转换器处于"解除"位。

（7）制动力不足。

（8）各车运行配电盘中紧急制动继电器（UVN）、制动控制继电器（BCCN）以及制动控制装置继电器（BCUN）断开或各车厢服务配电盘中 100A2、100A3 以及 100L1 等接地开关断开。

（9）线路断线或继电器功能故障。

紧急制动不缓解故障排查与处理方法：

（1）确认主控端司机室各 NFB 开关处于"正常"位；救援开关处于"正常"位；连接切换器处于"分割"位。

（2）确认总风压力在 590 kPa 以上，前舱 590 kPa 气压开关闭合正常。

（3）将制动手柄置于快速位，按压紧急复位按钮，进行紧急复位操作。如果还不能复位，继续下面的操作。

（4）在 MON 屏上车辆信息页面中确认全列车紧急制动拉杆（UBS）是否在正常位。

（5）在 MON 屏上配电盘信息中确认各车产生紧急制动的原因。如果全列 UVR 状态红色，即 153 线无电，此时检查总配电盘中 153K 接触器接线是否正常，同时检查 JTRTD 时间继电器接线是否正常、动作是否良好以及时间设置是否正确。如果紧急制动是由制动力不足产生的，故障排查方法参见项目二任务二制动力不足故障排查与处理。

（6）在总配电盘中确认 153 线加压后，再次紧急复位。如果紧急制动不能复位，继续排查。

（7）通过 MON 屏确定故障车位置，检查故障车运行配电盘中紧急制动继电器（UVN）、制动控制继电器（BCCN）以及制动控制装置继电器（BCUN）或各车厢服务配电盘中 100A2、100A3 以及 100L1 等接地开关处于正位，且线路无异常，各继电器动作正常。

（8）确认 4 车、5 车运行配电盘中车端连接转换器处于"连接"位。

（9）检查非主控端司机室各断路器处于正位；救援开关处于"正常"位；电气连接器处于"分割"位，重联端气连接器应处于"连接"位。

（10）如果此时故障还不能消除，可以换端操作后进行紧急复位操作，来进一步确认故障原因。

2．紧急制动 EB 不缓解故障排查与处理

在紧急制动缓解的情况下，紧急制动 EB 不缓解。原因可能有：152 线断线，ATP 故障，JTR、EBR、BFR 继电器功能故障，BCU 故障。

在紧急制动 EB 不能缓解时，可以使用总配电盘中应急短路开关 2-152B，如果此时紧急制动 EB 缓解，说明故障原因是 JTR、EBR 故障。如果此时紧急制动 EB 还不能缓解，则故障原因是 152 线断线。

3．常用制动不缓解故障排查与处理

在紧急制动缓解、紧急制动 EB 缓解后，将制动手柄置于运行位，如果 BC 压力残存在 40 kPa 以上（检测时间 5 s），就判断为制动不缓解。

常用制动不缓解的原因可能是：

（1）操纵端与非操纵端救援转换装置继电器（BTRCN）闭合。

（2）CTCS-0 级区段，ATP 等级不正确。

（3）BCU 故障、中继阀、EP 阀故障或传感器故障。

常用制动不缓解故障排查与处理方法：

（1）如果全列常用制动不缓解，原因一般为 BTRCN 在"合"位或 ATP 等级不正确。确认全列车 BTRCN 是否为断开状态、ATP 等级选择正确。

（2）如果单列车常用制动不缓解，原因一般为 BCU 故障、中继阀故障、EP 阀故障、传感器或者制动系统线路故障。如果在运行途中确认常用制动不缓解时，到故障车中，在运行配电盘上，将制动控制装置继电器（BCUN）断开后，再投入，然后进行紧急制动复位后再缓解，再次确认故障车辆的 BC 压力。如果故障消除，继续运行，如果故障不能消除，进行关门车处理，并按照规定限速运行，回库对 BCU 进一步检查。

复习思考题

一、填空题
1. CRH2 型动车组从减少闸片磨损的角度考虑采用_____方式：再生制动优先，其次是_____，再次是_____。
2. CRH2 型动车组控制风缸是为_____提供压缩空气。
3. CRH2 型动车组制动闸片剩余厚度不小于____mm。
4. CRH380A 型动车组主空气压缩机分布在____和____车。
5. CRH2 非统型车的备用制动提供_____常用制动和____制动的制动力。

二、选择题
1. CRH2 型动车组一辆动车两个转向架共有（　　）个制动液压夹钳。
　　A. 4　　　　B. 8　　　　C. 16　　　　D. 32
2. CRH2 型动车组的主压缩机一旦停机后，在（　　）s 内禁止再启动。
　　A. 2　　　　B. 3　　　　C. 5　　　　D. 7
3. CRH2 型动车组动车轮盘制动圆盘外径与拖车轴盘制动圆盘外径分别是（　　）。
　　A. 720 mm、670 mm　　　B. 725 mm、725 mm
　　C. 750 mm、725 mm　　　D. 670 mm、670 mm
4. 下列动车组制动夹钳的传动介质与其他三种不同的是（　　）。
　　A. CRH1 型动车组　　　　B. CRH2A 非统型车
　　C. CRH3 型动车组　　　　D. CRH380A 统型车
5. CRH380A 型动车组拖车上安装的基础制动装置属于（　　）。
　　A. 闸瓦制动　　　　　　B. 轮盘式+轴盘式
　　C. 轴盘式　　　　　　　D. 轮盘式
6. CRH2 型动车组紧急制动 EB 与常用制动控制原理相同，但其制动力是最大常用制动力的（　　）倍。
　　A. 1.2　　　　B. 1.5　　　　C. 2　　　　D. 0.5

三、简答题
1. 简述 CRH2 系列各型动车组制动系统之间的差异。
2. CRH2 型动车组的制动系统由哪些部分组成？
3. CRH2A 型动车组制动装置的总体配置情况是怎样的？
4. CRH2C 型动车组制动装置的总体配置情况是怎样的？
5. CRH380A 型动车组制动装置的总体配置情况是怎样的？
6. CRH2 型动车组的制动系统有什么技术特点？
7. 对 CRH2 型动车组的再生制动特性进行分析。
8. 简述 B11 型调压阀的工作原理。
9. 简述 CRH2 型动车组空气压缩机和辅助空气压缩机的分布位置和主要功能。
10. 简述 CRH2 型动车组耐雪制动的原理。
11. 简述 CRH2 型动车组制动试验的操作方法。

12. 简述 CRH2A 非统型车制动切除操作方法。

13. 简述 CRH2A 统型车及 CRH380A 型动车组制动切除操作方法。

14. 简述 CRH2A 统型车及 CRH380A 型动车组停放制动切除操作方法。

15. 根据 CRH2 型动车组中继阀原理简图（见图 4-74），分别从制动、保压、缓解、紧急制动 4 种作用状态分析中继阀的作用原理。

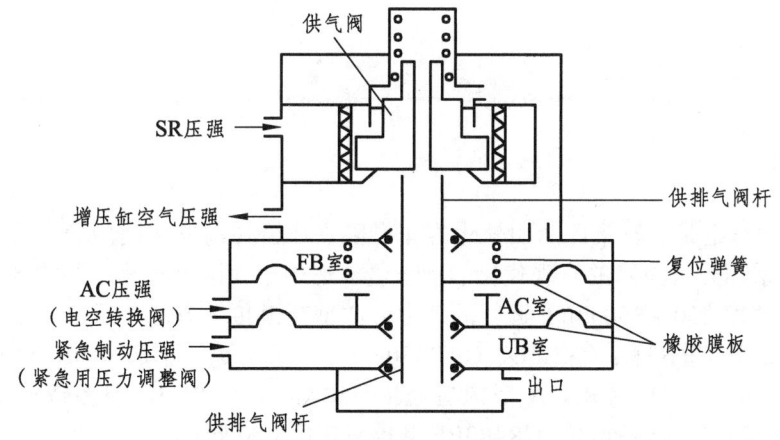

图 4-74　CRH2 型动车组中继阀原理

项目五　CRH3 型动车组制动系统

CRH3 型动车组是中车集团唐山轨道客车有限责任公司与德国西门子合作生产，专为中国市场开发的采用先进技术的、现代化的动车组，适用于我国电气化铁路的既有线和客运专线，采用构造速度 250~350 km/h 运行的动力分散型交流传动方式。目前，基于该平台上生产的车型有和谐号 CRH3A、CRH3C、CRH380B（L）等，复兴号 CR400BF 系列也是在该平台上发展而来的。其中，CRH3A 型构造速度 250 km/h、CRH3C 型构造速度 300 km/h、CRH380B 型构造速度 350 km/h；CR400BF 型构造速度 400 km/h。

CRH3 型及其同平台动车组编组形式如图 5-1 所示。从图中可以看出，CRH3 型动车组为 4M4T 标准 8 辆编组，分成两个控制单元，每一个控制单元 2M2T。受电弓在 TC02 与 TC07 车上，在所有拖车配置有停放制动。在 EC01/EC08 车的第 1 轴，IC03/IC06 车的第 1、4 轴处设置了撒砂装置。

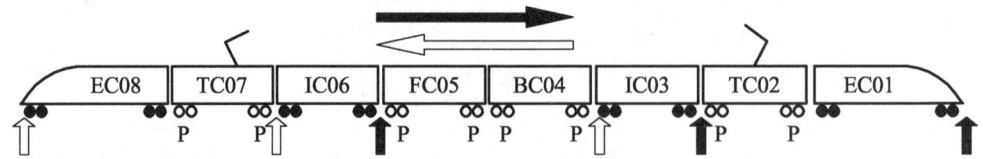

EC1，EC8—带司机室动车；TC07，TC02—带变压器与受电弓拖车；IC06，IC03—动车；FC05—头等座拖车；
BC04—带餐吧的拖车；●—动车轴；○—拖车轴；P—停放制动；⇧，⬆—撒砂装置。

图 5-1　CRH3 平台动车组编组形式

CRH3 型动车组最先引进的型号是 CRH3C，它与其他几个平台的车型相比，构造速度最高，技术也最先进，制动系统许多功能被移植到其他平台的动车组上。

任务一　CRH3 型动车组制动系统简介

一、制动系统组成

CRH3 型动车组制动系统由电制动系统（再生制动）与空气制动系统组成。
CRH3 型动车组电制动系统（Electro-Dynamic Brake，ED）由 EC01/EC08 和 IC03/IC06 车

的牵引系统提供，并由列车中央控制系统（CCU）进行连续控制，制动能量将反馈至接触网络上。当制动能量不能回收或者仅有部分能量可回收时，则其余制动能将由限压电阻器消耗掉。

CRH3 型动车组每根动轴都具有电制动功能，可实施再生制动。动车组实施电制动时，控制系统将三相异步电动机转换为发电机工作，将列车运行的动能转变为电能反馈回电网。动车轴使用电制动时，电空制动仅供拖车轴使用；对于动轴来说，电空制动仅可用于无法使用电制动的速度范围内。如电制动失效，可在有关动车轴上使用空气制动系统。电制动可单独使用，或与空气制动一起使用。与空气制动一起使用时，将优先使用电制动，可以减轻拖车的空气制动负荷，从而减少其机械制动部件磨耗。低速时，该混合制动模式仅由空气制动系统产生停车制动。

CRH3 型动车组空气制动系统有直通式电空制动系统和自动式空气制动系统，两个系统有各自的制动控制装置，也共用供风系统、基础制动装置以及防滑装置等。空气制动系统的制动元件主要分布在司机室、车底与转向架上。

如图 5-2 所示为 CRH3 型动车组制动系统组成简略图，司机室中有制动指令产生装置，主要包括制动控制手柄、备用制动控制阀、紧急制动阀、压力表等。在动车转向架的轴上安装有牵引电机，产生电制动。制动控制单元集成安装在车底，主要集成有空气制动阀板、电子制动控制单元、电气、机械、电缆等附件。供风系统分布安装在车底，包括主供风模块、辅助供风模块、风缸及各种截断塞门。基础制动装置安装在转向架上，主要包括制动盘、制动夹钳与 ISOBAR 粉末冶金闸片等。

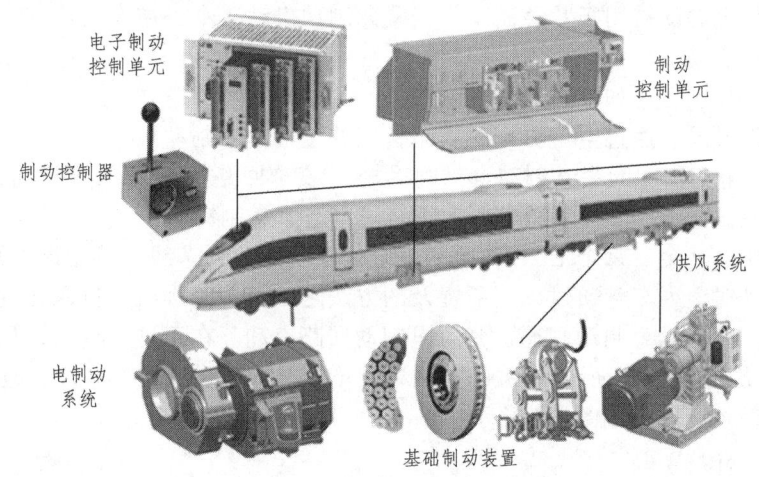

图 5-2　CRH3 型动车组制动系统组成简略图

二、制动系统功能

CRH3 型动车组装有两个独立的制动系统：电制动（ED 制动）和电空制动（EP 制动）。在常用制动情况下，优先使用无磨耗电制动；对于紧急制动，各轴均采用空气制动，动力轴上另加电制动。

动车的牵引驱动提供电制动系统，并通过由微处理机控制的车载控制设备进行无级控制。车载控制设备主要包括中央控制单元、牵引控制单元及制动控制单元。制动能量反馈回接触网，不提供电阻制动（没有制动电阻器）。再生制动的闭路控制系统监测接触网的电压状况，并在制动时控制将再生制动能量反馈回接触网。

当电制动出现故障时,制动力由动力轴上的摩擦制动代替。在这种情况下,也必须满足设计的制动距离。

在速度为 10 km/h 以下时施行空气制动替换电制动,以保证从电动制动转换到空气制动时较小的冲击。作用的空气制动必须由电子制动控制单元进行无级控制。制动系统能实现的基本功能包括紧急制动、常用制动、停放制动和防滑功能。各种功能的作用原理及特性如下。

(一) 紧急制动

1. 紧急制动控制

通过以下任意方法均可以触发紧急制动:

(1) 在司机室启动紧急制动按钮(红色蘑菇按钮)。

(2) 制动力控制器拨到"紧急制动"(EB)位置。

(3) 由列车保护系统或自动警示设备启动(SIFA)。

(4) 列车运行时,启动任何停放制动,停放制动监视回路触发紧急制动。紧急制动实施直至停车。

(5) 当转向架的稳定行驶监视或轴承温度监视被触发,转向架监视回路触发紧急制动且发生最大的常用制动已运用失败。

空气制动和电制动被用于紧急制动。当紧急制动启动,牵引逆变器控制将驱动锁死,车轮防滑系统也被启动。

紧急制动的控制方法如下:

(1) 列车管排风。通过空气分配阀实施备用的空气紧急制动。

(2) 直通式电空制动的紧急制动电磁阀得电。"安全回路状态"列车线控制安装在每辆车上的紧急制动电磁阀(B60.03)得电,实现直通电空紧急制动。

(3) 常用制动冗余。每个 BCU 检测"安全回路状态"列车线,使用最大常用制动。

在紧急制动时,列车管通过以上所提及的方法之一向大气排风,排风通过列车端部的紧急制动阀实现。两个紧急制动阀通过紧急电制动回路启动。在正常运行时,列车管充满缓解压力,紧急制动回路闭合。所有相关的控制单元(如 BCU、TCU、CCU)都连到紧急制动回路上,紧急制动控制原理如图 5-3 所示。

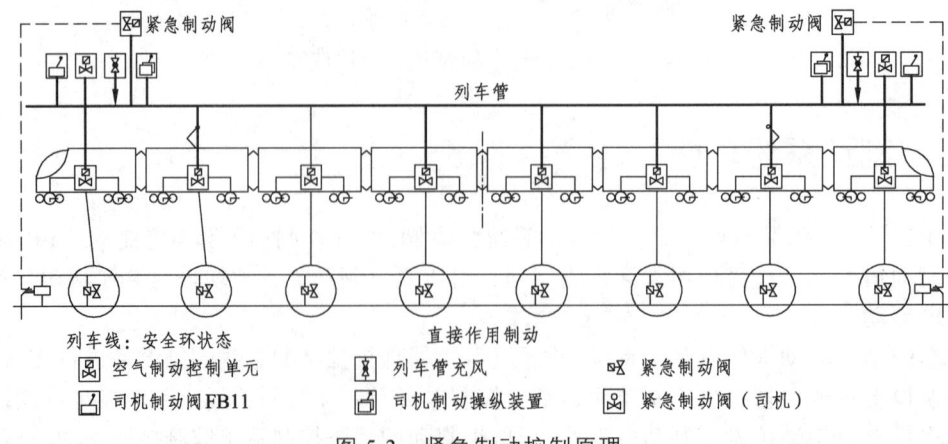

图 5-3 紧急制动控制原理

通过列车管排风，所有车上的控制阀都能起作用，产生制动缸预控制压力，转化为最大的制动缸压力。同时，最大的制动压力经由制动控制单元的模拟转换器设定。若控制阀不起作用，每车依次产生冗余的后退级。

2．紧急制动的触发和信号分配

信号分配和触发元件内部作用如图 5-4 所示。信号通过以下 3 条并联线路从触发点传输到制动单元。

（1）列车管（通过紧急制动按钮排风）。

（2）紧急制动回路。

（3）列车总线（WTB）和车辆总线（MVB）。

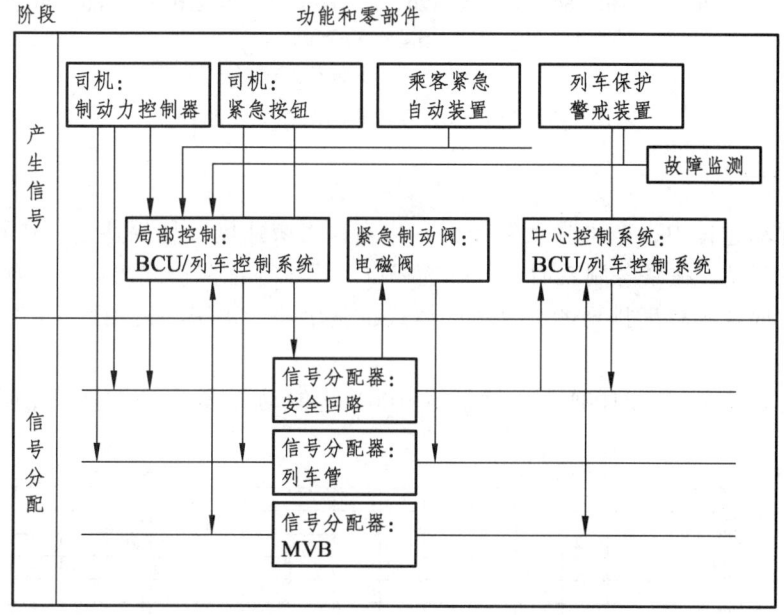

图 5-4　紧急制动和列车自动停靠信号发生-信号分布框图

3．制动力的产生

紧急制动时，产生最大的制动力，同时达到最大的减速度。紧急制动通过轮滑保护系统安全地执行。制动响应时间（从发出空气紧急制动命令到达到 90% 制动缸压力的时间）为 1.5 s。

在紧急制动情况下，因为高速行驶时轮轨之间的黏着系数降低，为了限制制动盘的最大动力消耗，采用分步制动，如图 5-5 所示。分步制动通过中继阀的 T-压力，根据热量计算、黏着系数计算和电制动特性来实现。

对于电制动的使用，一个信号可以从本车 TCU 传送到本车制动控制单元用于通知电制动是否使用。当电制动力消失时，制动力可以由空气制动得到补充。

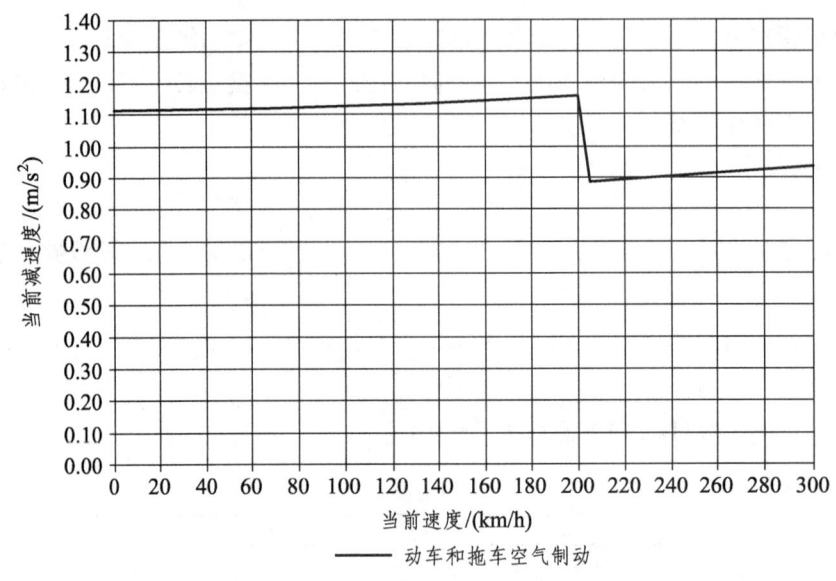

图 5-5 制动模式下紧急制动减速度曲线

4．制动特性

在紧急制动过程中，产生最大制动力和达到最大减速度。如果适用，在紧急制动过程中，也采用电制动。在紧急制动时，可以选择以下模式，这些模式将产生不同的制动特性。这些模式是按照优先程度排列的，具体的模式由其单独子系统的适用性（EP 制动、ED 制动）定义。

第一种制动模式：R+E100%（空气制动+100% 电制动），其中 R 包括列车阻力，如图 5-6 所示。

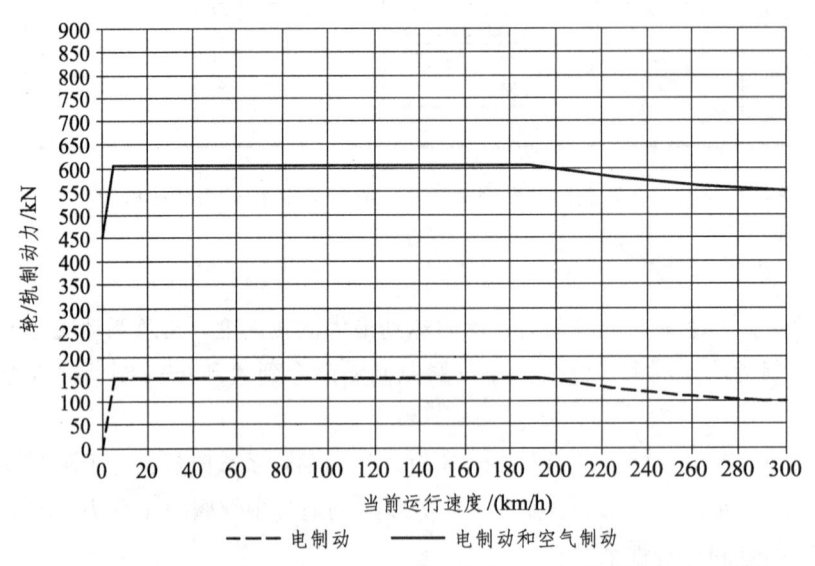

图 5-6 在制动模式 R+E 100% 下紧急制动时再生制动的制动力曲线

这种模式的制动通过 EP 制动和 ED 制动的协作实现。这是首选的制动模式，因为它能减少摩擦制动并实现能量回收。在约 5 km/h 时，再生制动被空气制动代替（替代制动）。

在电制动有效的情况下（制动模式 R+E 100%），无论是动力轴还是非动力轴的制动缸从最大速度到最终列车停止的各个速度等级下都保持较低水平的摩擦制动压力。

第二种制动模式：只有摩擦制动，没有电制动辅助的制动。这种制动模式完全独立于电网之外，如图 5-7 所示。

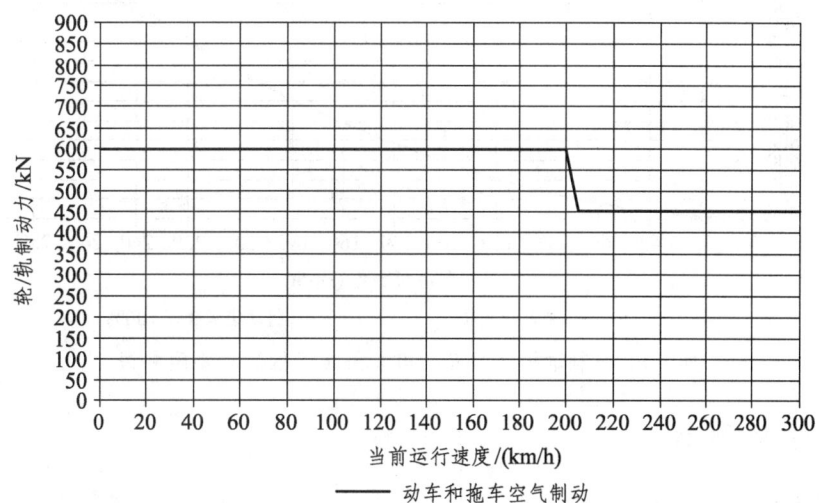

图 5-7 制动模式 R 下紧急制动时的制动力曲线

5．轮轨摩擦

当动车组速度为 200 km/h 时，允许的轮/轨摩擦系数和要求的制动距离如图 5-8 和图 5-9 所示。

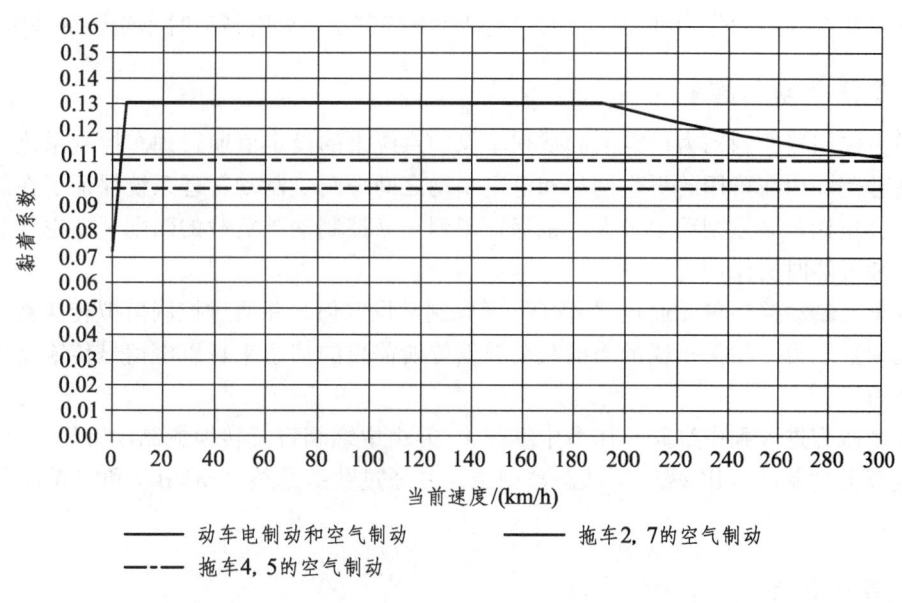

图 5-8 在制动模式 R+E 100% 下的摩擦系数曲线

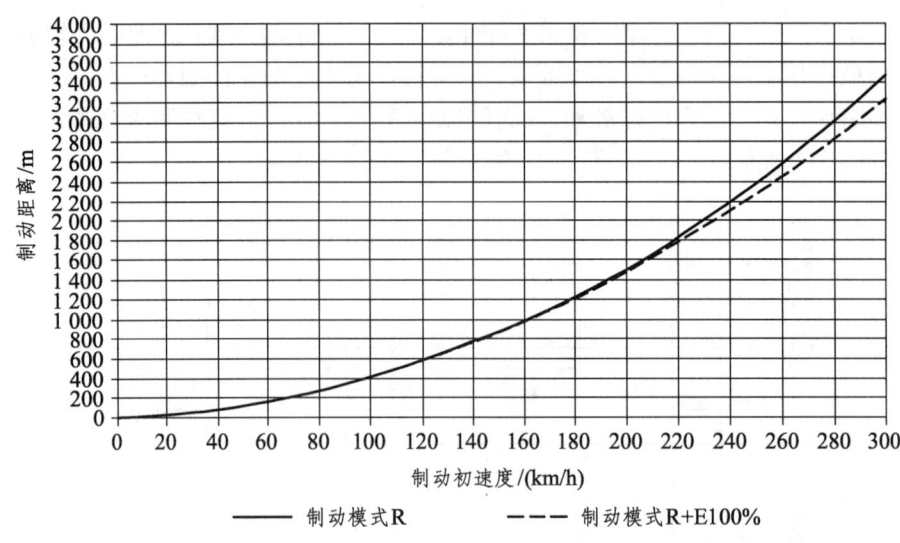

图 5-9 在制动模式 R+E 100% 和 R 下的制动距离曲线

（二）常用制动

1．常用制动的功能

列车正常运行时，实施常用制动。对于常用制动而言，制动力设定与制动力控制器的扳动角度成比例。

当乘客报警信号箱被操作时，乘客紧急制动环触发，使用最大的常用制动力。为避免列车停在不适宜的轨道段（隧道、桥），司机可以通过制动力控制器延迟制动。

为了减小磨损，首先启用电制动作为基本的常用制动。当电制动达不到要求或者电制动启动失败需要空气制动作为补充制动时，才启动空气制动。常用制动时车轮防滑系统起作用。

2．常用制动的控制

制动力控制器的制动力设定值和从列车保护系统来的设定值通过列车控制系统读取，并在制动管理范围内在可用的再生制动和电空制动之间分配。制动管理系统保证了在制动时摩擦系数不会超标，导致制动力过大，也保证了列车摩擦制动与负载的匹配（即空气制动时磨耗最优化和过热时的保护）。

每辆车上制动控制单元通过"MVB"读取制动设定值，并通过控制模拟转换器来控制每辆车的制动缸压力。相关车辆的当前载荷补偿等所需要的信息来自以电信号传输过来的空气弹簧的压力。

预控制压力进入到中继阀（压力中继阀），并由中继阀将其转换成制动缸压力。

每辆车上"制动应用/缓解"状态被记录，并通过数据总线"MVB"和"WTB"反馈给司机。

3．信号发送

常用制动的设定值通过车辆数据总线（MVB）和列车总线（WTB）传输，如图 5-10 所示。

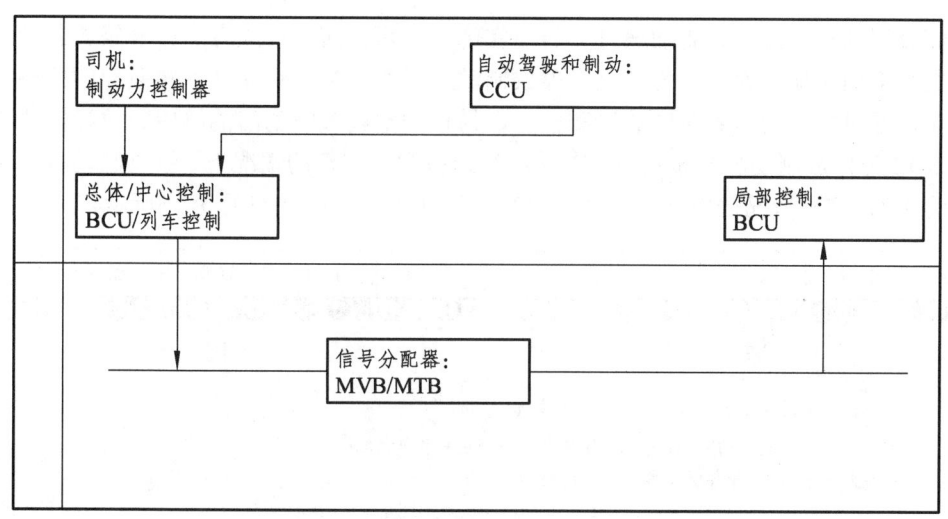

图 5-10 常用制动过程中信号产生-信号分布框图

4．制动特性

常用制动的响应时间大约为 1.5 s，在最大常用制动的条件下，平均减速度为 0.8~1.0 m/s²。常规制动力小于紧急制动力。图 5-11 所示为常用制动阶段（1~8 级）初步减速特性曲线。该曲线将运行阻力（标记为 F_w）考虑在内。

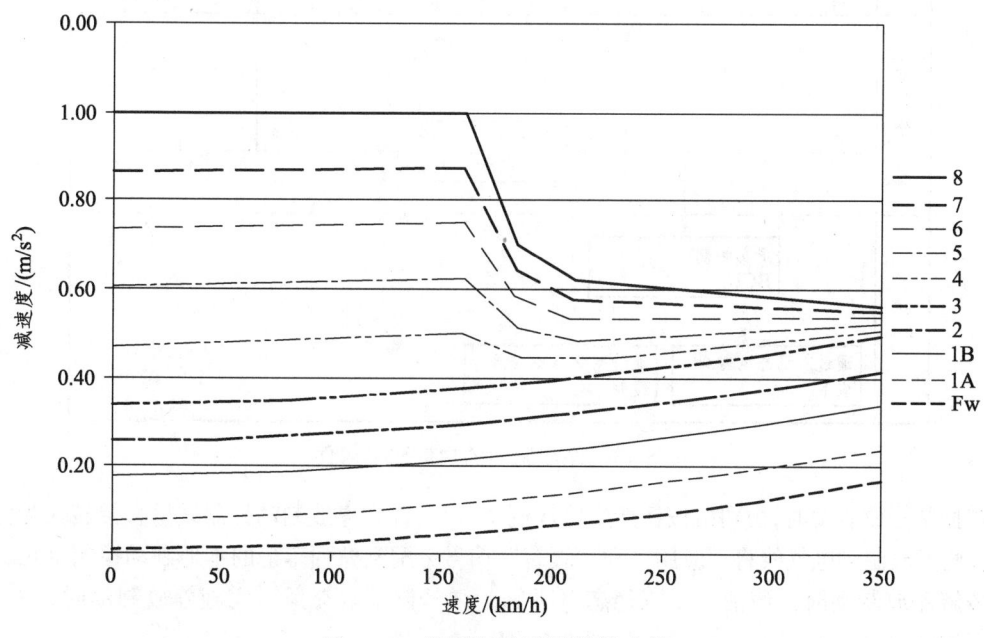

图 5-11 常用制动减速特性曲线

（三）停放制动

司机通过一个按钮控制停放制动，在列车停放（无压缩供气）时，使列车安全停靠，停靠设计的最大下坡斜度为 30‰。

在停放制动单元缸里，制动通过弹簧力实施，无须任何空气压力。缓解停放制动，采用压缩空气来抵消机械弹簧力。为了允许停放制动的紧急缓解，在非动力转向架的两侧提供了金属绳索。通过每车的紧急缓解装置和独立、易控的空气截断塞门能够中断故障停放制动。

图 5-12 为停放制动缸分布示意，在采用烧结衬和钢制盘的情况下，停放制动抗溜车安全系数约为 1.2，这种情况适用于空车。停放制动的功能和零部件如图 5-13 所示。

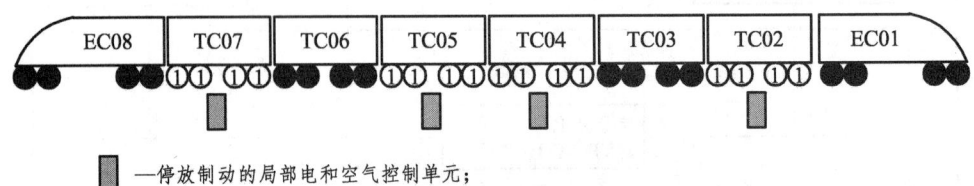

▮——停放制动的局部电和空气控制单元；
①——一个轮对的3个轴装制动盘中有一个停放制动单元缸；
●——装有2个轮装制动盘，无停放制动单元缸。

图 5-12 停放制动装置分布

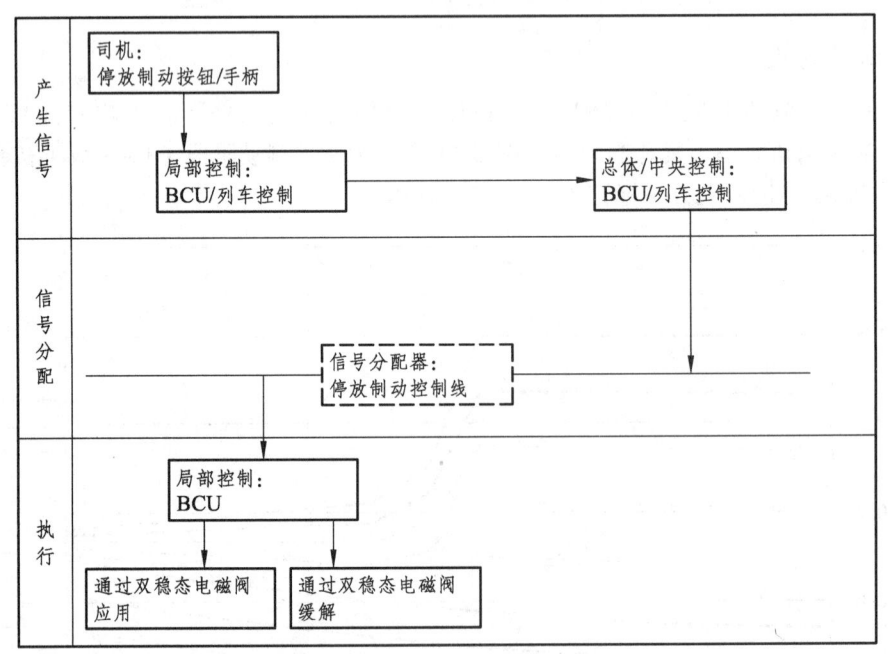

图 5-13 停放制动的功能和零部件

在控制停放制动时，由司机按钮产生停放制动信号，并在停放制动控制线里直接转换为信号。通过这些停放制动电气线将"应用"和"缓解"信号分配到整列车上的本地制动控制单元。

缓解停放制动时，激活一个双稳态电磁阀为弹簧制动缸充风。实施停放制动时，停放制动单元制动缸通过电磁阀来排风，如图 5-14 所示。

当电源失灵时，双稳脉冲电磁阀保持最后一次设置。这就保证了列车在电源故障时停放制动不会无意中被应用或缓解。

当空气制动和停放制动同时使用时，空气制动产生的制动缸压力通过双向止回阀向停放制动单元缸加压。这就使得停放制动缓解到与空气制动实施的同等程度。因此可以预防转向架设备机械性负荷过载。

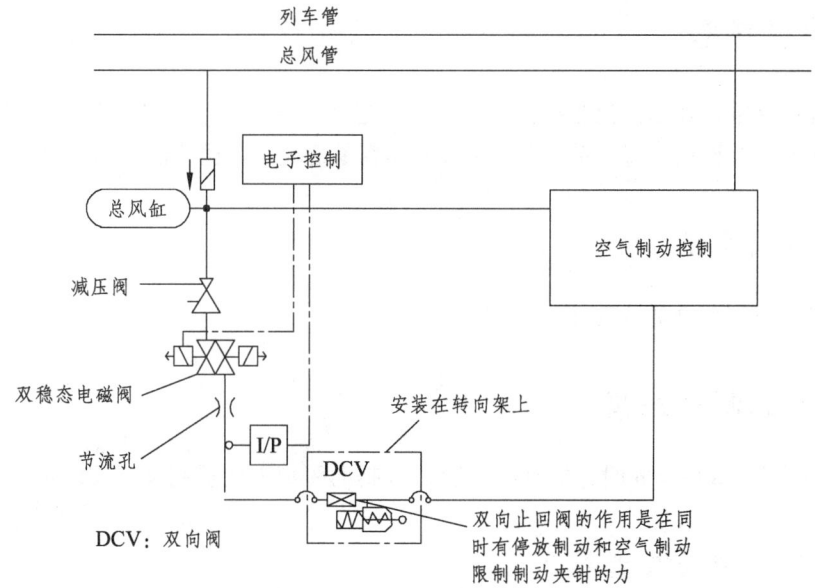

图 5-14 停放制动的控制原理

对于监测停放制动的状态检测,每辆车停放制动状态可以通过压力传感器检测,再由"MVB"和"WTB"传给司机。在列车运行期间,如果检测到应用了停放制动,为防止损坏制动盘,BCU 会触发"停放制动监视回路"实施紧急制动。

当司机在停放制动状态起动列车时,"停放制动监视回路"也会被触发。如果 BCU 检测到"移动"(非静止)信号,在低速时就会启动紧急制动。当紧急制动启动,牵引系统也将被锁死。

(四)防滑系统

列车的每条轮对由防滑系统监测。

为此,每个轮对的旋转速度通过脉冲传送装置进行测量和评估。如果滑动发生,各车的制动控制单元(BCU)将激活每条轮对的防滑器排风阀以缓解制动。

下列扩展功能已被实施:

(1)在动力轴,防滑器将影响空气制动和电制动。由于相应的牵引控制单元有其轮滑保护,则调节器以下列描述的方式被分开。

(2)对于常用制动,牵引控制单元中的防滑调节器调节至低于空气制动的滑动值,并因此减少已具有较低轮对减速度的电制动力。在正常情况下,牵引控制单元由于其较敏感的调节器设置而控制电制动。如果驱动轴仍发生严重的滑动,则空气制动调节器发送一个减小信号给牵引控制装置(TCU),后者将减小电制动力。空气制动的防滑系统将其减少信号提供给电制动作为总线信号。这个信号的范围为 0~100%。

(3)对于紧急制动,动力轴采用了比常用制动期间略高的滑动值。空气制动的防滑系统的调整参数,按照利用最合适的摩擦系数的设置。为此,在紧急制动期间,制动控制单元单独替代制动系统的调整功能并调节电制动力。在此情况下,牵引控制单元(TCU)仅监视电制动力的调整是否在预先设定的最大值上,如果紧急制动期间 TCU 和 BCU 间的 MVB 通信失败的话,制动控制系统(BCU)将自动调节制动系统。

三、设计参数

制动系统的基本设计参数包括车辆质量分布情况、紧急制动距离要求、基础制动的布置情况、运行中的空气阻力及轮轨黏着关系、盘及闸片的热容量情况。上述参数的具体指标如下：

（一）车辆质量

制动系统按 536 t 的质量设计。

（二）紧急制动距离

制动初速度为 300 km/h 时，仅有空气制动时制动距离（包括制动响应时间）为 3 700 m。

（三）基础制动布置情况

每个动车轴安装 2 个轮装铸钢制动盘+粉末冶金闸片+电子防滑器；每个拖车轴安装 3 个轴装铸钢制动盘+粉末冶金闸片+电子防滑器。另外，对应动车轴安装有撒砂装置。

（四）平直轨道黏着系数

平直轨道轮轨黏着系数如图 5-15 所示。从图中可以看出，干燥轨道的黏着系数最大，其极限值达到 0.15；在低温、潮湿和雨雪等恶劣情况下轨道的黏着极限为 0.12 左右；列车实际的黏着系数比前两种情况都要小，它只有干燥轨道的 1/3 左右，只有潮湿轨道的 1/2 左右。黏着系数除了与轨道状态有关外，还与列车运行速度相关。列车运行速度越高，黏着系数越小。

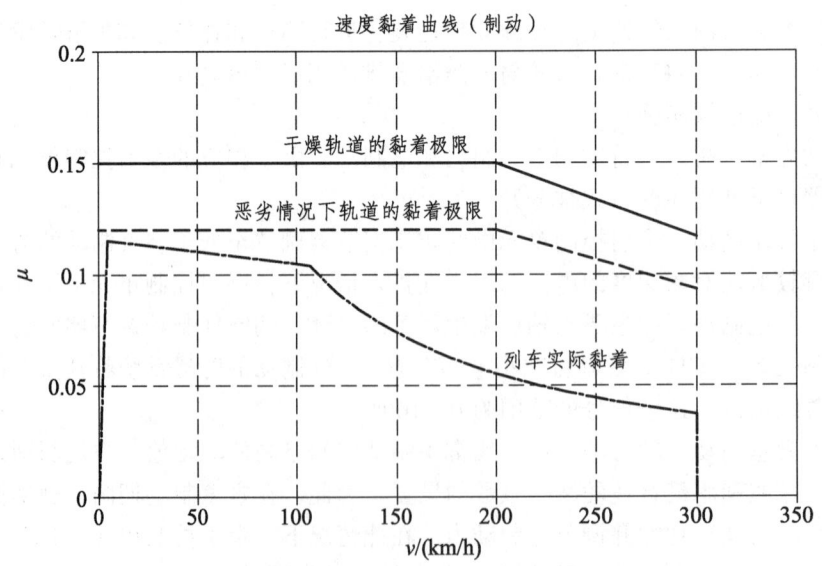

图 5-15 平直轨道轮轨黏着系数

（五）制动盘及闸片的热容量

制动盘及闸片的热容量如图 5-16 所示。图中，不同形状的点表示不同制动状态下的制动盘上的热容量，制动盘的热功率几乎维持在 400 ~ 500 kW。

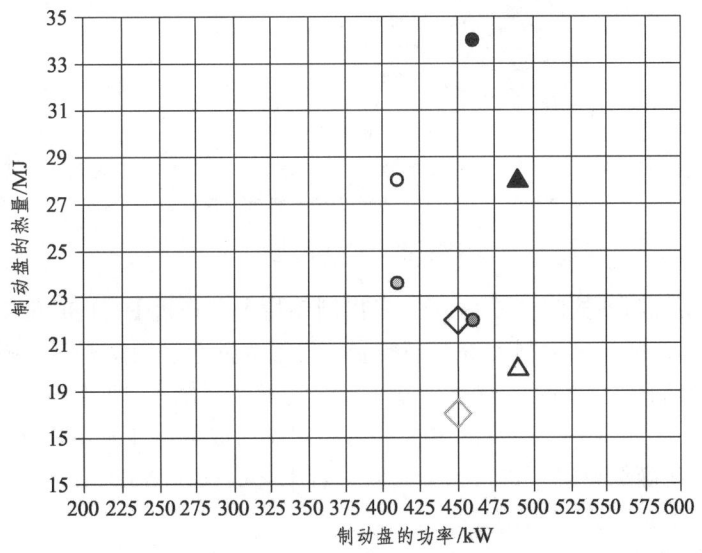

图 5-16 制动盘及闸片的热容量

任务二 司机室与客室制动相关设备

一、司机室制动相关设备

CRH3 型动车组司机室中的制动系统相关设备集中在司机操纵台与第二操作区，如图 5-17 和图 5-18 所示。

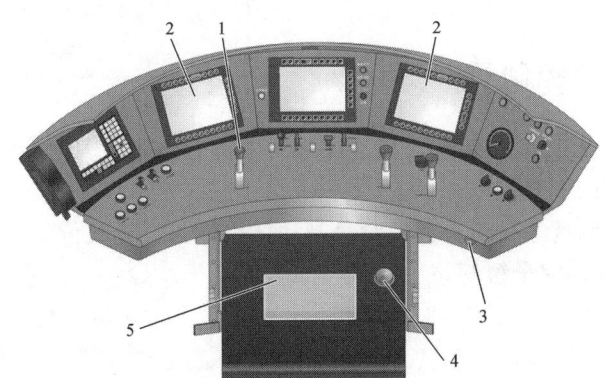

1—司机制动控制器；2—司机 HMI（人机交互界面）屏；3—紧急降弓按钮；
4—脚踏阀；5—司机 ASD 警惕踏板。

图 5-17 司机操纵台制动设备

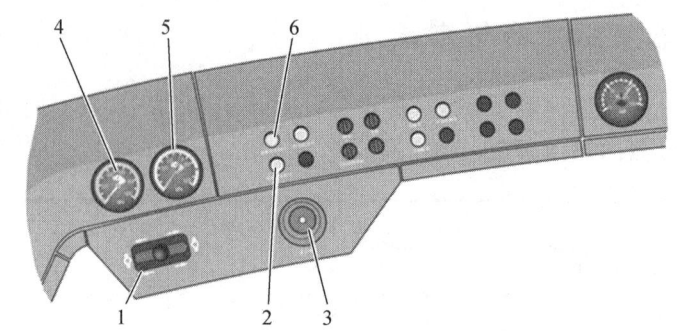

1—备用制动阀；2—停放制动缓解按钮；3—紧急制动阀；4—预控制压力表；
5—双针压力表；6—停放制动施加按钮。

图 5-18　第二操作区制动设备

图 5-17 中，司机制动控制器 C23 用来发出制动指令。司机 HMI 屏（42-K02）布置在操纵台左右，两个 HMI 屏里显示制动等车辆控制信息互为冗余。紧急升降弓按钮（21-S01）能在紧急情况下快速断开主断路器、降弓。操作脚踏阀能使高低音喇叭同时响起。司机 ASD 警惕踏板（43-S27），在行驶期间，必须在 30 s 的时间间隔内或最迟在发出声音警告后启动 ASD 控制元件之一，以便确保司机可进行营业运行。若未正确操作 ASD，以紧急制动的方式实施强制制动。通过两步进行强制制动：

（1）实施最大常用制动 5 s。

（2）打开 ASD 回路中的 CCU 输出。

打开 ASD 回路将导致紧急制动回路被打开。紧急制动回路打开后，EC01/EC08 车内的紧急制动阀 C25 被打开，各车直接制动器被激活，生成最大制动力。

图 5-18 中，备用制动阀 C02 在直通式空气制动机出现故障时，使用自动式备用制动发出制动指令。紧急制动阀 N03 一方面直接对制动管排风；另一方面使在紧急制动电磁阀 B60.03 得电，从而产生紧急制动力。在使用辅助司机阀 C02 已实施制动后，预控制压力表 C03 显示制动管 BP 压力中预期的预控制压力。双针压力表 C06 红色指针显示主风缸管 MRP 压力，黄色指针显示列车管 BP 压力。本任务主要介绍司机制动控制器与司机 HMI 屏，备用制动阀详见本项目任务四备用制动的内容。

（一）司机制动控制器

司机制动控制器（C23）安装在司机室操纵台左边台面上，其外形及手柄作用位置如图 5-19 所示。它有以下作用位置：

OC：忽略乘客激活紧急制动及其他紧急制动，也称为过充气位。

REL：运转位（制动完全缓解位）。

1A、1B、2、3、4、5、6、7、8 制动位：8 位为最大常用制动位，1A～1B 制动力可以连续微调。

EB：紧急制动 EB。

在制动控制器的手柄顶端，有一个按钮用来选择常用制动力的施加方式，如图 5-20 所示。在使用司机制动控制器实施制动时，可选择三种常用制动力的施加方式：正常、比例与清洁制动。

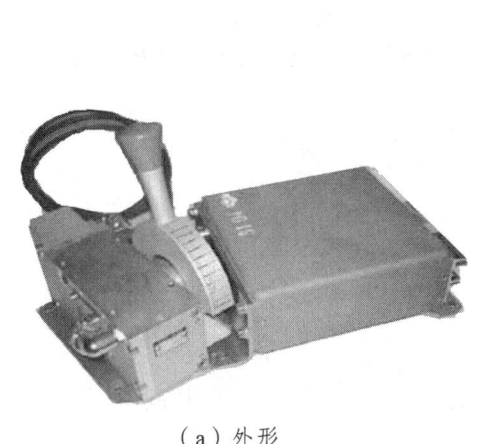
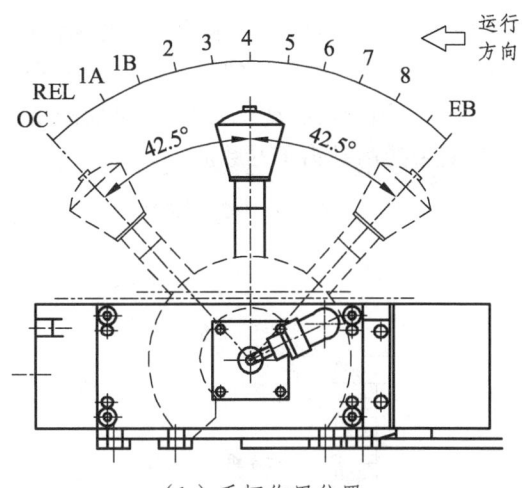

(a) 外形　　　　　　　　　　(b) 手柄作用位置

图 5-19　CRH3 型动车组司机制动控制器

在正常的制动力施加方式中，按照电制动优先，电制动不足时，再使用拖车的空气制动，最后使用动车的空气制动的顺序。此制动力施加方式是控制系统默认的方式，列车制动管理器（TBM）通电后会自动激活这种正常方式。当司机制动控制器（C23）没在常用制动挡时，只要动车组运行速度大于 25 km/h，也会自动激活这种正常方式。

比例的制动力施加方式考虑全部车轴上具有相同的黏着系数。同时并按与请求的制动指令相同比例请求电动和电空制动。每辆车几乎同时施加制动力。这种方法在不良的黏着条件下改善了制动性能。当动车组运行速度低于 25 km/h 时，正常方式自动变成比例方式。当速度高于 25 km/h 时，通过按压一次司机制动控制器（C23）顶端的按钮就可激活比例方式。

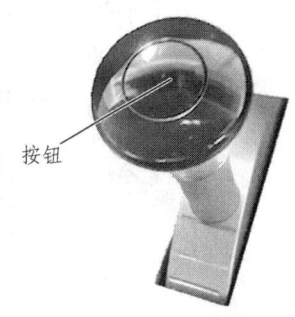

图 5-20　CRH3 型动车组司机制动控制器按钮

清洁制动施加方式实际上是耐雪或除冰制动，使用清洁制动可以改进由于雪和冰引起的不良黏着系数。清除制动力通过生产的小摩擦制动力清除制动盘上的冰。在实施清除制动期间，关闭牵引，而没有由 TCU 引起的冲击。在动车组运行速度低于 40 km/h 的驱动方式中，只要连续按压司机制动控制器（C23）顶端的按钮，就可激活清洁制动。

（二）司机 HMI 屏

司机 HMI 屏提供制动系统的控制和监控信息，主要提供制动力状态、制动有效率、电制动与空气制动的转换状态、制动试验、停放制动状态以及列车管、总风管压力。司机 HMI 屏的界面如图 5-21 和 5-22 所示。

制动状态页面是右侧司机 HMI 的基本页面。制动状态页面显示单独车辆的全部制动系统（制动激活、制动接通和验证无故障）的状态以及列车的 BP 和 MR 压力。在逐车显示方式中，带颜色的框显示状态被激活的信号。在"E"行显示再生制动机的状态。对于装有再生制动机的每辆车，显示信息再生制动机接通和验证无故障（小框）以及再生制动机制动（大框）。在"D"行显示空气制动机的状态。对于每辆车，显示信息空气制动机接通和验证无故障（小框）以及空气制动机制动（大框）。页面的侧边显示列车管 BP 和主风缸管 MRP 压力。显示由 BCU 测量的前导头车的数值。

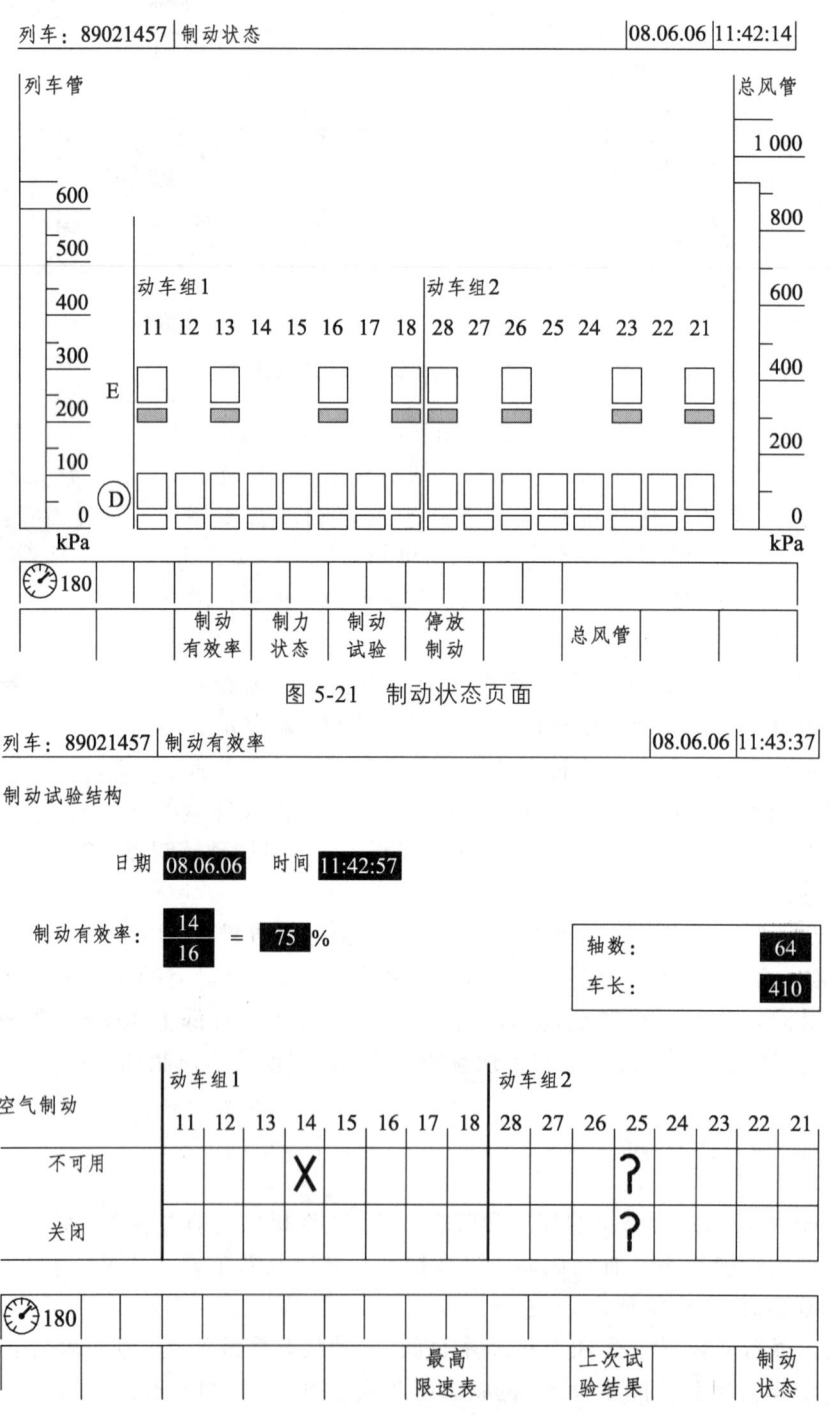

图 5-21 制动状态页面

图 5-22 制动有效率页面

制动有效率页面显示当前有效制动力百分比,以及不可用的和关闭的制动机。当安装了页面并在之后没再更新时,显示的数据用作制动百分比计算的基础。如果应该降低制动力,通过诊断讯息通知司机。下方页面区的框显示动车组中不可用的或关闭的空气制动机。红色"×"位于"不可用"状态行时,表示该制动机出现了故障;红色"×"位于"关闭"状态行时,表示该制动机未激活;红色"?"表示该制动机无可用信息。

二、客室制动相关设备

客室中与制动相关的设备主要有乘客紧急制动手柄与车辆控制面板两种。

(一)乘客紧急制动手柄

乘客紧急制动手柄(N01/1、N01/2、N01/3)安装在客室两端的端墙上,其在EC01车厢的分布位置如图5-23所示,在其他车厢中的分布位置与之相似。其外形如图5-24所示。在紧急情况下,乘客向下拉动紧急制动手柄,将打开乘客紧急制动回路。乘客紧急制动回路向司机室发出一个声光报警,并发出一个信号给EC01和EC08上的快速排风阀(N04/N05)以排空制动管(BP)压力(只有两个头车的快速排风阀打开),实施一次紧急制动。同时,制动管压力控制板上C01.02电磁阀失电,以防止制动管重新充风。司机接到报警后,如果是在桥梁、隧道等不适合停车的地方,司机可以将司机制动控制器(C23)推至OC位,忽略乘客紧急制动要求,动车组继续牵引运行到合适的位置停车。当需要恢复乘客紧急制动手柄初始位置时,需要用四方钥匙顺时针旋转紧急制动手柄左边四方柱即可,如图5-25所示。

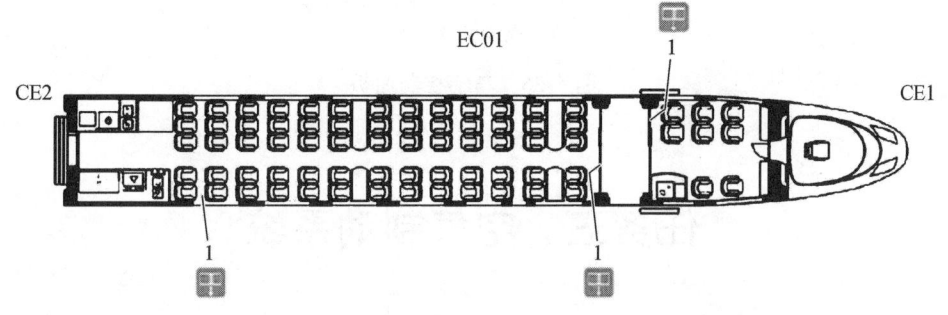

1—乘客紧急制动手柄。

图5-23 乘客紧急制动手柄在EC01车厢中的分布

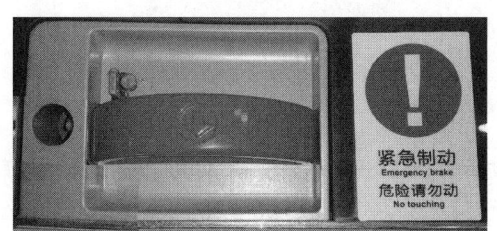

图5-24 乘客紧急制动手柄

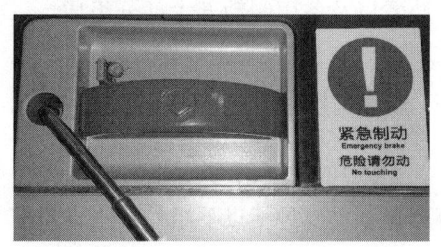

图5-25 乘客紧急制动手柄复位

（二）车辆控制面板

CRH3 型动车组的各节车内部均设有车辆控制面板，车辆控制板负责本车相关功能的控制。一类车辆控制面板的主要功能为制动、空调和照明。二类车辆控制面板位于电气柜中，其所处位置的防火条件非常好。这些控制面板上的控制元件基于特定车辆，包括火警系统、转向架监控以及外部电源等功能。与制动相关的一类车辆控制板 B22，如图 5-26 所示。制动压力表 B11 显示中继阀出口到制动缸之间管路压力。空气制动切除开关 B22.2 可以切断本车的压缩空气。空气制动切除指示灯 B22.3 亮起时表示空气制动已切除。

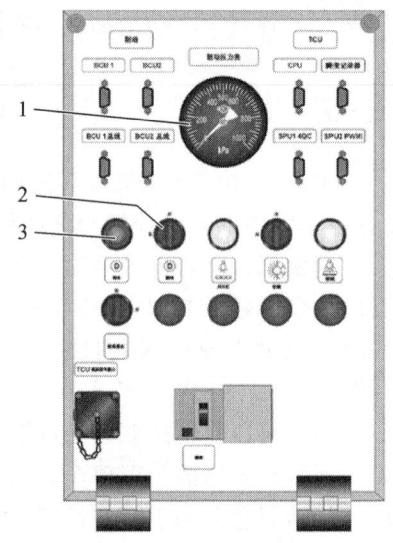

1—制动压力表；2—空气制动切除开关；
3—空气制动切除指示灯。

图 5-26　车辆控制面板

任务三　空气制动系统

CRH3 型动车组的空气制动系统由压缩空气供给系统、制动控制装置、基础制动装置、防滑装置以及备用制动五大部分组成。

一、压缩空气供给系统

CRH3 型动车组的主供风系统包含 2 套供风设备，安装在 IC03 车和 IC06 车的地板下方。每套设备主要包括以下组件：电动空气压缩机单元 SL22、一个双塔式空气干燥装置 LTZ015、一个具有防冻功能的冷凝水收集器、一个微孔滤油器 OEF1-4 及有关的辅助设备，为制动系统及其他用风设备提供清洁、干燥的压缩空气；每套设备的供风量至少为 1 300 L/min。辅助供风系统也包含 2 套设备，每套设备包括辅助供风单元和气路中压力值设定为 900 kPa 的安全阀。

供风设备置于车体底架设备仓内，有两根风管连通全列车：一根是列车管，用于空气制动的控制，压力保持在 600 kPa；另一根是总风管，用于给所有连接到空气系统的用风设备供风，压力保持在 800~1 000 kPa。另外，在受电弓附近有两个辅助空压机，以供总风缸欠风或无风时的升弓。

空压机集成在压缩空气供应单元中，此种集成方式可减少噪声。压缩空气同时储存在每辆车的压力风缸中。压缩空气由总风管供风，最大压力为 1 000 kPa。供风系统的供风布置如图 5-27 所示。

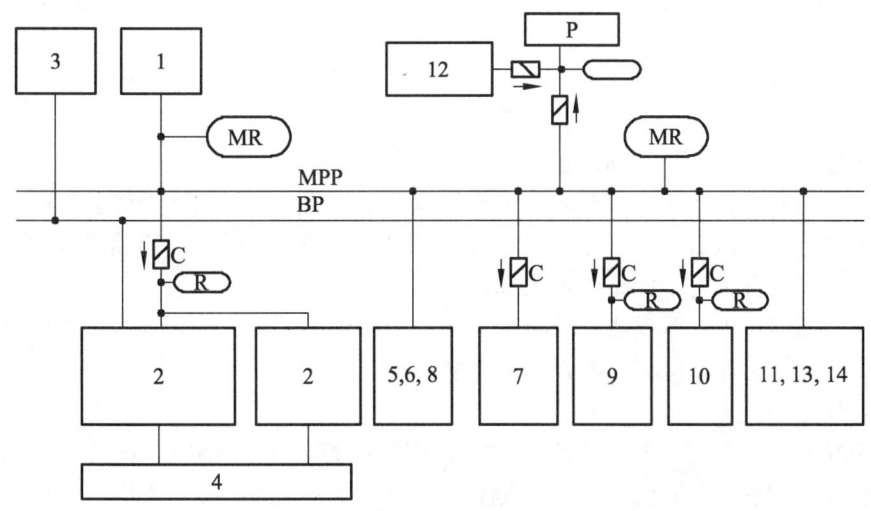

1—主供风设备；2—制动控制设备；3—司机室制动控制设备；4—装于转向架上的制动设备；
5—撒砂设备；6—车门；7—空气悬挂设备；8—空调；9—卫生间；10—汽笛；
11—刮雨器；12—辅助供风设备；13—轮缘润滑设备；14—车钩；
C—止回阀；BP—制动管；MR—总风缸；MRP—总风缸管；
P—受电弓；R—风缸。

图 5-27 供风布置简图

压缩空气供给系统主要包括空气压缩机单元、干燥器及冷凝水收集器等部件，能为制动系统及其他用风设备提供清洁、干燥的压缩空气，并在动车组 1/2 以下单元的空气压缩机出现故障时，仍能维持动车组正常运营。

供风系统为制动系统、空气弹簧及所有辅助系统提供压缩空气。供风系统包括两个空气压缩机（简称空压机或压缩机），如果一个压缩机坏了，列车仍能正常运行。列车运行中只有一个空气压缩机工作时，耗风量将超过压缩机的供应量。为了解决这种问题，利用各种储气缸给用风设备供风，可保证制动及用风设备的正常使用。此种情况下，为了保护空压机，也可间歇地关断个别用风设备，使空压机压力不超过标称值。

主空压机通过车载变流器由接触网设备提供电能。辅助空压机通过独立于接触网的蓄电池进行操作。当通过接触网送电时，两个主空压机各自通过一个辅助转换单元供电。当一个车载转换器或一个空压机在正常情况下失效时，可能限制运行。

（一）主空气压缩机

CRH3 型动车组采用 SL22 型螺杆式电动空气压缩机单元对总风缸供气。压缩机单元通过车载变流器由接触网提供电能，然后再通过两个辅助转换单元分别向两个压缩机供电。驱动电机和压缩机单元分别由三个支撑元件固定到框架上。

1．结　构

螺杆式空气压缩机的结构参见项目二任务二螺杆式空气压缩机的内容，此处不再赘述。

2．工作原理

该电动压缩机组为非连续性工作，由车载压力控制器控制在 850 kPa 启动，1 000 kPa 关闭。

（1）转动体。

螺杆式压缩机是一个根据强迫送风原理工作的双轴转动式设备，压缩机转动体由两个带有螺旋槽的相互配合的转子组成，转子在一个灰口铸铁箱体内转动。空气入口为径向，转动箱体内特殊形状的开口将空气轴向输出。

随着转子的转动，当入口打开时，空气被吸入。当两个开口被转动体盖住时，空气被压缩同时向出口移动；最后当转子掠过出口时，随着转子的继续转动，压缩空气被排出。箱体内风口的大小和位置决定了此结构的内部压缩比。

油被泵到压缩机中，可吸收并带走由于压缩而产生的大部分热量。为最大限度地降低内部逆流损失，压缩机速度应保持在最低额定转速以上。

（2）空气循环。

如图 5-28 所示，通过压缩机转动体（3）的吸气端的入口止回阀（2.1）和空气过滤器（1）的空气被抽入，空气被压缩后，通过与压缩机转动体连接的送风管被送入压缩机箱体（4.1）内。

压缩机开始运行时，低压阀（4.4）保持初始关闭状态，以使压缩机箱体内的压力迅速增加。在此压力下，油循环马上开始进行。当压缩机箱体内的压力达到 650 kPa 时，低压阀开启，压缩空气被送到下游的车载风动系统中。当压力达到设定值时，压缩机停止工作；同时低压阀关闭，以免来自供风系统的空气逆流回压缩机箱体中。

每次压缩机关闭时，压缩机内的压力通过卸压阀自动卸载降压。当压缩机停止工作后，低压阀（4.4）和入口止回阀（2.1）关闭时，入口管路中的压力因来自压缩机转动体的逆流压缩空气而增大；此时，卸压阀（2）动作，允许压缩空气从压缩机箱体（4.1）流到空气过滤器，使箱体内的空气压力马上降到约 180 kPa，然后，压力通过卸压阀上的节流孔慢慢降低为零。

（3）油循环。

如图 5-28 所示，工作中的压缩机内的压差将油通过滤油筒（7.2）送到转动体内的泵油点上，对转动体内的轴承和转子进行润滑。此外，油还可以吸收压缩产生的热量，并锁闭两个相互啮合的螺旋槽转子两端的间隙，以及压缩机转动体和转子圆形突出之间的间隙。

来自压缩机转动体的油/空气混合物在被送到油槽（4.3）进行细致过滤处理前，通过送风管喷射到压缩机箱体内的挡板（4.2）上进行粗略过滤，在此析出的油聚集在油槽下部，压缩机箱体内的压力将积聚的油经回油管过滤器（4.7）和节流孔送回压缩机转动体内。

当油温达到约 83 ℃ 时，油控制装置（7）内的恒温器（7.1）打开通向油冷却器（5.1）的油路（低于此温度时该通道关闭），油被送入压缩机转动体内以很快达到最佳工作温度，避免了油的积聚沉淀。

来自压缩机箱体送风管内的油/气混合物温度通过温度开关（T）进行监控，若达到温度极限，该温度开关使电动压缩机组停止工作。

3．技术特点

所采用的螺杆式空气压缩机的主要优点有：
（1）联轴节和轴承所承受的动载荷较低，磨损低。
（2）设计简单。
（3）以紧凑的结构实现高性能。
（4）最大限度地减少了振动和气流的脉动，噪声低。

（二）空气干燥装置

1．组　成

如图 5-28 所示，空气干燥装置 LTZ015.2H 用于从螺杆式空气压缩机输出的空气中吸取湿气和大部分的油分，它主要由以下部分组成：两个带有整体式油分离器的干燥塔（19），电磁阀（43）和控制循环的电路板，一个带有再生节流孔（50）的挂架（25），干燥塔的两个单向阀（24），通向总风缸的中央旁通阀（71），用来控制空气的预控制阀（55），带有消声器的可排水的整体式双活塞阀（34）。

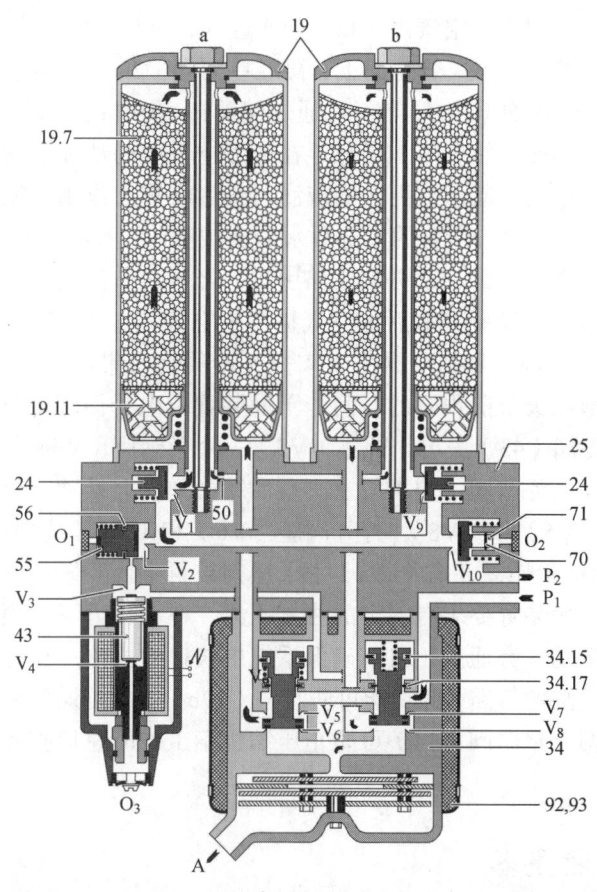

19—干燥塔；19.7—干燥剂；19.11—储油杯（带拉希格环）；24—单向阀；25—挂座；34—双活塞阀；43—电磁阀；50—再生节流孔；55—预控制阀活塞；56，70，34.15，34.17—K 形环；71—旁通阀；92，93—绝缘子；A—排水口；O—排气口；P1—压缩机空气入口；P2—通往总风缸的空气出口；V—阀座。

图 5-28　空气干燥装置

2．工作原理

双塔型干燥器可同时进行干燥和再生，当主气流在一个塔中被干燥时，另一塔中的干燥剂同时进行再生。

来自压缩机的潮湿压缩空气进入空气干燥机，在此先析出部分水分，并由油分离器吸取油分。然后，压缩空气通过装有吸附性干燥剂的干燥塔，由干燥剂吸取大部分水分，使从干燥机出口排出的主气流相对湿度不大于35%。

另一部分经干燥的空气从主气流中引出，经再生节流孔后发生膨胀，并在穿过第2个塔内的饱和干燥剂后被释放到大气中。由于已在膨胀过程中被最大限度地干燥，这部分空气会从干燥剂（需再生）中吸收其在干燥阶段所吸收的水分。两个干燥塔的"干燥"和"再生"工作状态以一定的周期进行交替。

图5-29所示为处于工作状态的空气干燥装置：其中，塔（19a）处于干燥阶段，塔（19b）处于再生阶段。电磁阀（43）由来自循环定时器的电气输入信号励磁，阀座（V3）打开。压缩空气除了从排气口（P2）输出外，还分出一支从打开的阀座（V2）和（V3）流至活塞阀（34），克服其弹簧弹力分别推动左、右活塞到达下面和上面的位置，以此打开阀座（V5）和（V8）。

来自压缩机的经冷却的压缩空气由入口（P1）进入，经打开的阀座（V5）流向塔（19a），并自下而上流过此塔；然后经中央管道向下，再经单向阀（24）和旁通阀（71）从出口（P2）输出。压缩空气在进入干燥剂（19.7）前，先通过储油杯（19.11）内填充的拉希格（Raschig）环，在多次偏转、涡旋和回弹作用后，仍悬浮在压缩空气中的油和水的微粒沉积到拉希格环的较大表面上，它们聚集在一起形成更大的液滴，最后在重力作用下流入集液室。

当压缩空气经过干燥剂时，所含的大部分水分会被吸收，离开干燥塔（19a）时的相对湿度低于35%。这些干燥空气中的一部分从支路引出，经再生节流孔（50）后发生膨胀，反向通过塔（19b）中的干燥剂。这路膨胀后的空气称再生空气，它会从需再生的干燥剂中吸取水分，再通过打开的阀座（V8）和消声器从A口排到冷凝物收集器中。

在干燥剂达到其饱和极限前很短的时间，干燥装置由电子循环定时器在T/2处进行工作状态切换。此时，电磁阀（43）失电，阀座（V3）关闭，阀座（V4）打开，活塞阀（34）内的压缩空气排出。这样，活塞阀（34）的左、右活塞由弹簧力推动，分别到达上面和下面的位置，以此关闭阀座（V5）和（V8），打开阀座（V6）和（V7）。这种情况下，主气流（P1→P2）在塔（19b）中被干燥，在塔（19a）中干燥剂被再生。

为正常工作，本干燥装置要求有一定的往复压力，在此压力下，预控制阀（55）打开，活塞阀（34）可往复运动。旁通阀（71）确保系统中快速建立这一压力，它仅会在超过往复压力后才打开通向总风缸的气路，此功能可防止塔（19b）中的干燥剂在持续时间很长的填充过程中发生过饱和。两个单向阀（24）可防止压缩机不工作时总风缸和车辆管路由干燥装置处排气。

（三）冷凝物收集器

为了避免污染环境，CRH3、CRH380B、CRH380C、CR400BF等型号动车组在空气干燥器的排污口设置了冷凝物收集器，收集空气干燥器再生过程排出的油、水等冷凝物，如图5-29所示。收集箱需要定期清空并清理。通常会在排泄口5的位置外接一个带塞门的排水管以方便清空收集箱，清空收集箱后，打开清洗口处盖子，用干抹布对收集箱进行清理。为防止低温时，冷凝物冻结，在冷凝物收集箱内加装了加热棒。

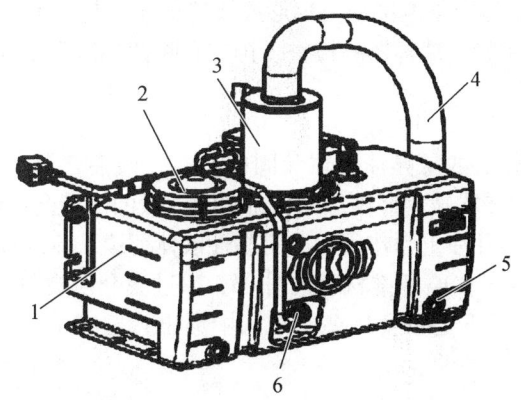

1—冷凝物收集箱；2—清洗口；3—冷凝设备；
4—管道；5—排泄口；6—加热棒。

图 5-29　冷凝物收集器

（四）微孔滤油器

微孔滤油器 OEF1-OEF4 可大大减少压缩空气中的油分，如图 5-30 所示。微孔滤油器安装在压缩空气通路上干燥装置的下游，排油由手动控制。滤油器由机体和过滤器油芯组成，如图 5-31 所示，其结构及工作原理如下：

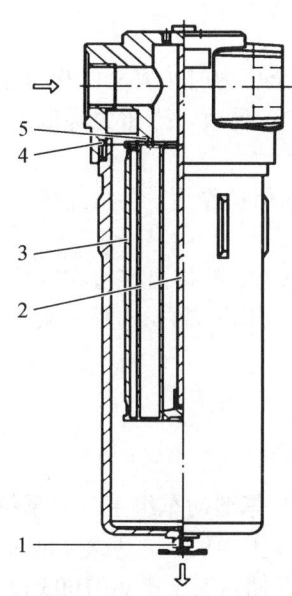
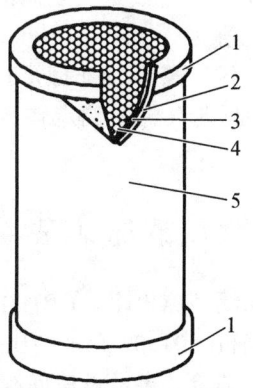

1—手动排水塞门；2—螺杆；
3—滤芯；4，5—O 形圈。

图 5-30　微孔滤油器

1—塑料/铝制端盖；2—硼硅酸盐玻璃纤维层；3—钢制内护套；
4—钢制外护套；5—PVC 泡沫层。

图 5-31　滤芯

1. 机　体

微孔滤油器铝制机体可长期用于 160 kPa 的最大工作压力之下，其表面的合成树脂涂料可提供足够的防腐蚀保护。滤油器上下两部分由梯形螺纹连接在一起，过滤器滤芯用螺纹固定在机体中央的螺杆上，并用端盖密封。滤油器的检查、排气和除油都以手工方式通过蝶形螺母完成。

2. 过滤器油芯

滤油器可清除 1 μm 以上的悬浮油颗粒和固体杂质，残油含量不高于 0.1 mg/m^3（20 ℃、700 kPa）。固体颗粒会被阻滞在玻璃纤维层中，而非常细微的液滴会在此形成较大的液滴而被强制进入外部的泡沫层（5），并在重力作用下成为黏性液体薄膜，流入过滤器下部的碗形容器中。

钢制支撑圆筒（4）位于玻璃纤维材料的外部，为过滤介质提供必要的支撑，使玻璃纤维即使在气压波动很大的情况下也不会从夹层结构中漏出；覆有 PVC 的泡沫层（5）可以阻滞矿物油、合成油和使用过久的油。

（五）安全阀

安全阀保护压缩空气系统的气动设备不受超出范围的高压带来的损坏，从而也消除对与其连接的装置的损坏；如气压超出了安全工作压力，安全阀将会自动排出足够多的空气，以使工作压力保持在安全水平的 10% 以内。CRH3 型动车组使用的安全阀为 SV10 型。

1. 结　构

如图 2-26 所示，调定弹簧（3）压住阀杆（2），关闭阀体（1）的阀座（8）。调定弹簧（3）的压力在调节螺母（4）处设定为出厂值。铅封（6）用来阻止打开阀体。

2. 工作原理

当工作压力处于正常水平时，阀座（V）关闭。当超过安全压力时（安全阀设定值），阀杆（2）顶起调定弹簧（3），额外的压力通过打开的排放口（7）释放。当压力降低到合适的值，阀座（8）再次关闭。

旋转调节螺母（4）设定安全阀的开放压力。铅封可对阀起保护作用，在没经授权的情况下不能改变设定值。

安全阀中的封口螺母（5）打开时可用来检查零件的工作状态，并排出存留在阀体内的灰尘等：拧出封口螺母（5），调定弹簧（3）就会抬起阀杆（2），阀座（8）打开，从而将灰尘等从阀体中排出。

（六）主供风系统原理

如图 5-32 所示为 CRH3、CRH380B、CRH380C、CR400BF 等型动车组主供风系统原理。

主空气压缩机 A01002 产生的压缩空气经过干燥器 A01004 干燥后，送到微孔滤油器，过滤压缩空气中的油分，再经过单向阀 A04 后送入风缸 A14 中存储。安全阀 A01003 设定压力 1.2 MPa，防止主空气压缩机出口压力超高。冷凝物收集器 A15 收集干燥器出口的污物，防止污染环境。安全阀 A06 设定压力 1.05 MPa，防止风缸里压缩空气压力超高；当需要清理风缸时，打开排水塞门 A14001 可快速排出风缸中的压缩空气。

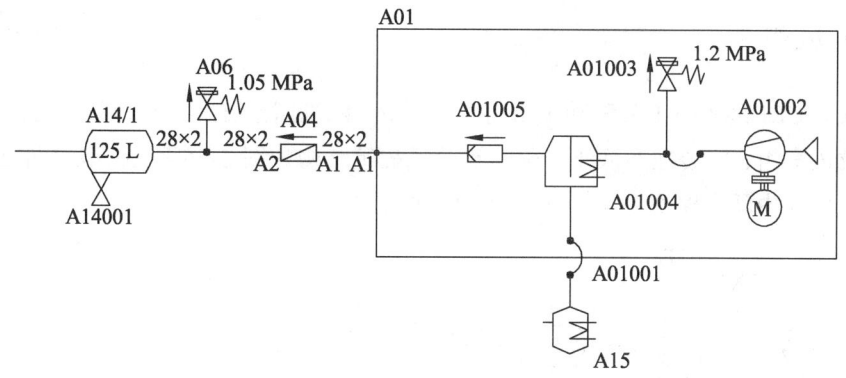

A01—主供风单元；A01001—软管；A01002—空气压缩机；A01003—安全阀；A01004—干燥器；A01005—微孔滤油器；A04—单向阀；A06—安全阀；A14—风缸；A15—冷凝物收集器；A14001—排水塞门。

图 5-32　主供风系统原理

（七）辅助供风单元

辅助供风单元功能是在总风压力低于 500 kPa 时给受电弓的起升提供压缩空气，保证动车组接受电网供电。辅助供风单元包括辅助压缩机、一个 25 L 风缸、单向阀和安全阀，辅助压缩机和风缸集成安装在一个小模块吊架上，该模块吊架整体吊装在 Tc02 车和 Tc07 车的底架上，由 DC 110 V 蓄电池系统为辅助压缩机供电。设置一个 25 L 风缸是为了满足升弓、主断路器、隔离开关所需的压缩空气。

辅助压缩机为 LP115 型单活塞压缩机，出口压力 800 kPa。如图 5-33 所示，气路中设有 900 kPa 设定压力值的安全阀，当气路的压力超过设定值时，安全阀将排气，以保护气路单元部件不受高压的损害。

CRH3 型动车组的压缩空气供给系统能在动车组一个空气压缩机单元出现故障时，不影响动车组正常运行。当列车只有一个空气压缩机工作时，耗风量会超过压缩机的供应量；为了解决这个问题，利用各处设置的专用风缸给用风设备供风，可保证制动及用风设备的正常使用。此种情况下，为保护空压机，也可间歇地关断个别用风设备，使空压机压力不超过标称值。

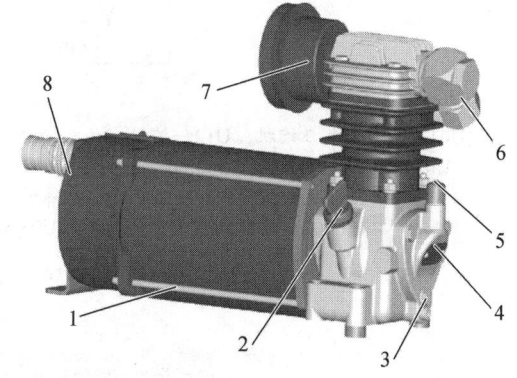

1—直流电动机；2—油尺；3—排油阀；4—铭牌；
5—曲轴箱通气口；6—压缩空气出口；
7—空气过滤器；8—连接座。

图 5-33　辅助空气压缩机

辅助供风单元供风原理如图 5-34 所示。当总风管 MR 压力与辅助风缸 U02 压力均小于升弓压力并且需要升弓时，辅助压缩机启动。辅助空气压缩机产生的压缩空气经单向阀 U16 后到达 25 L 的辅助风缸 U02 中，再经过单向滤尘器 U03.03 过滤后，经减压阀 U03.06 将压力限制在 500 kPa 以内。减压后的压缩空气经截断塞门 U03.07 后到达风量调节阀 U15，风量调节阀能调节空气流量，从而控制升降弓的速度。经调节好的压力通过升弓电磁阀 U10 送到受电弓控制阀板上。安全阀 U12 限制辅助空气压缩机出口压力。压力传感器 U03.02 检测辅助风缸的压力，以控制辅助空气压缩机的启停。辅助空气压缩机产生的压缩空气除给受电弓供风外，还给主断路器与隔离开关供风。

（八）风缸组

CRH3C、CRH380B（L）型动车组将总风缸 A14、制动风缸 B05、辅助风缸 P01/Z01 等集成安装成风缸组，安装在车底下。中间车的风缸组结构如图 5-35 所示。两头车 EC01/EC08 的风缸组元件与中间车略有不同。风缸组原理如图 5-36 所示。

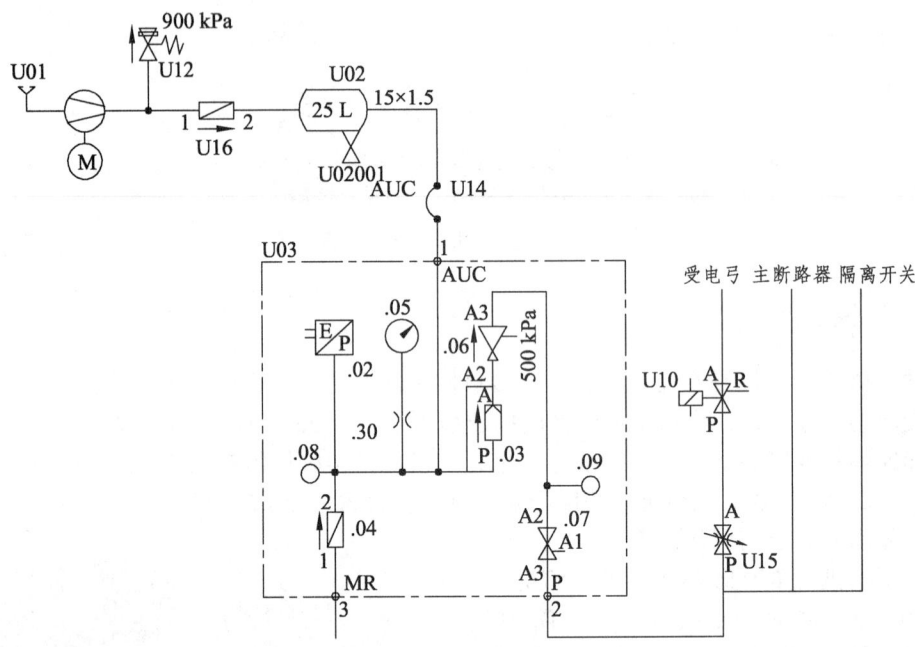

U01—辅助空气压缩机；U12—辅助空压机安全阀（900 kPa）；U16—单向阀；U02—辅助风缸（25 L）；
U03.03—单向滤尘器；U03.06—减压阀（500 kPa）；U03.09—升弓压力测试口；U03.07—截断塞门；
U15—风量调节阀；U10—升弓电磁阀；U03.05—辅助风缸压力表；U03.30—节流塞；
U03.02—辅助风缸压力传感器；U03.08—辅助风缸压力测试口；U03.04—单向阀。

图 5-34 辅助供风单元原理

1—总风缸；2—滤尘器；3—单向阀；4—制动风缸；5—顺序阀；
6—测压接头；7—截断塞门；8—节流阀；9—辅助风缸。

图 5-35 中间车风缸组

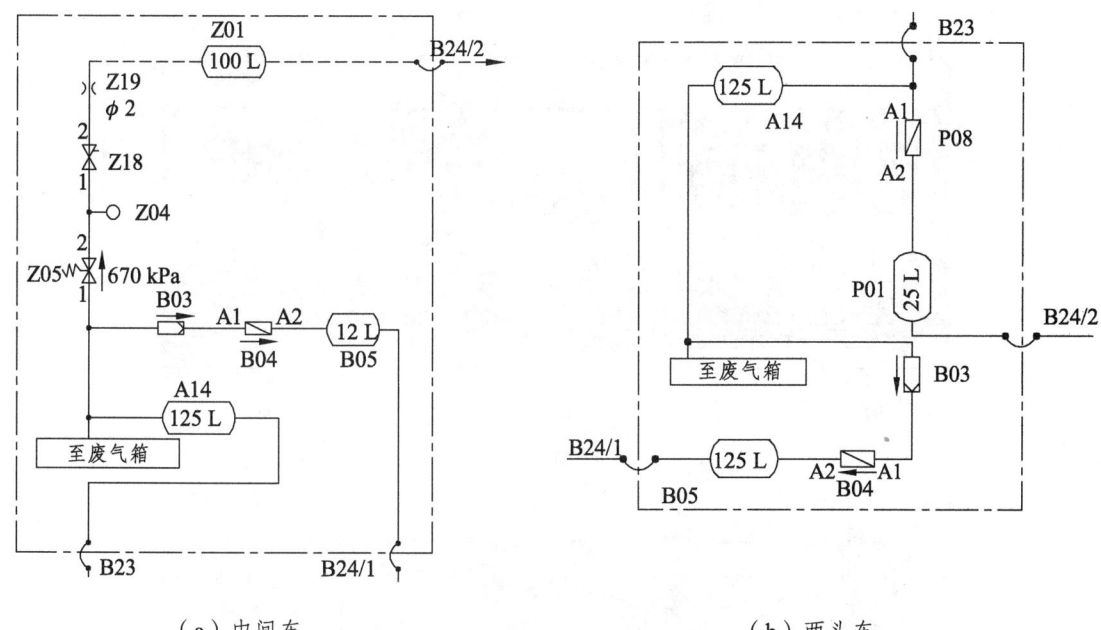

(a) 中间车　　　　　　　　　(b) 两头车

A14—总风缸；B03—滤尘器；B04—单向阀；B05—制动风缸；Z05—顺序阀；Z04—测压接头；
Z18—截断塞门；Z19—节流阀；P01/Z01—辅助风缸；B23—总风管空气入口；
B24/1—制动控制装置空气出口；B24/2—辅助装置空气出口。

图 5-36　风缸组原理

风管经由截断塞门 B27 向总风缸 A14 供风，总风缸出口压缩空气分成两路，一路经单向滤尘器 B03、单向阀 B04 向制动风缸 B05 供风，由接口 B24/1 向制动系统的制动控制装置供风；另一路经顺序阀 Z05、截断塞门 Z18 及节流阀 Z19 向辅助风缸 Z01 供风，Z01 向卫生间用气设备供风；或经单向阀 P08 向辅助风缸 P01 供风，P01 向汽笛、车钩连挂与解编及前罩等设备提供风源。

二、制动控制装置

（一）制动控制装置组成原理

CRH3C、CRH380B、CRH380BL 型动车组制动控制装置 B02 集成安装在车底制动控制箱中，能够实现微机控制下的常用制动、紧急制动、停放制动、备用制动机和撒砂控制等基本功能。制动控制装置 B02 内包括各种功能单元，如制动控制计算机 B01/B10、制动控制阀单元 B60、分配阀单元 B55、撒砂控制单元 F06、停放制动控制单元 H01、截断塞门单元 B06 以及受电弓控制单元 U03 等。不同编号车辆制动系统功能有区别，制动控制装置 B02 内的元件也不同，但差异不大。两头车 EC 制动控制装置的结构及组成如图 5-37 所示。EC 制动控制装置原理如图 5-38 所示，TC 制动控制装置原理如图 5-39 所示。

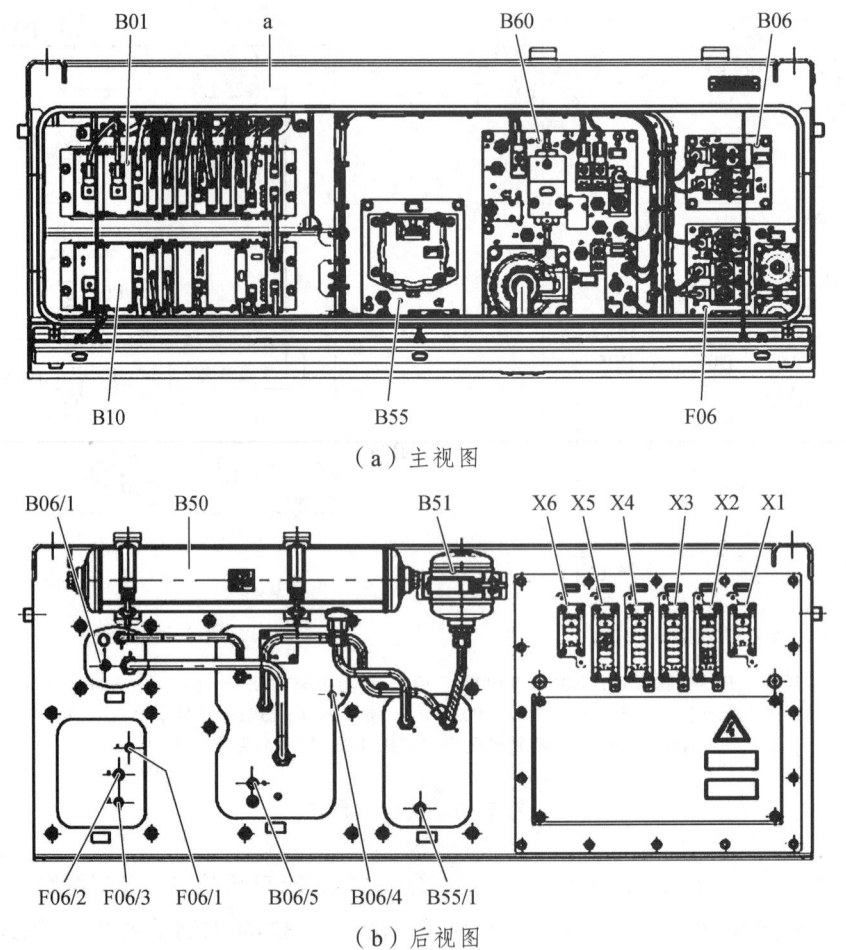

B01，B10—制动控制计算机；B06—截断塞门单元；B06/1—制动风缸空气入口；B50—工作风缸；
B51—比例风缸；B55—分配阀单元；B55/1—制动管入口；B60—制动控制阀单元；
B60/4—空气弹簧空气入口；B60/5—中继阀空气出口；F06—撒砂单元；
F06/1—总风管空气入口；F06/2—撒砂空气出口；
F06/3—撒砂空气出口；a—机架；
X1~X6—电气接线盒。

图 5-37　EC 车制动控制装置 B02

制动控制装置 B02 可以将制动指令转换为空气制动力，并执行防滑保护、运行稳定性监测等功能。装置内包括有两套制动控制计算机 B01、B10，用于接收和解码制动指令信号以及其他控制信号，以控制制动系统。当 B01 失效时，启动备份 B10，体现了 CRH3 型动车组的冗余性。

图 5-38 和图 5-39 中，B31 接口通过管道连接图 5-38 风缸组内的制动风缸 B05 的出口，并给截断塞门单元 B06 供风，B06 单元中有两个常通截断塞门 B06.02 与 B06.03，分别给制动控制阀单元 B60 及停放制动单元 H01 提供风源。B32 接口是中继阀压力空气出口，该压力空气经管道、塞门等最终送到制动缸中，给制动作用提供压力空气。B38 接口为空气弹簧空气压力入口，该空气压力反映车辆的载重状态，为制动控制计算机计算制动力提供参数。

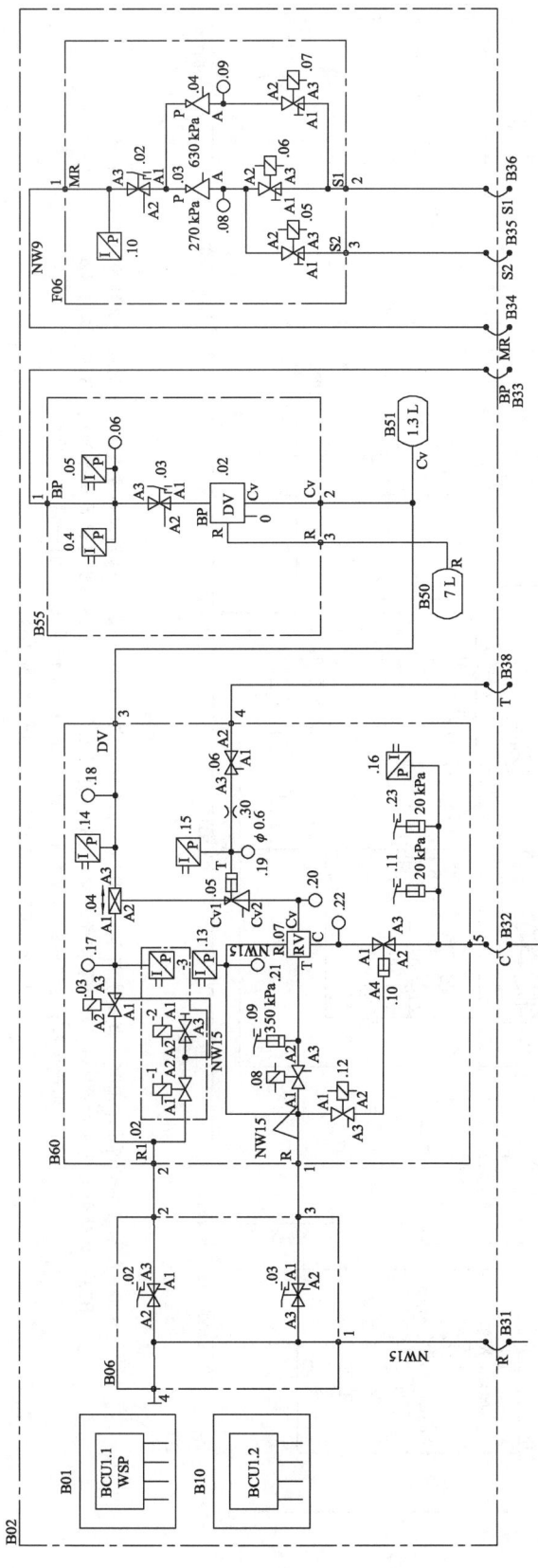

图 5-38 EC车制动控制装置原理

B01，B10—制动控制计算机；B06—截断塞门单元；B31—制动风缸空气入口；B32—中继阀空气出口；B33—制动管空气入口；B34—总风管空气入口；B35、B36—撒砂空气出口；B38—空气弹簧压力入口；B50—工作风缸；B51—比例风缸；B55—分配阀单元；B60—制动控制阀单元；F06—撒砂单元。

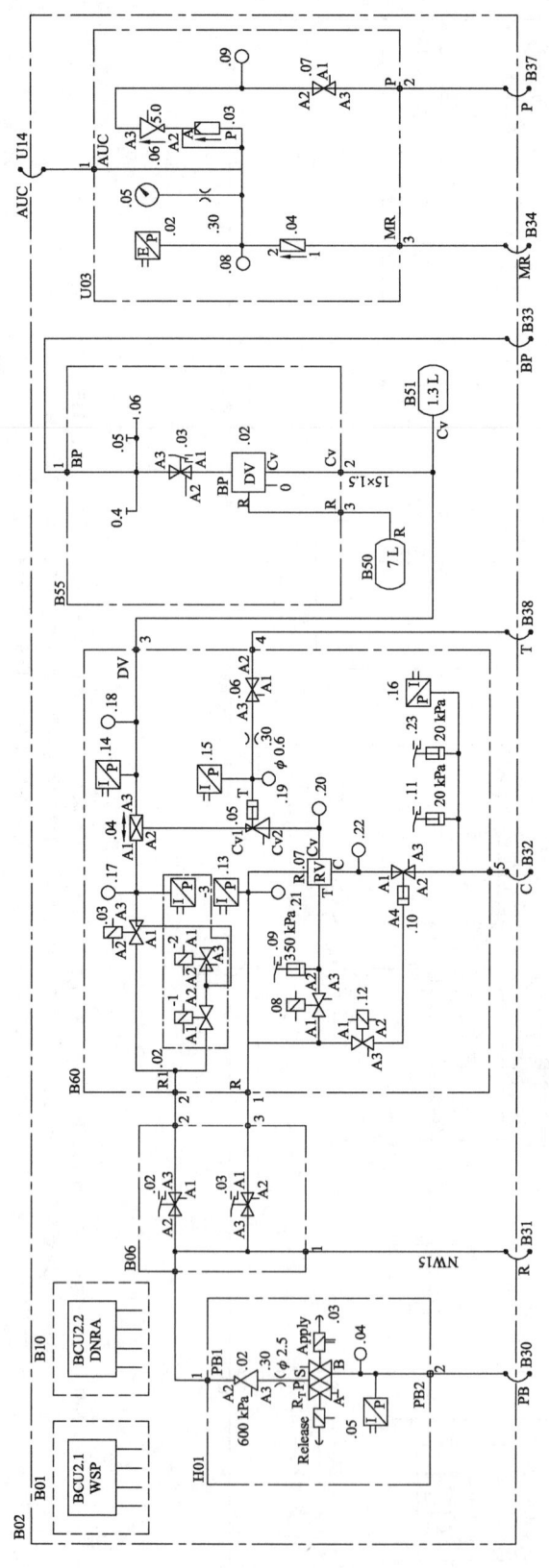

图 5-39 TC 车制动控制装置原理

B01, B10—制动控制计算机; B06—截断塞门单元; B30—停放制动空气出口; B31—制动风缸空气入口; B32—中继阀空气出口;
B33—制动管空气入口; B34—总风管空气入口; B37—升弓空气出口; B38—空气弹簧压力入口; B50—工作风缸;
B51—比例风缸; B55—分配阀单元; B60—制动控制阀单元; H01—停放制动单元;
U03—受电弓控制单元; U14—辅助风源入口。

B33 接口为制动管压力空气入口，为分配阀单元 B55 提供风源。B34 接口是总风管空气入口，为撒砂控制单元 F06 或受电弓控制单元 U03 提供风源。

图 5-38 中，B35 接口给撒砂装置砂箱中的砂子提供干燥风源，B36 接口给撒砂作用提供风源。图 5-39 中，U14 接口通过管道连接辅助供风系统中的受电弓风缸 U02，为受电弓控制单元 U03 提供风源。B37 接口给受电弓升弓、隔离开关、主断路器提供风源。

（二）制动控制阀单元

CRH3 型动车组每一辆车中均含有制动控制阀单元 B60，它是最主要的制动控制元件，具有直通式电空制动与自动式空气制动的功能，其元件组成如图 5-40 所示。从图中可以看出，制动控制阀单元的所有元件集成安装在阀板 a 上，在阀板的背面分布有 5 个压缩空气入口和出口。整个制动控制阀板由 1 个定位销定位后，4 个安装螺栓固定到制动控制装置 B02 内。为了防止制动控制阀单元带高压电，在阀板上设置有 1 个接地螺栓。

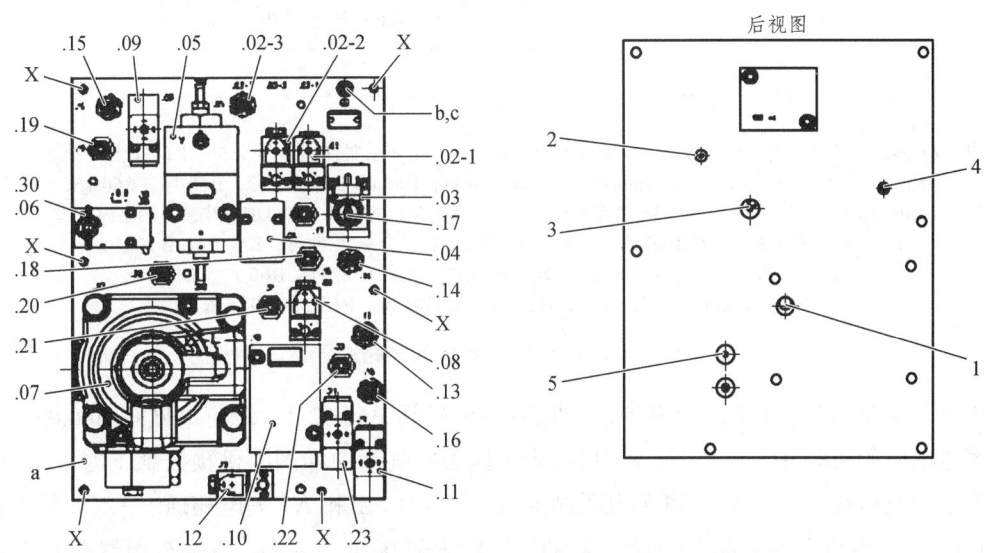

1，2—压力空气入口；3—分配阀 CV 压力入口；4—空气弹簧控制压力入口；5—中继阀空气出口；a—阀板；
b—接地螺栓；c—弹簧垫圈；x—定位孔；B60.02-1—常用制动电磁阀；B60.02-2—缓解电磁阀；
B60.03—紧急制动电磁阀；B60.04—双向阀；B60.05—空重车调整阀；B60.06—截断塞门；
B60.07—中继阀；B60.08—制动分级电磁阀；B60.09，B60.11，B60.23—压力开关；
B60.10—活塞阀；B60.12—先导电磁阀；B60.02-3，B60.13，B60.14，B60.15，
B60.16—压力传感器；B60.17，B60.18，B60.19，B60.20，B60.21，
B60.22—测压接头；B60.30—节流塞（内部）。

图 5-40 制动控制阀单元

制动控制阀单元的气路原理如图 5-41 所示。常用制动电磁阀 B60.02-1、缓解电磁阀 B60.02-2 以及压力传感器 B60.02-3 组成开关型电空转换 EP 阀 B60.02，它将制动控制计算机 B01 的空气制动指令电信号转换成相应的预控制压力。压力传感器 B60.02-3 可以将压力信号转换为电信号，反馈给制动控制计算机 B01，形成闭环，以验证实际压力与设定值是否一致。如果来自压力传感器的信号与制动指令压力不符合，制动控制计算机将控制常用制动电磁阀 B60.02-1 和缓解电磁阀 B60.02-2 使压力达到设定值。

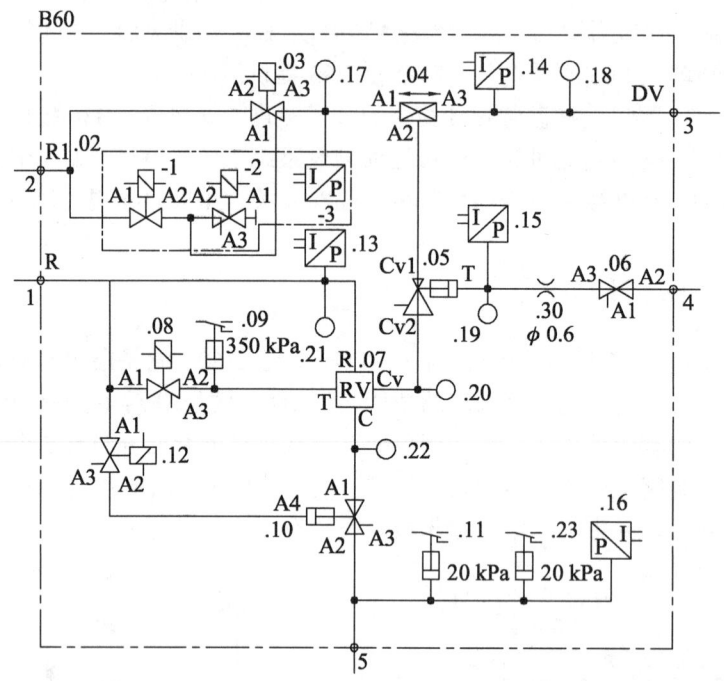

1，2—压力空气入口；3—分配阀 C_V 压力入口；4—空气弹簧控制压力入口；5—中继阀空气出口；
B60.02-1—常用制动电磁阀；B60.02-2—缓解电磁阀；B60.02-3，B60.13，B60.14，B60.15，
B60.16—压力传感器；B60.03—紧急制动电磁阀；B60.04—双向阀；B60.05—空重车调整阀；
B60.06—截断塞门；B60.07—中继阀；B60.08—制动分级电磁阀；B60.09，B60.11，
B60.23—压力开关；B60.10—活塞阀；B60.12—先导电磁阀；B60.17，B60.18，
B60.19，B60.20，B60.21，B60.22—测压接头；B60.30—节流塞。

图 5-41 制动控制阀单元气路原理

施加常用制动与紧急制动 EB 时，常用制动电磁阀 B60.02-1、缓解电磁阀 B60.02-2 均得电，紧急电磁阀 B60.03 失电。从 R1 口过来的压力空气为中继阀提供预控制压力 C_V。即 R1 →常用制动电磁阀 A1 和 A2→紧急电磁阀的 A1 和 A3（A1 和 A3 失电相通）→双向阀 B60.04 的 A1 和 A2→空重车调整阀 B60.05→制动中继阀 B60.07 的 C_V 处。空重车调整阀 B60.05 根据空气簧压力（车辆的载重）调整出口压力 C_{V2} 的大小，从而使车辆在不同载重下制动时，中继阀得到合适的 C_V 预控制压力。

制动风源压力 R 为中继阀提供主风源，即 R→中继阀 B60.07 的 R 处。当中继阀的预控制压力 C_V 和制动风源压力 R 同时被提供，中继阀被打开，产生制动压力 C（来自制动风源压力 R）到达制动缸，车辆施加常用制动与紧急制动 EB。施加紧急制动 EB 时，电制动优先，空气制动补充。

缓解时，常用制动电磁阀 B60.02-1、缓解电磁阀 B60.02-2、紧急电磁阀 B60.03 均失电。中继阀 C_V 口压力经缓解电磁阀 B60.02-2 的 A2-A3 口排出。中继阀失去预控制压力而关闭，C 口处压力经中继阀排气口排向大气，车辆缓解。

施加紧急制动 UB 时，一方面，紧急制动电磁阀 B60.03 得电，从 R1 口过来的压力空气为中继阀提供紧急情况下的预控制压力 C_V。即 R1→紧急电磁阀的 A2 和 A3（A2 和 A3 得电

相通)→双向阀 B60.04 的 A1 和 A2→空重车调整阀 B60.05→制动中继阀 B60.07 的 C_V 处。中继阀被打开,产生制动压力 C 到达制动缸,车辆施加紧急制动。

另一方面,紧急制动时紧急制动控制回路打开,制动管的压力通过两头车上的快速排气阀 N04 排向大气,随即制动管控制分配阀 B55.02(见图 5-40)向中继阀的 C_V 口提供预控制压力。即分配阀 B55.02→双向阀 B60.04 的 A3 和 A2→空重车调整阀 B60.05→制动中继阀 B60.07 的 C_V 处。中继阀同样被打开,产生制动压力 C 到达制动缸,车辆施加紧急制动。

紧急制动电磁阀与分配阀两处的压力将在双向阀 B60.04 处比较,压力高的一侧压缩空气到达中继阀 C_V 口。这样,保证了较高的紧急制动压力。

在紧急制动时,为了防止摩擦制动过热和防止超过允许的最大摩擦系数,根据不同的速度,车辆需施加不同的制动力,此功能通过制动分级电磁阀 B60.08 来实现。当车辆高速运行 $v > 200$ km/h 时,电磁阀 B60.08 得电打开,A1 和 A2 通,向制动中继阀提供预控制风源压力 T,此压力可以减缓预控制压力 C_V,从而减低车辆制动力;当车辆低速运行 $v < 200$ km/h 时,电磁阀 B60.08 失电关闭,A2 和 A3 通,排空预控制压力风源 T,车辆正常施加制动。

制动控制阀单元具有强迫缓解功能,当操作强迫缓解开关时,强迫缓解电磁阀 B60.12 得电打开,A1 和 A2 通,风源到达活塞阀 B60.10,此时活塞阀切断来自制动中继阀的制动压力(A1 和 A2 不通),同时通过侧排口 A3 排掉制动缸压力,实现制动缓解。

压力开关 B60.11、B60.23 与压力传感器 B60.16 向列车信息管理系统 TCMS 提供缓解与制动信息,其中 B60.11 给制动控制单元(BCU)缓解信号,B60.23 提供制动信号。压力开关 B60.09 列车信息管理系统 TCMS 提供制动分级控制时的 T 口压力,并限制 T 口压力在 350 kPa 以下。压力传感器 B60.14 向列车信息管理系统 TCMS 提供分配阀 B55.02 出口控制压力信息。压力传感器 B60.15 向列车信息管理系统 TCMS 提供空气弹簧控制压力信息。节流塞 B60.30 限制空气弹簧反馈压力流量大小,保持空重车调整阀 B60.05 先导控制压力稳定。

(三)中继阀

在制动控制阀单元内,电空转换阀完成电气指令到预控压力的转换后,还需要一个能够通过较大风量的输出元件,该元件能将预控压力的流量放大,相当于一个流量放大器,这一个元件就是中继阀。

1. 结构

根据制动控制方式的不同,中继阀有多种形式。常用的一种是与电空转换阀配合、具有压力 1:1 变换关系的比例阀。只能完成流量比例放大,不具备压力放大功能,图 5-42 所示为中继阀结构原理示意。中继阀由膜板、给排阀、活塞、活塞缸、密封件及多个压力空气接口、排气口等组成。

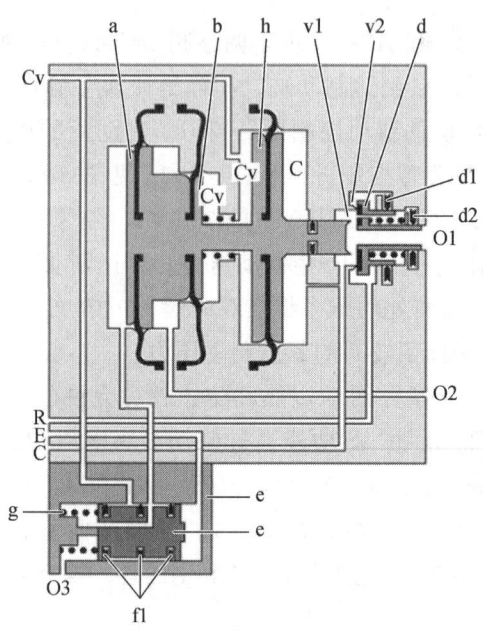

a, b, h—膜板；d—给排阀；d1, d2—密封圈；V1—阀口；V2—阀座；
C_V—预控制压力；R—制动风缸压力；F—制动分级 T 口压力；
C—制动缸压力；O1, O2, O3—排风口；g—压缩弹簧；
e—活塞缸；f—活塞；f1—密封圈。

图 5-42 中继阀结构原理

2．工作原理

中继阀受 C_V 口压力的控制，C_V 口压力的变化使中继阀具有制动、保压和缓解三个状态。当 C_V 口有压力时，C_V 压力通过中继阀内部通道作用在膜板 h 的左面与膜板 b 的右面，由于膜板 h 面积大于膜板 b 面积，因此阀杆会被向右推，克服给排阀右边的弹簧力，将给排阀推离阀座 V2，R 口的压缩空气经打开的阀口 V1 给 C 口供风，从而使制动缸得到压缩空气，实施制动作用。在阀口 V1 下方设置有一个节流小孔，阀口 V1 处的压缩空气可以经小孔流向膜板的右侧面，在膜板 h 上产生一个向左的反作用力。当制动缸压力达到设定值时，膜板 h 左右两侧压力以及膜板 b 右侧三个作用力也达到平衡，这时，在给排阀弹簧作用下，给排阀推动阀杆向左回退，给排阀回到阀座 V2 上，阀口关闭。但是，由于 C_V 口压力存在，阀杆顶面紧贴在给排阀的左侧面。这样，C 口的压力既不会升高，也不会降低，达到保压状态。如果由于制动缸或管道存在泄漏而导致 C 口压力下降时，模板右侧面的压力降低，阀杆在 C_V 压力作用下向右运动，重新打开阀口 V1，向 C 口充气到设定值后回到保压状态。这种作用称为自动补风作用。

当 C_V 压力下降时，模板 h 左边的压力减小，阀杆由保压状态的位置进一步向左运动，阀杆顶端脱离给排阀左侧面。这时，C 口与排气 O1 口接通，C 口压力通过排气口排向大气，制动缸压力降低，实现缓解作用。

当车辆运行速度小于 200 km/h 时，F 口将没有压力。此时，膜板 a 的左侧面与排气 O3 口相通，而 C_V 口与排气 O3 口不相通，C_V 压力不排大气，不会降低制动力。

当车辆运行速度大于 200 km/h 时，F 口将带有压力。F 口的压力作用在活塞右侧，推动活塞左移，使 C_V 口的压力经内部通道与排气 O3 口相通，排出并降低 C_V 压力，从而减低车辆制动力。所以，在高速运行时实施紧急制动，制动力受到了分级限制。

（四）停放制动单元

1．结构与工作原理

在 CRH3 型动车组 TC02/TC07/BC04/FC05 4 个拖车配置有停放制动功能，可以满足动车组在 30‰ 坡道上安全停放。为了保证有效的维护和故障处理，停放制动单元主要元件集成到一个底板上，如图 5-43 和图 5-44 所示，包括减压阀 H01.02、双稳态脉冲电磁阀 H01.03、节流塞 H01.30、测压接头 H01.04 与压力传感器 H01.05。停放制动单元的双向阀在移至停放制动缸体上，截断塞门 H29 移至车体右侧中部制动显示裙边里的截断塞门阀板上。节流塞 H01.30 安装在底板内部。

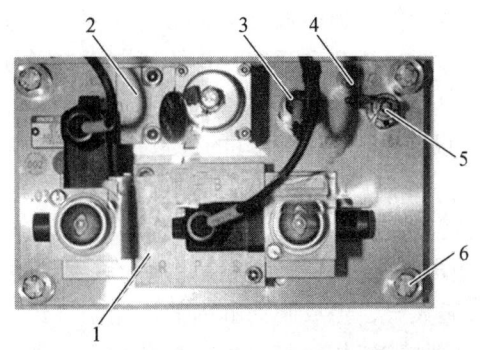

1—双稳态脉冲电磁阀；2—减压阀；3—压力传感器；
4—接地螺栓；5—测压接头；6—安装螺栓。

图 5-43 停放制动控制板

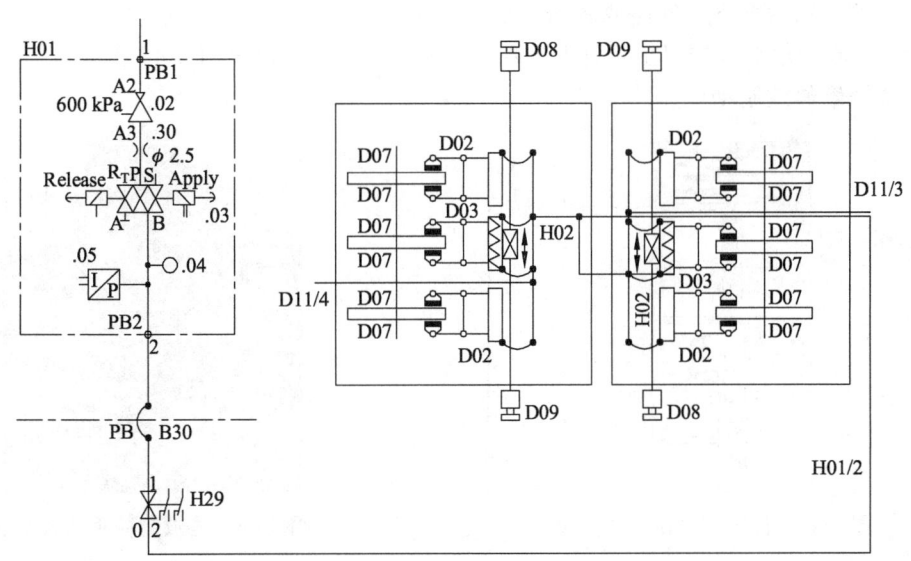

1—制动风缸空气入口；2—停放制动控制板空气出口；H01—停放制动控制板；H01.02—减压阀；
H01.03—双稳态脉冲电磁阀；H01.04—测压接头；H01.04—压力传感器；H01.30—节流塞；
H29—截断塞门；D11/3，D11/4—制动缸压力入口；H01/2—停放制动缸压力入口；
D08，D09—停放制动手动缓解装置；H02—双向阀；D02—制动缸；
D03—停放制动缸；D07—闸片。

图 5-44 停放制动控制气路

来自制动风缸 B05 的压力空气经截断塞门单元 B06 中的截断塞门 B06.02 到达停放制动控制板 H01 的 1 口，经减压阀 H01.02 输出 600 kPa 压力至双稳态脉冲电磁阀 H01.03，该脉冲电磁阀配有两个电磁线圈，并配有手动操作按钮，以备在电源故障的情况下进行人工操作。该阀控制到双向阀的充风或排风，以控制停放制动缸动作。压力传感器 H01.05 的信号可防止动车组在停放制动施加的情况下移动，直到停放制动缓解为止。双向阀 H02 可防止空气制动缸的空气制动力与停放制动缸产生的弹簧力产生重叠，从而避免制动夹钳过载。带有电触点的截断塞门 H29 可以隔离停放制动，其触点的信号传送至列车控制系统。

每一从动轴的制动气缸都配有弹簧储能式停放缸。停放制动缸有单独的空气接口，与制动缸空气接口相互独立。当停放制动缓解时，停放制动缸被充加压缩空气，其活塞和活塞杆便逆着压缩弹簧的弹力被推至后位。当停放制动施加时，停放制动缸有杆腔里的压缩空气便被排出。压缩弹簧的弹力便可通过活塞和活塞杆作用于制动缸的活塞杆，由此通过制动卡钳使制动闸瓦贴上制动盘，如图 5-45 所示。

在司机室的第二操作区设有两个带指示灯的停放制动施加与停放制动缓解按钮，如图 5-18 所示。

实施停放制动时，司机制动控制器 C23 需要位于制动位，按压停放制动施加按钮，使双稳态脉冲电磁阀 H01.03 右边电磁线圈得电，双稳态脉冲电磁阀的 B 口与 S 口相通，同时断开 P 口与 B 口的通道。S 口通大气，停放制动缸内的压缩空气经管道逆流到双稳态脉冲电磁阀，从 S 口排出。停放制动施加按钮指示灯上出现黄色指示，并且封锁牵引。

要缓解停放制动，按压停放制动缓解按钮，使双稳态脉冲电磁阀 H01.03 左边电磁线圈得电，双稳态脉冲电磁阀的 P 口与 B 口相通，同时断开 B 口与 S 口的通道。压缩空气经双向阀进入停放制动缸的活塞室，使停放制动活塞杆缩回，停放制动缓解，同时停放制动施加按钮指示灯灭，停放制动缓解按钮指示灯上出现白色指示。也可以通过图 5-46 所示的停放制动手动缓解装置缓解停放制动。

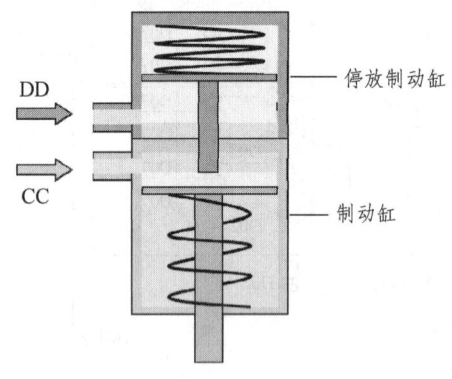

图 5-45 停放制动缸原理示意

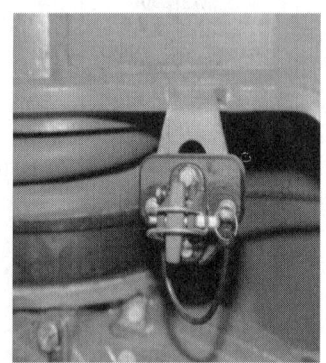

图 5-46 停放制动手动缓解装置

2．防止制动力叠加措施

为了避免在停车时列车同时激活空气制动和弹簧停放制动，当空气制动时，从制动缸一个分支管将最大值达 410 kPa 的压缩空气通过双向阀充入停放制动缸的活塞室。因此，即使操作停放制动施加按钮，由于双向阀的双向选择作用，阻止停放制动缸活塞室内的压缩空气也从双稳态脉冲阀 S 口排出去，停放制动缸活塞室内压力空气使其活塞杆处于缩回状态，停放制动实际上不起作用。

动车组长时间停放时,由于泄漏等因素,制动缸及其管道压力下降,空气制动力也下降,制动缸活塞杆有回缩的趋势。但是,由于停放制动缸的压力也在下降,停放制动缸活塞杆在其储能弹簧的作用下逐步推出。停放制动缸活塞杆推出后,顶在制动缸活塞上,防止制动缸活塞杆收回。保证了制动力的稳定。随着空气制动缸内的空气压力不断下降,停放制动缸压缩弹簧就逐渐代替空气制动缸而起作用。

注意:在采用停放制动时,禁止牵引;动车组走行过程中,禁止启动停放制动。

3. 停放制动手动缓解装置

施加停放制动作用后,如果没有压缩空气来缓解停放制动,需要调用动车组时,停放制动作用必须通过机械紧急释放装置进行释放。CRH3 型动车组在每一个配置有停放制动的拖车转向架两侧设置了停放制动手动紧急缓解装置,每侧设置两个手动缓解装置,操作人员在任何车辆任何一侧均可将该转向架上的停放制动手动缓解,如图 5-44 和图 5-46 所示。操作时,先将红色手柄外面的钢丝扣件用力打开,再向外拉红色手柄即可手动缓解停放制动。操作完以后,松开手柄,扣上扣件。

三、基础制动装置

(一)组 成

CRH3 型动车组的基础制动采用盘形制动装置,盘型制动装置在动车和拖车转向架上的安装情况分别如图 2-47 和图 2-46 所示。动车每个轮对安装两套轮盘式盘型制动装置。拖车每个轮对安装三套轴盘式盘型制动装置。在轮对轴箱位置还有测速齿轮、速度传感器与加速度传感器等制动系统附件,如图 5-47 所示。

1—端盖;2—速度传感器;3—加速度传感器;4—测速齿轮。

图 5-47 轴端制动附件

（二）制动盘

CRH3 型动车组轮装制动盘与轴装制动盘均为铸钢制造，轮装制动盘直径为 750 mm，每副轮盘两片，用 12 颗螺栓分别连接在车轮辐板两侧。轮装制动盘采用模块化设计，质量小，易于拆装。轴装制动盘的直径为 640 mm，制动盘由摩擦环、盘毂和连接装置组成，摩擦环与盘毂之间也通过 12 颗螺栓连接；轴盘上具有用于通风的散热筋结构，不仅在非制动状态下节省 60% 的能量，还使制动盘上存在的过热点更少。轮装制动盘与轴装制动盘的结构如图 5-48 和图 5-49 所示。

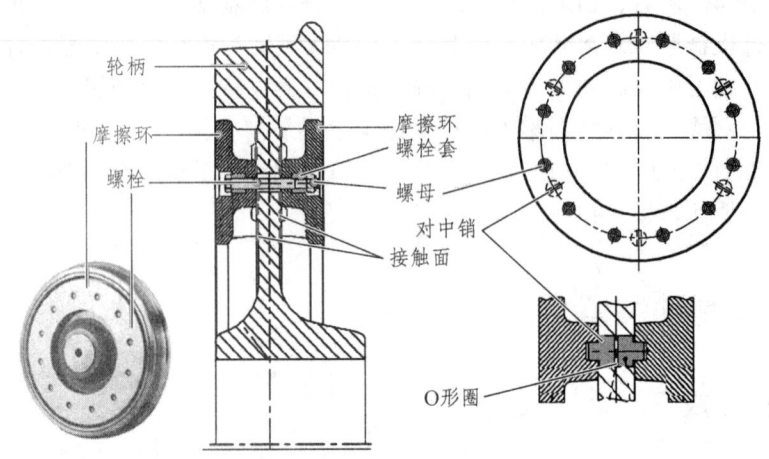

图 5-48 轮装制动盘结构

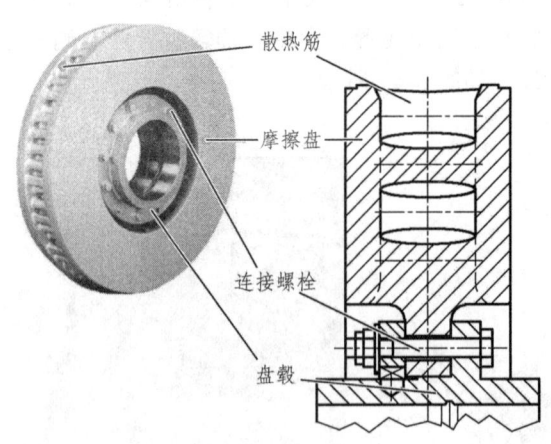

图 5-49 轴装制动盘结构

（三）制动夹钳

CRH3 型动车组的制动夹钳单元采用模块化结构，如图 5-50 和图 5-51 所示，通过关节轴承与构架相连。所有制动夹钳单元都有内置的自动闸调器。所有拖车转向架每根轴中间一个夹钳单元带有弹簧驱动的停放制动缸。

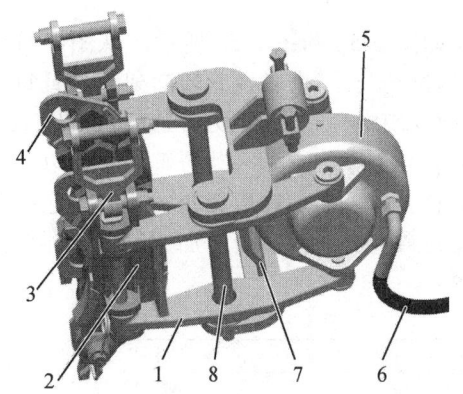

1—制动杠杆；2—闸片托；3—吊耳；4—闸片；
5—制动缸；6—胶管；7—支架；8—销轴。

图 5-50　制动夹钳单元

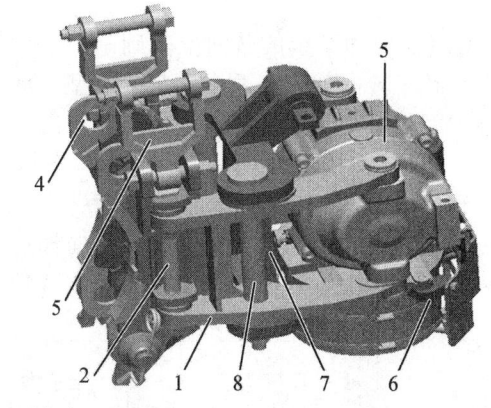

1—制动杠杆；2—闸片托；3—吊耳；4—闸片；5—制动缸；
6—停放制动缸；7—支架；8—销轴。

图 5-51　制动夹钳单元（带停放制动缸）

（四）制动闸片

CRH3 型动车组使用的 ISOBAR 闸片采用烧结粉末冶金材料，如图 5-52 所示，其组成结构为闸片钢背、三角支架、摩擦块和卡簧，钢背为圆弧形，背面具有导轨结构，便于与闸片托连接。闸片元件通过静态力的平均分配使每个摩擦块粒子和制动盘之间达到一个平衡的表面压力，从而保证每一个摩擦块粒子有均匀的摩擦痕迹，制动盘表面也有均匀的磨耗。在制动初速度为 300 km/h 时也能保证良好的接触状态，以保证均匀承受负载。为适合 350 km/h 制动初速度，CRH380B 与 CR400BF 型动车组的制动闸片结构有所改善，如图 5-53 所示。这种闸片取消了 CRH3 型动车组用闸片中的三角支架，每一个摩擦块由弹性元件支撑，单独安装到钢背上。

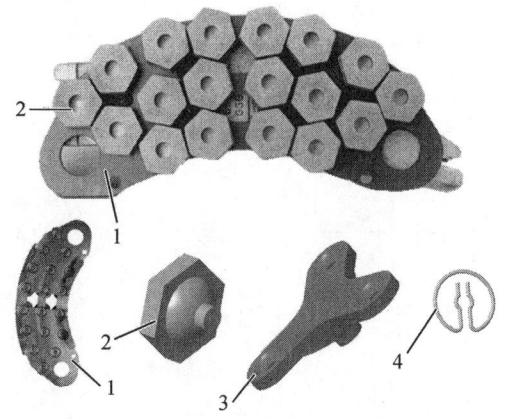

1—钢背；2—摩擦块；3—三角支架；4—卡簧。

图 5-52　CRH3 型动车组用 ISOBAR 闸片

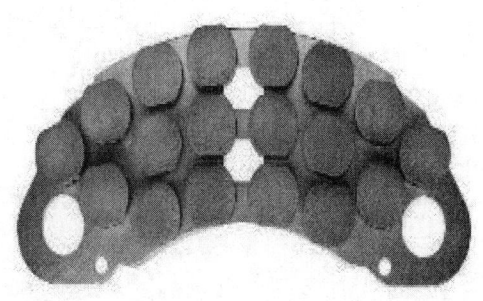

图 5-53　CRH380B 型动车组用 ISOBAR 闸片

(五)气路原理

CRH3 型动车组的转向架基础制动装置气路原理如图 5-54 和图 5-55 所示,从图中可以看出,动车转向架安装两个轮盘式盘型制动,拖车转向架安装三个轴盘式转向架,并且每一根轴中间的一个盘型制动装置带有停放制动。停放制动控制中,防止制动力叠加的双向阀 H02 安装在停放制动缸上,并且每一个拖车转向架上安装了 4 个停放制动手动缓解装置,以方便动车组机械师操作缓解停放制动。每一个转向架上均安装了垂向加速度传感器 G06,它可以实时监测车体在垂向上的加速度,垂向加速影响乘客的乘坐舒适度,通过加速度传感器监控加速度大小并反馈到控制系统,保证乘客的乘坐舒适度。

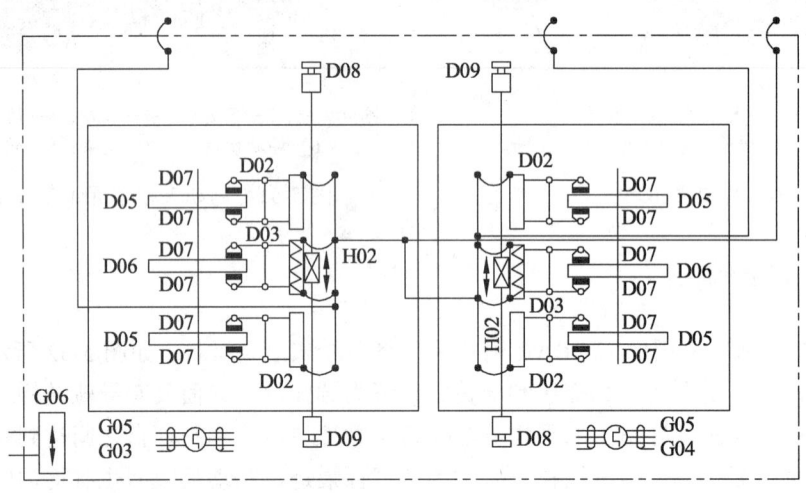

D02—制动缸;D03—停放制动缸;D05,D06—制动盘;D07—闸片;D08,D09—停放制动手动缓解装置;
G03,G04,G05—速度传感器;G06—加速度传感器;H02—双向阀。

图 5-54 拖车基础制动装置

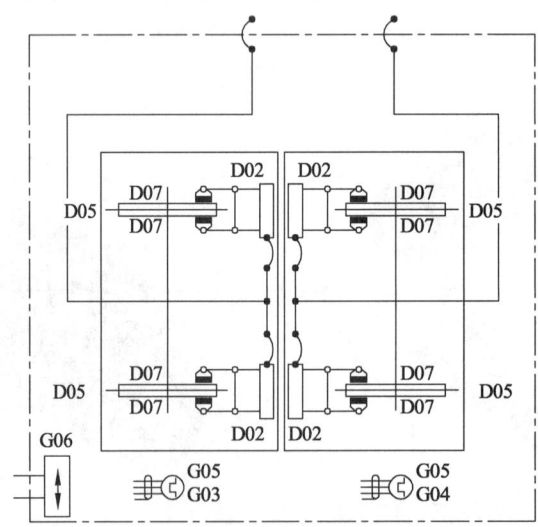

D02—制动缸;D05—制动盘;D07—闸片;G03,G04,G05—速度传感器;
G06—加速度传感器。

图 5-55 动车基础制动装置

四、防滑控制

(一) 结　构

列车的每个轮对由防滑系统监测,每个轮对的转速由速度传感器进行测量,由制动控制计算机 BCU 进行监控。如果发生滑动,各车的制动控制计算机 BCU 激活每个轮对的防滑器排风阀以缓解制动。

CRH3 型动车组防滑系统的组成如图 5-56 所示,由滑行检测器 WSP、速度传感器、测速齿轮和防滑电磁阀等部分组成。

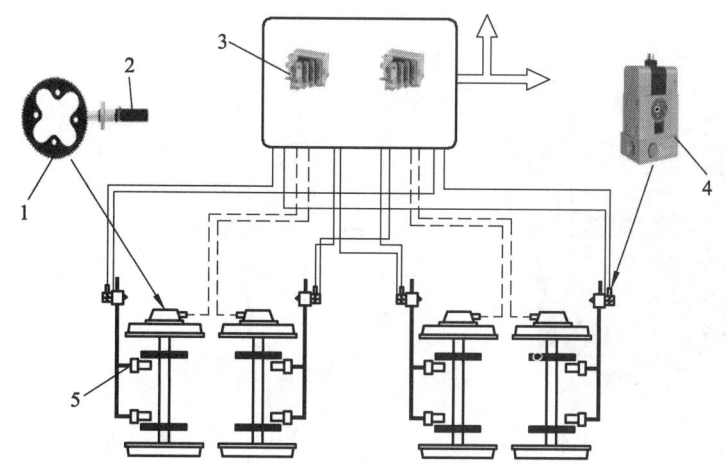

1—测速齿轮;2—速度传感器;3—滑行检测器;4—防滑电磁阀;5—制动缸。

图 5-56　防滑系统组成示意

(二) 功　能

动车组的每条轮对有防滑系统监测。每一个轮对的旋转速度通过脉冲传送装置进行测量和评估。如果滑动发生,各车的制动控制单元 BCU 将激活每条轮对的防滑阀以缓解制动。防滑系统同时也对制动缸的压力进行控制,以便使车轮和轨道之间的黏着力达到最佳。轴箱中安装了测速齿轮和速度传感器。防滑阀 GV12-1B 安装在车体下方,位于靠近各转向架区域,滑行检测器 WSP 安装在电气控制柜中。轴的转速可以通过无接触、无磨损的速度传感器检测。使用轴速信息,滑行检测器 WSP 可以计算参考速度和发出排风、压力保持、充风等控制指令。CRH3 型动车组每个车轴的防滑装置的响应标准是车轮和动车组之间的速度差、轴加速度和轴历史记录,因此,包括车轮滑动和加速度的变化。这样,可以进行全面的防滑过程控制,安全的防止车轮抱死、降至最低黏着,使车轮永远保持在期望的最佳车轮滑行范围内。

在动力轴上,空气制动和电制动产生防滑保护时,由于动车相应的牵引控制单元有其自身的防滑保护,所以在下述情况下,防滑器有不同的控制方式。

(1) 常用制动时,牵引控制单元 TCU 中的防滑调节器调整至低于空气制动的滑动值,从而可减少已有的电制动力,保持轮对较低减速度。在正常情况下,牵引控制单元调节器设置较敏感,控制电制动,如果动力轴仍发生严重的滑动,则空气制动调节器发送一个减小制动力信号给牵引控制单元 TCU,后者将减小电制动力。空气制动的防滑系统将其要求降低电制动力的信号作为总线信号,这个信号的范围为 0~100%。

（2）紧急制动时，动力轴采用了比常用制动期间略高的滑动值。空气制动防滑系统的参数调整，按照最优化的利用轮轨黏着系数进行设置。紧急制动时，制动控制单元单独承担制动系统的调整功能并调节电制动力。在此情况下，牵引控制单元 TCU 监视电制动力的调整是否在预先设定的最大值上，如果紧急制动时 TCU 和 BCU 间的 MVB 通信失败，则制动控制单元 BCU 将自动调节制动系统。

防滑阀的外形与原理如图 5-57 所示。从原理上看，防滑阀实际上是一个带双电磁线圈的二位三通电磁阀，带有排气口。无滑行趋势时，防滑阀 D 口与 C 口相通，不排气。当滑行检测器检测有滑行趋势时，制动缸通过防滑阀排气口排风，降低制动压力，减小制动力，回到正常的黏着状态。

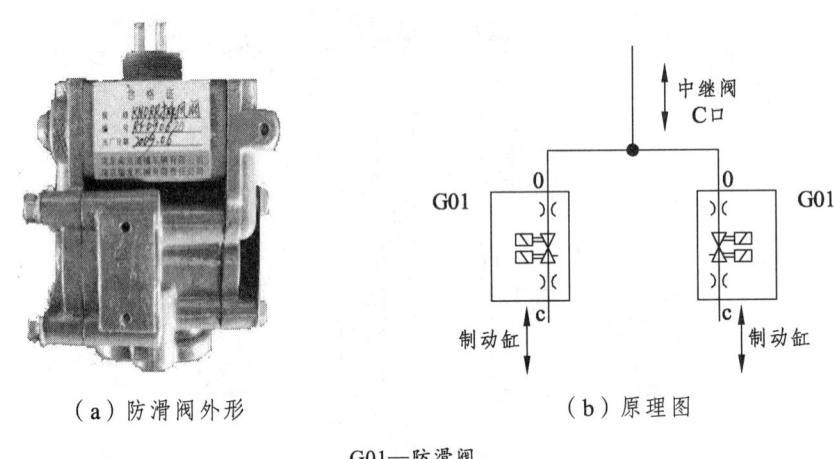

（a）防滑阀外形　　　　　　（b）原理图

G01—防滑阀。

图 5-57　防滑阀

（三）特　点

（1）具有综合自检测功能，可识别故障并存储到可更换的故障存储装置，并可提供数字显示。

（2）可通过集成的串行接口连接到中央诊断计算机，通过附件电路板和附加软件，可将防空转功能扩展到防滑系统。防滑系统可以检测速度、提供车辆的运行状态。

（3）提供了特殊的逻辑防空转功能，形成参考速度和通过牵引控制影响轴速度而使车轮保持在最佳车轮滑动范围内。

任务四　备用制动

CRH3 型动车组的备用制动系统为自动式空气制动系统，在直通式电空制动无法使用时启用。备用制动系统启用后，可通过控制制动管的空气压力，来实现列车的制动和缓解；制动管的空气压力变化，可由动车组第二操作区的备用制动阀 ZB11-6 或救援/回送机车控制。系统启用后，牵引手柄与司机制动控制器的制动控制被切断，电制动也无法使用。

一、备用制动阀

备用制动阀 C02 的型号为 ZB11-6。在备用制动投入以后，可以通过它控制制动管压力，发出制动或缓解指令，在各车分配阀 B55.02 的配合下，通过中继阀 B60.07 对制动缸充风制动。备用制动阀的外形与工作原理如图 5-58 所示。备用制动阀有 3 个通道，其中 HL 通均衡风缸 C11 和中继阀 C01.06，DMV 口经减压阀 C01.04 通总风管，O 口通大气。备用制动阀有 5 个功能区，分别为紧急制动位 V、制动区 B、保压位 Ⅲ、缓解区 L 与运转位 Ⅱ。当备用制动功能未激活时，手柄处在保压位 Ⅲ，充气阀与排气阀均处于关闭状态。

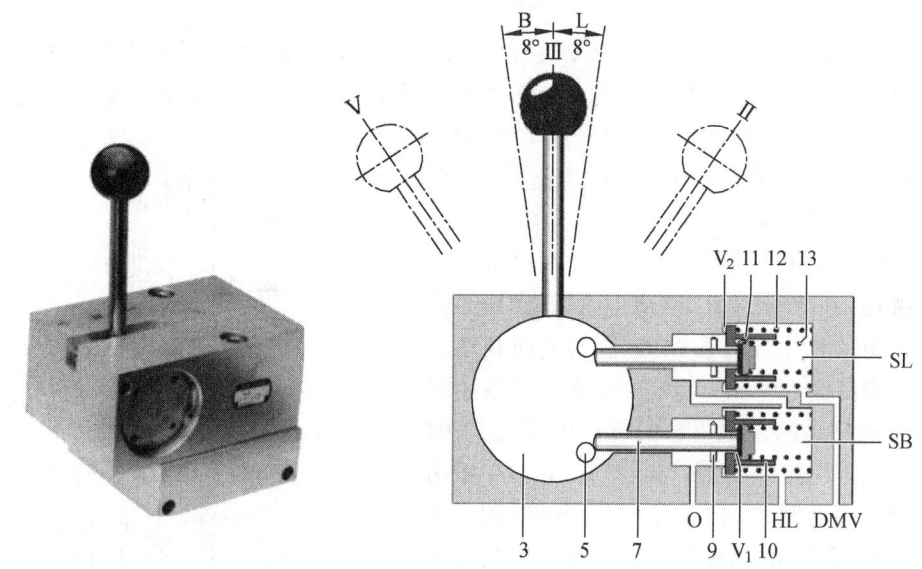

Ⅱ—运转位；Ⅲ—保压位；B—制动区；L—缓解区；V—紧急制动位；HL—接均衡风缸；DMV—接减压阀；
V_1—排气主活塞；V_2—充气主活塞；SB—排气阀；SL—充气阀；3—转轴；5—推轴；7—阀杆；
9—法兰；10—排气先导活塞；11—充气先导活塞；12—外弹簧；13—内弹簧。

图 5-58 备用制动阀

当手柄位于 L 区时，手柄带动转轴 3 与推轴 5 同步顺时针方向转动，备用制动阀上方的推轴向右压迫充气阀的阀杆 7，充气先导活塞打开，经减压阀 C01.04 减压后的总风管压力由 DMV 口进入充气阀，通过充气阀阀口后由内部通道经 HL 口送到均衡风缸 C11，给均衡风缸充气，进而给制动管充气。因先导活塞阀口较小，因此充气速度相对较慢，车辆逐步缓解。当手柄处于 L 区时，可反复将手柄从 L 区到保压位 Ⅲ 之间切换，形成阶段缓解。

当手柄位于运转位 Ⅱ 时，上方充气阀杆进一步向右运动，其上的法兰 9 推开充气主活塞 V_1。主活塞打开后，充风速度加快，迅速将制动管压力充到定压 600 kPa，车辆完全缓解。

当手柄位于 B 区时，手柄带动转轴 3 与推轴 5 同步逆时针方向转动，备用制动阀下方的推轴向右压迫充气阀的阀杆 7，排气先导活塞打开，均衡风缸 C11 的压力由 HL 口经内部通道排向大气，均衡风缸压力降低，使得中继阀 C01.07 逐步关闭。同时，打开中继阀的 C 口到自身排气口之间的通道，中继阀的 C 口与制动管相通，制动管的压力也同步下降，制动作用施加。手柄置于 B 区时间越长，制动管压力下降越大，制动力也就越大。当手柄处于 B 区时，可反复将手柄从 B 区到保压位 Ⅲ 之间切换，形成阶段制动。

当手柄位于紧急制动位 V 时，下方充气阀杆进一步向右运动，其上的法兰 9 推开排气主活塞 V_2。排气主活塞打开后，排气速度加快，迅速排出制动管压力，车辆紧急制动。

保压位、运转位和紧急制动挡位设计有凹槽，手柄在这些位置时可以保持在凹槽中。缓解区和制动区挡位没有凹槽，这就是说手柄在这些挡位时，松开操作后手柄会返回到保压位。

备用制动阀 C02 的操作是基于时间式的，即制动管增压与减压的多少取决于手柄在缓解区与制动区停留时间的长短。

二、制动管压力控制

制动管压力控制风路如图 5-59 所示，它由备用制动阀 C02、制动管压力控制板 C01、截断塞门 C14、均衡风缸 C11 与压力表 C03 等组成。其中，制动管压力控制板 C01 又包括减压阀 C01.04、单向阀 C01.03、隔离电磁阀 C01.02、单向阀 C01.05、测压接头 C01.07、中继阀 C01.06、活塞阀 C01.08、节流塞 C01.30、节流塞 C01.31 等元件。减压阀 C01.04 控制到制动管控制设备的工作压力维持在 600 kPa 以内。隔离电磁阀 C01.02 正常情况下得电，使主风缸管 MRP 能实施向制动管提供风源，维持制动管压力稳定。但是，在备用制动启用和紧急制动的情况下，隔离电磁阀 C01.02 会失电，隔离主风缸管 MRP 与列车管 BP。在备用制动启用时，中继阀 C01.06 按照备用制动阀手柄位置，控制列车管 BP 压力的变化。在备用制动未启用时，活塞阀 C01.08 断开，隔离中继阀 C0.06 对列车管 BP 的控制；备用制动启用后，活塞阀 C01.08 打开。单向阀 C01.03 防止列车管 BP 压力空气逆流到总风管 MR，单向阀 C01.05 防止截断塞门 C14 的 A3 口压力空气进入均衡风缸 C11 与中继阀 C01.06 的 C_V 口，影响控制压力的大小；也可以在备用制动未启用时，将均衡风缸 C11 与中继阀 C01.06 的 C_V 口压力经截断塞门 C14 的 A1 口排出。节流阀 C01.03 与 C01.31 限制供风量，防止产生自动制动作用。

正常运行情况下，列车的制动操作由司机制动控制器 C23 完成，为了不引起误操作及混乱产生，通过一个位于司机操纵台下方的截断塞门 C14 对备用制动阀的功能进行隔离。

截断塞门 C14 通常关闭，这时活塞阀 C01.08 也处于 A 口与 P 口不通的关闭状态。这样备用制动阀 C02 就不能控制制动管压力的变化。但制动管中的压力在正常情况下保持在定压 600 kPa 以上，为启动备用制动准备足够的压力。制动管的压力在列车紧急制动和自动停车的情况下会通过快速排气阀 N04 排空。

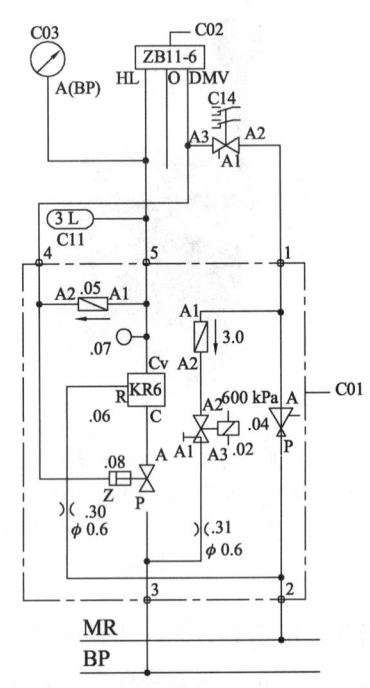

C01—制动管压力控制板；C02—备用制动阀；
C03—压力表；C11—均衡风缸；C14—截断塞门；
C01.02—隔离电磁阀；C01.03，C01.05—单向阀；
C01.04—减压阀；C01.06—中继阀；
C01.07—测压接头；C01.08—活塞阀；
C01.30，C01.31—节流塞。

图 5-59 制动管压力控制风路

当司机操作司机制动控制手柄 C23 或列车其他紧急制动设备、列车自动停车设备触发紧急制动时，列车两头车 EC01/EC08 中的快速排气阀 N04（N04 阀只安装在两头车上）的先导电磁阀 N05 将会断电，制动管压力经快速排气阀 N04 的排气口快速排气，引起分配阀 B55.02 动作，产生紧急制动 C_V 控制压力，打开中继阀 B60.07 向制动缸充气通道，使车辆实施紧急制动。同时，隔离电磁阀 C01.02 失电，防止主风缸管 MRP 的压力向制动管 BP 意外充风，缓解紧急制动。

当启用备用制动时，先打开截断塞门 C14，将隔离电磁阀 C01.02 断电。活塞阀 C01.08 也因截断塞门 C14 打开而动作，接通 A 口与 P 口，为备用制动做准备。

备用制动阀手柄的位置控制着中继阀 C01.06 控制口 C_V 口压力，在 C_V 压力的控制下，中继阀 R 口、C 口以及排气 O 口形成不同的通断关系，从而控制着制动管压力的变化。

三、制动管压力控制中继阀

中继阀 C01.06 为 KR6 型中继阀，用于按照均衡风缸 C11 压力变化控制制动管的压力，除顶部排风口外还有 3 个通路：C_{V3} 口接均衡风缸，是控制压力口；R 口接总风管压力；C 口通制动管。图 5-60 所示为中继阀处于向制动充风缓解状态的结构示意图。

中继阀动作原理如下：

当 C_{V3} 的压力增加时，膜板活塞 5 向上移动，同时推动空心阀杆 3 向上移动，压缩弹簧 2，进气口打开，总风管压力通过进气口向制动管充风，制动管压力升高，中继阀处于缓解状态。

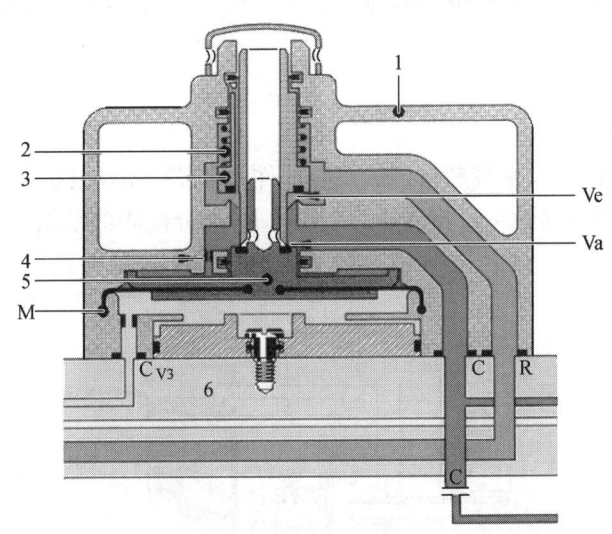

1—外壳；2—压缩弹簧；3—空心阀杆；4—节流孔；5—膜板活塞；6—底板；
M—膜板；Ve—进气阀座；Va—排气阀座；C_{V3}—控制压力口；
C—制动管接口；R—总风管接口。

图 5-60 制动管压力控制中继阀示意图

在中继阀内部设置的节流孔 4 可以将进气口的压力引入膜板活塞 5 的上腔，对膜板活塞产生一个向下的作用力。若 C_{V3} 口的压力维持稳定，经过一段时间，制动管压力上升到定压，这时，膜板活塞 5 上下作用力达到平衡，膜板活塞会向下移动，空心阀杆 3 回落在进气口座上，从而关闭充气口。制动管不再进气，压力维持在稳定状态。此时，中继阀处于保压状态。

一旦制动管压力因泄漏而降低,进气口会再次打开向制动管补风。

当 C_{V3} 压力减少时,膜板活塞 5 在上腔压力和弹簧 2 的共同作用下进一步向下移动,空心阀杆下方的排气阀与膜板活塞分离,排气阀口打开,制动管压力空气由排气口、空心阀杆向外排气,制动管压力降低,中继阀处于制动状态。

四、分配阀单元

分配阀单元 B55 如图 5-61 所示。制动管的压力空气进入分配阀单元的 1 口,压力传感器 B55.04、B55.05 及截断塞门 B55.03 的电接点将压力信号送给 TCMS 及控制电路,分配阀 B55.02 根据制动管压力变化控制输出压力,工作风缸 B50 中压缩空气经分配阀单元的 2 口输出,连接到制动控制阀单元 B60 的 3 口,经双向阀 B60.04 输出到中继阀 B60.07 的 C_V 口,图 5-43 中的中继阀 B60.07 在 C_V 控制压力作用下,打开制动缸充气通道,给制动缸提供与 C_V 压力大小相同的、大流量的压缩空气给制动缸。比例风缸 B51 容积 1.3 L,它可以模拟制动的容积。

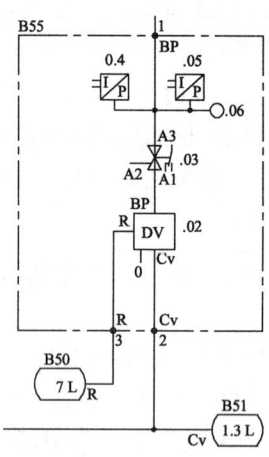

B50—工作风缸;B51—比例风缸;B55.02—分配阀;
B55.03—截断塞门;B55.04,B55.05—压力传感器;
B55.06—测压接头。

图 5-61 分配阀单元

五、分配阀

分配阀 B55.02 是自动式空气制动机的核心部件,它根据制动管的压力变化,产生直通式制动系统的中继阀 B60.07 的 C_V 口控制压力。图 5-62 为分配阀的结构示意。

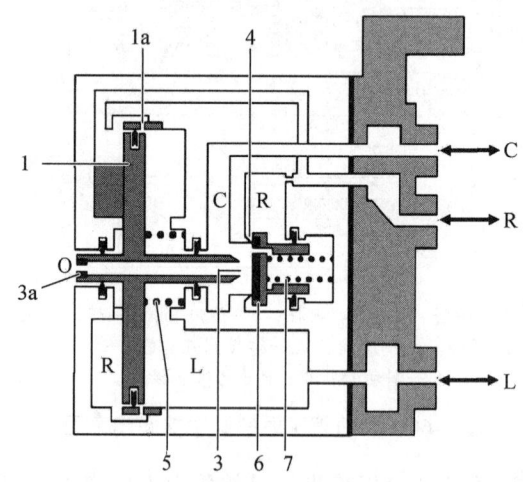

1—活塞;1a—充气沟;3—空心阀杆;3a—排气节流塞;4—进气阀座;
5—压缩弹簧;6—给排阀;7—弹簧;R—通工作风缸;
L—通制动管;C—通比例风缸。

图 5-62 分配阀的结构示意

由图中可以看出，该分配阀有4条通路：O口通大气是排气口；L口通制动管，制动管压力作用在活塞1的右侧，是控制压力口；R口是通工作风缸B50，同时R口压力作用在活塞1左侧；C口通比例风缸B51，是输出口。C口压力也就是直通式制动系统中继阀B60.07的C_V口控制压力。

当制动管L压力升高时，制动管压力推动活塞1向左移动，打开充气沟1a，制动管向工作风缸B50充气，工作风缸压力升高。同时，由于活塞向左移动，导致空心阀杆3右端面与给排阀6左端面分离，比例风缸的压力和中继阀B60.07的C_V口控制压力经空心阀杆排向大气，C_V压力降低，使系统处于缓解状态。

当制动管L压力不再升高，工作风缸的压力也升高，当工作风缸压力、制动管压力共同作用，使活塞1达到平衡状态时，活塞1向右移动回位至空心阀杆3右端面贴紧给排阀6左端面，充气口1a与排气通道均关闭，工作风缸不再充气，比例风缸也不再排气。

当制动管L压力下降时，活塞1在左边工作风缸压力作用下向右移动，空心阀杆3克服弹簧7的作用，将给排阀6推开，工作风缸B50的压缩空气经阀口向C口充气，比例风缸B51与中继阀B60.07的C_V口控制压力升高，中继阀B60.07打开向制动缸充气，使系统处于制动状态。

任务五　辅助设备供风

一、空气悬挂系统气路原理

空气悬挂系统能将车辆的载重情况以压缩空气压力信号的方式反馈给制动控制阀单元B60，并能使车体与轨面之间的高度维持不变，不随车辆载重情况而变化，还可以改善车辆的动力性能，提高旅客乘坐的舒适度。该系统主要由顺序阀L14、节流塞L07、截断塞门L02、测压接头L11、滤尘器L10、高度调整阀L04/L15、二位端空气弹簧排风阀L16（仅头车）、安全阀L06、测压接头L09、压力开关L05、均压阀L13及管道组成，图5-63为CRH3型动车组头车空气悬挂系统气路原理。每一个转向架具有一套空气悬挂系统。从总风管送来的压缩空气到达顺序阀L14，当总风管压力超过670 kPa时，顺序阀打开；当总风管压力小于670 kPa时，顺序阀关闭。这样，当总风管压力较低时，压缩空气优先供给制动系统，也可以在车辆刚启动时，减少用风设备，使总风管压力上升较快。

截断塞门L02用于中断空气悬挂系统的供风，该截断塞门带有排气口，并在排气口通过一个管接头引出一根排气管，如图5-64所示。当空气悬挂系统的元件或管道出现故障时，可以关闭该截断塞门。同时，空气弹簧及管道中的气体能从排气管排出。

如图5-64所示的测压接头L11可用于人工手动测量顺序阀出口的压力；测压接头L09可以手动测量两转向架和空气弹簧的压力，通常在调试或试验时使用。

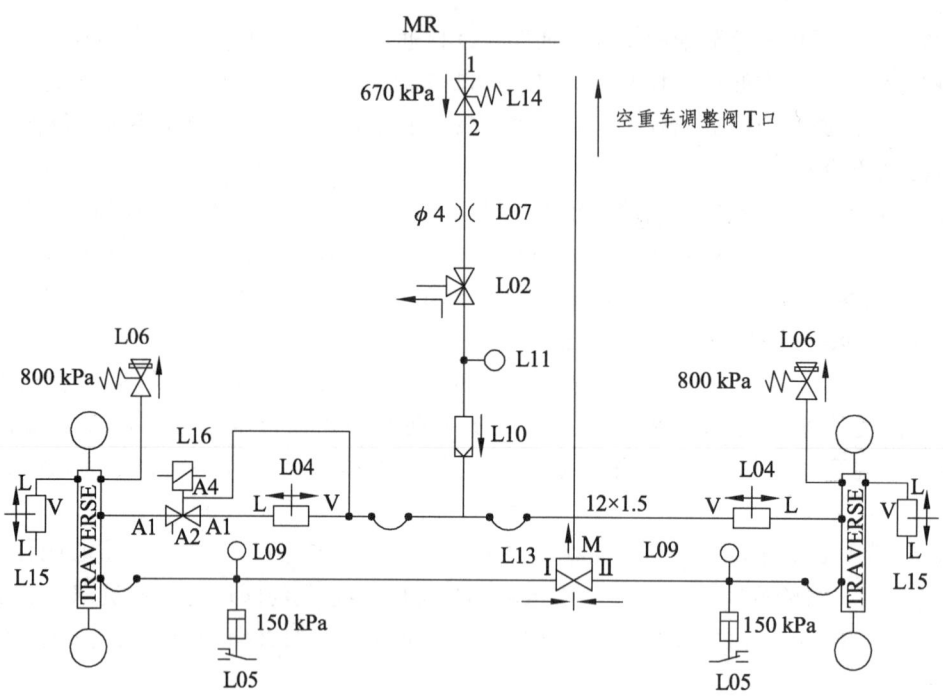

L14—顺序阀；L07—节流塞；L02—截断塞门；L09，L11—测压接头；L10—滤尘器；L04，L15—高度调整阀；L16—紧急排风阀（仅头车）；L06—安全阀；L05—压力开关；L13—均压阀。

图 5-63　空气悬挂系统气路原理

滤尘器 L10 过滤压缩空气中的灰尘等杂质，保护其他阀元件。L04 与 L15 均为高度调整阀，L04 给空气弹簧充气，L15 排气。压力开关 L05（150～200 kPa）监控转向架空气弹簧的压力变化。当压力低于 150 kPa 时，转向架监控继电器控制紧急排风阀 L16 得电动作，快速排出二位端空气弹簧中的压力空气，防止头车出现点头现象，损坏车头底部排障器等设备，也使头车车体前后保持平衡。紧急排风阀 L16 只安装在两头车的二位端转向架上。

安全阀 L06 防止空气弹簧压力空气意外超高。均压阀 L14 将两个转向架空气弹簧的压力进行平均计算后反馈到制动控制阀单元 B60 上的空重车调整阀 B60.05，作为空重车调整阀的控制压力。

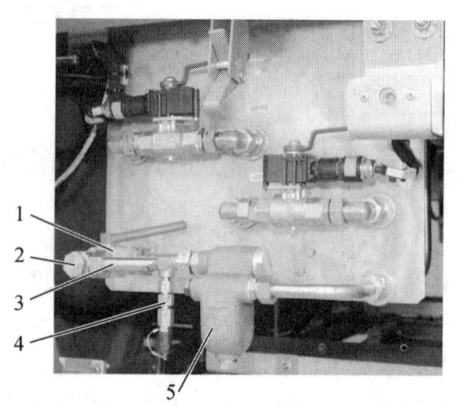

1—截断塞门；2—接头；3—排气管；
4—测压接头；5—滤尘器。

图 5-64　制动阀板

CRH3 型动车组同一个转向架上的两个空气弹簧之间由枕梁相连。枕梁内部设计成密封结构，充当了空气悬挂系统辅助风缸功能，在空气弹簧内气压变化时起缓冲作用，提高乘客乘坐的舒适性。

（一）高度调整阀

高度调整阀 L04/L15 阀体安装在转向架的枕梁上，用于控制高度的阀杆一端铰接安装在转向架横梁上（拖车）或电机吊架上（动车），另一端通过一根杠杆与阀体相连。当车体与轨面高度变化时，阀杆带动杠杆推动阀体内部的阀芯，实现供气或排气。如图 5-65 所示为拖车两高度调整阀的安装示意，拖车两高度调整阀安装在枕梁同侧，动车高度调整阀安装在枕梁两侧。

1—枕梁；2—高度调整阀 L04；3—高度调整阀杆；
4—转向架横梁；5—高度调整阀 L15。

图 5-65　拖车高度调整阀安装示意

当车辆载重不变时，高度调整阀既不向空气弹簧供风，空气弹簧也不会通过高度调整阀排风，空气弹簧内部压力保持不变，其自身高度也不变，车体与轨面距离也就保持不变。

当车辆载重变小时，空气弹簧上方的载荷也变小，空气弹簧在内部压缩空气作用下，其自身的高度会变大，有带动车体上升的趋势，此时，高度调整阀 L15 接通排气口，排出一部分空气弹簧内的空气，内部压力降低，使空气弹簧回到原来的高度，维持车体与轨面距离不变。

当车辆载重变大时，空气弹簧上方的载荷也变大，空气弹簧在载荷作用下，其自身的高度会变小，有带动车体下降的趋势，此时，高度调整阀 L04 接通供气口，向空气弹簧内充风，压力升高，使空气弹簧回到原来的高度，从而维持车体与轨面距离不变。

（二）均压阀

均压阀 L13 能将同一个转向架上两个空气弹簧的压力进行平均后，送到制动控制阀单元 B60 的空重车调整阀 T 口，作为车辆的载重信号，其作用原理如图 5-66 所示。空气弹簧的压力为 P1、P2。这两个压力分别在入口处分成两路，一路经过单向阀比较后，将较大的压力送到供气阀上方，另一路分别作用在供排气活塞下方 A1 与 A2 上，在结构上，A1+A2=A3=2A1。空气弹簧的压力推动供排气活塞向上运动，打开供气阀，并且向 M 口供气。当 M 口压力上升到（P1+P2）/2 时，供排气阀关闭。

当车辆载重减少时，空气弹簧的压力 P1 与 P2 减少，供排气活塞下方的压力减少，供排气

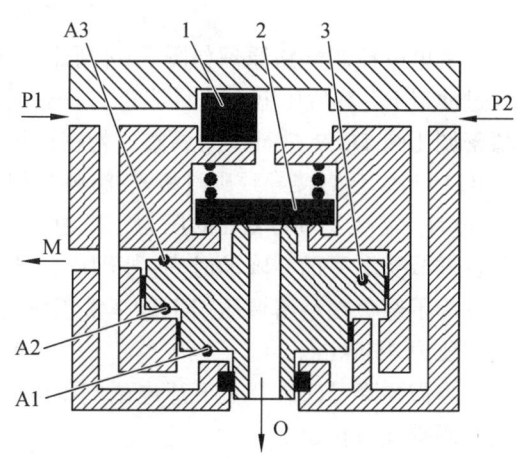

1—单向阀；2—供气阀；3—供排气活塞；
P1, P2—空气弹簧压力；M—到空重车调整阀 T 口；
O—排气口；A1, A2, A3—活塞面积。

图 5-66　均压阀作用原理

活塞下移，沟通 M 口与排气口 O，一部分 M 口压缩空气排向大气，M 口压力下降，供排气活塞上方压力也下降，再次回到平衡状态时，供排气活塞杆上移，关闭排气口。

当车辆载重增大时，空气弹簧的压力 P1 与 P2 增加，供排气活塞下方的压力增大，供排气活塞上移，沟通 M 口与供气口，M 口压力上升，当供排气活塞回到平衡状态时，供排气活塞杆下移，关闭供气口。

二、受电弓升弓气路原理

受电弓升降弓控制以及受电弓碳滑板的状态监控都离不开压缩空气。当车辆刚激活，或总风管压力不足时，由车载蓄电池向辅助空气压缩机系统供电，产生压缩空气驱动受电弓的气囊，控制受电弓的升弓。当总风管压力足够时，总风管提供受电弓升弓用压缩空气。CRH3 型动车组的受电弓升阀板安装在 TC02 或 TC07 车的 2 位端边门通过台处顶板内，其结构如图 5-67 所示，它主要包括过滤器 F、升弓电磁阀 VE、精密调压阀 DM2/DM3、双向阀 WV、节流阀 D1、压力表 M、安全阀 SI、快速降弓阀 VS、压力开关 DS2/DS3、测压接头 TR。

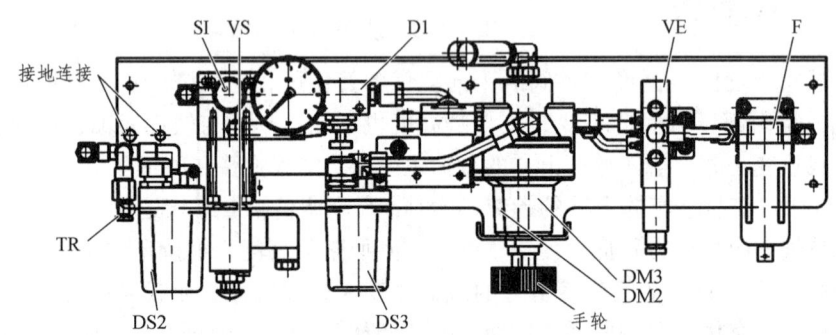

F—过滤器；VE—升弓电磁阀；DM2，DM3—精密调压阀；WV—双向阀；D1—节流阀；M—压力表；SI—安全阀；VS—快速降弓阀；DS2，DS3—压力开关；TR—测压接头。

图 5-67　受电弓升阀板

受电弓控制气路原理如图 5-68 所示。升弓时，来自阀门板右侧的压缩空气首先要通过空气过滤器 F。然后压缩空气将流过二位五通电磁阀 VE，通常情况下电子阀 VE 不得电，使用精密调压阀 DM2 进行压力调整，精密调压阀调节升弓压力，调节精度为 ±2 kPa（因为压力变化 10 kPa 会直接导致碳滑板与接触网的接触压力变化 10 N）。碳滑板与接触网接触力大约为 80 N，需要约 360 kPa 的压力，压力空气调压后，经过双向阀选择后到达节流阀，节流阀负责调节受电弓的升降的时间。压力空气经车顶空气管道进入升弓气囊中，受电弓升起。

为了避免在精密调压阀不能正常工作时出现压力超高的现象，阀板安装了一个安全阀，设定压力 450 kPa。

当需要降弓时，二位五通电磁阀得电，升弓气囊中的压缩空气逆流经减压阀到二位五通电磁阀排气口排出。

碳滑板内置有压缩空气气道，正常工作时充满压缩空气，当碳滑板出现裂纹等故障时，受电弓能快速降弓。碳滑板出现裂纹时，压缩空气泄漏将导致受电弓的气囊装置压力下降，压缩空气从自动降弓装置 ADD 的 VB 阀中排出。自动降弓装置安装在受电弓的底座位置，如图 5-69 所示。

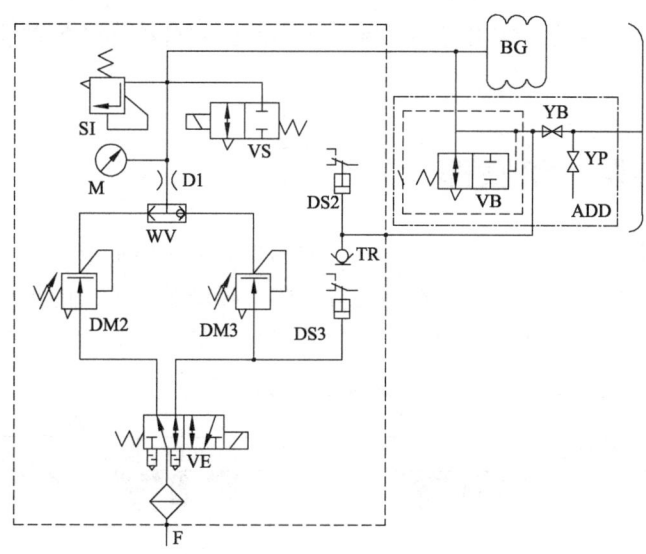

F—过滤器；VE—升弓电磁阀；DM2，DM3—精密调压阀；WV—双向阀；D1—节流阀；M—压力表；SI—安全阀；VS—快速降弓阀；DS2，DS3—压力开关；TR—测压接头；VB—快速降弓阀；YB，YP—截断塞门；ADD—自动降弓装置；BG—升弓气囊。

图 5-68 受电弓控制气路原理

1—升弓气囊；2—底座；3—截断塞门；
4—快速降弓阀；5—截断塞门。

图 5-69 自动降弓装置

如果碳滑板上细小裂纹引起的少量漏气在压力响应范围内，不会影响受电弓的使用。如果由于碳滑板受到冲击，导致压缩空气压力变化，压力开关 DS2 会产生一个电信号并传输给 TCMS 计算机，计算机关闭主断路器，同时快速下降阀 VS 得到"受电弓降下"的信号，这避免了受电弓降下时电弧对接触网和受电弓的损坏。

当两列动车组重联时，由于每组车中各有一个受电弓处于工作状态，全列共有两台受电弓同时工作，当前车的弓头受到损坏，自动降弓装置发生动作时，后车会从前车的压力开关 DS2 中得到电信号。后车的快速排气阀 VS 会将压缩空气迅速排出，它的受电弓快速降下，从而避免后车受电弓的损坏和对接触网的伤害。

正常升弓条件下，压力开关有延时功能，压力开关和自动降弓装置可以通过自动降弓截断塞门关闭而停止使用。

三、撒砂装置气路原理

CRH3 型动车组在 EC01、EC08、FC03、IC06 4 辆车 6 根轴上设置了撒砂装置，根据列车运行方向进行切换撒砂控制，使得在运行方向的每根动车车轴的前轮对处进行撒砂，在不利的轨道状况下改善车轨之间的黏着力，撒砂装置布置如图 5-70 所示。

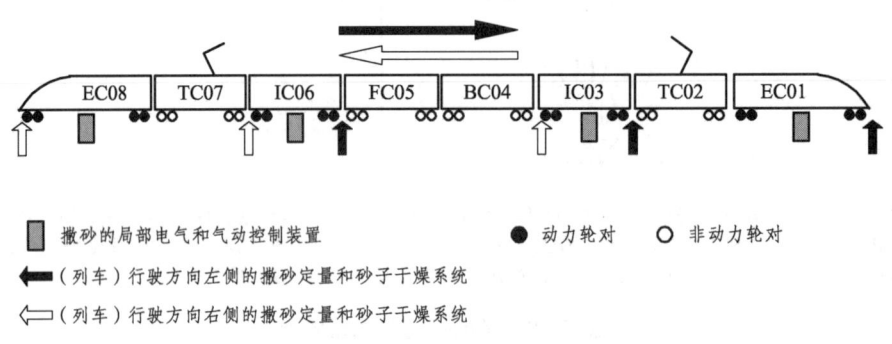

图 5-70 撒砂装置布置

CRH3 型动车组的撒砂装置主要由以下几大部分组成：撒砂控制单元 F06、砂箱、撒砂设备及撒砂管等组成。撒砂控制单元 F06 安装在制动控制装置 B02 中，砂箱安装在车体底架上，撒砂单元集成安装在砂箱底部，撒砂喷嘴安装于转向架扫石器支架上，如图 5-71 所示。

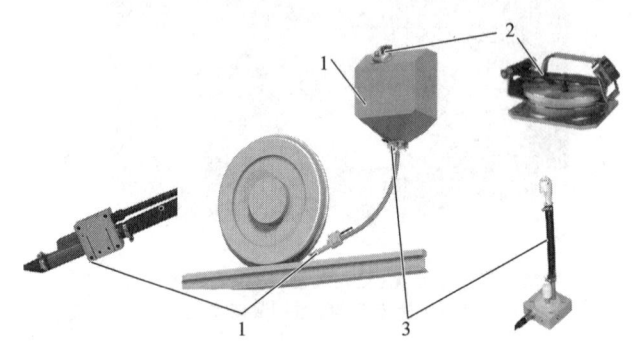

1—砂箱；2—砂箱盖；3—撒砂设备；4—撒砂管。

图 5-71 撒砂装置

撒砂装置是一种在一定压力范围内工作的气动传送装置，与传统重力撒砂装置相比其下砂量控制精准、故障率低，具备砂箱及撒砂管干燥功能。DS-5 型撒砂装置主要由砂箱 C、砂箱盖 D、砂室、排出室高管/低管、加热棒 H、烧结板、撒砂帽等构成，如图 5-72 所示。

撒砂供风由端口 S 进入，经阻气门 DS 调节后从底部通过烧结板进入砂箱中。在砂箱中供给的压缩空气被分为两股：计量的气流 A 和排出的气流 B。计量的气流 A 从烧结板流入砂室并将砂子扬起，扬起的砂子进入撒砂帽，在撒砂帽顶壁的阻碍下进入撒砂管，继而进入撒砂出口 R。排出的气流 B 流经砂箱中的砂子使它们松散，最后通过排出室高管和排出阻气门 dB 排出。干燥供风由端口 T 口进入，经阻气门 DH 调节后进入烧结板底部的空腔，并被干燥加热棒加热，然后通过烧结板进入砂箱中。

干燥供风经过气门 DH 调节后，风量远小于撒砂供风量，不会传送砂子。干燥气流用于松散和干燥砂箱中的砂子，最后通过高管从撒砂口 R 排出。砂子的传输由气流 A 和气流 B 的比值决定；这由阻气门 DS 和排出室高管的内径控制或者可选择当使用分散型的砂时在排出管中补充一个阻气门 dB。两股气流汇合后流向撒砂出口 R。

撒砂控制单元 F06，包括电磁阀 F06.02、测试口 F06.08/F06.09、减压阀 F06.03/F06.04、截断塞门 F06.05/F06.06/F06.07 及压力传感器 F06.10 等元件。撒砂控制单元气路原理如图 5-73 所示。撒砂控制单元 F06 的 1 号接口与总风管相通，总风管送来的压缩空气经截断塞门后，分为两条气路，分别经过减压阀减压后作用在 3 个电磁阀的 A2 口。当车辆运行过程中需要开启撒砂功能时，撒砂控制单元 3 口压缩空气送到砂箱的 S 口，供砂箱内砂子干燥。撒砂控制单元 2 口的压缩空气送到砂箱的 T 口，经过砂箱调节、与砂子充分混合后，从砂箱的 R 口送到撒砂管。

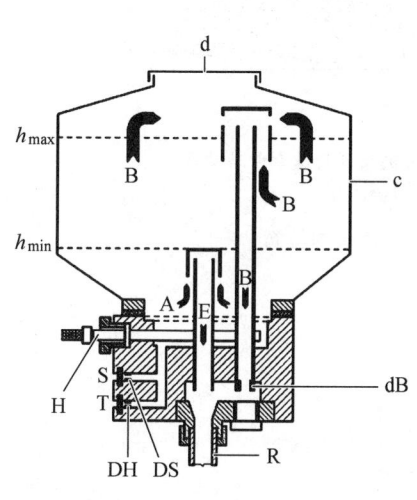

A—计量气流；B—排出气流；c—砂箱；
d—砂箱盖；H—加热棒；R—撒砂出口；
S—撒砂空气接口；T—干燥空气接口；
h_{min}，h_{max}—型砂允许最小、最大高度；
dB，DH，DS—阻气门。

图 5-72 DS-5 型砂箱原理

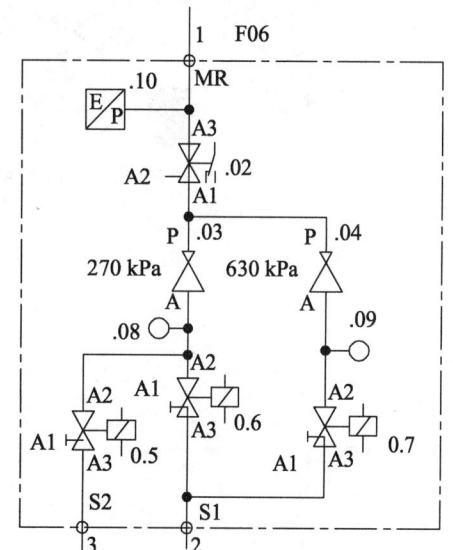

F06.02—截断塞门；F06.03—低压撒砂减压阀；
F06.04—高压撒砂减压阀；F06.05—电磁阀；
F06.06，F06.07—电磁阀；
F06.08，F06.09—测压接头；
F06.10—压力传感器。

图 5-73 撒砂控制单元气路原理

为了节约型砂，撒砂控制箱能根据动车组运行的车速控制撒砂的压力。当动车组运行速度在 160 km/h 以下时用低压撒砂；当动车组运行速度在 160 km/h 以上时用高压撒砂。

四、汽笛气路原理

CRH3 型动车组 EC01/EC08 车的驾驶室端都安装有两个喇叭，高音 P04 和低音 P05，位于前盖板的后侧。汽笛由主供风系统提供压缩空气，为防止压力降低，启动喇叭的压缩空气储存在风缸 P01 中。通过司机操纵台上的汽笛钮子开关启动汽笛，也可以通过脚踏阀 P07 对汽笛进行操作，如图 5-74 所示。

操纵台下方的截断塞门 P02 可以将汽笛系统的压力空气关闭，截断塞门的位置见图 5-78 所示，刮雨器操纵阀 S12.3 与刮雨器清洁剂管路球阀 S01.2 为刮雨器控制阀。备用制动截断塞门 C14 为备用制动启用塞门。汽笛气路原理如图 5-75 所示。低音汽笛电磁阀 P03 与高音汽笛电磁阀 P06 分别控制高低音汽笛 P05 与 P04。

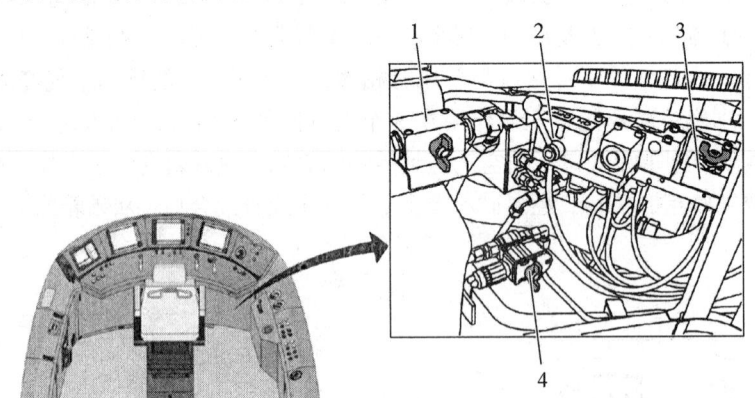

1—汽笛截断塞门；2—刮雨器操纵阀；3—刮雨器清洁剂管路球阀；
4—备用制动截断塞门。

图 5-74　司机控制内球阀和手动阀的位置

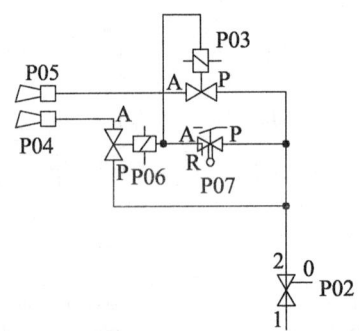

P02—截断塞门；P03—低音汽笛电磁阀；P04—高音汽笛；
P05—低音汽笛；P06—高音汽笛电磁阀；P07—脚踏阀。

图 5-75　汽笛气路原理

五、刮雨器装置

EC01/EC08 车配备了电子控制的气动雨刷和清洗系统。该系统通过截断塞门 Z08 直接连接至总风管 MR 上。

车辆运行速度大于 5 km/h 时，头车上的刮雨器臂将自动从中间位置移到停止位置，并利用气压保持在该位置。刮雨器臂通常自动移向中间位置。清洗时，处于停止位置的所有刮雨器臂都处于压力之下。如果无电或电控设备出现故障，可使用手动操纵阀 S12.3 执行紧急操作。刮水器臂在紧急刮水模式中连续运作。只有存在压缩空气的时候，才可进行上述操作。

风窗洗涤液用水箱位于 EC01/EC08 车右侧休息室柜中。空水箱将在司机 HMI 上显示并以电子方式显示在 EC01/EC08 车入口区的消息显示装置上。风窗洗涤液用水箱通过带液位显示器的装填喷嘴注满，它也位于休息室柜中。使用按钮可将含玻璃清洁剂和/或防冻剂的水喷射到前玻璃上。

刮雨器驱动装置安装在前挡风玻璃下方。根据速度的不同，定义了以下功能：
（1）无痕擦拭，可在速度 160 km/h 以下应用。
（2）擦拭功能运转，可在最高运营速度下应用。

动车组的并行刮雨器臂采用了流体技术最佳化的断面并特别考虑到整体设计的情况。并行刮雨器臂的外形和大小与整体设计相协调。所选择的造型可以使刮雨器臂在停车位置上不会影响动车组司机的视野。

刮雨器臂擦拭角度为 55°，包括因材料弹性可能导致的（刮雨器臂）过度摆幅，总擦拭角度为 55°+2×8°=71°。

主臂固定在刮雨器驱动轴上，并行臂固定在装于固定板上的一个并行轴上。挡风玻璃清洗液通过刮雨器驱动轴和整合在主动臂上的软管线经喷嘴喷洒在挡风玻璃上。在清洗过程中，当清洗键持续接通时，挡风玻璃清洗剂被不断送到前挡风玻璃上。整个挡风玻璃刮雨器和清洗系统除了刮雨器片都是免维修的。

刮雨器系统是由刮雨器装置、清洗装置和应急运行装置组成的。

（一）刮雨器装置

刮雨器装置如图 5-76 所示。

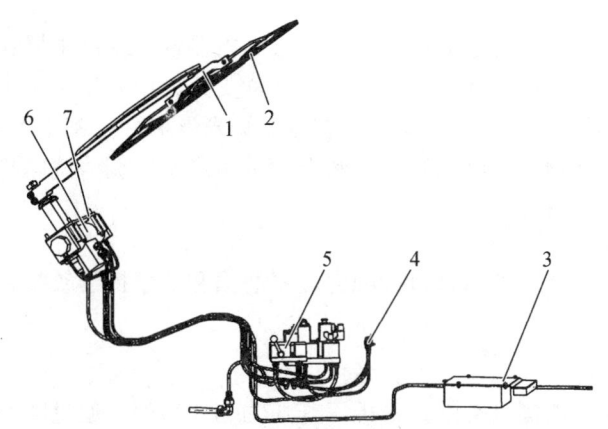

1—刮雨器臂；2—刮雨器片；3—控制装置；4—快速供风阀；
5—气动单元；6—刮雨器驱动装置；7—固定板。

图 5-76 刮雨器装置示意

1．控制装置

电子控制装置根据来自车辆的总信号（"$v<5$ km/h" "驾驶室有人"和"洗车"）以及擦拭系统两个控制装置（选择开关和擦拭速度及间歇性间隔定时开关）上的设置来设定雨刷操作模式。刮雨器驱动装置由电子气动装置（停车、擦拭和中央位置电磁阀和擦拭速度比例阀）控制。该电子控制装置利用装在刮雨器驱动装置上的传感器优化和监控擦拭动作。它有一个

在系统发生故障时就会打开的零电位触点。

可能发生的系统故障：刮雨器驱动装置的工作状态与选择开关上设置的功能不符（如给定状态是停车，而刮雨器臂并不在停车位置）或发生内部电子故障。一旦系统故障得到解决，该触点会自动复位。

2．快速供风阀

快速供风阀可缩短刮雨器驱动装置从停车位置转到擦拭工作方式的启动时间，必须安装在刮雨器驱动装置和装置单元之间，尽可能靠近装置单元。

3．气动单元

电子气动单元将电子控制装置发出的信号转换为刮雨器驱动装置的气动功能。维修时在装置单元中预接一个截止阀。

4．刮雨器驱动装置

配有一个液压阻尼装置的刮雨器驱动装置的供电是通过电子气动装置单元气动完成的。产生的转矩通过转轴发送给刮雨器臂。电子控制装置的传感器监控着驱动装置的终端位置。刮雨器驱动装置实施所有擦拭动作。

5．固定板

固定板用来将刮雨器驱动装置固定在车内并带有刮雨器驱动轴和并行轴的支承部位。

6．刮雨器臂

刮雨器臂被设计为带有自适应擦拭区的并行刮雨器臂，主刮雨器臂和并行刮雨器臂在停车位置上是完全重合的。每个刮雨器臂有一个夹紧支架，用来将主刮雨器臂固定在刮雨器驱动轴上，将并行刮雨器臂固定在并行轴上。在主刮雨器臂和并行刮雨器臂上集成了拉伸弹簧，用来调整刮雨器片的接触力。刮雨器臂内和上面都集成了可调清洗喷嘴。

7．刮雨器片

两个刮雨器片由一个可平均分布接触力的耐磨损和低摩擦的铰接机构引导。

（二）清洗装置

清洗泵是一台旋转滑阀真空泵，最大工作压力为1 MPa，通过喷嘴在所有行驶速度下将挡风玻璃清洗剂传送给前挡风玻璃。

（三）应急运行装置

气动装置单元用来在发生故障时启动刮雨器驱动装置。在供电发生故障时，在没有向电子控制装置发出信号、发出的信号不正确或者在电子气动装置失灵时，就可以通过将气动装置单元手动阀的手柄从"正常操作方式"位置转换到"紧急操作方式"位置上气动式启动刮雨器臂驱动装置。刮雨器臂继续以最大的双冲程值移动。

在紧急操作过程中，所有电气信号限制都不工作。紧急操作的启动只能在激活端司机室中进行。

六、其他设备

门控系统由主风管提供风源给门控系统供风,车上采用软管连接,设有压力表用于压力显示,供风压力为 600 kPa,正常工作确保 450 kPa 的压力。

集便器装置由主风管提供风源给卫生间,供风压力设定为 620 kPa,通过塑料管与卫生间接口相连。

车钩系统与轮缘润滑系统供风由主风管提供风源给车钩供风,供风压力为 1 MPa。

任务六 制动控制系统

一、制动管理

CRH3 型动车组正常情况下制动系统的控制是通过每个司机台上司机制动控制器的手柄或 ATC 装置进行的,系统能够基于预先设定(由司机制动控制器手柄的位置或者由信号系统进行定义)的制动模式曲线控制列车的减速或者停车。CRH3 型动车组使用的直通式空气制动系统采用电子控制,可按制动模式曲线控制列车减速或停车。安装在每个车上的微机制动控制单元负责执行本车的制动控制功能,包括接收和处理制动控制手柄或信号系统发出的制动指令,以及其他用于列车制动控制的重要信息。制动控制系统遵守故障导向安全原则,当出现影响行车安全的故障时,会自动实施紧急制动停车。直通式制动系统不能正常工作时,通过手动转换,可启动备用的自动空气制动系统。

通过对制动系统的控制,能实现紧急制动、常用制动、停放制动和防滑控制等基本功能。常用制动优先使用无磨耗的电制动;紧急制动时,各轴均采用空气制动,动轴上另加电制动。电制动通过微机控制的车载控制设备(中央控制单元 CCU、牵引控制单元 TCU 及制动控制单元 BCU)无级控制。再生制动是否可用取决于列车控制系统监测到的接触网电压状态。电制动不可用或故障时,制动力由动轴上的空气制动代替。在这种情况下,也必须满足紧急制动的要求。在 0~80 km/h 的低速范围时,必须施加空气制动替换电制动,以保证从电制动转换到空气制动时较小的冲击。空气制动由电子制动控制单元 BCU 进行无级控制。

由于制动系统提供了与车载自动列车保护系统 ATP 和现有信号系统 LKJ2000 的接口,因此可进行超速防护制动控制。速度自动控制系统 ASC 为牵引和制动装置生成设定值,从而使车辆能够达到规定的设定速度并保持在该速度。使用 ASC 来执行制动操作可通过 0.5 m/s^2 的平均减速度实现。标准减速度在两种情况下会改变:① 在达到设定速度之前 ASC 持续减少制动力,这意味着以平稳的方式达到设定速度;② 使用特定的制动调节方式,来加强或减弱制动过程中的显著速度变化。为了达到制动效果,ASC 控制电制动和空气制动系统,在二者之间进行制动力的合理分配,并优先使用电制动。

CRH3 型动车组制动管理功能由列车的电子控制系统提供,重要部件需要冗余,如

WTB/MVB、CCU、TBM、SBM。在列车控制系统故障的情况下，可以通过紧急制动（直通和自动制动）停车。

在 CRH3 型动车组中可提供下列功能的制动管理：

（1）制动命令发布到不同的制动系统中。

（2）直通式空气制动。

（3）电制动。

（4）来自制动控制手柄、ATP 等不同命令输入的处理，并产生实际制动请求。

（5）列车制动系统可用性的在线监督。

（6）通过重新分布制动命令来补偿失效的或隔离的制动系统的制动力。

（7）三种常用制动子模式之间的转换。

（8）正常制动。

（9）比例制动。

（10）踏面清扫。

（一）制动管理的基本原理

前导头车的 BCU 起到"制动管理器"的作用。例如，它要确保列车上不同制动方式的所有可用制动（电制动和空气制动）的减速设置点的分配（紧急制动和停放制动除外）。信号必须通过车辆总线 WTB 和多车控制总线 MVB 在 CCU、BCU 和 TCU 之间交换，来控制各种制动方式，并且在制动机发生故障时调整制动力。此外，还能通过列车管线传递一些与安全相关的功能的数字信号。

（二）制动管理的特点

CRH3 型动车组的制动管理具有以下特点：

（1）确保在最优化的磨损和能量功效条件下使用。

（2）自动制动力的分配遵照制动力控制器的制动请求或者通过自动速度控制 ASC 的制动请求。

（3）在单列和重联时，设定值和实际值在制动元件和动车组中的列车节之间的综合通信。

（4）具有自动制动试验的综合诊断功能。

与安全相关的程序和信号通过常规的数据转输途径（电线、电缆）传送，使这些安全相关的程序和信号独立于经由总线的数据传输。

（三）电空制动与电制动之间的匹配关系

制动管理系统由电制动的控制系统和电空制动的控制系统组成，用来在最小磨损的状态下进行制动。这意味着将优先使用再生制动，并在电制动不足时使用空气制动补足。

制动管理系统在控制系统和相应的软件下执行，制动管理本质上是基于车辆控制系统 CCU、TCU、BCU 等控制单元的计算能力和数据通信能力。

(四)制动力的分配

根据制动子模式由 TBM 或由 ASC 计算不同制动系统之间的制动力分配。TBM 为两个制动系统计算制动要求的设定值。制动要求设定值应适用于列车范围内的所有牵引单元。ASC 和 TBM 需要不同制动系统可获得的实际最大制动力的信息。根据车辆实际载荷,局部 TCU 和 BCU 应计算可获得的最大制动力。

1. 动车的制动力分配

制动力必须平均分配到头车和中间动车的车轴上,用于电制动和空气制动。所有的牵引电机都是完好无损的才可以实施电制动。设置点取决于质量、带着特性曲线和司机或运行控制系统要求的制动力设置点。

2. 拖车的制动力分配

拖车的制动力设置点必须仅取决于电空制动和规定的制动力曲线、质量、黏着系数曲线和司机或运行控制系统要求的制动力设置点。

(五)制动力分配规则

列车的制动力分配应用以下两条规则:
(1)轮轨间黏着系数的最佳应用。
(2)电空制动的磨损最低。

制动管理器根据运行控制系统或司机的要求,以及单个制动机(电制动和电空制动)可用性和规定的电/电空制动力曲线计算所需的制动力,将此制动力优先由电制动承担,不足部分由电空制动补充。

如果电制动装置发生故障,不足的电制动力由列车中其他的电制动来实施;如还达不到要求,可使用空气制动,一直达到黏着力极限值。空气制动力被平均分配到所有的车厢里,直到黏着极限,以使空气制动装置均匀磨耗。

(六)制动管理的分层

列车通信系统的分层结构导致列车制动控制的分层结构。此结构主要由制动控制元件级、分段制动管理 SBM 和列车制动管理 TBM 三个级别构成,如图 5-77 所示。

1. 制动控制元件

控制制动系统的每个控制单元被命名为"制动控制元件"。这可以是制动控制单元(气动制动控制)或牵引控制单元(电制动控制)。每个制动控制元件监控相关装置和子部件并向牵引单元诊断系统报告故障。

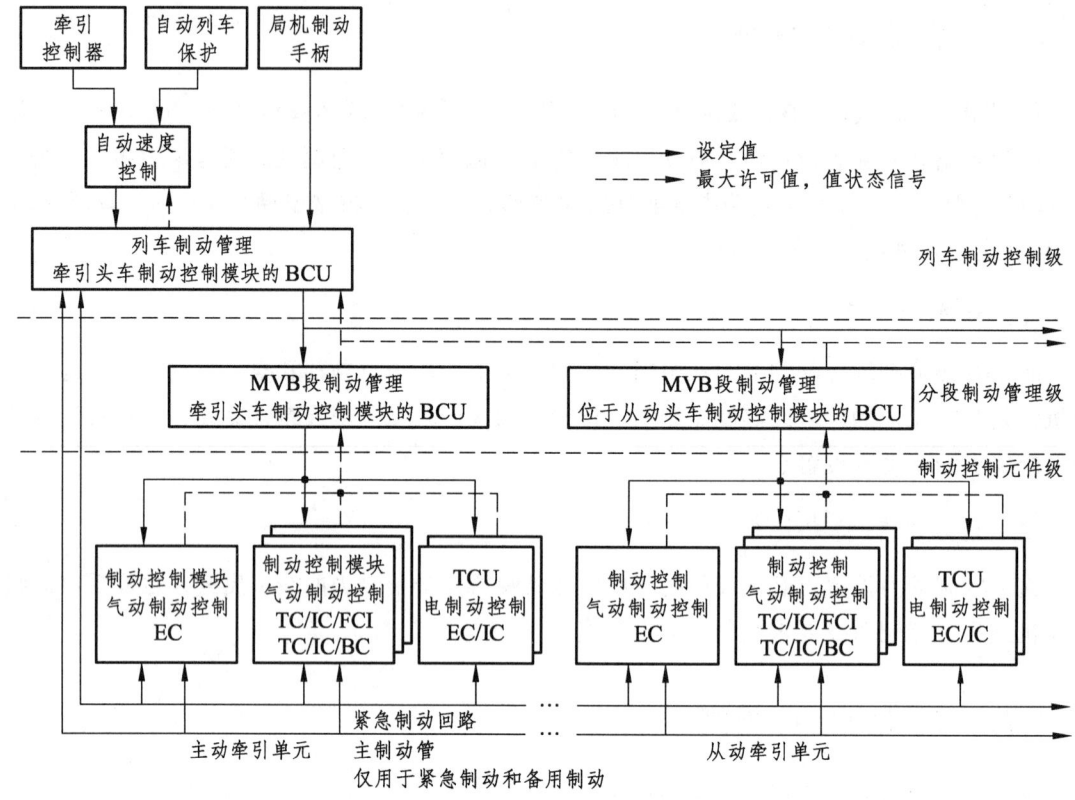

图 5-77 制动系统的分层管理

2．分段制动管理 SBM

由每个牵引单元内头车的 BCU 实现 SBM 的工作。BCU 设置在制动控制模块 BCM 处。SBM 的功能集成在头车的两个 BCU 内，作为冗余。两个头车的 BCU 中只有一个执行 SBM 的功能。如果 SBM 故障，另一 BCU 将自动执行 SBM 功能。SBM 向单个制动控制元件发送 TBM 的设定值。此外，SBM 将其牵引单元可利用的实际最大制动力叠加（也考虑负荷相关性）并将此数据传送至 TBM。SBM 监控牵引单元的 BCU 并向牵引单元诊断系统报告故障。

3．列车制动管理 TBM

TBM 的功能集成到头车的两个冗余的 BCU 内。在激活车头车内两个 BCU 中仅有一个执行 TBM 的功能。如果 TBM 故障，在激活头车中的另一个 BCU 将自动执行 TBM 的功能。BCU 位于制动控制模块 BCM 内。"列车制动管理"功能在电池接通并且司机室第一次激活后在列车内被激活。TBM 位于与"列车主 CCU"相同的牵引单元内，它控制并协调列车的所有常用制动系统。TBM 考虑要求的列车制动力和实际制动模式并从可用的制动力计算单个制动系统的制动设定值并将它们传送至 SBM。此外，TBM 控制 ABT、MBT 和 SBT，并对列车内的单个压缩机进行压缩机管理。

（1）计算并传送的信号。

① 电动力制动的设定值。

② 直接电空制动的设定制动力。

③ 二进制常用制动要求（至 ED 制动）。
④ 二进制紧急制动请求。
（2）两个基本的制动服务。
① 手动服务。
② 自动服务。
（3）用两种方法命令制动要求设定值。
① 司机的制动手柄：制动管理计算手动使用中每个制动系统的制动要求设定值。
② ASC：TBM 传送自动使用中的值。

每个电制动和电空制动系统接收一个设定值。两个制动系统将实际的制动力报告给制动管理。制动管理将制动要求设定值与报告的实际制动力相比较。如果设定的 ED 制动力与动车组实际获得的 ED 制动力之间有差异，那么这一个差异值由电空制动来补充。

4．其他部分

除了以上三个主要组成部分，制动管理还包括下列的基本部件。
（1）牵引控制单元 TCU，设置在逆变器车和头车内。
① 动力制动的控制。
② 动车非转轴的独立检测。
③ 动力制动的车轮防滑保护。
（2）中央控制单元 CCU，每辆头车内设置有两个冗余的 CCU。
① 自动速度控制 ASC。
② 牵引控制。
③ 电源系统的控制。
④ 自动警惕装置。

（七）列车制动管理的激活

常用制动时，如在牵引单元中司机室被激活，那么 TBM 的功能被激活。此牵引单元头车内的 BCU 通过 CCU 和头车硬线信号获得"主牵引单元"信号。

在紧急运行和备用制动时，除非在施加紧急制动的情况下，在由 ASC 制动分布的自动运行和手动操作中，制动管理处于定压。

如果有下列情况，TBM 制动管理将失效：
（1）备用制动控制手柄 ZB11-6 的隔离阀打开，启用备用制动模式。
（2）紧急驱动模式激活。

必须提供可由司机激活的按比例操作的制动控制方式。在该方式下，制动力能平均地分配到所有的车轴上，以在不利的黏着条件中，达到尽可能最大且平均的黏着系数利用率。

二、制动系统的安全监控

CRH3 型动车组采用设置安全回路的方式监控影响行车安全的一些重要信息，并且保证当监控系统发生故障时，使列车能够导向安全。安全回路的构成如图 5-78 所示。

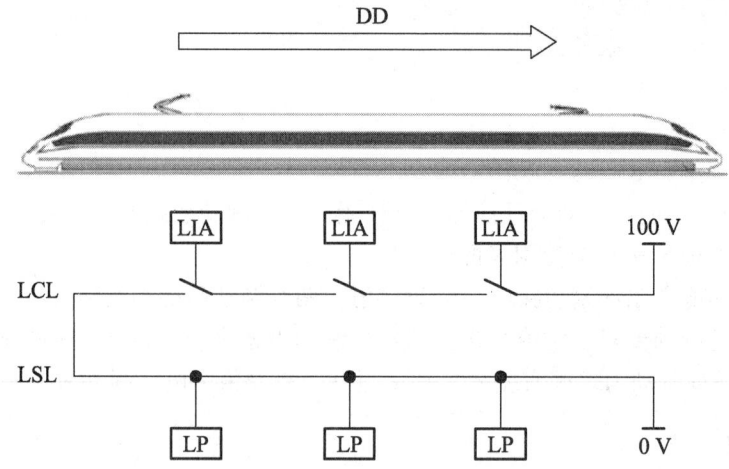

DD—行驶方向；LCL—回路控制线；LIA—回路断路器；
LP—回路参与者；LSL—回路状态线路。

图 5-78　安全回路构成

该回路系统接通蓄电池电源时，可向列车控制线路（回路控制线路 LCL）提供 110 V 的电源，直至最后一节车的全车线路都通过监测接触元件（回路断路器 LIA）进行通电，回路控制线路的电平反馈至列车尾二级列车控制线路（回路状态线路 LSL）中，二级线路也敷设在整个列车组中，经二级线路，状态评估元件（回路参与者 LP）可对回路具体状态进行查询（通过辅助接触器）。回路中断时，回路状态线路也断电，相应的消息被发送至连接的回路参与者处，随后将产生相应的结果。

出现故障时，通过激活司机室相应的故障开关操作控制回路。故障开关可操作控制全车的回路断路器 LIA。此外，正常运行的列车控制系统将向回路参与者 LP"报告"被控的安全回路。

列车控制系统将在软件中对安全回路状态进行跟踪，以便做出可靠的诊断。列车控制系统检测与安全回路中设定点状态的偏差，在诊断系统内报告这些偏差。

诊断系统确保乘务人员报告错误事件消息的检测时间较短，并指导乘务员调整列车操作模式，使其适应制动性能降低的情况，从而排除连续和单个事件影响的累积后果。

在 CRH3 型动车组中制动系统总共有 6 个安全回路：
（1）紧急制动回路（Emergency Brake Loop，EBL）。
（2）停车制动监控回路（Parking Brake Monitoring Loop，PBML）。
（3）制动缓解回路（Brakes Released Loop，BRL）。
（4）乘客紧急制动回路（Passenger Emergency Brake Loop，PEBL）。
（5）火灾报警回路（Fire Alarm Loop，FAL）。
（6）转向架监控回路（Bogie Monitoring Loop，BML）。

（一）安全回路的结构

动车组安全回路是基于动车组的总体控制，CRH3 型动车组安全回路的基本结构如图 5-79 所示。

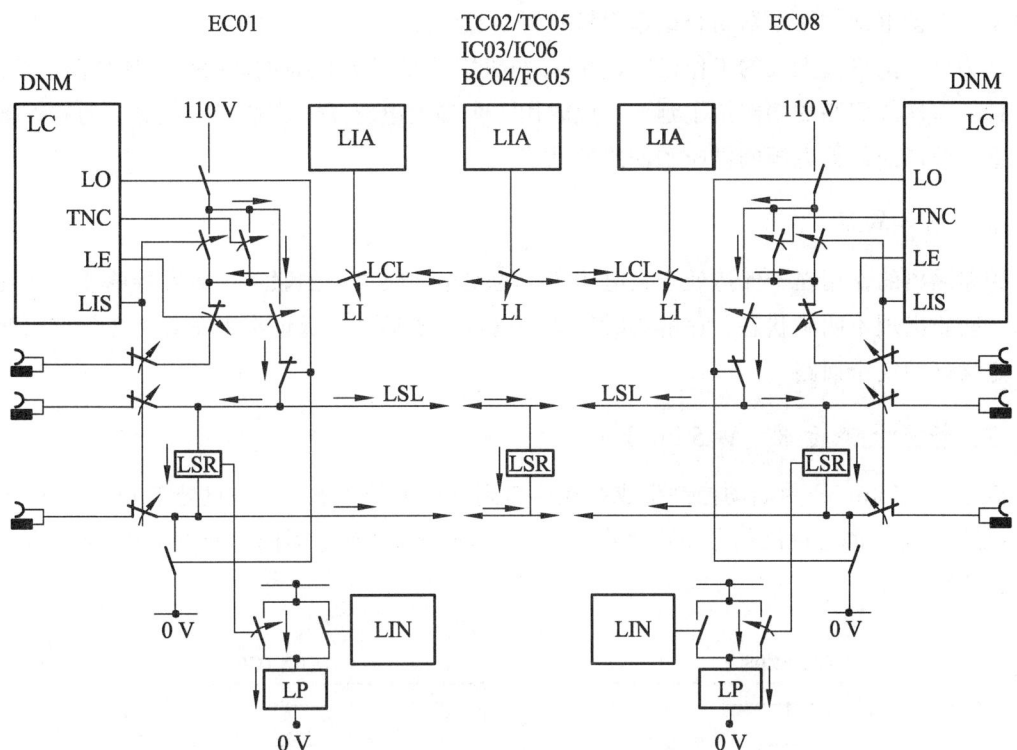

DM—操纵端；DNM—非操纵端；LC—回路控制；LCL—回路控制线路；LE—回路端；LI—回路断路器；
LIA—回路断路器（施动者）；LIN—回路禁用（仅限 EBL）；LIS—回路隔离；LP—回路参与者；
LO—回路接通；LSL—回路状态线路；LSR—回路状态继电器；TNC—列车未连挂。

图 5-79　CRH3 型动车组安全回路基本结构

通过 110 V 的线路和连接 0 V 的线路。靠近线路的箭头显示通过安全回路的"路径"。所示电路分别用于 6 个回路，回路控制 LC 除外。控制电路适用于所有回路，它处理回路供电/配置的协作，防止回路因司机室更换、联挂和解编等特殊情况长期断开。

根据闭路原则，正常操作中回路断路器 LIA 的触点处于接通状态，回路状态线路 LSL 通电，这样会激活回路状态继电器 LSR，并将"高"（110 V 电压）状态报告给回路参与者 LP，LP 直接评估回路状态。如果一个激活的 LP 决定一个状态值的报告，它会断开回路断路器 LIA，回路状态线路 LSL 采用"低"状态，LSR 断开。

（二）安全回路的功能

回路控制包括以下功能模块：

1. 回路闭合（包括操纵端模拟）

回路电源供应的激活是在列车端部的有人操纵司机室，确保操纵端安全回路的供电。

安全回路一旦被供电就会工作。"回路闭合"功能模块的主要作用就是保证电源供应,其先决条件是蓄电池主接触器闭合或牵引模式开关被激活。

因为存在操纵室无人的工作模式(例如,司机室的变化),此时的回路要保证是激活状态,对此种工作模式回路的功能给予延伸,此时用一个辅助电路 FR 模拟特殊情况下的有人操纵司机室,并以此保持电源的供应和回路的功能。

2．回路隔离

回路隔离的作用在于保持处于失电头车钩的安全回路之间的联系,并维持单独的各安全回路,防止出现不明确状态。在解钩时该功能也将被激活,并保证在列车分离之前形成两个独立定义好的安全回路。

3．静止状态标准($v<5$ km/h)

信号"$v<5$ km/h"由制动控制生成并且传递到一个辅助接触器。一旦处于 EC 或 TC 中的 BCU 报告静态,静态标准信号将产生在头车。"$v<5$ km/h"继电器的诊断发生在 CCU 中,如图 5-80 所示。

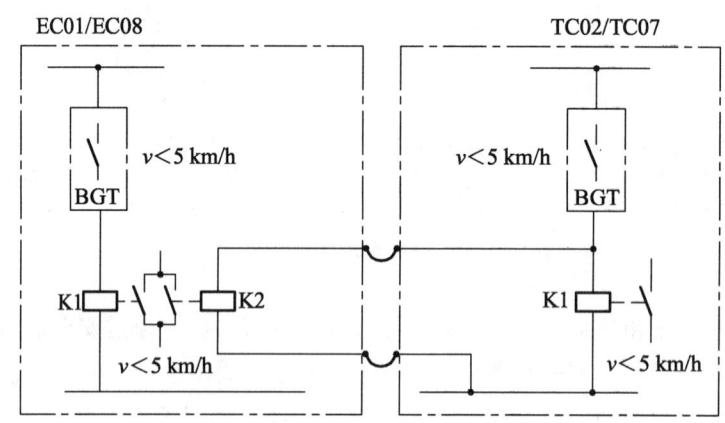

图 5-80　生成冗余的静态标准

(三)联挂状态

联挂状态的确定是在每个头车通过电力连接的两个接触器实现的。在该过程中,每两个接触器分别闭合另一个头车的电路并激发一个辅助接触器 K1,该接触器报告工作状态"电气联挂"。实际的联挂状态存储在双稳态继电器 K3 中,状态"电气联挂"只有当同时获得几个释放命令时才能存储在双稳态继电器中,释放命令由控制层发出,而且静态标准为 $v<5$ km/h,如图 5-81 所示。

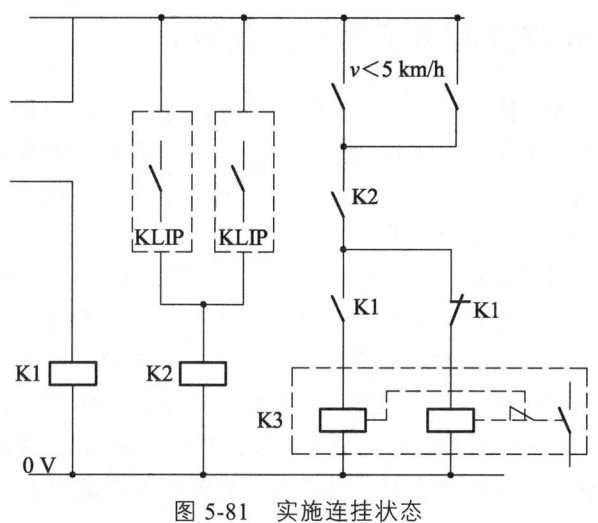

图 5-81 实施连挂状态

（四）回路的工作模式

1．正常模式

正常模式（也称"准备"模式）的特征是采用操纵端（非联挂的头车）的操作（由于运行方向控制开关移出 0 位）。从安全回路的角度分析，达到这种工作模式不需要其他（附加的）操作行为。

2．回路从"断开"状态转换为闭合状态

在蓄电池断路和关闭模式下，蓄电池主接触器是不工作的。安全回路、回路控制及制动部分的电源供应也都关断，在这种模式下回路继电器失效，因为紧急制动阀被高度激活，PB 将无法输出。

一旦接通蓄电池主接触器，处于电池供电状态的头车上的 FR 模块将被激活。随着 FR 模块被激活，即使司机室无人操纵，回路也将被供电，如果回路控制线没有中断，回路继电器将被激活或保持激活状态。

对于重联，可允许接通两个头车（没有联挂的头车）的蓄电池电源。接通联挂头车的其中一个司机室的蓄电池电源时并不能形成回路（回路保持断开）。

回路接通状态依靠中断各回路的每个单独系统。在电源上升过程中，系统的一个回路中继器导致回路断开。

3．正常工作模式有几个操纵司机室时的回路性能

不允许在几个司机室操纵列车。如果同时在几个司机室操纵，则所有的安全回路将断开，并且紧急制动功能被激活，列车管 BP 排风。

4．列车的联挂和解编

联挂时，当联挂成功，司机室有人操纵时，动车组的安全回路连在公共回路上。解编时，当解编阀门断开时，从每个车的公共安全回路中，两个各自的回路就形成了。

(五) 改变工作模式时激活的回路故障开关

(1) 当司机室变更和联挂、解编的过程中,在离开司机室前("FR"模拟是激活的),所有回路故障开关都放在正常位置("ON"的位置),这样,故障回路的状态继电器断开。开始在一个新的司机室操纵时,当把运行方向开关从0位移出后,故障回路的故障开关必须重新按下。这样就取消了被激活的安全回路。

(2) 当更换司机室时,如果一个故障开关指在"OFF"位置,只有当另一个司机室有人操纵时,回路才会断开,因为它们必须通过启动故障开关而被忽略。缺点是如果故障回路被储存,那么无人操纵司机室里那个故障开关必须重新放在"ON"的位置上。

(3) 在一个无人操纵司机室中,假如一个故障开关指在"OFF"位置,将有一个信息发给司机。在一个错误的KLIP输出时,为了防止EB阀被错误地激活,如果有一个现存的故障,那么在更换司机室和联挂、解编操作时,"EB阀"故障开关将被放到"断开"位。

(六) 紧急制动回路EBL

紧急制动回路的作用是向列车内所有制动组件发送紧急制动请求,该过程不受列车控制系统的影响,独立于其他指令。各制动部件通过评估紧急制动回路EBL的状况,并触发分散的紧急制动动作,从而全面提供最大制动力。

这些系统包括列车自动保护系统ATP(部分通过辅助接触器)、停车制动监测回路、转向架监测回路、安全警惕装置ASD、制动力控制器及司机室内的紧急停车按钮,它们通过紧急制动请求辅助接触器来中断紧急制动回路。引起紧急制动的因素见表5-1。

表5-1 引起紧急制动的因素

因素	列车动作模式	备注
停车制动监视环	紧急制动指导停止	列车停止前停车制动监视环一直保持断开状态
转向架监视回路	在转向架监视环断开期间进行紧急制动	通过司机可以进行重新复位
SIFA/ASD	最大常用制动,直到有一个ASD控制单元被激活	最大常用制动的紧急制动
ATP	紧急制动直到列车停止	
制动力控制器	紧急制动,直到司机制动控制器从EB位移出	
紧急按钮	紧急制动,直到紧急制动按钮复位	
旅客紧急制动	紧急制动,直到列车停止	通过司机制动控制器作用可以使紧急制动延时或忽略,以避免列车停靠在隧道中或桥梁上

(七) 停放制动监控回路

停车制动监控回路监测停车制动器(弹簧制动器)的实施状态,可确保在列车行驶时如果错误实施了停车制动，制动盘不会过度磨损或过热。如果在列车行驶时通过回路报告实施了停车制动，将使司机室中发出声音信号。此外，还将通过中断的紧急制动回路或列车控制系统实施紧急制动。

如果停车制动缸中的压力小于最低值或列车速度大于 2 km/h，在配有停车制动的车辆（TC01、TC08、BC04 和 FC05 车）上，制动控制单元的触点将中断停车制动监控回路。

将操纵端的故障开关"停车制动监控回路"切换至"关"的位置，可禁用停车制动监控回路。由于列车行驶时未通过 EC01、EC08 车制动控制单元（中央制动管理）缓解停车制动，因此只能通过列车控制系统和制动实施来监控停车制动状态。

如果由于出现故障导致实施了紧急制动（在非操纵端中，如果紧急制动回路中断，将导致 EC01/EC08 头车中的回路中断），则无法忽略非操纵端内的停车制动监测回路。此时，需要激活操纵端的故障开关"紧急制动回路"。

拖曳无电列车（电池主接触器被断开）时，激活拖曳模式，可使停车制动监控回路通电，实现停车制动监控回路可干预紧急制动阀，还可启用回路控制系统及紧急制动阀和列车尾灯。尽管拖曳列车的电池主接触器已断开，但还需监测停车制动器的状态，以防在实施了停车制动时拖曳列车。

列车停车（电池主接触器断开）时，切换司机室故障开关面板上的故障开关"拖曳模式"，将导致拖曳模式被激活。拖曳模式处于激活状态时，LSS 面板上的线路安全开关"拖曳模式"可为停车制动监控回路供电，停车制动监控回路可干预紧急制动阀，还可为回路控制系统及紧急制动阀（和列车尾灯）供电。如果触发了该线路安全开关，则拖曳模式将被禁用。

停车制动监控回路由位于司机室 LSS 面板上的线路安全开关停车制动监控回路、火灾报警回路、转向架监测回路、制动缓解回路电源供电。触发该线路安全开关，将导致停车制动监控回路（以及火灾报警回路、转向架监控回路和制动缓解回路）被中断。

（八）制动缓解回路

制动缓解回路监测气动制动器的实施状态，可确保在列车行驶时如果错误实施了气动制动，制动盘不会过度磨损或过热。列车行驶时，如果通过回路报告实施气动制动，则列车控制系统将使列车停止行驶。

列车行驶期间，如果气动制动缸的压力超出限制，全车制动缸压力开关的触点将断开制动缓解回路。

将操纵端中的故障开关"制动缓解回路"切换至"关"的位置，制动缓解回路被禁用。此时，只能通过列车控制系统监测气动制动状态。

制动缓解回路由位于司机室 LSS 面板上的线路安全开关停车制动监控回路、火灾报警回路、转向架监测回路、制动缓解回路电源供电。触发该线路安全开关，将导致制动缓解回路（以及停车制动监控问路、火灾报警回路、转向架监控回路）被中断。

（九）乘客紧急制动回路 PEBL

乘客紧急制动回路是一个与列车控制无关的信号线，乘客紧急制动回路向司机室发出视听方式的旅客紧急制动请求报告，并使 EC01/EC08 头车的制动控制单元（中央制动管理）触发全面行车制动。

如有必要，可在危险区域（隧道中或桥梁上）禁用制动，随后再重新启动。将司机操纵台上的司机制动控制器向前调至终端位置，在危险区域可忽略乘客紧急制动（在隧道中或桥梁上）。将制动力控制器向后调后，制动将缓解，随后将自动再次实施。

将操纵端故障开关"乘客紧急制动回路"切换至"关"的位置，可以禁用乘客紧急制动回路。此时，紧急制动拉线匣的监测只能由制动控制单元逐车实施，由于拉线匣已激活，头车的制动控制单元（中央制动管理）将触发制动。

乘客紧急制动回路由位于司机室 LSS 面板上的线路安全开关乘客紧急制动回路电源供电。触发线路安全开关将导致乘客紧急制动回路中断。

（十）火灾报警回路

火灾报警回路是一条与列车控制无关的警报线，当列车组出现火灾时，火灾报警回路将发出火灾报警信号。如果通过回路报告了火灾报警信息，司机室中将出现视听信号，司机可通过回路状态接触器看到信号，声音信号将通过各车声音发送系统传输给乘务员，列车员工通过每节车厢的声音传播听到信号。

全车的火灾报警探测控制单元 FDCU 触点在火灾报警期间可将火灾报警回路中断。为确保火灾报警回路在 FDCU 破坏的情况下不再自行闭合，火灾报警将通过接触器电路切换至自持模式。

一旦列车火灾报警发生，火灾报警回路的所有回路状态继电器 LSR 必须断开。另外，CCU 可读取 LSR 的情况，通过司机的 HMI 声音信号传给司机。

火灾报警回路忽略可通过操纵端的"火灾报警回路"故障开关放到"关"的位置上实施，这将导致动车组的火灾报警回路不再监控。"火灾报警回路"故障开关的位置由列车控制来识别，会产生司机的 HMI 的记录信息和相关信息；如果故障开关在非操纵端起作用，回路断开并且通过 CCU 在司机的 HMI 产生相关信息。

火灾报警回路由位于司机室 LSS 面板上的线路安全开关停车制动监控回路、火灾报警回路、转向架监控回路、制动缓解回路电源供电。触发该线路安全开关，将导致火灾报警回路（以及停车制动监测回路、转向架监测回路、制动缓解回路）被中断。

各车的忽略电路由位于各车（仅操纵端有自动列车保护系统）上的线路安全开关紧急制动回路、自动列车保护、火灾报警中心供电。触发该线路安全开关将导致无法忽略相应车上的火灾报警中心（以及紧急制动回路和自动列车保护）。

（十一）转向架监控回路

转向架监控回路可防止转向架、轴和车轮损坏，或确保受损情况被及时发现。转向架监控回路中断除了使司机室出现声音信号，还将通过断开的紧急制动回路实施紧急制动。然而，只有当转向架监控系统触发的全面行车制动未生效时，回路中断才会出现。

使用转向架监测系统的触点可中断 EC01/EC08 头车内的转向架监控回路。转向架监测系统监测车轴轴承的温度(热轴箱监测)及动车组所有转向架的运行平稳性(运行平稳性监测)。此外,当超过极限值且全面行车制动未生效时,断开转向架监控回路。

转向架监控回路在头车里用回路继电器断开紧急制动回路,引起紧急制动要求,制动管通过排风阀被排风。回路中断器在非操纵端总是被忽略的。

转向架监控回路的忽略可通过操纵端的转向架监控回路故障开关放到"关"的位置上实施,使转向架监控回路不再监控。转向架监控回路故障开关的位置由列车控制来识别,当操纵端的开关放置在"关"位置时会产生回路忽略,司机的HMI也会产生记录信息和相关信息;如果故障开关在非头车司机室起作用,回路断开并且通过CCU在司机的HMI产生相关信息。

如果出现故障导致实施了紧急制动(在非操纵端中,如果紧急制动回路断开,将使操纵端中的回路断开),则无法操控非操纵端内的转向架制动监控回路。此时,需要激活操纵端的故障开关"紧急制动回路"。

转向架制动监控回路由位于司机室LSS面板上的线路安全开关停车制动监控回路、火灾报警回路、转向架监控回路、制动缓解回路电源供电。触发该线路安全开关,将导致转向架监控回路(以及停车制动监测回路、火灾报警回路、制动缓解回路)被中断。

任务七　CRH3型动车组制动系统检修

根据TG/CL 127—2013《铁路动车组运用维修规程》,我国动车组分为一到五级维修级别。其中,一级检修为日常检修;二级检修为专项检修;三级以上为高级检修。CRH3型动车组,包括CRH3C、CRH380B、CRH380BL、CRH380CL、CRH3A各型动车组具体的检修周期如表5-2所示。本任务重点介绍一级检修与二级专项检修。

表5-2　CRH3动车组检修周期

维修级别	一级检修	二级检修	三级检修	四级检修	五级检修
周期	(4 000+400)km 或48小时	2万km 或10天	(120±12)万km 或3年	(240±12)万km 或6年	(480±12)万km 或12年

一、制动系统一级检修作业

(一)检修限度

动车组检修限度指在检修时,对动车组零部件允许存在的损伤程度的规定。在检修限度标准中,绝大部分是以尺寸数值表示限度,因动车组零部件的损伤程度,如磨损、腐蚀、裂纹、剥离、擦伤、变形和缝隙等,均可通过尺寸的变化来表示。只要适当制定各损伤的尺寸限度,就能控制动车组零部件的损伤程度。表5-3为CRH3型动车组的制动系统一、二级检修限度表。表5-3中制动盘裂纹具体内容见项目三任务七CRH1型动车组制动系统检修部分内容。

表5-3 CRH3型动车组的制动系统一、二级检修限度表

序号	项目		原型	一级检修	二级检修	备注
1	空气弹簧高度/mm			420^{+7}_{+3}（头车一位端），495^{+7}_{+3}	420^{+7}_{+3}（头车一位端），495^{+7}_{+3}	测量车体四处标记位置与轨面距离
2	撒沙喷嘴距轨面/mm			67 ± 2（头车），70 ± 2（IC车）	67 ± 2（头车），70 ± 2（IC车）	
3	轮缘润滑喷嘴距踏面/mm			25.5 ± 1	25.5 ± 1	
4	制动盘摩擦环厚度/mm		80	≥66	≥66	
5	制动盘摩擦环表面刮痕/mm			≤1	≤1	
6	制动盘摩擦环凹陷磨损/mm			<1	<1	
7	制动盘摩擦环倾斜磨损/mm			≤1	≤1	
8	制动盘两摩擦环厚度差/mm			≤2	≤2	
9	制动盘裂纹	轴盘		1. 表面裂缝：b≤70 mm。 2. 表面裂纹：a<100 mm；b<100 mm。 3. 在连接搭处不得出现穿透裂纹。 4. 不得出现从内径贯穿到外径以及贯穿到散热通道的穿透裂纹	1. 表面裂缝：b≤70 mm。 2. 表面裂纹：a<100 mm；b<100 mm。 3. 在连接搭处不得出现穿透裂纹。 4. 不得出现从内径贯穿到外径以及贯穿到散热通道的穿透裂纹	
		轮盘		1. 表面裂缝：a≤100 mm；b≤80 mm。 2. 不允许出现从内径贯穿到外径以及贯穿到散热通道的穿透裂纹	1. 表面裂缝：a≤100 mm；b≤80 mm。 2. 不允许出现从内径贯穿到外径以及贯穿到散热通道的穿透裂纹。	
10	闸片厚度/mm		17	5 mm+磨损余量（直到下一周期I1前都不得达到5 mm）	5 mm+磨损余量（直到下一周期I1前都不得达到5 mm）	在最薄处测量。同缸任一闸片到限同时更换
11	闸片与制动盘间隙/mm			1.5～3	1.5～3	

（二）基础制动装置检修

（1）闸片托外观状态良好，安装牢固，闸片不反装。
（2）闸片托防翻转机构安装牢固，无变形、折断。
（3）制动夹钳装置配件齐全，状态良好；悬吊部件齐全、无裂纹；安装螺栓紧固无松动，防松标记无错位。
（4）各制动风管外观状态良好，安装牢固，无泄漏。
（5）基础制动装置各部限度：
① 制动盘摩擦环：厚度不小于 66 mm，表面刮痕不大于 1 mm，凹陷磨损小于 1 mm，倾斜磨损不大于 1 mm，两摩擦环厚度差不大于 2 mm。
② 制动盘裂纹限度：
轮盘表面裂缝：$a \leqslant 100$ mm；$b \leqslant 80$ mm。
制动盘不允许出现从内径贯穿到外径以及贯穿到散热通道的穿透裂纹。
③ 闸片厚度限度：
在制动闸片最薄处测量厚度，制动闸片厚度 5 mm+磨损余量（直到下一周期 I1 前都不得达到 5 mm）。
④ 制动盘与闸片间隙：1.5～3 mm。
（6）如有安装螺栓松动，防松标记错位，则用扭力扳手紧固，各螺栓紧固力矩为：
① 制动连接块与构架间连接螺栓（M16-8.8级）紧固力矩为 155 N·m；
② 夹钳组成节点与构架连接螺栓（M16-8.8级）紧固力矩为 155 N·m；
③ 管路管卡用螺栓（M6-8.8级）紧固力矩为 8.5 N·m；
（7）对制动夹钳、闸片、制动盘按照"四必"作业法细化检查：
① 用手电分别对准制动夹钳、闸片、制动盘进行检查。
② 查看夹钳安装螺栓防松标记是否错位，闸片、闸盘有无裂纹。用钢板尺测量闸片厚度。
③ 如检查正常，口呼"夹钳螺栓无松动；闸片无裂纹，厚度不超限；制动盘无裂纹"；如发现夹钳螺栓松动或闸片裂纹，厚度超限，制动盘裂纹时，口呼"夹钳螺栓松动或闸片裂纹、厚度超限，制动盘裂纹"，并及时处理故障。
④ 在夹钳上擦去原有检修日期，并涂打检修日期。
（8）停放制动装置。
① 停放制动装置各部件无机械损伤，固定良好。
② 各螺栓安装牢固，防松标记无错位。
③ 停放制动手动缓解装置手柄外观状态良好，各部安装牢固。
④ 如停放制动手动缓解装置螺栓（M8-8.8级）松动，防松标记错位，则用扭力扳手紧固，紧固力矩为 20 N·m。

（三）空气弹簧检修

（1）空气弹簧外观状态良好，无漏风。
（2）摇枕各安装螺栓安装牢固，防松标记无错位。

（3）空气弹簧高度：测量车体四处标记位置与轨面距离，头车一位端需在 420^{+7}_{+3} mm，其他部位需在 495^{+7}_{+3} mm。

（4）空气弹簧橡胶气囊老化裂纹深度：橡胶与金属接触边缘不大于 3 mm，其余处不大于 2 mm。

（5）如空气弹簧安装螺栓（M16-8.8 级）松动，防松标记错位，则用扭力扳手紧固，紧固力矩为 165 N·m。

（6）对空气弹簧按照"四必"作业法细化检查：

① 用手电对准空气弹簧进行检查。

② 用钢板尺测量空气弹簧橡胶气囊老化裂纹深度。

③ 如检查正常，口呼"橡胶气囊裂纹深度不超限"；如发现裂纹深度超限时，口呼"橡胶气囊裂纹深度超限"，并及时处理故障。

④ 在空气弹簧上擦去原有检修日期，并涂打检修日期。

二、制动试验

CRH3 型动车组可自动执行制动试验，也可通过司机操纵台右侧 HMI 屏，由司机执行引导式菜单执行制动试验。制动试验是动车组启动操作的前提条件。CRH3 型动车组需要执行以下制动试验：自动制动试验 ABT、菜单指导的制动试验 MBT、简略制动试验 SBT 以及手柄操作的制动试验 HBT。

制动试验的前提条件：

（1）司机室需投入占用并升弓送电，HMI 屏制动界面显示正常。

（2）动车组管路未通过辅助装置充风。

（3）备用制动未激活（截断塞门 C14 在关闭状态，备用制动阀 C02 在空挡位）。

（4）停放制动处于施加状态，检查第二操作区的停放制动施加按钮（28-S46）是否点亮，也可通过司机操纵台右侧 HMI 屏的"停放制动"显示页面检查停放制动的施加情况。

（5）动车组空气制动处于缓解状态（确认 ATP 没有施加制动，如 ATP 输出制动时，隔离 ATP 或转换模式）。

（6）司机操纵台右侧 HMI 屏内自动速度控制 ASC 设置为关闭，司机室右侧控制柜中隔离开关面板上各环路隔离开关在正常位置。

（7）总风管风压大于 850 kPa，列车管风压大于 550 kPa。

（一）自动制动试验 ABT

自动制动试验 ABT 的目的是验证制动系统的运转性，以保证安全和可用性。在每个运行日必须进行一次 ABT。在一次运行日结束时，司机要通过司机操纵台左侧 HMI 屏（显示页面"P/S：启动停放操作"）确定列车再次投入运行的时间。CCU 将计算启动时间并在再次投入运行时进行 ABT 试验。在 ABT 试验期间，控制直接制动机的司机制动控制阀 C23 必须在缓解位。如果司机制动控制阀 C23 在常用制动位，列车制动管理器会忽视常用制动命令。如果司机制动控制阀 C23 在紧急制动位，那么紧急制动回路被中断并取消 ABT 试验。

自动制动试验执行下列程序：
（1）主风缸管（MRP）贯通试验。
（2）空压机启停试验。
（3）列车管（BP）泄漏试验。
（4）直接制动试验。
（5）防滑试验运行。
（6）列车管（BP）贯通试验。
（7）间接制动试验。
（8）BCU 对停放制动监控回路干涉的试验。
（9）停放制动监控回路对紧急制动回路干涉的试验。
（10）计算有效制动性能。

（二）菜单引导的制动试验 MBT

如果自动制动试验 ABT 失败或结果无效以及没有根据司机操纵台右侧 HMI 屏上显示的说明进行，则必须进行菜单引导的制动试验 MBT。在右侧 HMI 屏的制动界面，点击"制动试验"进入"制动试验"界面，如图 5-82 所示。

菜单引导的制动试验包括下列程序：
（1）直接制动试验。
（2）紧急制动试验。
（3）主风缸管（MRP）贯通性试验。
（4）列车管（BP）泄漏试验。
（5）间接制动试验。
（6）列车管（BP）贯通性试验。

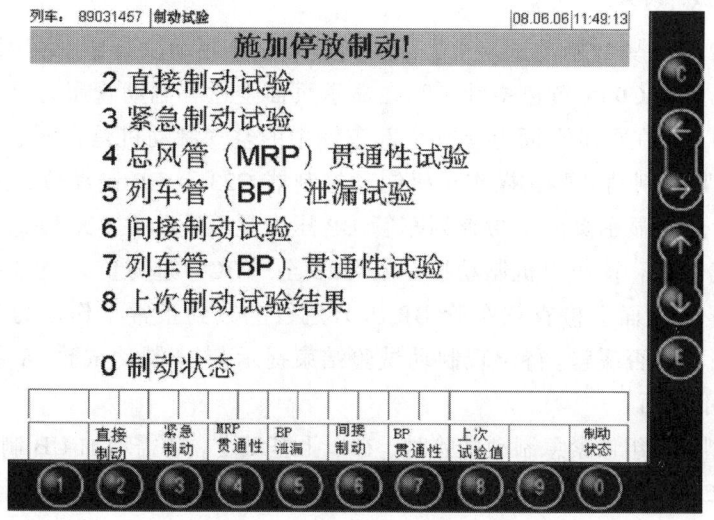

图 5-82 "制动试验"显示页面

1. 直接制动试验

点击图 5-82 中"直接制动"2 号按键进入直接制动试验显示页面，如图 5-83 所示。通过双针压力表 C06 的黄色指针和在显示页面上检查制动管压力是否符合 600 kPa 的正常工作压力，并在显示页面上检查全部车辆中的空气制动机是否缓解。按压"开始试验"1 号按键启动直接制动试验，操作司机制动控制器 C23 至第 3 级制动位，检查全部车辆中的空气制动是否在最少 10 s 内实施制动。操作司机制动控制器 C23 至"REL"位，检查全部车辆中的空气制动是否在最少 10 s 内全部缓解。检查所有车辆制动机是否有效。待出现制动试验结束提示，按"制动试验"8 号键返回图 5-82"制动试验"显示页面。

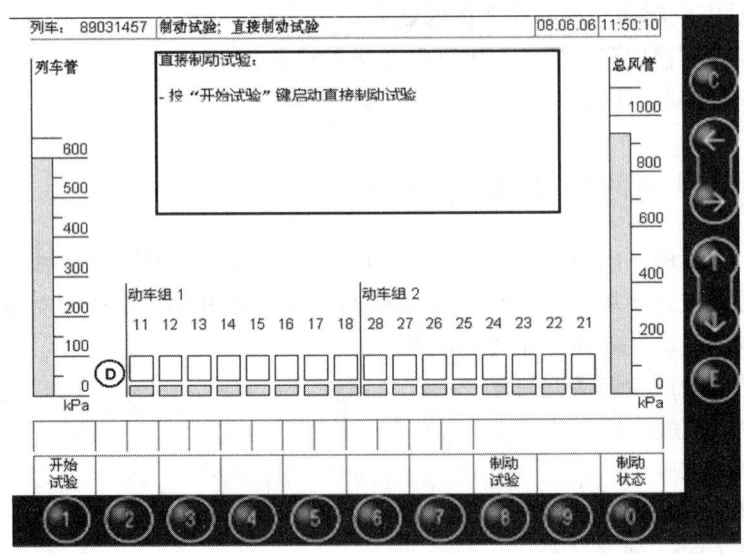

图 5-83 "直接制动试验"显示页面

2. 紧急制动试验

点击图 5-82 中"紧急制动试验"3 号按键进入紧急制动试验显示页面，如图 5-84 所示。通过双针压力表 C06（黄色指针）和在显示页面上检查制动管压力是否符合 600 kPa 的正常工作压力，并在显示页面上检查全部车辆中的空气制动机是否缓解。按压"开始试验"1 号键启动紧急制动试验，操作司机制动控制器 C23 至 EB 制动位，通过双针压力表 C06 的黄色指针及在显示页面上检查列车管 BP 压力是否下降在 200 kPa 以下和全部车辆中是否实施空气制动。操作司机制动控制器 C23 至"OC"过充位，通过双针压力表 C06 黄色指针及在显示页面上检查列车管 BP 压力是否上升到正常工作压力 600 kPa 和全部车辆中的空气制动是否缓解。待出现制动试验结束提示，按"制动试验"8 号键返回图 5-82"制动试验"显示页面。

CRH380B 型动车组做紧急制动试验时，在以上基础上，还需增加 UB 制动试验。操作司机制动控制器 C23 至 UB 制动位，方法同 EB 制动试验。

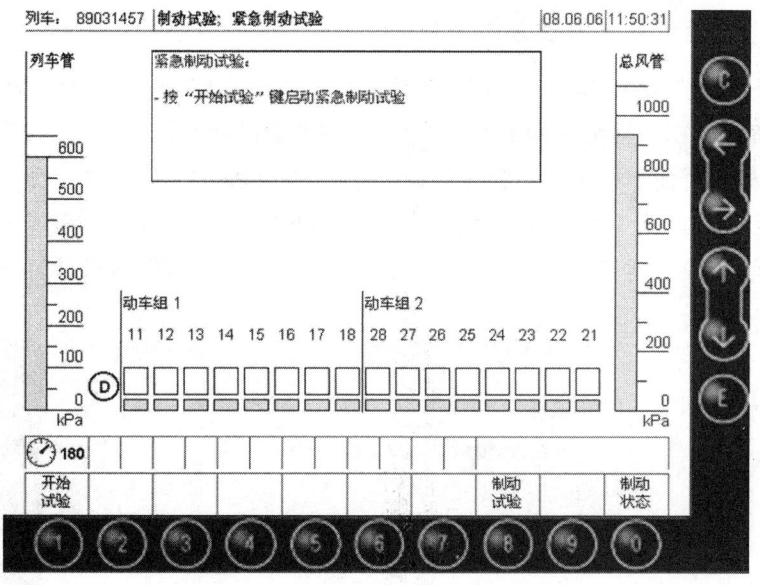

图 5-84 "紧急制动试验"显示页面

3. 总风缸管（MRP，简称总风管）贯通性试验

点击图 5-82 中"MRP 贯通性"4 号按键进入总风缸管（MRP）贯通性试验显示页面，如图 5-85 所示。按压"开始试验"1 号按键启动总风缸管（MRP）贯通性试验，该试验需将司机制动控制器 C23 来回施加几次制动和缓解，使总风缸管（MRP）风压下降到 900 kPa 以下，试验中不允许将总风管压力降至 850 kPa 以下。当总风管压力下降到 870 kPa 左右时，司机制动控制器置缓解位，然后等待总风管压力上升，要求 1 min 内所有头车的总风管压力需上升 3 MPa 以上。如果压力不上升或缓慢上升，通知随车机械师检查车底部空气压缩机是否工作。待出现制动试验结束提示，按"制动试验"8 号键返回图 5-82"制动试验"显示页面。

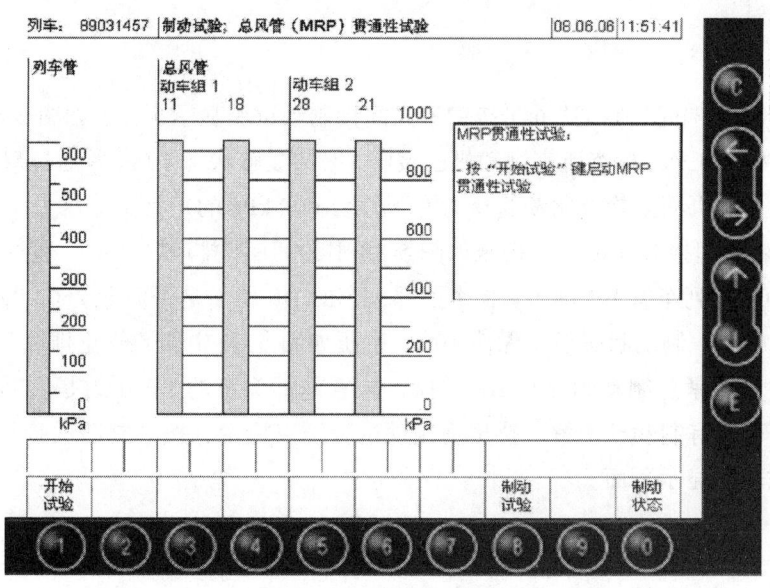

图 5-85 "总风管（MRP）贯通性试验"显示页面

4．列车管（BP）泄漏试验

点击图5-82中"BP泄漏"5号按键进入列车管（BP）泄漏试验显示页面，如图5-86所示。在进行列车管（BP）泄漏试验之前，需要确保BP管已切断供风，并通过双针压力表C06黄色指针和在显示页面上检查制动管压力是否符合600 kPa的正常工作压力。按压"开始试验"1号按键启动列车管（BP）泄漏试验，列车管（BP）压力在30 s内没有下降。待出现制动试验结束提示，按"制动试验"8号键返回图5-82"制动试验"显示页面。

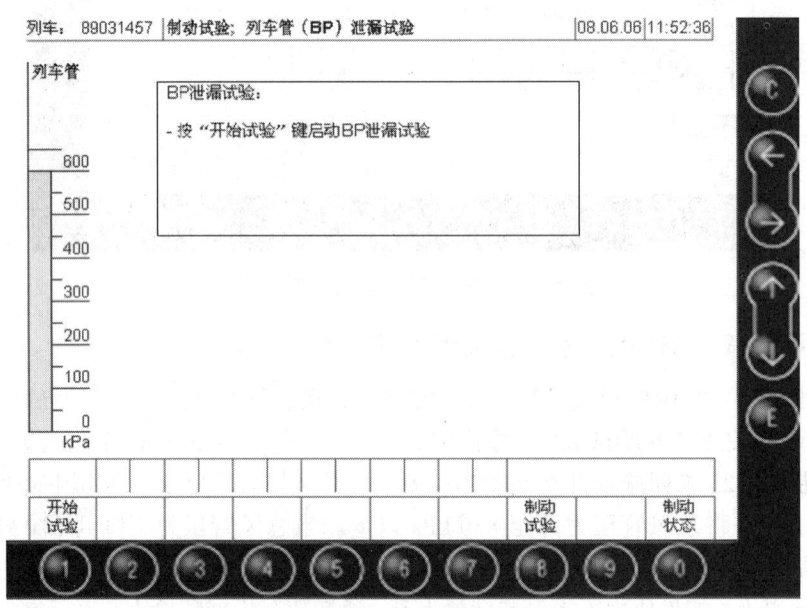

图5-86　"列车管（BP）泄漏试验"显示页面

5．间接制动试验

点击图5-82中"间接制动"6号按键进入间接制动试验显示页面，如图5-87所示。检查是否所有制动机未工作，检查所有制动机已缓解，保持缓解状态10 s，并通过双针压力表C06黄色指针和在显示页面上检查制动管压力是否符合600 kPa的正常工作压力。按压"开始试验"1号按键启动间接制动试验，按压如图5-88中的"BP排风"按键，通过后部头车上的紧急制动阀N04使列车管BP排风。检查前部头车的BP压力是否低于260 kPa，检查所有空气制动是否已施加。制动状态至少保持10 s，按压如图5-89中的"停止排风"键停止BP管排风。后部头车的紧急制动阀停止BP排风，检查前部头车的BP压力是否升高至550 kPa以上，检查是否所有制动已缓解。待出现制动试验结束提示，按"制动试验"8号键返回图5-82"制动试验"显示页面。

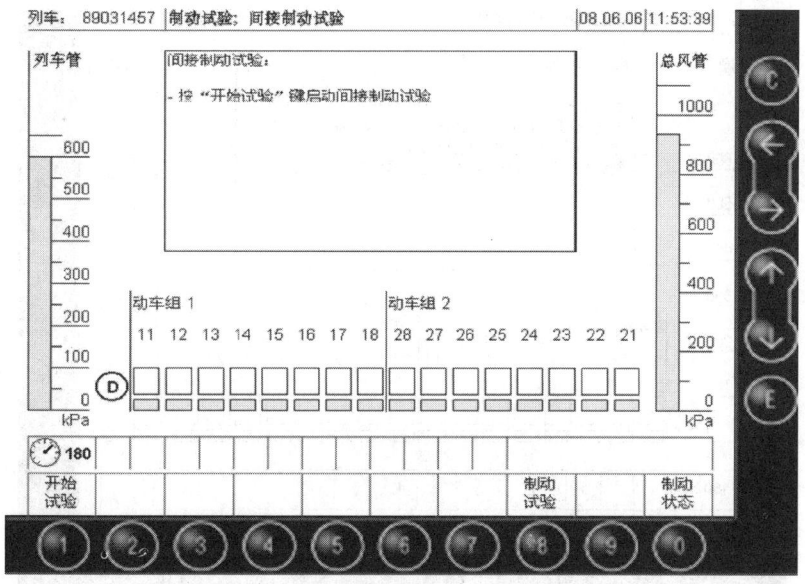

图 5-87 "间接制动试验"显示页面

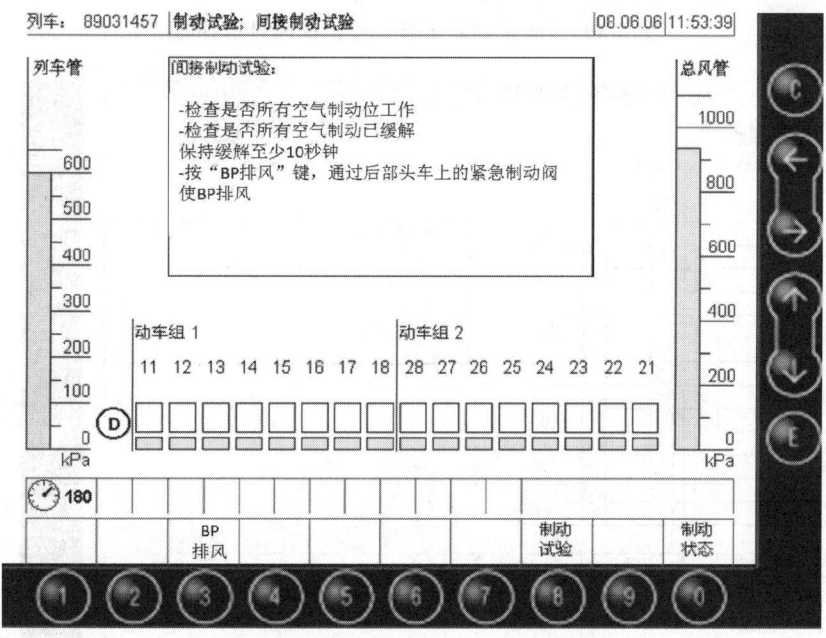

图 5-88 "间接制动试验"BP 排风显示页面

6．列车管（BP）贯通性试验

点击图 5-82 中"间接制动"7 号按键进入列车管（BP）贯通性试验显示页面，如图 5-90 所示。按压"开始试验"1 号按键启动列车管 BP 贯通性试验，系统自动通过后部头车上的紧急制动阀 N04 使列车管 BP 排风，检查前部头车的 BP 压力是否低于 260 kPa。根据提示按压如图 5-89 中的"停止排风"键停止 BP 管排风。后部头车的紧急制动阀停止 BP 排风，检查前部头车的 BP 压力是否升高至 550 kPa 以上，检查所有制动是否已缓解。待出现制动试验结束提示，按"制动试验"8 号键返回图 5-82"制动试验"显示页面。

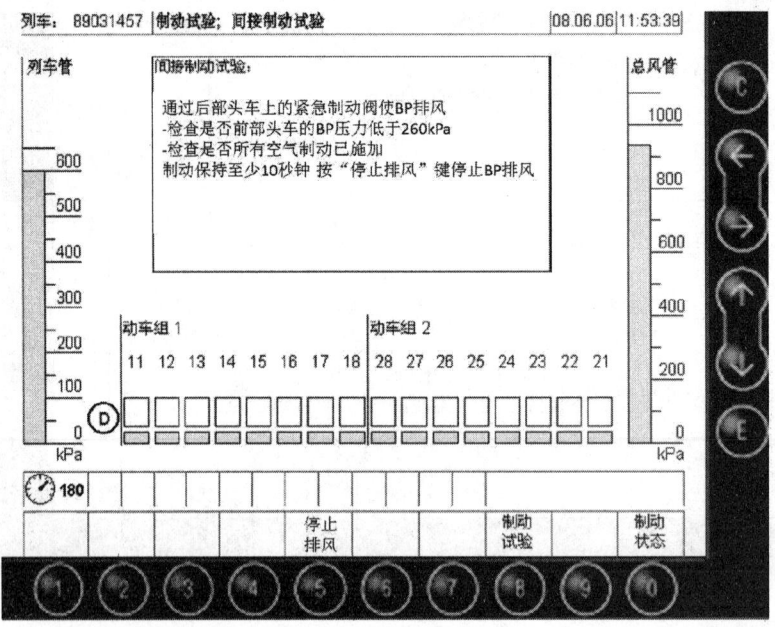

图 5-89 "间接制动试验"停止排风显示页面

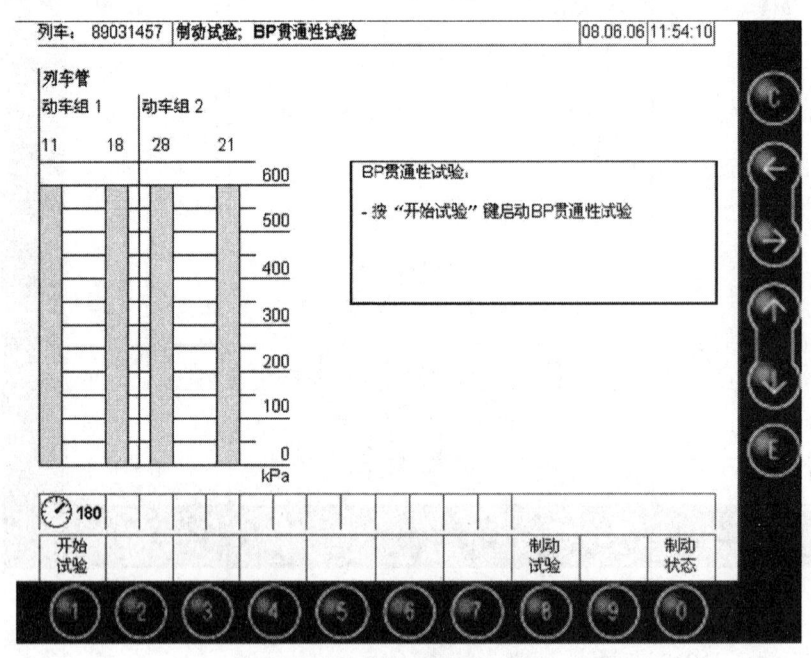

图 5-90 "BP 贯通性试验"显示页面

按压图 5-82 中的"上次试验结果"8 号按键，出现"上次试验结果"显示页面，如图 5-91 所示。在显示页面中查看每步试验流程是否完成，通过时间是否在正常范围查看制动有效率，要求制动有效率为 100%。

完成制动试验。

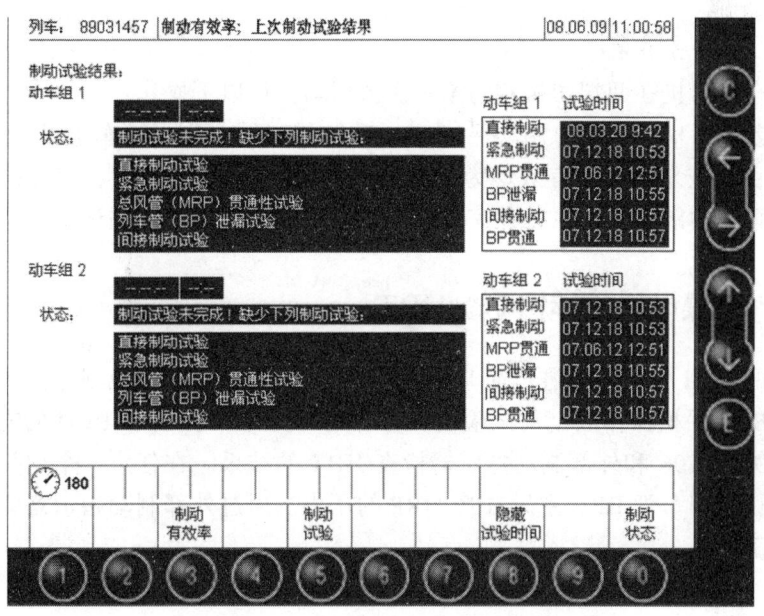

图 5-91 "上次试验结果"显示页面

7. 制动试验注意事项

(1) 做制动试验时,必须严格按照 HMI 屏提示进行操作,切忌不能抢屏操作。

(2) 如果某项制动试验未通过,在此项试验结束后 HMI 将会显示"××试验失败……",此时需根据 HMI 屏提示信息查看故障代码,按照故障代码排除故障,重做该项制动试验。试验通过后,可继续进行其他未完成的试验项目,无须重新进行全部制动试验。

(3) 制动试验期间,不可进行其他影响制动试验的操作(例如,操作 ASC、ATP、切换 HMI、激活备用制动、意外触动制动手柄等);如果某项制动试验中途因误操作终止或退出,需要重新进行该项制动试验,而无须重新进行全部制动试验。

(4) 如遇紧急情况,试验时间不足以完成全部试验时,可先进行直接制动试验、紧急制动试验和间接制动试验。

(5) 在进行试验时需在右侧 HMI 屏(制动系统默认显示屏)进行制动试验,可将左侧 HMI 屏调至制动试验显示时间界面进行查看,若每项制动试验完成时不显示最新试验时间或试验时间显示后自动消失,需将两侧 HMI 屏进行复位操作,并再次进行制动试验。如果复位后制动试验时间仍然不能正常显示,但制动有效率正常,不影响动车组制动性能,动车组可以投入运营。

(三)简略制动试验 SBT

在运行中换端操作与重联解编后操作两种情况下需要进行简略制动试验 SBT。

1. 运行中换端操作

换端后,施加紧急制动,并保持 10 s 后,检查制动有效率为 100%,则制动简略试验完成。若上述操作后,制动有效率不是 100%,则执行菜单指导制动试验中的"直接制动试验""紧急制动试验""间接制动试验",完成后检查制动有效率为 100%,则制动简略试验完成。

2. 重联解编后操作

解编后动车组司机在两端司机室的第一次占用均执行以下操作：

通过操作制动手柄施加紧急制动保持 10 s 后，缓解紧急制动，动车组司机目视检查制动、缓解功能正常；检查车辆制动有效率为 100%；施加 3 级常用制动后，缓解；动车组司机目视检查制动、缓解功能正常；执行并完成制动试验中的"列车管泄漏试验"。

（四）手柄操作的制动试验 HBT

如果司机的 HMI 故障不能进行简略制动试验 SBT，则必须用司机制动控制器手柄操作进行制动试验 HBT。手柄操作的制动试验在没有右侧司机的 HMI 屏和 BCU 的支持下进行。必须通过双针压力表 C06 和外部制动指示器检查 HBT 的结果。在任意一个相关试验失败时，用双针压力表读取列车管 BP、主风缸管 MRP 的压力。通过外部制动指示器验证每一辆车的制动施加与缓解状态。

三、制动系统二级检修作业

CRH3 系列动车组二级检修是在一级检修的基础上结合各主要部件的实际使用特点和状态所采用的部件专项修。由于动车组各个主要部件专项修的周期不统一，二级检修没有严格的固定检修周期，但考虑大部分部件专项修的周期集中在 2 万～120 万 km 或 10～360 天，因此，我们将 CRH3 系列动车组的二级修细化成 I2、M1、M2 和 M3 等四个等级，其中 I2 级对应的检修周期为 2 万 km 或 10 天；M1 级对应的检修周期为 10 万 km 或 45 天；M2 级对应的检修周期为 40 万 km 或 180 天；M3 级对应的检修周期为 80 万 km 或 360 天。表 5-4～表 5-7 中列出了四个检修等级所对应的检修内容。

表 5-4　CRH3 型动车组制动系统 I2 检修内容

序号	检修项目			检修方式	检修性质	作业时间/min	供电条件
	子系统	部件（性能）	项目名称				
1	主空压机	压缩机	检查压缩机油位	检查	预防性	10	无电
			冷凝设备（A15）	检查	预防性	20	无电和有电
		空气管路及附件	安全阀（001b）、安全阀（004b）功能测试	检查	预防性	20	无电和有电
2	基础制动装置	基础制动装置	盘型制动装置检查	检查	预防性	20	无电
3	空气管路及附件	附件	安全阀（A06）	检查	预防性	20	无电
4	辅助空气压缩机	附件	安全阀（U12）	检查	预防性	20	无电
5	气动辅助设备	附件	安全阀（L06）	检查	预防性	20	无电和有电
6	撒砂装置	撒砂装置及扫石器	撒砂装置及扫石器	检查	预防性	20	无电
7	轮缘润滑系统	轮缘润滑系统	轮缘润滑系统功能测试	检查	预防性	20	无电

表 5-5　CRH3 型动车组制动系统 M1 检修内容

序号	检修项目			检修方式	检修性质	作业时间/min	供电条件
	子系统	部件（性能）	项目名称				
1	主空压机	供风设备	供风设备检查	检查	预防性	40	无电和有电
		压缩机	压缩机补油及空气滤清器清洁	检查	预防性	30	无电
		精细过滤器	精细过滤器（A01/003）排油	检查	预防性	30	无电和有电
2	制动控制装置	制动控制模块	制动控制模块检查（B02.BC/FC）	检查	预防性	30	无电
		制动控制模块	制动控制模块检查（B02.EC）	检查	预防性	30	无电
		制动控制模块	制动控制模块检查（B02.IC）	检查	预防性	30	无电
		制动控制模块	制动控制模块检查（B02.TC）	检查	预防性	30	无电
		紧急制动阀	紧急制动阀检查	检查	预防性	30	无电
		其他制动控制部件	其他制动控制部件检查	检查	预防性	30	无电
		转向架制动控制部件	转向架制动控制部件检查	检查	预防性	30	无电
		列车管控制系统及司机制动装置	列车管控制系统及司机制动装置检查	检查	预防性	30	无电
		制动控制 BCU	制动控制 BCU（B02B10）诊断检查	检查	预防性	10	无电
3	基础制动装置	动车转向架基础制动装置	动车转向架基础制动装置检查	检查	预防性	15	无电
		拖车转向架基础制动装置	拖车转向架基础制动装置检查	检查	预防性	15	无电
4	升弓装置	受电弓辅助供风设备	受电弓辅助供风设备检查	检查	预防性	40	无电
5	空气管路及附件	附件	附加设备和球阀检查	检查	预防性	15	无电
		车端连接气动组件	车端连接气动组件检查	检查	预防性	15	无电
		软管管路	软管管路检查	检查	预防性	5	无电
6	辅助空气压缩机	压缩机	压缩机（U01）油位检查	检查	预防性	30	无电
7	气动辅助设备	汽笛气动部件	汽笛气动部件检查	检查	预防性	10	无电
		刮雨器气动部件	刮雨器气动部件检查	检查	预防性	15	无电
		空气弹簧气动部件	空气弹簧气动部件检查	检查	预防性	30	无电
8	撒砂系统	撒砂装置	撒砂装置	检查	预防性	10	无电
		撒砂及扫石器	撒砂及扫石器	检查	预防性	30	无电
9	轮缘润滑系统	轮缘润滑装置	轮缘润滑装置系统功能检查	检查	预防性	30	无电和有电

表 5-6 CRH3 型动车组制动系统 M2 检修内容

序号	检修项目			检修方式	检修性质	作业时间/min	供电条件
	子系统	部件（性能）	项目名称				
1	主空压机	干式空气滤清器	干式空气滤清器（A01/001C）检查	检查	预防性	40	无电和有电
		压缩机	压缩机空气滤清器更换滤芯	更换	预防性	40	无电和有电
		冷凝设备	冷凝设备（A15）凝结水槽清洗	检查	预防性	40	无电
2	制动控制装置	附件	空气滤清器（B03）排水	检查	预防性	40	无电
		紧急制动功能	紧急制动功能测试	检测	预防性	40	无电和有电
		停放制动	停放功能测试	检测	预防性	40	无电和有电
		直通式电空制动器	直通式电空制动器功能测试	检测	预防性	40	无电和有电
		间接制动器	间接制动器功能测试	检测	预防性	40	无电和有电
3	升弓装置	受电弓控制	受电弓控制检测	检测	预防性	40	无电和有电
4	空气管路及附件	附件	空气滤清器（L10）排水	检查	预防性	40	无电
		供风和制动系统气密性	供风和制动系统气密性测试	检测	预防性	40	无电和有电
		空气分配和压力调节	空气分配和压力调节测试	检测	预防性	40	无电和有电
		塞门功能测试	塞门功能测试	检测	预防性	40	无电和有电
5	气动辅助设备	均压阀（L13）	均压阀（L13）排气孔清洁	清洁	预防性	40	无电

表 5-7 CRH3 型动车组制动系统 M3 检修内容

序号	检修项目			检修方式	检修性质	作业时间/min	供电条件
	子系统	部件（性能）	项目名称				
1	主空气压缩机	压缩机	压缩机部件检查	检查	预防性	40	无电
			压缩机部件（安全阀）检查	检查	预防性	40	无电
		安全阀	安全阀（A01/004）检查	检查	预防性	40	无电和有电
		附件	空气干燥设备（A01/002）检查	检查	预防性	40	无电和有电
		干式空气滤清器	精细滤油器检查	检查	预防性	50	无电和有电
		附件	安全阀（A06）检查	检查	预防性	40	无电和有电

续表

序号	子系统	部件（性能）	项目名称	检修方式	检修性质	作业时间/min	供电条件
2	制动控制装置	塞门模块	塞门模块部件功能测试	检测	预防性	30	无电和有电
		附件	控制阀部件（B02B55.03）功能测试	检测	预防性	30	无电和有电
			球阀（B16）检查	检查	预防性	10	无电和有电
			压力表（C03、C06）功能检测	检测	预防性	20	无电
			减压阀功能检测	检测	预防性	20	无电
			球阀（C14）功能检测	检测	预防性	15	无电
3	基础制动装置	附件	减压阀（B02H01.02）	检查	预防性	30	无电和有电
		动车制动夹钳单元	检查动车制动夹钳单元（D02，D03）排风口	检查	预防性	10	无电
		拖车制动夹钳单元	检查拖车制动夹钳单元（D02，D03）排风口	检查	预防性	10	无电
		车轮制动盘	检查车轮制动盘（D05）	检查	预防性	20	无电
		轮轴制动盘	检查轮轴制动盘（D05，D06）	检查	预防性	20	无电
4	空气管道及附件	压力开关	压力开关（B02B60.09/11/23）测试	检测	预防性	20	无电
			压力开关（L05）和安全阀（L06）功能测试	检测	预防性	40	无电和有电
		球阀	球阀（Z13）功能测试	检测	预防性	20	无电
			球阀（Z17）功能测试	检测	预防性	20	无电
			球阀（Z18）功能测试	检测	预防性	20	无电
			球阀（V01）功能测试	检测	预防性	30	无电
			球阀（Z21）功能测试	检测	预防性	20	无电
			球阀（Z30）功能测试	检测	预防性	20	无电
			球阀（Z07）功能测试	检测	预防性	20	无电
			球阀（B27）功能测试	检测	预防性	30	无电和有电
			球阀（A14.001）功能测试	检测	预防性	10	无电和有电
		压力表	压力表（B11）功能测试	检测	预防性	20	无电和有电
		指示器	指示器（Z22、Z24、Z26）功能测试	检测	预防性	5	无电
5	辅助空气压缩机	减压阀	减压阀（B02U03.06）功能测试	检测	预防性	30	无电和有电
		压力表	压力表（B02U03.05）功能测试	检测	预防性	30	无电和有电
		压缩机	辅助空气压缩机换油及清洁	清洁和换油	预防性	20	无电
		安全阀	安全阀（U12）功能测试	检测	预防性	20	无电

续表

序号	检修项目			检修方式	检修性质	作业时间/min	供电条件
	子系统	部件（性能）	项目名称				
6	气动辅助设备	储压罐	检查储压罐（C11）	检查	预防性	10	无电
		雨刷器	减压阀（S01.3）功能测试	检测	预防性	10	有电
			雨刷杆（S04）、铰接件和张力弹簧的润滑性能	检测	预防性	10	有电
			冲洗泵（S06）碳刷检查	检查	预防性	20	无电
		汽笛	滚轴摇杆阀（P07）功能测试	检测	预防性	10	有电
			球阀（P02）功能测试	检查	预防性	10	无电
7	撒砂系统	撒砂装置	撒砂装置检查	检测	预防性	30	无电和有电
			减压阀（B02F06.03/04）检查	检查	预防性	30	无电和有电
			球阀 B20 检查	检查	预防性	30	无电和有电

任务八　CRH3 型动车组制动系统应急处理

一、制动切除作业

动车组在运行途中，制动机出现了故障不能正常工作，此时需要将该车的制动系统功能进行切除操作。动车组制动切除作业主要由随车机械师完成。

当发生制动故障时，动车组司机立即停车并施加停放制动，并通知随车机械师。随车机械师赶往司机室，立即登录 HMI 监控显示屏查询当前故障、报警记录，确认故障具体位置，代码及描述，故障确认完毕后，随车机械师用 GPS 手持电话将故障信息汇报给故障发生地铁路局集团有限公司动车调度，再汇报动车段应急指挥中心。随车机械师向司机申请邻线限速 160 km/h 以下或封锁调度命令，待下车调度命令下达后，随车机械师与司机一起确认邻线限速或封锁的调度命令内容：调度命令号、命令内容、接令时间等。随车机械师记录调度命令相关内容，向应急指挥中心汇报调度命令到达情况及即将下车进行制动切除的信息。

随车机械师在牵引手柄上设置禁动红牌，禁止操作牵引手柄，如图 5-92 所示。前往故障车厢用四角钥匙打开 PIS 柜柜门，将车辆控制面板上的空气制动切除开关（28-S12）置关闭位，并确认压力表 B11 风压为零，空气制动指示灯（28-P03）显示红色，如图 5-93 所示。

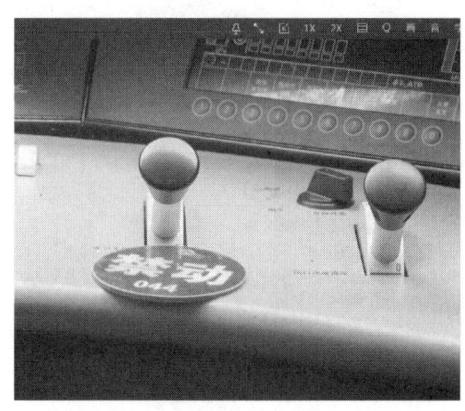
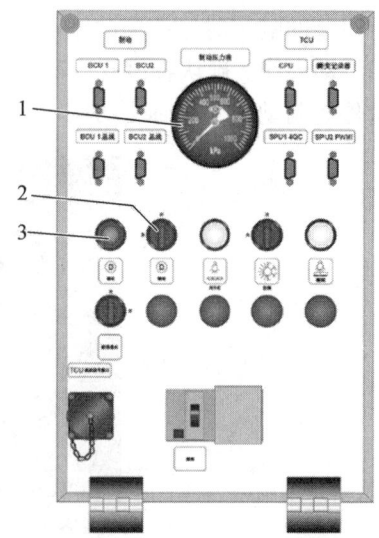

1—制动压力表；2—空气制动切除开关；
3—空气制动切除指示灯。

图 5-92　设置禁动红牌　　　　　　　　图 5-93　车辆控制面板

若故障车厢中车辆控制面板出现供电故障、BCU 供电故障、列车蓄电池断开或者空气制动开关置关位，HMI 显示屏未显示制动切除，则需下车关闭制动阀板上的转向架制动设备截断塞门 B15，如图 5-94 所示。

1—截断塞门；2—接头；3—排气管；4—测压接头；5—滤尘器；
6—列车管截断塞门 B16；7—转向架制动设备截断塞门 B15。

图 5-94　制动阀板（右侧）

随车机械师穿戴好防护用品后，从非交汇侧开门下车，通知车长对车门进行看护，并在距车头 10 m 处设置防护信号。到故障车右侧制动阀板所在的裙边处，用四角钥匙打开裙板，手动关闭转向架制动设备截断塞门 B15，然后锁上裙板并确认。

若故障车为带停放制动的拖车还需将故障车另外一侧的制动阀板内的停放制动截断塞门 H29 切断，如图 5-95 所示。切断后关闭裙板，确认锁闭到位。在停放制动缓解手柄处打开插销，拉动停放制动紧急缓解手柄，如图 5-96 所示。拉一次缓解停放制动，再拉一次进行确认，听到有明显的响声时停放制动已经缓解。缓解后恢复插销，确保插销进入销孔。手摇停放制动缸的制动夹钳，确认各停放制动夹钳的闸片均离开制动盘，夹钳已全部缓解，如图 5-97 所示。带停放制动的 4 根轴上的制动夹钳都需要进行确认。

1—撒砂设备截断塞门 B20；2—制动系统截断塞门 B27；
3—停放制动截断塞门 H29。

图 5-95 制动阀板（左侧）

 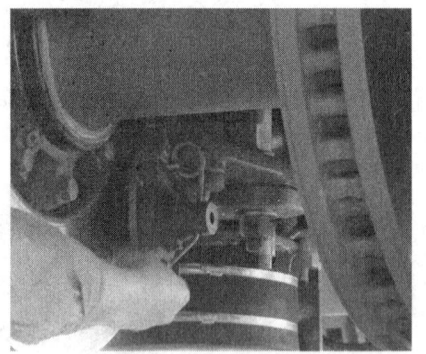

图 5-96 停放制动手动缓解装置　　　图 5-97 手摇制动夹钳操作

　　随车机械师确认切除完毕后，通知司机以不超过 5 km/h 的速度运行约 20 m，进行滚动试验，逐条轮对确认制动缓解情况，无抱闸现象，无异响。待检查完毕，一切正常，然后通知司机停车，滚动试验通过。未进行滚动试验，没有确认动车组制动已完成缓解，可能存在抱闸运行的风险。将应急处置操作过程及结果向应急指挥中心汇报，汇报内容如下：我是××次随车机械师×××，××时××分完成了××车××停放制动切除操作，并确认××车 4 条轮对滚动试验通过。随车机械师在得到应急指挥中心指示后，方可通知司机开车。

　　运行过程中，随车机械师除进行必要的巡检外，其余时间要在制动切除的车厢重点盯控，若走行部有异响须立即通知司机停车并下车检查。巡检时须通过 HMI 屏确认轴温情况。

　　制动切除恢复运行到前方站后，随车机械师按规定申请前方站停车检查，对制动切除车厢制动盘进行点温，重点检查是否存在抱闸现象，如图 5-98 所示。前方站（包

图 5-98 制动盘点温操作

括非营业站）停车后，按规定程序下车使用点温计对该车所有制动盘进行点温，并记录温度。每个制动盘点 3 个点，取最高值。确认无异常后，上车关闭车门，并通知司机检查完毕，维持运行，并及时汇报。

二、救援与回送

CRH3C、CRH380B（L）、CRH380BG 型动车组无动力回送操作程序，适用于 CRH3C、CRH380BL、CRH380B（非高寒）及 CRH380BG（高寒）型动车组（8 辆单组、同型短编重联或 16 辆长编）无动力回送。

（一）连挂准备

动车组司机停车并施加停放制动；确认连挂端司机室处于"占用"状态；打开连挂端开闭机构，自动伸出密接式车钩（CRH380BL 型动车组需手动打开连挂端开闭机构，伸出密接式车钩）；断开主断路器，降下受电弓；确认动车组蓄电池电压不低于 105 V；退出司机室占用，拔下占用钥匙；关断"蓄电池"开关；将"拖曳"开关置"开"位。

随车机械师操作非连挂端"信号灯"开关置于"红灯开"位；确认动车组所有受电弓均处于降弓状态；确认连挂端开闭机构处于全开锁闭状态、密接车钩处于伸出状态、制动管（BP）截断塞门 Z13 和总风管截断塞门 Z17 处于关闭位（与管路垂直）。打开 Z30 阀（与管路平行），关闭车钩顶部红色球阀（与管路垂直，除 CRH380BL 型动车组）。安装过渡车钩，确认安装状态良好。

救援机车司机将机车停在距离动车组约 3 m 的位置，将机车车钩置于全开位。

（二）连挂作业

随车机械师引导机车司机以不超过 5 km/h 的速度连挂，连挂后试拉，确认车钩连接良好。确认机车车钩、过渡车钩、动车组密接钩连挂状态。随车机械师连接制动软管，打开动车组 Z13 阀（与管路平行）和机车折角塞门。

（三）制动试验

机车向动车组充风至 600 kPa。确认动车组全列制动缓解。列车管减压 50 kPa，缓解停放制动。确认动车组全列空气制动施加、停放制动缓解。

（四）运行监控

运行中总风压力不低于 530 kPa，蓄电池电压不低于 96 V，禁止操作"蓄电池"开关。若蓄电池电压降至 96 V 时，申请就近车站停车升弓供电，待蓄电池电压高于 105 V 后，动车组方可继续回送。运行中应尽量避免紧急制动，发生紧急制动后须检查过渡车钩连接状态。

（五）机车摘解

动车组停车后施加停放制动。关闭动车组连挂端 Z13 阀、Z30 阀（与管路垂直）和机车列车管折角塞门，解开列车管连接。拆卸动车组过渡车钩，密接式车钩手动移至中心位置（除 CRH380BL、CRH380BG 型动车组外），打开自动车钩钩头处的红色球阀（与管路平行，除 CRH380BL 型动车组外）。将"拖曳"开关置"关"位，升弓供电，关闭前端开闭机构。将"信号灯"开关置于"自动"位。

三、制动故障处理

（一）停放制动无法缓解

2009 年 12 月 20 日，广铁集团 CRH3032C+CRH3034C 重联车组，库内联检时在 303201 车（主控端）HMI 上显示停放制动故障，代码 1738、172F（303402 车停放制动未缓解）。作业人员将该端停放制动监测回路切除后，继续进行制动试验。检查 303402 车实际为缓解状态，但是恢复 303201 车的停放制动监测回路后，就产生紧急制动。经检查发现是 303400 车的停放制动监测回路故障开关置"关"位，检修人员将其恢复至"开"位，故障现象消除。

1．故障原因分析

停放制动监测回路的原理如图 5-99 所示。若 EC01 车为主控端，将主控端 43-S24 故障开关置"关"位，则停放制动监测回路的电流回路如图 5-99 箭头所示。同理，若仅将非主控制端（43-S24）故障开关置"关"位，则会造成 EC01 端停放制动监测回路在 EC08 端（43-S24）故障开关处人为断开，无法形成回路，从而造成上述的故障现象。因此，要求司机在换端操作时必须确保非主控端的停放制动监测回路故障开关置"开"位。

2．途中应急处理要点

（1）司机通过 HMI 确认是否有存在单车停放制动不缓解，若无异常则测试紧急制动是否缓解，若能缓解，则表明原停放制动监测回路处于断开状态。此时，可保持主控端的停放制动监测回路故障开关（43-S24）置"关"位，维持车辆的正常运营，待车辆到站后处理。

（2）若司机确认存在单车停放制动缓解状态异常，根据故障提示，随车机械师需下车到停放制动不能缓解的故障车，关闭停放制动截断塞门 H29 并实施手动缓解停放制动操作，如图 5-98 和图 5-99 所示。

3．库内检查处理

（1）若是停放制动缓解故障，则需按以下步骤进行处理：
① 检测停放制动缸功能是否正常，若存在异常，则进行修复或更换处理。
② 检测停放制动控制回路内各部件的功能是否正常，若存在异常，则进行修复或更换处理。
（2）若是停放制动监测回路故障，则需对停放制动监测回路及故障车 BCU 进行状态检测和处理。

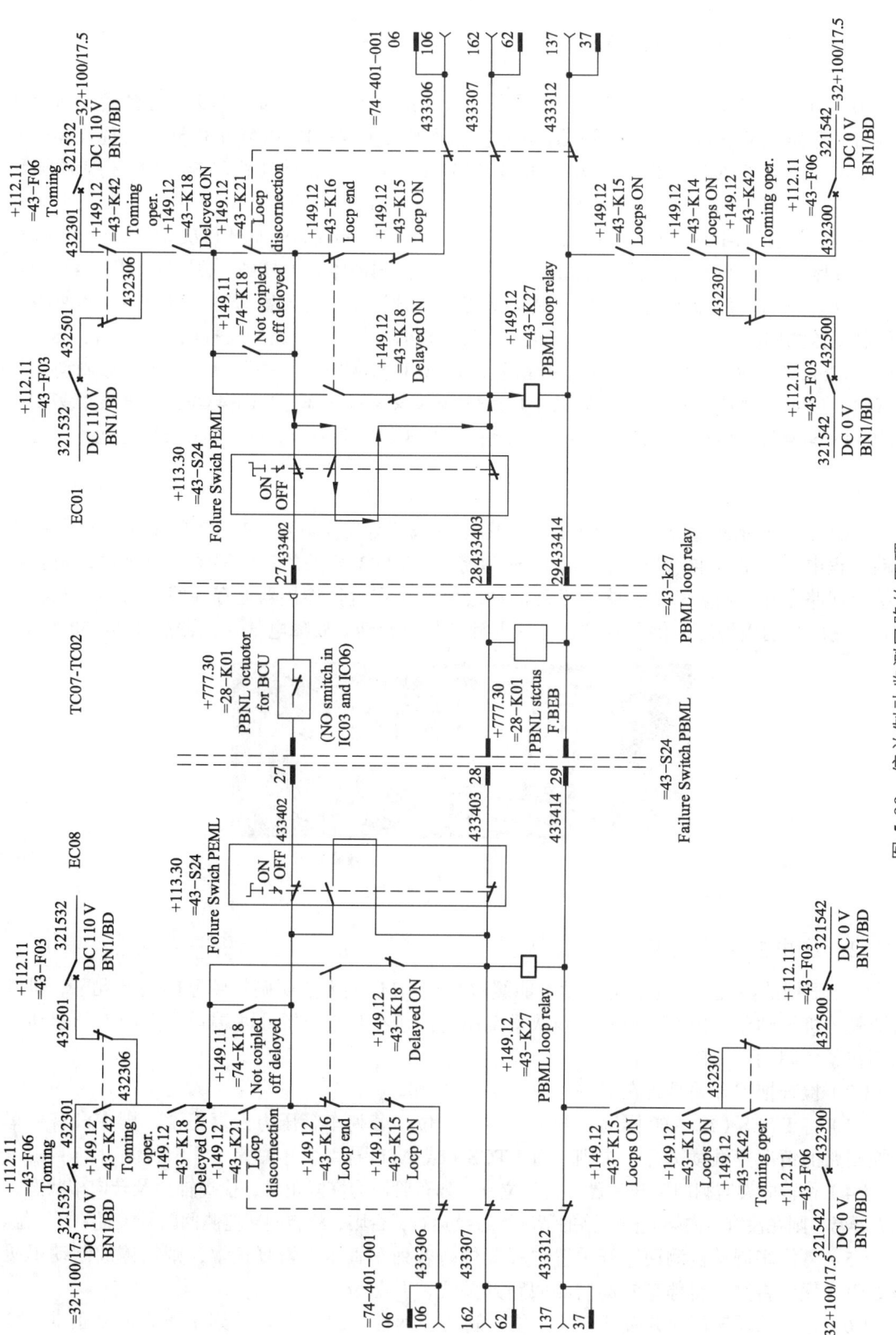

图 5-99 停放制动监测回路的原理

（二）紧急制动不缓解

2010年4月3日，广铁集团担当的G××××次CRH3045C型动车组，终到武汉站司机换端后做紧急制动试验。17:26司机通知紧急制动无法缓解；17:30随车机械师发现HMI报"MCB 43-F03环路供电（BML，FAL，BRL，PBML）断开"故障（代码65A8），列车施加紧急制动，打开304501车司机室左侧电气柜检查发现43-F03空开断开。17:32在将制动手柄置于缓解位后闭合43-F03，列车管压力达到500 kPa左右时，43-F03空开再次断开。17:34将制动缓解回路、火警回路、转向架监测回路、停放制动监测回路开关打到"关"位，闭合43-F03，缓解制动。17:38随车机械师逐个将上述开关打回"开"位，将火警回路、转向架监测回路、停放制动监测回路打回"开"后，状态正常。17:40将制动缓解回路开关打回"开"后，43-F03断开。17:42随车机械师将43-F03空开恢复，将ASD开关打到"关"。17:43再次做制动和缓解试验。17:45试验确认可以缓解制动。17:48 G×××次开车，MCB43-F03空开再次断开。17:49 G×××次停车。17:52出站信号取消。18:08接客调命令，G×××次停运。

1．故障原因分析

HMI上已显示故障点，43-F03断开。随车机械师首先完成对43-F03的复位，后在缓解制动过程中，43-F03再次跳开；随车机械师将与43-F03相关的环路逐个故障排除，确认制动缓解回路存在问题。故障排除中发现制动缓解回路在电气连接器处存在线间短路，43-F03断开，造成制动缓解环路供电故障，进一步触发紧急制动。故障电气连接器如图5-100所示。

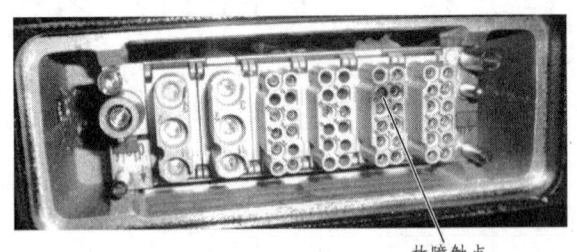

图5-100 电气连接器

2．途中应急处理要点

（1）根据故障提示，在紧急制动不能缓解且在HMI上无法明确故障原因的情况下，司机通知随车机械师到非操作端司机室确认紧急制动按钮在弹起位置和两端司机室的电子制动手柄不在紧急制动位（EB位）。

（2）检查拖拽开关是否在"关"位。

（3）将ETCS（或ATP隔离）开关置"关"位，若列车管压力恢复正常，则在没有列车监控回路的情况下继续运行；否则，将ETCS（或ATP隔离）开关置"开"位。

（4）将转向架监测回路开关置"关"位。若列车管压力恢复正常，检查轴温及转向架状态，如无异常，则在没有转向架监控回路的情况下继续运行；否则，将转向架监测回路开关置"开"位。

（5）将停车制动监测回路开关置"关"位。若列车管压力恢复正常，则按停放制动不缓解故障处理；否则，将停车制动监测回路开关置"开"位。

（6）将制动缓解回路开关置"关"位，制动手柄推"OC"位，若列车压力恢复正常，检查是否有制动不缓解，如无异常，则将制动缓解回路开关置"关"位，在没有制动缓解监测功能下正常运行；若有单车制动不缓解，则操作 28-S12 开关，切除本车制动，按限速表运行。否则，将制动缓解回路开关置"开"位。

（7）将紧急制动回路开关置"关"位。若列车管压力恢复正常，则在没有紧急制动回路功能的情况下继续运行；否则，将紧急制动回路开关置"开"位。

（8）将两端司机室紧急制动阀开关置"关"位。若列车管压力恢复正常，则在停用紧急制动阀的情况下继续运行；否则，将紧急制动阀开关置"开"位，通知司机请求救援。

　　3．库内检查处理

由于只有在制动缓解回路闭合后，43-F03 才会跳开，经对制动缓解回路的检查，最终发现 28-K01-X2B 插头里面的其中一个插排的 5 和 11 针管有明显的烧损痕迹，导致故障发生。

该类故障的处理方法：

（1）对造成紧急制动不缓解的故障回路及回路断开触发部件的性能状态进行检测，对异常部件进行修复或更换。

（2）对紧急制动电磁阀的供电回路状态进行检测，对异常部件进行修复或更换。

（三）HMI 制动界面制动功能为"？"状态

2010 年 3 月 21 日，广铁集团担当的 G××××次 CRH3017C+CRH3022C 重联车组，运行至郴州西—耒阳西时 302201、302202、302203、302204 车制动在 HMI 显示为红色"？"，如图 5-101 所示。HMI 制动界面显示为红色"？"表示该制动机无可用信息。但检查制动有效率为 100%。17:48 正点到达衡阳东站，301700 车司机室为主控端，司机进行 BCU 复位后，制动显示仍为"？"，制动试验有效率为 100%。18:20 司机要求切除 302201、302202、302203、302204 车制动。18:25 切除后，制动试验显示有效率为 75%。18:36 衡阳东开车，限速 250 km/h 运行。19:07 到达株洲西站后，换端到 CRH3022C，占用 1 车司机室，恢复 302201、302202、302203、302204 车制动显示，但 301705、301706、301707、301700 车制动显示"？"。19:31 重新占用 301700 车司机室后，制动试验有效率 100%，但 302201、302202、302203、302204 车制动仍显示为"？"。19:34 株洲西站开车，按照正常速度运行。

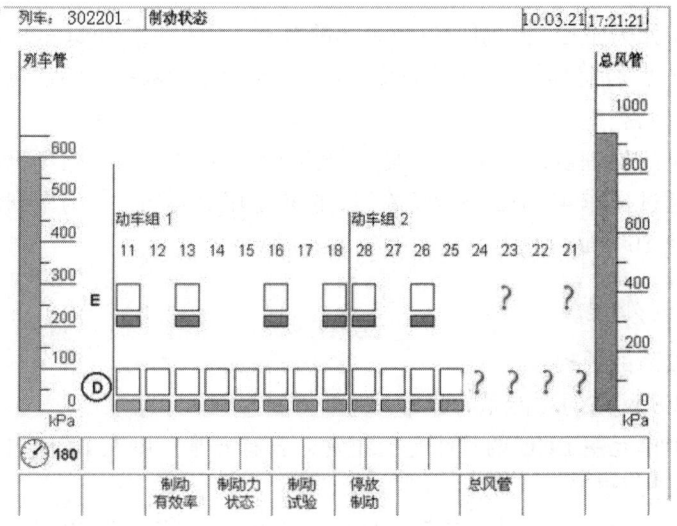

图 5-101　制动故障界面

1. 故障原因分析

单列动车组有两个牵引单元，每个牵引单元均有一个主 BCU 负责本单元内制动系统的管理；因此，若单元中主 BCU 部件或通信故障均会导致本单元内 4 个车的 BCU 信息显示为 "?"。库内检查发现 301706 车车下终端箱插头进水，导致 MVB 通信故障。动车组的网络结构如图 5-102 所示。

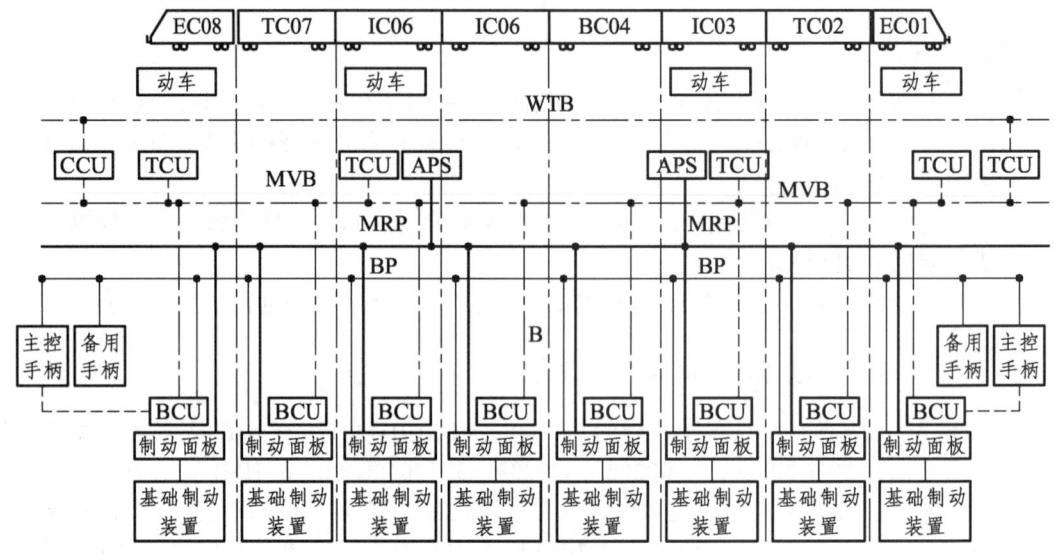

图 5-102 动车组的网络结构

2. 途中应急处理要点

（1）如观察制动有效率为 100%，继续行车，至终到站后处理。

（2）若故障单元为非主控端，则对故障单元的头车 BCU 的 28-F11、28-F12 进行复位后，BCU 信息显示为 "?" 消失后，司机执行 2、3、6 步手动制动试验，检查制动有效率为 100%，正常运营。

（3）若故障单元为主控端，则对故障单元的头车 BCU 的 28-F11、28-F12 进行复位后，BCU 信息显示为 "?" 消失后，司机执行 2、3、4、5、6、7 步手动制动试验，检查制动有效率为 100%，正常运营。

（4）若经过上述处理后，BCU 信息显示仍为 "?" 无法消除，随车机械师需对故障单元的 4 个单车制动通过操作 43-S12 进行切除后，按规定限速运行；若为单列动车组则要求切换至紧急模式，限速 80 km/h 运营至下一站。

3. 库内检查处理

库内对该类故障的处理：

（1）检测 MVB 网络的功能是否正常。

（2）检测牵引单元主 BCU 的功能是否正常，若有异常，则在 BCU 内故障数据的指导下对 BCU 故障部件进行更换。

（3）检测牵引单元主 BCU 与 MVB 之间的连线状态，若有异常则进行处理。

（四）制动软管断裂

2009 年 12 月 29 日，广铁集团担当的 G××××次 CRH3028C+CRH3029C 重联车组，16:36 到达武汉站，随车机械师在站台巡检时发现 302805 车 1 位转向架有漏气声，由于漏气位置靠近站台侧，无法检查，司机换端后进行制动试验有效率为 100%，缓解状态下漏气声消失，决定继续行车，观察运行。

1．故障原因分析

通过缓解状态漏气声消失，可判断该泄漏由与制动缸相连的管路泄漏引起，因基础制动缸是有压缩空气时制动施加，无压缩空气时制动缓解，因此该泄漏只会引起一根轴或一节车的制动力不足。通过库内检查，发现与制动缸相连的胶管因重物撞击破损，导致泄漏。破损的制动胶管如图 5-103 所示。

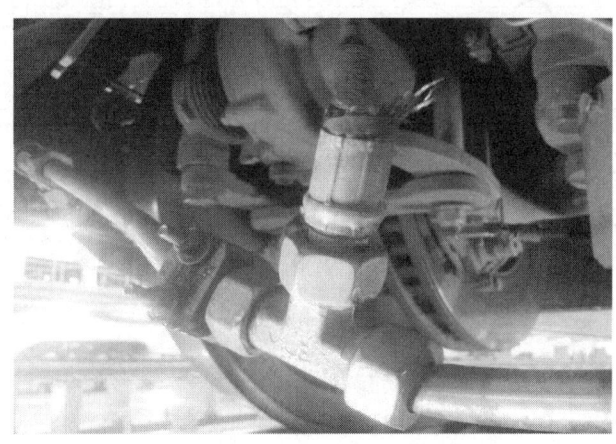

图 5-103　制动胶管破损

2．途中应急处理要点

（1）随车机械师下车作业前，应申请封锁临线或临线限速通过。
（2）下车检查，确认漏气部位，若为常用制动软管，通知司机施加停放制动，缓解常用制动。确认制动夹钳处于缓解状态后，对断裂风管进行捆扎。
（3）若为停放制动软管，则需按该车停放制动不缓解进行相应的处理。
（4）由于制动力不足，进站停车的制动距离会增加，司机应提前做好准备。

3．库内检查处理

对故障的软管进行更换处理，并对车下所有胶管进行检查或做好防护。

（五）制动有效率丢失

2009 年 12 月 28 日，广铁集团担当 G××××次 CRH3035C+CRH3037C 重联车组，运行至咸宁北—赤壁北时，19:39 HMI 报 303503 车摩擦制动未施加（1774），303503 车制动有效率（1775）丢失，限速 280 km/h 运行。故障显示如图 5-104 所示。

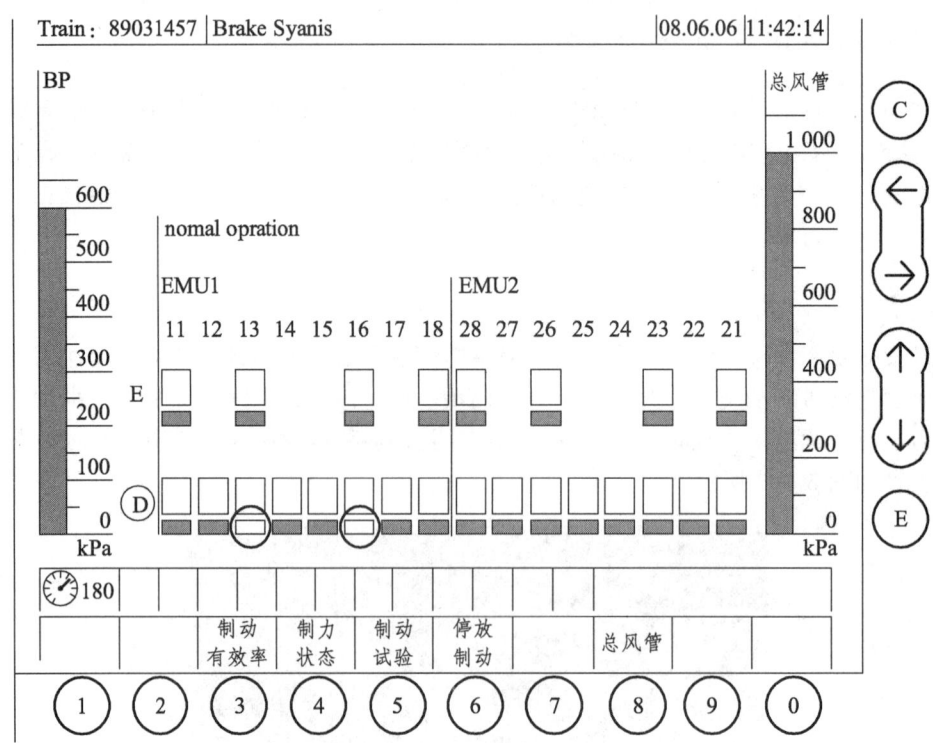

图 5-104 HMI 故障界面

1．故障原因分析

制动有效率的试验主要通过直接制动、间接制动和紧急制动三项试验来进行。可能造成制动有效率丢失（1774、1775）的原因是下列任一部件功能不正常：

压力开关 B02B60.23、压力开关 B02B60.11、压力传感器 B02B60.16、EP 阀 B02B60.02、紧急电磁阀 B02B60.03、双向阀 B02B60.04、空重车调整阀 B02B60.05、中继阀 B02B60.07、电磁阀 B02B60.12、活塞阀 B02B60.10、隔离塞门 B02B06.03、隔离塞门 B02B60.02、分配阀 B02B55.02 等部件。

2．途中应急处理要点

（1）出现此类现象后，司机在进站前要注意掌握适当制动距离。

（2）在制动手柄处于缓解位置时，按下制动手柄上的按钮实施清扫制动；按下按钮保持 10 s，通过司机显示屏，查看所有制动是否施加。

（3）如果制动没有完全施加，司机根据显示的信息"制动力已经改变"来实施正常的操作步骤；如果所有制动已经施加，司机则继续步骤（4）。

（4）在制动手柄处于缓解位置时，释放制动手柄上的按钮缓解清扫制动。释放按钮，10 s 后，通过 HMI 显示屏，查看所有制动是否都缓解。

（5）如果所有的制动没有被完全缓解，司机根据显示的信息"制动力已经改变"来实施正常的操作步骤；如果所有制动已经被缓解了，司机则继续步骤（6）。

（6）列车可以继续正常运行，不需要附加任何限制条件。

3．库内检查处理

测量车辆的设置，检查列车管（不持续泄漏，或者启动间接模式）施加摩擦制动时读取压力表 B11 的 C（制动缸）压力：

（1）如果有 C 压力。

① 检查压力开关 B02B60.23 与 B02B60.11。

② 检查压力开关和制动控制单元 BCU-B01 的扩展卡 A7 之间的连接线。

③ 检查压力传感器 B02B60.16。

④ 检查压力传感器和制动控制单元 BCU-B01 的主板 A4 之间的连接线。

上述部件如存在故障，进行更换或处理。

（2）如果没有 C 压力。

① 检查 P 阀 B02B60.02、紧急电磁阀 B02B60.03、双向阀 B02B60.04、空重车调整阀 B02B60.05、中继阀 B02B60.07、电磁阀 B02B60.12、活塞阀 B02B60.10、隔离塞门 B02B06.03、隔离塞门 B02B06.02、分配阀 B02B55.02 等部件

② 检查隔离塞门 B02B06.03 和制动控制单元 BCU-B01 的扩展卡 A7 之间的连接线。

③ 检查隔离塞门 B02B06.02 和制动控制单元 BCU-B01 的扩展卡 A7 之间的连接线。

④ 检查制动控制单元 BCU-B01 的扩展卡 A7。

⑤ 更换制动控制单元 BCU-B01 的主板 B02B01-A4，并下载应用软件。

上述部件如存在故障，进行更换或处理。

（六）防滑速度传感器故障及列车自动停止 DNRA

2010 年 4 月 30 日，广铁集团担当的广州南 – 长沙南 G××××次 CRH3042C+CRH3031C 重联车组，13:04 主控端 HMI 报：303108 车监控到热轴或检测到非旋转轴，代码 68C8；304205 车轴 2 不旋转，代码 1722。动车组紧急制动，停车。

13:06 查询 CRH3031C 动车组 MMI 故障信息，发现车组报 304205 车 1722 故障。随车机械师通知司机申请封锁邻线，同时告知 CRH3042C 动车组随车机械师故障信息，并做好下车检查的准备。

13:17 CRH3042C 动车组随车机械师下车检查。

13:24 CRH3042C 动车组随车机械师检查完毕上车，304205 车 1 位转向架状态良好，2 轴轮对无擦伤的痕迹，其他各部件均正常。

13:25 确定 1722 故障为误报后切除 304205 车转向架监控回路，并要求司机申请解除邻线封锁后开车。

13:30 重联车组启动。

14:30 重联车组到达长沙南站。

14:32 随车机械师设置防护信号更换 304205 车 2 轴速度传感器。

14:46 304205 车 2 轴速度传感器更换完毕。

14:53 重联车组长沙南站开车，站延晚点 67 min。

16:18 重联车组到达武汉站，共计晚点 71 min。

1. 故障原因分析

车轴抱死故障原因：

（1）动车组有两套独立的轴抱死检测装置：TCU 和 BCU 防滑系统，TCU 通过读取牵引电机速度传感器的速度值，对 4 条轴的转速进行对比；BCU 通过读取轴端速度传感器的速度值，对四条轴的转速进行对比，诊断出轴抱死故障。

（2）拖车有两套独立的轴抱死检测装置：DNRA 和 BCU 防滑系统，DNRA 和 BCU 均通过读取轴端双通道速度传感器的速度值，2 个系统分别对 4 条轴的转速进行对比，诊断出轴抱死故障。

因此，动车轴端速度传感器为单通道，它输出的信号只传递给 BCU，当轴报不旋转故障时，会报出代码为 17X2（X 代表 1，2，3，4）的故障。

而拖车轴端速度传感器为双通道，分别向 BCU 和 DNRA 输出信号，两路是完全独立的，互不干扰。当传感器报出轴不旋转的故障时，传递给 BCU 会报出 17X2（X 代表 1，2，3，4），而传递给 DNRA 时，则会报出代码为 17Y2（Y 代表 A，B，C，D）的故障。

当任一节车厢报出轴不旋转故障代码 CCU 会据此生成故障代码 68C8，进而对列车进行限速控制。

报轴不旋转的原因有速度传感器的故障与轴抱死故障。

2. 途中应急处理要点

（1）该故障未触发制动时，动车组维持运行，跟踪观察。

（2）故障触发制动停车，随车机械师须下车检查确认走行部有无轴抱死情况，若无异常，则可将故障车电气柜内转向架监测故障开关 43-S12 置"关"位。同时随车机械师在故障车内车辆控制面板上将制动开关置"关"位，切除本车空气制动，动车组限速 200 km/h 运行。

（3）若随车机械师确认为轴抱死故障，则须确认是否可低速运行，若可低速运行，则通知动车组司机限速 40 km/h 运行，否则申请救援。

（4）如需要下车检查，必须通知司机提前向调度申请临线封锁或临线限速通过；若为速度传感器被异物击断，需进行绑扎处理。

3. 库内检查处理

（1）检查速度传感器是外观是否正常，若存在异常则更换速度传感器。

（2）检查报故障车轴是否存在抱死，若确认车轴没有抱死，则更换相应的速度传感器。

（3）若车轴抱死，检查确认是闸盘抱死还是机械卡死，再进行相应的故障处理。

（七）防滑器速度传感器感应故障

2010 年 5 月 14 日，广铁集团担当的 G×××× 次 CRH3052C+CRH3029C 重联车组，305201 车为主控端，10:05 从武汉站正点发车，列车运行至汨罗东—长沙南区间。11:06 305201 车报制动故障，查看 MMI 故障信息，305201 车报至少一个 WSP 速度传感器信号故障（代码 1736），15:30 到达广州南站，晚点 1 h 44 min。

1．故障原因分析

速度传感器的正常电压应该为 4～10 V，当传感器被外物击打或自身故障，BCU 监测到速度传感器电压超出范围报 17X6（X 为 1、2、3、4 或 A、B、C、D）故障（本车报 1736、17C6 故障）。故障速度传感器如图 5-105 所示。

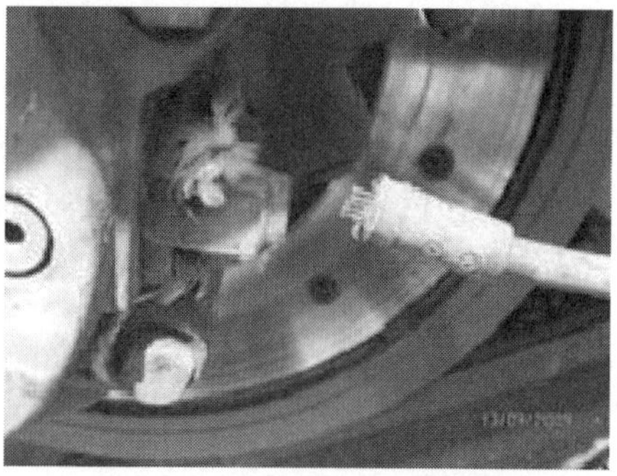

2．途中应急处理要点

（1）根据故障提示，通知随车机械师在 HMI 确认故障。

图 5-105　速度传感器断裂故障照片

（2）故障代码为 1736，17C6 时，需参照故障代码 1711、1721、1731、1741、17A1、17B1、17C1、17D1，确认故障位置后，在故障车内乘务员操作面板上将制动开关置"关"位，切除故障车空气制动。

（3）在确认速度传感器故障后，随车机械师应在车辆控制面板对故障车空气制动进行切除，通知司机按制动有效率限速表运行。

（4）进行此操作时，故障车制动被切除，制动力下降，司机进出站时，要注意制动距离

3．库内检查处理

更换速度传感器，并仔细检查车底各类传感器，以免发生类似情况。

（八）制动手柄故障

2010 年 2 月 6 日，广铁集团担当的 G×××次 CRH3025C 动车组，302500 车司机室为主控端，运行至广州南—郴州西站间时，15:39 运行中 HMI 报制动手柄不符合要求（302500 车）代码 195F。

15:42 随车机械师前往司机室，对故障进行确认，动车组继续运行。

15:50 随车机械师确认 195F 故障不影响运行后，告知动车组司机不限速运行，到终点站处理。

16:39 随车机械师接到司机通知，再次来到司机室，并再次重申 195F 故障不影响运行，动车组可不限速正常运行，到终点站后再处理。

16:46 动车组郴州西站发车。

19:28 动车组到达武汉站，终到晚点 18 min。

1．故障原因分析

每个司机室设有两个 BCU 单元，当两个 BCU 单元检测到制动手柄输出信息不一致时，车组就出现 195F 制动手柄故障。

2．途中应急处理要点

司机应通过操作制动手柄和观察 HMI，确认制动的施加和缓解动作与手柄的指令是否相符，若相符则可无限制行车，若不相符则按途中应急处理要点执行。

（1）该故障不引起紧急制动，可在终到站进行处理。

到达终点到站后，对制动手柄进行校验修正：把制动手柄分别置于不同的级位，每个级位停 10 s，做全部级位手柄校验，制动手柄校验修正完毕后，确认该故障消失。

（2）如该故障运行途中引起紧急制动，则启用备用制动。

① 打开主控司机室 C14 阀，启用备用制动。

② 动车组限速 80 km/h 运行。

3. 库内检查处理

对故障制动手柄进行检测，若存在故障，则对故障制动手柄进行更换。

复习思考题

一、填空题

1. CRH3 型动车组在列车施加制动时，制动控制系统会控制车辆的制动装置，将车辆的动能转化为电能或热能，保证车辆的安全。为此，CRH3 型动车组主要有两种制动形式：_____ 和 _____。

2. CRH3 型动车组电制动和空气制动的协调由 _____、_____ 和 _____ 进行控制。

3. CRH3 型动车组在一个牵引单元（4 辆车）内，数据交换由 _____ 来完成，牵引单元之间的通信由 _____ 支持。

4. CRH3 型动车组的风源由空气压缩机供应。主空压机有 _____ 个，分别设在 _____ 车的车体底架下。

5. 制动距离包括制动空走距离和实际制动距离，为缩短制动空走距离，当速度为 300 km/h 时制动距离为 _____。

6. CRH3 型动车组停放制动设计能力可满足动车组空车时在最大坡度为 _____ 时的安全可靠停放。

7. CRH3 型动车组备用制动控制阀通过一个备用制动手柄进行操纵，具有 _____、_____、_____、_____ 和 _____ 5 种作用位。

二、选择题

1. 德国铁路的 ICE-3 列车（西门子 Velaro）是（　　）型动车组的原型车。
   A. CRH1　　　　B. CRH2　　　　C. CRH3　　　　D. CRH5

2. CRH3C 动车组一级检修的时间里程周期为（　　）。
   A. 2 000+200 km　B. 3 000+300 km　C. 4 000+400 km　D. 5 000+500 km

3. CRH3 型动车组每个转向架上均有（　　）个加速度传感器。
   A. 1　　　　　B. 2　　　　　C. 3　　　　　D. 4

4. CRH3 型动车组每个转向架上有（　　）个轴温传感器。
   A. 1　　　　　B. 2　　　　　C. 3　　　　　D. 4

5. CRH3 型动车组每个动力转向架上有（　　）个 WSP 速度传感器。
   A. 1　　　　　B. 2　　　　　C. 3　　　　　D. 4

6. CRH3 型动车组司机制动手柄有（　　）个常用制动级位。
   A. 5　　　　　B. 6　　　　　C. 7　　　　　D. 9

7. CRH3 型动车组高压设备安装在（　　）车车顶上。
   A. 01/08　　　B. 02/07　　　C. 03/06　　　D. 04/05

8. CRH3 型动车组（　　）可将车辆的动能转化为电能后反馈回电网，为其他车辆的运行提供能源，大大降低车辆运营成本。
   A. 电空制动　　B. 电阻制动　　C. 再生制动　　D. 磁轨制动

9. CRH3 型动车组由 BCU 内 B02.B60 的 5 口通向转向架单元制动缸，关闭（　　），可切除常用制动。
   A. B16 阀　　　B. B15 阀　　　C. H29 阀　　　D. L02 阀

10. CRH3 型动车组制动响应时间（从发出空气紧急制动命令到达到 90% 制动缸压力的时间）定为（　　）s。
    A. 1　　　　　B. 1.5　　　　C. 2　　　　　D. 2.5

11. CRH3 型动车组列车正常运行时，司机通过实施（　　）进行车辆调速和到站停车。
    A. 常用制动　　B. 紧急制动　　C. 再生制动　　D. 磁轨制动

12. CRH3 型动车组主空气压缩机正常工作范围是（　　）kPa。
    A. 650～800　　B. 750～900　　C. 850～1 000　　D. 950～1 100

13. CRH3 型动车组拉下乘客制动阀时，通过乘客紧急制动环路触发最大的常用制动。为避免列车停在不适宜逃生的轨道段（隧道、桥），司机可将制动司控器置于（　　）位，取消乘客最大常用制动请求。
    A. "1A"　　　B. "1B"　　　C. "REL"　　　D. "OC"

14. 为了允许停放制动的紧急缓解，CRH3 型动车组在（　　）的两侧提供了金属绳索。通过每车的紧急缓解装置和空气截断塞门能够切除有故障的停放制动。
    A. 动力转向架　B. 非动力转向架　C. 动车两侧　D. 头车两侧

15. CRH3 型动车组当电空直通制动系统发生故障，需启用备用的自动空气制动系统时，打开截断塞门（　　），此时限速 80 km/h。
    A. C12　　　　B. C13　　　　C. C14　　　　D. C15

三、简答题

1. 请谈谈你对 CRH3 型动车组的认识。
2. CRH3 型动车组制动系统有何特点？
3. CRH3 型动车组的供风系统安装在哪些车辆底部？
4. CRH3 型动车组主供风系统包括哪些元件？
5. 空气压缩机的真空显示器有什么作用？
6. 空气压缩机中的低压阀与泄压阀的作用分别是什么？
7. CRH3 型动车组的动车与拖车中，基础制动装置如何分布？
8. CRH3 型动车组制动系统是如何识别/选择 EP 制动压力与备用制动压力的？
9. CRH3 型动车组的制动分级是什么？如何实现？
10. 强迫缓解是什么？如何实现？

项目六　复兴号动车组制动系统

复兴号动车组，英文代号为 CR，是中国标准动车组的中文命名，由原中国铁路总公司牵头组织研制、具有完全自主知识产权、达到世界先进水平的动车组列车，是当时世界上运营速度最快的高铁列车。2012 年，中国标准动车组"复兴号"正式启动研发；2017 年 6 月 25 日，中国标准动车组被正式命名为复兴号，于 26 日在京沪高铁正式双向首发；2018 年 7 月 1 日起，16 辆长编组复兴号动车组开始投入运营。复兴号动车组的构造速度在 160～400 km/h，有动力分散型与动力集中之分。复兴号动车的编组形式如图 6-1 和表 6-1 所示。CR400AF、BF 型动车组是目前我国运行速度最高的动车组，它们虽然由不同的厂家生产，但是制动系统相似性非常高，本项目以 CR400AF 型动车组制动系统为例讲解复兴号动车组的制动系统。

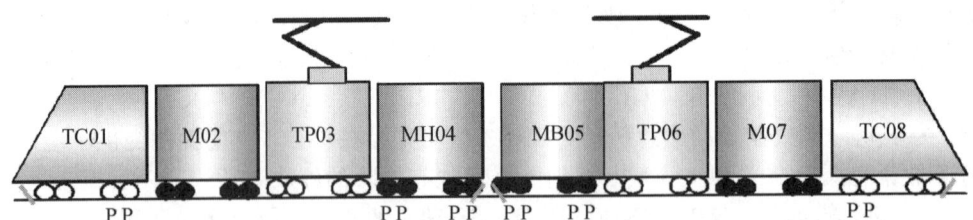

TC01，TC08—带司机室的拖车；TP03，TP06—带受电弓的拖车；M02，M07—动车；
MH04—动车，带残疾人设施和残疾人卫生间；MB05—带餐厅的动车；
●—动力轴；○—非动力轴；P—带停放制动功能；/—带撒砂功能。

图 6-1　CR400AF/BF 动车组编组示意

表 6-1　复兴号动车的各型号及含义

型　号	CR200J	CR300AF	CR300BF	CR400AF	CR400BF
构造速度/（km/h）	200	300	300	400	400
持续运营速度/（km/h）	160	250	250	350	350
编组方式	动力集中型（2MXT）	动力分散型（4M4T）	动力分散型（4M4T）	动力分散型（4M4T）	动力分散型（4M4T）
子型号含义	J：动力集中型；F：动力分散型；A：生产厂家青岛四方或庞巴迪；B：生产厂家长春客车厂或唐山客车厂；-A：16 辆编组动车组；-B：17 辆编组动车组；-C：自动驾驶型；-G：高寒、抗风沙型。例如，CR400AF-B 表示青岛四方或庞巴迪生产的 17 辆编组的动力分散型动车组				

任务一　复兴号动车组制动系统简介

一、制动系统组成

CR400AF 型动车组制动系统由电制动系统（再生制动）与空气制动系统组成。

CR400AF 型动车组电制动系统（Electro-Dynamic Brake，ED）由 M02/MH04/MB05/M07 车的牵引系统提供，并由列车中央控制系统（CCU）进行连续控制，制动能量将反馈至接触网络上。当制动能量不能回收或者仅有部分能量可回收时，其余制动能将由限压电阻器消耗掉。

CR400AF 型动车组每根动轴都具有电制动功能，可实施再生制动。动车组实施电制动时，控制系统将三相异步电动机转换为发电机工作，将列车运行的动能转变为电能反馈回电网。动车轴使用电制动时，电空制动仅供拖车轴使用；对于动轴来说，电空制动仅可用于无法使用电制动的速度范围。如电制动失效，可在有关动车轴上使用空气制动系统。电制动可单独使用，也可与空气制动一起使用。与空气制动一起使用时，将优先使用电制动，可以减轻拖车的空气制动负荷，从而减少其机械制动部件磨耗。低速时，仅由空气制动系统产生停车制动。

CR400AF 型动车组空气制动系统为直通式电空制动系统，空气制动系统制动元件主要分布在司机室、车底与转向架上。

如图 6-2 所示为 CR400AF 型动车组制动系统组成示意，司机室中有制动指令产生装置，主要包括制动控制手柄、列车网络监控系统、紧急制动阀、压力表等。在带司机室拖车的车底还配置了救援转换装置。在动车转向架的轴上安装有牵引电机，产生电制动，通过高压系统反馈到电网。制动控制单元集成安装在车底，主要集成有空气制动阀板、电子制动控制单元、电气、机械、电缆等附件。供风系统分布安装在车底，包括主供风单元、辅助供风单元、风缸模块及各种截断塞门。基础制动装置安装在转向架上，主要包括制动盘、制动夹钳与浮动式粉末冶金闸片等。

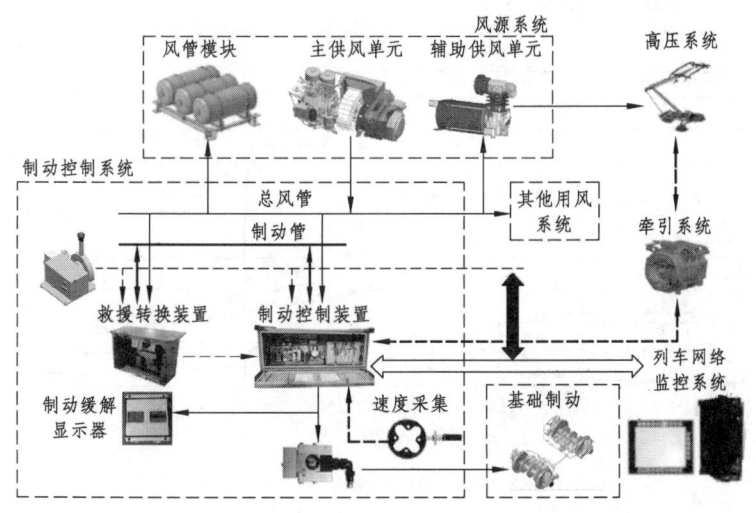

图 6-2　CR400AF 型动车组制动系统组成示意

二、制动系统功能

CR400AF 型动车组装有两个独立的制动系统：电制动（ED 制动）和电空制动（EP 制动）。在常用制动情况下，优先使用无磨耗电制动；紧急制动时，各轴均采用空气制动，动力轴上另加电制动。

动车的牵引驱动提供电制动系统，并通过由微处理机控制的车载控制设备进行无级控制。车载控制设备主要包括中央控制单元、牵引控制单元及制动控制单元。制动能量反馈回接触网。再生制动的闭路控制系统监测接触网的电压状况，并在制动时控制将再生制动能量反馈回接触网。

当电制动出现故障时，制动力由动力轴上的摩擦制动代替。在这种情况下，也必须满足设计的制动距离。

制动系统采用微机控制的直通式电空制动系统，具备常用制动、紧急制动 EB、紧急制动 UB、保持制动、停放制动、清洁制动等制动模式；具有网络通信、防滑控制、空压机启停管理、车轴不旋转检测、制动试验、救援/被救援控制、故障自诊断及存储等功能。

（一）常用制动

常用制动分为 1~7 级，制动时优先使用电制动，电制力不足时，空气制动力进行补充，以满足编组列车上所需要的制动力。常用制动具有空重车载荷自动调整功能，能够保证不同车重条件下制动减速度保持不变。

除列车自动速度控制模式（ASC）之外的常用制动请求，由制动系统来进行列车（含重联）制动力管理。制动系统具有列车级主控功能，实现全列车制动力管理、分配和计算，列车级主控功能满足冗余要求。列车中的每个 MVB 网络单元（2动2拖）内具有单元主控功能的 EBCU，进行 MVB 网络单元内的制动力管理、分配和计算，单元主控功能满足冗余要求。

各级减速度（不含风阻）控制曲线如图 6-3 所示。

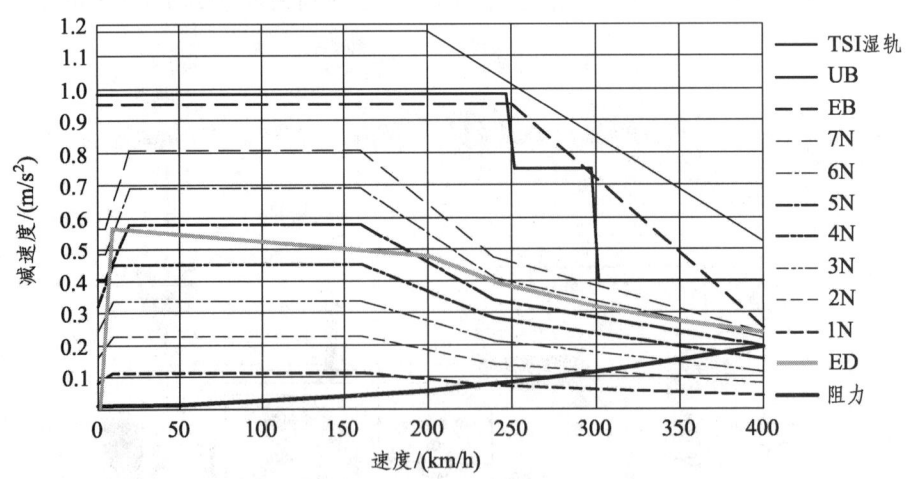

图 6-3 CR400AF 型动车组减速度（不含风阻）控制曲线

（二）紧急制动 EB

紧急制动 EB 是在制动系统设备正常情况下实施的紧急制动，按速度模式曲线控制方式实施制动控制。列车设置紧急制动 EB 环路，EBCU 通过检测紧急制动 EB 环路状态和网络信号触发紧急制动 EB。

紧急制动 EB 施加时，采用电空复合制动，充分利用电制动能力。并且制动系统具有制动力不足检测功能，检测到 EB 制动力不足时，通过硬线断开紧急制动 UB 环路，触发紧急制动 UB。

紧急制动 EB 触发条件：
（1）司机控制器在紧急制动 EB 位。
（2）客室或乘务员室紧急制动拉闸被拉下。
（3）列车非静止条件（速度大于 5 km/h）下停放制动意外施加。
（4）司机警惕装置触发紧急制动请求。
（5）车载地震紧急处置装置发出Ⅱ级、Ⅲ级报警信号（批量车未配置，只预留接口）。
（6）轴温熔断继电器动作。

由司机控制器置 EB 位所触发紧急制动 EB，可以通过司控器手柄离开 EB 位进行缓解；由客室或乘务员室紧急制动拉闸被拉下所触发紧急制动 EB，可以通过司机操纵台"乘客报警旁路"按钮缓解紧急制动 EB。其他情况触发的紧急制动 EB，制动系统在列车完全停止前不允许缓解紧急制动 EB。列车停止后，触发条件复位、紧急制动 EB 环路建立后，可以缓解紧急制动 EB。

（三）紧急制动 UB

紧急制动 UB 通过独立的紧急制动安全环路实施，直接作用于紧急制动电磁阀。紧急制动电磁阀采用失电制动的控制形式。

紧急制动 UB 触发条件：
（1）列车运行控制系统 ATP 触发列车紧急制动。
（2）紧急制动 UB 安全环路断开或失电。
（3）EB 制动力不足。
（4）被救援时，机车产生紧急制动，列车管压力排空时。
（5）按下司机室紧急制动按钮或监控室紧急制动拉闸时。

以上条件触发时，制动系统自动实施紧急制动 UB，在列车完全停止前不允许缓解紧急制动 UB。列车停止后，触发条件复位、紧急制动 UB 环路建立后，缓解紧急制动 UB。

（四）停放制动

在停车时，操作操纵台上停放制动施加按钮，停放制动缸中的空气排出，停放制动施加；当需缓解停放制动时，操作停放制动缓解按钮，停放制动缸充气到预定压力，停放制动缓解。

停放制动满足动车组在定员载荷下停放在 20‰ 的坡道上不溜车，并具有不小于 1.2 倍的安全系数。TC01 与 TC08 车的 2 号转向架，TP03 与 TP06 车每轴各安装 1 个带停放缸的基础制动装置，整车设置 12 套停放制动缸。制动系统具有停放制动状态检测及诊断功能，停放制动的施加、缓解由贯穿列车的硬线控制。

司机操作台设有停放制动施加和缓解按钮，通过操作按钮分别使贯穿全列的停放制动施加和缓解列车线得电，控制停放制动施加和缓解；在转向架的两侧，每个停放夹钳单元设有两个手动缓解装置，可通过手动缓解装置缓解该夹钳单元的停放制动。当列车运行速度在 5 km/h 以上，意外施加停放制动时，动车组自动实施紧急制动 EB 车。

（五）保持制动

保持制动又称为坡起制动，通过安装在司机台上的坡起按钮控制贯穿全列的坡起制动列车线触发保持制动。保持制动施加：启动后，每个 EBCU 单独控制施加常用制动 4 级制动力；保持制动缓解：当司控器手柄处于牵引位，且列车速度大于 2 km/h，或单列牵引变流器反馈牵引力大于 125 kN（重联时为 250 kN）时，EBCU 自动缓解坡起制动。

（六）清洁制动

通过安装在司机台上的清洁制动按钮控制，按钮采用自复位方式；清洁制动按钮信号首先进 TCMS，通过网络信号传给主控 EBCU，主 BCU 发出指令，通过列车网络传递至各车 EBCU，施加清洁制动，此时每辆车均施加（70±20）kPa 的空气制动力。

任务二　司机室与客室制动相关设备

在 CR400AF 型动车组司机室操纵台上，有一些与制动系统相关的按钮、手柄等设备。在客室中，也安装了乘客紧急制动手柄。

一、司机室制动相关设备

CR400AF 型动车组司机室中的制动系统相关设备主要集中在司机操纵台上，如图 6-4 所示。图中，操纵台右边的牵引制动手柄用来发出牵引与制动指令。紧急制动按钮产生紧急停车，该按钮动作时，施加纯空气紧急制动。在受电弓出现问题等紧急情况下，紧急降弓断电按钮能快速降弓并断开主断路器。操作汽笛脚踏开关能使高低音喇叭同时响起。在行驶期间，必须在 30 s 的时间间隔内操作 DSD 司机警惕按钮或司机 DSD 警惕踏板；否则，在 35 s 时会发出声音警告，若在第 40 s 时未正确操作 DSD，动车组将触发紧急制动。其余按钮、开关将在后续任务分别介绍。

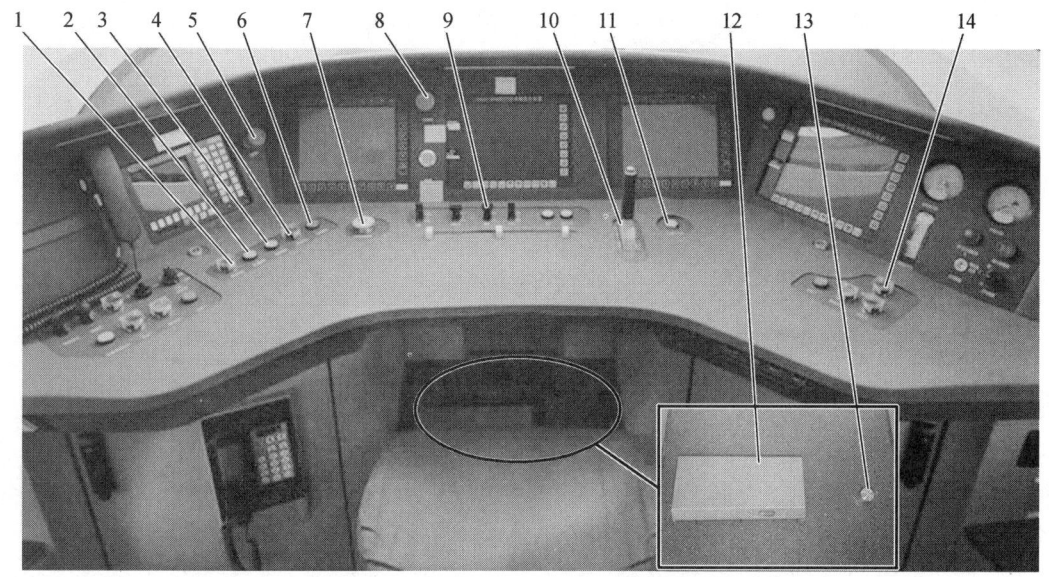

1—停放制动施加按钮；2—停放制动缓解按钮；3—清洁制动按钮；4—保持制动按钮；5—紧急降弓断电按钮；
6—比例制动按钮；7—DSD司机警惕按钮；8—紧急制动按钮；9—撒砂板键开关；
10—牵引制动手柄；11—操纵模式选择按钮；12—DSD脚踏板；
13—汽笛脚踏开关；14—乘客报警旁路按钮。

图 6-4　司机操纵台制动设备

（一）牵引制动手柄

牵引制动手柄安装在司机室操纵台右边台面上，又称为司机牵引制动控制器，或称主控制器、主手柄，它集牵引与制动控制功能于一体，如图 6-5 所示。

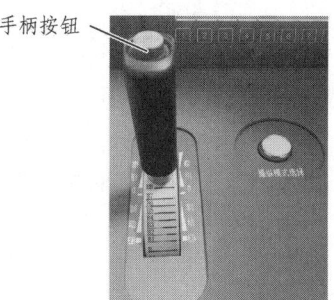 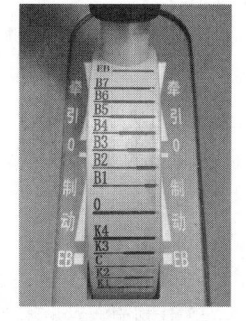

（a）牵引制动手柄全图　　（b）牵引制动手柄挡位

图 6-5　牵引制动手柄

牵引制动手柄是一个可进行 14 个挡位操作的操控杆，如图 6-6 所示。牵引区域设有分 2 级的牵引加速区域（K1、K2）及分 2 级的牵引减速区域（K3、K4）。司机通过牵引制动手柄控制列车在不同操纵模式下的牵引控制，牵引手柄在不同位置、不同牵引模式下的速度参数见表 6-2。

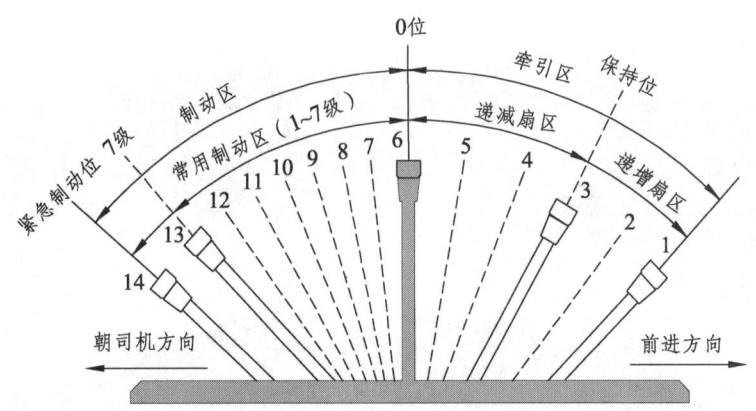

1—K1加速区；2—K2加速区；3—保持位；4—K3减速区；5—K4减速区；
6—空挡（0位）；7、8、9、10、11、12、13—B1~B7制动位；
14—紧急制动EB位。

图6-6 牵引制动手柄功能分区

牵引制动手柄手柄共有8个制动级位，制动区域设有7级（B1~B7）常用制动和第8级紧急制动EB，1~8级之间能实现阶段制动和阶段缓解。由牵引制动手柄产生的制动作用为复合制动，电制动优先，不足时再补充空气制动。值得注意的是，当操作手柄到牵引区时，需要用拇指按住手柄顶上的按钮；在制动时，不需按手柄顶上的按钮。

表6-2 牵引手柄控制模式参数

挡位	模式				
	速度控制模式	级位控制模式	洗车模式	联挂模式	调车模式
K1	（5 km/h）/s、（25 km/h）/s [10 s后斜率变为（25 km/h）/s]	+1级/s	+（2 km/h）/s	+（2 km/h）/s	+（5 km/h）/s
K2	（1 km/h）/s	+0.1级/s	+（1 km/h）/s	+（1 km/h）/s	+（1 km/h）/s
K3	-（1 km/h）/s	-0.1级/s	-（1 km/h）/s	-（1 km/h）/s	-（1 km/h）/s
K4	（5 km/h）/s、（25 km/h）/s [10 s后斜率变为（25 km/h）/s]	-1级/s	-（2 km/h）/s	-（2 km/h）/s	-（5 km/h）/s
备注	最高350 km/h	牵引0~8级	最高5 km/h	最高2 km/h	最高25 km/h或10 km/h

（二）操作模式选择按钮

复兴号动车组在牵引制动手柄旁边设置了一个模式选择按钮，通过操作该按钮，司机可以选择速度模式或者级位模式，默认情况下采用速度模式。进行模式转换时，司控器手柄必须回"0"位。选择模式后，操作司控器手柄至牵引区，可设定速度或者牵引级位。速度模式与级位控制模式对速度控制的区别见表6-2。

牵引制动手柄"0"位时，通过操作模式选择按钮进入速度模式，牵引制动手柄设定目标速度，主CCU根据目标速度实现恒速控制，操作司控器可重设目标速度。

牵引制动手柄"0"位时，通过操作模式选择按钮进入级位模式，牵引制动手柄设定目标级位，网络进入级位保持。牵引级位共8级，主CCU将采集到的牵引级位换算成牵引力百分比，发至各牵引变流器，动车组加速或减速大各级位所对应的速度值后，再恒速控制。

（三）比例制动按钮

在复兴号动车组操作台上，单独设置了比例制动按钮，如图 6-4 所示。按下比例制动按钮时比例制动功能生效、指示灯点亮，且一次空气制动有效；功能自动失效后指示灯灭。速度大于 25 km/h，通过操作按钮"比例制动"进入比例制动模式。当速度大于 25 km/h，不按比例制动按钮时，动车组采用正常制动模式，则是按照电制动优先，电制动不足时，再使用拖车的空气制动，最后使用动车的空气制动的顺序。此制动力施加方式是控制系统默认的方式，列车制动管理器通电后自动激活这种正常方式。

当速度低于 25 km/h 时，正常方式自动变成比例方式。

比例制动模式可用来实现全部车轴具有相同的黏着系数，这种方法在不良的黏着条件下（如雨雪天气）改善了制动性能。

已施加常用制动情况下，按下比例制动施加按钮，则施加比例制动。制动缓解后取消本次比例制动。

未施加常用制动时，按下比例制动按钮后松开，如 10 s 内施加了常用制动，则自动施加比例制动，如 10 s 内未施加常用制动，则不施加比例制动。

在紧急制动 EB 施加时，自动施加比例制动，与比例制动按钮状态无关。制动缓解后取消本次比例制动。

二、客室制动相关设备

客室中，制动相关设备主要是乘客紧急制动手柄与乘客紧急报警装置，如图 6-7 所示。在动车组每节车的明显位置处设紧急制动手柄，如果乘客拉下紧急制动手柄，列车自动触发紧急制动 EB，同时司机室蜂鸣器发出报警声音，在 HMI 屏弹出报警界面并显示具体车厢位置。该紧急制动可由司机按下乘客报警旁路开关进行忽略，以便司机选择合适的位置停车。

乘客和乘务员室紧急制动手柄设置位置：每个客室两端各 1 个，观光区 1 个，乘务员室 1 个。

紧急制动手柄操作后需要复位操作，通过四角钥匙将紧急制动手柄复位。

在每节车厢客室中，位于乘客紧急制动手柄下方设置乘客紧急报警装置，当乘客拉下紧急制动手柄，将通过硬线 I/O 信号自动触发乘客紧急报警。此节点信号正常时为常开，拉下制动手柄时闭合。自动触发乘客紧急报警后，乘客即可与司机实现对讲。对讲由司机话筒端挂断复位或直接复位。当有多个乘客紧急报警装置触发报警时，按照时间先后顺序排队等候，依次触发。

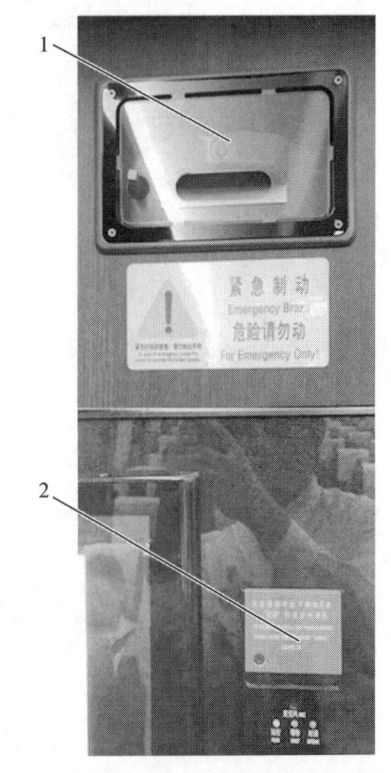

1—乘客紧急制动手柄；2—乘客紧急报警装置。

图 6-7 客室制动相关设备

任务三　空气制动系统

一、压缩空气供给系统

CR400AF 型动车组的主供风系统包含 2 套供风设备，安装在 TP03 车和 TP06 车的地板下方。每套设备主要包括以下组件：螺旋式空气压缩机 SL22、一个双塔式空气干燥装置 LTZ015、一个微孔滤油器 OEF1-4、油气分离器及有关的辅助设备，为制动系统及其他用风设备提供清洁、干燥的压缩空气。每套设备的供风系统提供 1 000 kPa 压力，供风量至少为 1 300 L/min，主供风系统结构如图 6-8 所示。主供风系统原理如图 6-9 所示，系统中设置了一个压力为 1 250 kPa 的安全阀，防止空气压缩机出口压力超高。

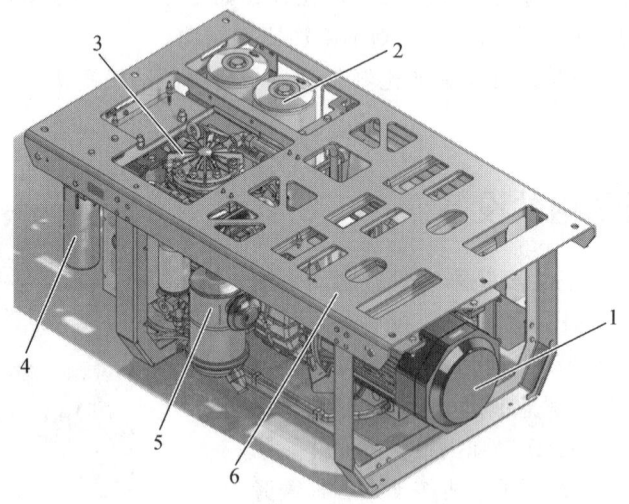

1—电动机；2—双塔式干燥器；3—压缩机；4—微孔滤油器；
5—空气过滤器；6—框架。

图 6-8　主供风系统结构

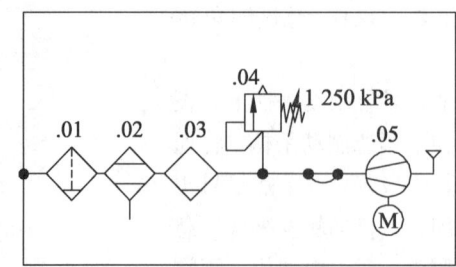

.01—微孔滤油器；.02—双塔式干燥器；.03—油水分离器；
.04—安全阀；.05—空气压缩机。

图 6-9　主供风系统原理

辅助供风系统也包含 2 套设备,同样安装在 TP03 车和 TP06 车的地板下方,每套设备包括无油活塞式空气压缩机、单塔干燥器、再生风缸、压力值设定为 900 kPa 的安全阀,主要为受电弓、真空断路器 VCB、接地装置 EGS 等供风,如图 6-10 所示。辅助供风系统原理如图 6-11 所示。

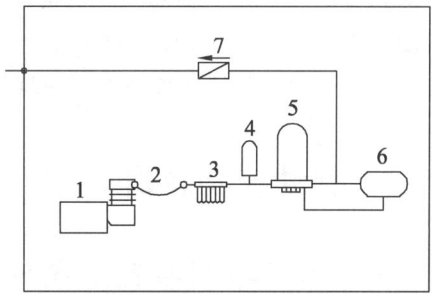

1—无油活塞式空气压缩机;2—单塔式干燥器;
3—再生风缸;4—框架。

图 6-10　辅助供风系统结构

1—无油活塞式空气压缩机;2—连接软管;3—冷却器;
4—安全阀;5—单塔式干燥器;
6—再生风缸;4—单向阀。

图 6-11　辅助供风系统原理

供风设备中,有一根风管连通全列车总风管,用于给所有连接到空气系统的用风设备供风,压力保持在 800~1 000 kPa。另外,在受电弓附近有两个辅助空压机,以供总风缸欠压或无风时的升弓。

供风系统为制动系统、空气弹簧及所有辅助系统提供压缩空气。供风系统包括两个空气压缩机,如果一个压缩机坏了,列车仍能正常运行。列车运行中只有一个空气压缩机工作时,耗风量将超过压缩机的供应量。为了解决这个问题,利用各种储气缸给用风设备供风,可保证制动及用风设备的正常使用。

动车组具有主空压机控制的功能,协调并控制列车中的各空压机为动车组提供压缩空气,各台空压机采用错开启动,避免同时启动造成瞬间电流过大。

带空气压缩机车辆的 EBCU 将本车检测的 MR 压力通过列车网络传送到头车主控 EBCU,由头车主控 EBCU 通过列车网络统一控制主空压机的启停,保证总风压力 MR 保持在 800~950 kPa。

MR 压力值不大于 800 kPa:单列时主控端牵引单元内的空气压缩机为首选空压机启动;重联时主控车的主控端及从控车的重联端牵引单元内的空气压缩机为首选空压机启动。

MR 压力值不小于 950 kPa:所有空压机关闭。

MR 压力值不大于 780 kPa:单列时两台空压机同时激活错时启动;重联时四台空压机同时激活错峰启动。

当 EBCU 故障时,空压机可通过制动控制装置内压力开关控制启动,保证系统安全。

MR 压力值不大于 750 kPa 时,直接控制本车主空压机启动。

MR 压力值不小于 950 kPa 时,压力开关控制空压机关闭。

另外，空气压缩机"油温高"报警信号开关量直接输出给本车 EBCU；干燥器故障信号由供风单元直接输出给本车网络用于故障显示。当主供风系统出现故障时，可以在司机室监控屏上手动切除每个供风单元。

辅助空压机采用无油活塞式压缩机装置，由车载蓄电池供电。在总风压力不足时，通过启动辅助空压机为受电弓、VCB、EGS、高压隔离开关动作提供风源。

司机室 HMI 监控屏上设置"辅助空压机启动"按键，通过 TCMS 将辅助空压机启动信号传输到 3 车和 6 车，辅助空压机接收到启动信号后，辅助空压机在风压低于 640 kPa 时自动启动，压力达到 750 kPa 时自动停止。

供风设备中的其他元件结构与原理见前述项目相关内容，这里不再重复。

二、制动控制装置

（一）制动控制装置组成原理

CR400AF 型动车组制动控制装置集成安装在车底制动控制箱中（CR400AF 型动车组制动系统有两种配置，一种是南京海泰公司供应的制动元件，型号 EPCD-5X；另一种是北京纵横公司供应的制动元件，型号为 DK13/TKD604A00X，本项目以北京纵横公司的制动控制箱为例进行讲解），能够实现微机控制下的常用制动、紧急制动、停放制动等基本功能。值得注意的是，CR400AF 型动车组配置有一个单独的撒砂控制箱，因此，撒砂控制不在制动控制装置 TKD604 中。制动控制装置内包括各种功能单元，如制动控制计算机（BCU）B10/B11、制动控制模块 B12、供风及空气弹簧控制模块 B13、压力开关模块、停放制动控制模块 B15 等。动车、拖车及带受电弓的车辆制动控制系统功能有区别，制动控制装置 TKD604 内的元件也不同。CR400AF 动车的制动控制装置的结构及组成如图 6-12 所示。拖车制动控制装置原理如图 6-13 所示，动车制动控制装置比拖车制动控制装置缺少压力开关模块 B14 与停放制动控制模块，不再赘述。

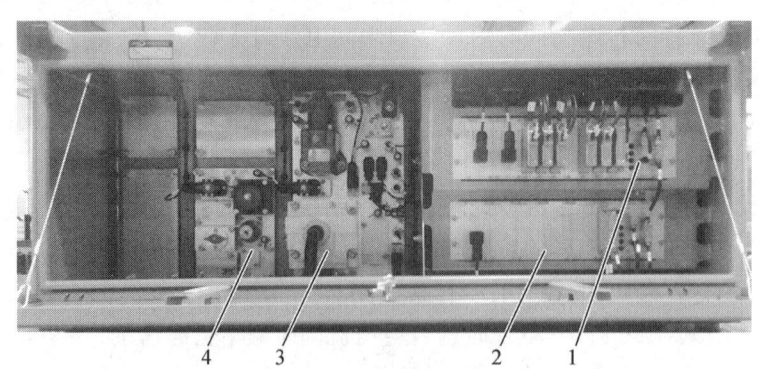

1—制动控制计算机 B10；2—制动控制计算机 B11；3—制动控制模块 B12；
4—供风及空簧控制模块 B13。

图 6-12 CR400AF 动车的制动控制装置

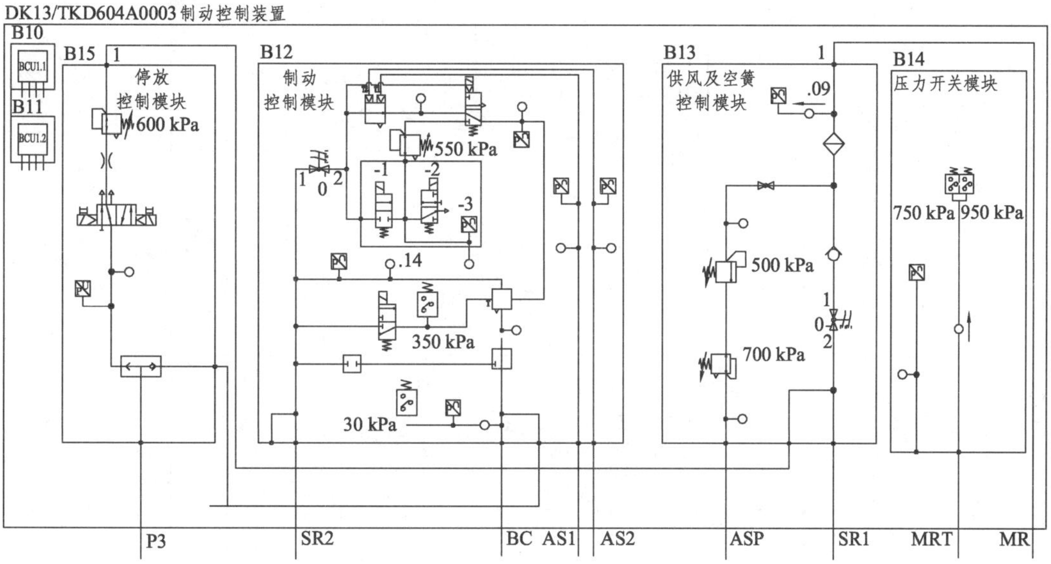

图 6-13 CR400AF 拖车的制动控制装置原理

B10，B11—制动控制计算机；B12—制动控制模块；B13—供风及空簧控制模块；B14—压力开关模块；
PB—停放制动管路接口；SR2—制动风缸供风接口；BC—制动缸管路接口；
AS1，AS2—空气弹簧压力反馈接口；ASP—空气弹簧供风接口；
SR1—制动风缸充风接口；MRT—压力开关管路接口；
MR—总风管供风接口。

图 6-13 中，总风通过 MR 接口给整个制动控制装置供风，压缩空气进入制动控制装置后，先经供风及空簧控制模块，将压缩空气分为三路，一路压缩空气经 ASP 接口给空气弹簧供风；另一路压缩空气送到停放制动控制模块 B15；第三路压缩空气经 SR1 接口，给制动风缸（图中未显示制动风缸，见本任务后续部分）和制动控制模块 B12 供风，压缩空气经过制动控制模块 B12 调节控制之后，在制动时，由 BC 口向制动缸提供压缩空气。

在施加停放制动时，通过停放制动控制模块调节控制后的压缩空气经 PB 口向停放制动缸提供压缩空气。

同一辆车的每一个转向架空气弹簧压力经过平均阀（本图未显示，见任务四）处理后，经 AS1 与 AS2 送到制动控制模块 B12，作为控制系统计算制动力大小的一个参数。

（二）制动控制模块

制动控制模块的气路原理如图 6-14 所示。图中，制动电磁阀 B12.04-1、缓解电磁阀 B12.04-2 以及压力传感器 B12.04-3 组成开关型电空转换 EP 阀 B12.04，它将制动控制计算机 B10、B11 的空气制动指令电信号转换成相应的预控制压力。压力传感器 B12.04-3 可以将压力信号转换为电信号，反馈给制动控制计算机 B10，形成闭环控制，以验证实际压力与设定值是否一致。如果来自压力传感器的信号与制动指令压力不符合，制动控制计算机将控制制动电磁阀 B12.04-1 和缓解电磁阀 B12.04-2 使压力达到设定值。

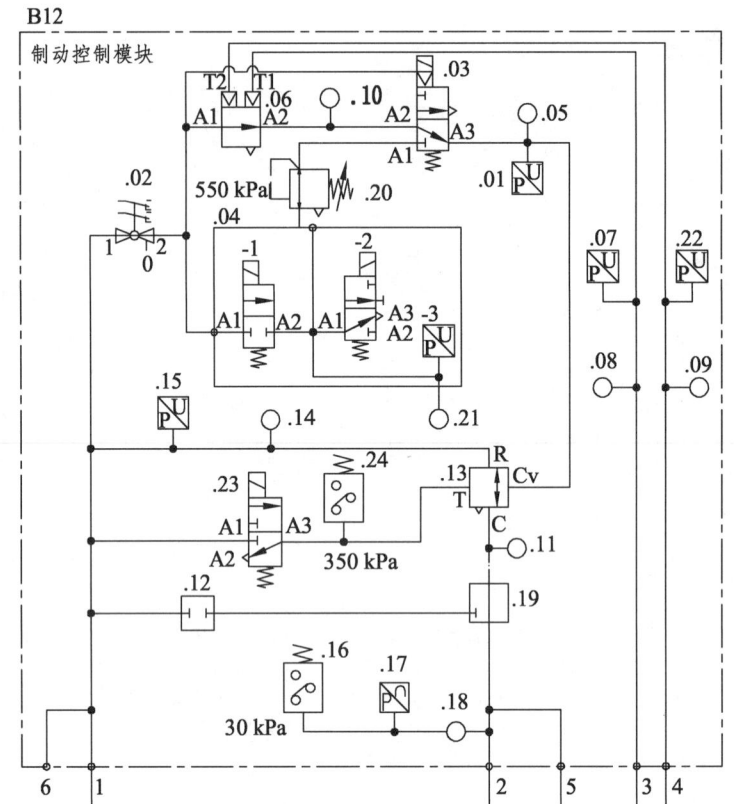

1—制动风缸供风接口；2—制动缸管路接口；3，4—空气弹簧压力反馈接口；5—停放制动压力接口；
6—堵头；B12.01，B12.04-3，B12.07，B12.15，B12.17，B12.22—压力传感器；
B12.02—带电触点的截断塞门；B12.03—紧急电磁阀；B12.04—电空转换阀（EP阀）；
B12.04-1—制动电磁阀；B12.04-2—缓解电磁阀；B12.06—空重车调整阀；
B12.05，B12.08，B12.09，B12.10，B12.11，B12.14，B12.18，B12.21—测压接头；
B12.12，B12.19—堵板；B12.13—中继阀；B12.16，B12.24—压力开关；
B12.20—减压阀；B12.23—紧急切换电磁阀。

图 6-14 制动控制模块原理

施加常用制动与紧急制动 EB 时，制动电磁阀 B12.04-1、缓解电磁阀 B12.04-2、紧急电磁阀 B12.03 均得电。从 1 口过来的制动风缸压力空气通过电空转换阀 B12.04 为中继阀提供预控制压力。即 1 口→截断塞门 B12.02→制动电磁阀 A1 和 A2 口→减压阀 B12.20→紧急电磁阀的 A1 和 A3（A1 和 A3 得电相通）→中继阀 B12.13 的 C_V 处。

在正常情况下，减压阀 B12.20 并不起减压作用，只有当制动电磁阀 B12.04-1 出现故障时才进行减压，目的是防止制动控制压力意外超过 550 kPa，导致施加到车辆的制动力过大，造成抱闸、打滑事故。

压力传感器 B12.07 与 B12.22 将空气弹簧的压力反馈到制动控制计算机 BCU 上，BCU 根据空气弹簧的压力判断车辆的载重情况，并计算施加到制动电磁阀 B12.04-1 电流大小。因此，在常用制动与紧急制动 EB 作用时，考虑了空重车调整功能。

施加紧急制动 UB 时，紧急电磁阀 B12.03 失电。从 1 口过来的制动风缸压力空气通过紧急电磁阀 B12.03 为中继阀提供预控制压力。即 1 口→截断塞门 B12.02→空重车调整阀 B12.06

→减压阀 B12.20→紧急电磁阀的 A2 和 A3→中继阀 B12.13 的 C_V 处。

制动风缸供风 1 口还为中继阀 R 口提供制动风源。当中继阀的预控制压力 C_V 和制动风源压力 R 同时被提供，中继阀被打开，产生制动压力 C（来自制动风源压力 R 口）到达制动缸，车辆施加制动作用。

缓解时，制动电磁阀 B12.04-1、缓解电磁阀 B12.04-2 均失电，紧急电磁阀 B12.03 得电。中继阀 C_V 口压力经缓解电磁阀 B12.04-2 的 A1-A3 口排出。中继阀失去预控制压力而关闭，C 口处压力经中继阀排气口排向大气，车辆缓解。

在紧急制动时，为了防止摩擦制动过热和防止超过允许的最大摩擦系数，根据不同的速度，车辆需施加不同的制动力，此功能通过制动分级电磁阀 B12.23 来实现，当动车运行速度 $v>250$ km/h、拖车运行速度 $v>300$ km/h 时，电磁阀 B12.23 得电打开，A1 和 A3 相通，向中继阀 B12.13 提供预控制风源压力 T，此压力可以减缓预控制压力 C_V，从而减低车辆制动力；反之，电磁阀 B12.23 失电关闭，A2 和 A3 通，排空预控制压力风源 T，车辆正常施加制动。压力开关 B12.24 限制中继阀 T 口压力在 350 kPa 以内。

压力开关 B12.16 与压力传感器 B12.17 向列车信息管理系统 TCMS 提供制动缸的压力，控制系统从该处获得缓解与制动信息，当该处压力小于 30 kPa 时，动车组处于缓解状态；当该处压力大于 30 kPa 时，动车组处于制动状态。压力传感器 B60.14 向列车信息管理系统 TCMS 提供分配阀 B55.02 出口控制压力信息。压力传感器 B12.01 向列车信息管理系统 TCMS 提供 C_V 压力信息。

所有测压接头均提供手动测压接口，方便在动车组制动系统调试与故障处理时，进行压力测试。

中继阀 B12.13 的工作原理见项目五的任务三中中继阀知识点内容。

（三）供风及空气弹簧模块

CR400AF 型动车组将空气弹簧的供风模块安装到制动控制箱中，以方便维护，该模块的气路原理如图 6-15 所示。

总风管压缩空气从 1 口进入空气弹簧控制模块，经过滤器 B13.06 过滤后，分成三路，最左边一路压缩空气经截断塞门 B13.01、顺序阀 B13.03、减压阀 B13.04 等元件进入转向架上空气弹簧内。右边两路气体经单向阀 B13.07、带电触点的截断塞门 B13.08 分别给制动风缸和停放制动控制模块供风。

在总风管压力低于 500 kPa 时，顺序阀 B13.03 关闭，使总风管中的压缩空气优先提供给制动系统使用。在总风管压力高于 500 kPa 时，顺序阀 B13.03 打开，给空气弹簧补充压缩空气。

减压阀 B12.04 设定压力为 700 kPa，限制空气弹簧压力超高，单向阀 B12.07 能在总风管压力偏低时，防止制动风缸压力空气逆流回总风管，同时也保证了制动系统空气压力。带电触点的截断塞门 B12.08 能将塞门的状态实时反馈给动车组控制系统，该截断塞门正常情况下处于打开状态；在该动车组车厢的制动系统出现故障，不能正常工作时，通过手动方式关闭该塞门。过滤器 B12.06 能过滤压缩空气中的灰尘等杂质。压力传感器 B12.10 能实时反馈总风管的压力到动车组控制系统。其余测压接头均能用于手动测压。

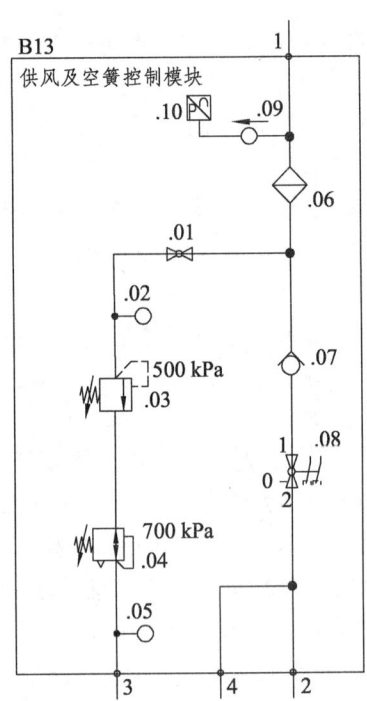

1—总风管供风入口；2—制动风缸充风接口；3，4—空气弹簧供风接口；
4—停放制动控制模块供风接口；B13.01—截断塞门；B13.02，
B13.05—测压接头；B13.03—顺序阀；B13.04—减压阀；
B13.06—过滤器；B13.07—单向阀；B13.08—带电触点的
截断塞门；B13.09—带截断的测压接头；
B13.10—压力传感器。

图 6-15 供风及空簧控制模块

（四）停放制动控制模块

1．结构与工作原理

在 CR400AF 型动车组 TC01/TP03/TP06/TC08 四个拖车配置有停放制动功能，可以满足动车组在 30‰ 坡道上安全停放。为了保证有效的维护和故障处理，停放制动单模块也安装在制动控制箱内，其气路原理如图 6-16 所示。包括减压阀 B15.01、节流阀 B15.02、双稳态脉冲阀 B15.03、测压接头 B15.04、压力传感器 B15.05、双向阀 B15.06 等元件，在动车组车辆内还安装有带电触点的截断塞门和设置值为 480 kPa 的压力开关。

来自制动总风管的压力空气经供风与空气弹簧控制模块 B13 内部管路，到达停放制动控制模块 B15 的 1 口，经减压阀 B15.01 减压后输出 600 kPa 压力至双稳态脉冲电磁阀 B15.03，该脉冲电磁阀配有两个电磁线圈，并配有手动操作按钮，以备在电源故障的情况下进行人工操作。该电磁阀控制到双向阀 B15.06 的充风或排风，以控制停放制动缸动作。

节流阀 B15.02 可以降低压缩空气流动速度，保护双稳态脉冲电磁阀免受冲击。压力传感器 B15.05 的信号可防止动车组在停放制动施加的情况下移动，直到停放制动缓解为止。双向阀 B15.06 可防止空气制动缸的空气制动力与停放制动缸产生的弹簧力产生重叠，从而避免制动夹钳过载。带有电触点的截断塞门可以切除停放制动作用，其触点的信号传送至列车控制系统。压力开关设定压力 480 kPa，当该处压力达到 480 kPa 以上时，使操纵台上的停放制动缓解按钮的指示灯亮起；反之，操纵台上的停放制动施加按钮的指示灯亮起。

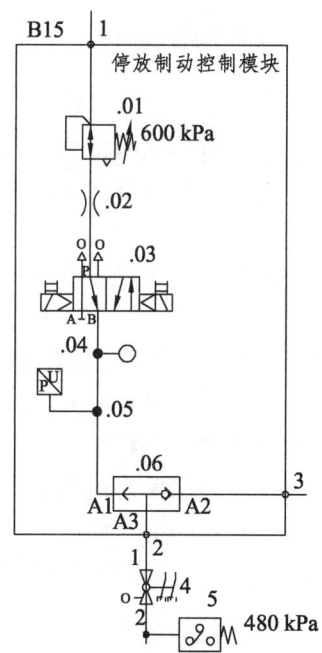

1—总风管压力入口；2—停放制动缸管接口；3—制动缸压力接口；
4—带电触点的截断塞门；5—压力开关；B15.01—减压阀；
B15.02—节流阀；B15.03—双稳态脉冲电磁阀；
B15.04—测压接头；B15.05—压力传感器；
B15.06—双向阀。

图 6-16 停放制动控制气路原理

除 1、8 车 1 位转向架外，每一拖车轴的制动气缸都配有弹簧储能式停放缸。停放制动缸有单独的空气接口，与制动缸空气接口相互独立。当停放制动缓解时，停放制动缸被充加压缩空气，其活塞和活塞杆便逆着压缩弹簧的弹力被推至后位。当停放制动施加时，停放制动缸有杆腔里的压缩空气便被排出。压缩弹簧的弹力便可通过活塞和活塞杆作用于制动缸的活塞杆，由此通过制动卡钳使制动闸瓦贴上制动盘，如图 6-17 所示。

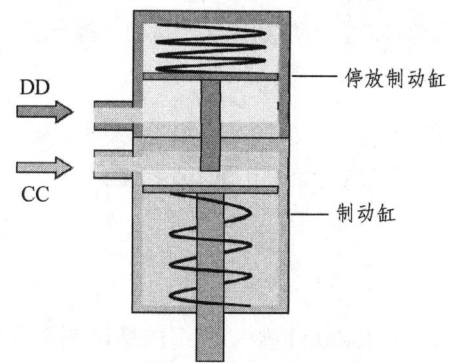

图 6-17 停放制动缸原理示意

在司机室的操纵台上设有两个带指示灯的停放制动施加与停放制动缓解按钮，如图 6-4 所示。

实施停放制动时，牵引制动手柄需要位于制动位，按压停放制动施加按钮，使双稳态脉冲电磁阀 B15.03 右边电磁线圈得电，双稳态脉冲电磁阀的 B 口与 O 口相通，同时断开 P 口与 B 口的通道。O 口通大气，停放制动缸内的压缩空气经管道逆流到双稳态脉冲电磁阀，从 O 口排出。停放制动施加按钮指示灯上出现黄色指示，并且封锁牵引。

要缓解停放制动，按压停放制动缓解按钮，使双稳态脉冲电磁阀 H01.03 左边电磁线圈得电，双稳态脉冲电磁阀的 P 口与 B 口相通，同时断开 B 口与 O 口的通道。压缩空气经双向阀进入停放制动缸的活塞室，使停放制动活塞杆缩回，停放制动缓解，同时停放制动施加按钮指示灯灭,停放制动缓解按钮指示灯上出现白色指示。

2. 防止制动力叠加措施

为了避免在停车时列车同时激活空气制动和弹簧停放制动,当空气制动时,从制动缸一个分支管将制动缸压缩空气通过双向阀充入停放制动缸的活塞室。因此,即使操作停放制动施加按钮,由于双向阀的双向选择作用,阻止停放制动缸活塞室内的压力空气也从双稳态脉冲阀 O 口排出去,停放制动缸活塞室内压缩空气使其活塞杆处于缩回状态,停放制动实际上不起作用。

动车组长时间停放时,由于泄漏等因素,制动缸及其管道压力下降,空气制动力也下降,制动缸活塞杆有回缩的趋势。但是,由于停放制动缸的压力也在下降,停放制动缸活塞杆在其储能弹簧的作用下逐步推出。停放制动缸活塞杆推出后,顶在制动缸活塞上,防止制动缸活塞杆收回。保证了制动力稳定。随着空气制动缸内的空气压力不断下降,停放制动缸压缩弹簧就逐渐代替空气制动缸而起作用。

注意:在采用停放制动时,禁止牵引,动车组运行过程中,也禁止启动停放制动,否则会使动车组牵引封锁。

3. 停放制动手动缓解装置

施加停放制动作用后,如果没有压缩空气来缓解停放制动,需要调用动车组时,停放制动作用必须通过机械紧急释放装置进行释放。CR400AF 型动车组在每一个配置有停放制动的拖车转向架两侧设置了停放制动手动紧急缓解装置,每侧设置两个手动缓解装置,操作人员在任何车辆任何一侧均可将该转向架上的停放制动手动缓解,如图 6-18 所示。操作时,先将红色手柄外面的钢丝扣件用力打开,再向外拉红色手柄即可手动缓解停放制动。操作完以后,松开手柄,扣上扣件。

图 6-18　停放制动手动缓解装置

三、基础制动装置

(一)组　成

CR400AF 型动车组的基础制动采用盘形制动装置,盘型制动装置在动车和拖车转向架上的安装情况分别如项目五中图 5-49 和图 5-50 所示。动车每个轮对安装两套轮盘式盘型制动装置,拖车每个轮对安装三套轴盘式盘型制动装置。

(二)制动盘

CR400AF 型动车组轮装制动盘与轴装制动盘均为铸钢制造,轮装制动盘尺寸为 $\phi750$ mm × 460 mm × 46.5 mm,磨耗量为 3 mm,每副轮盘两片,用 12 颗螺栓分别连接在车轮辐板两侧。

轮装制动盘采用模块化设计，质量小，易于拆装。轴装制动盘的尺寸为 $\phi 640$ mm × 50 mm × 80 mm，磨耗量为 5 mm，制动盘由摩擦环、盘毂和连接装置组成，摩擦环与盘毂之间也是通过 12 颗螺栓连接；轴盘上具有用于通风的散热筋结构，不仅在非制动状态下节省 60% 的能量，还使制动盘上的过热点更少。轮装制动盘与轴装制动盘的结构如项目五中图 5-52 和图 5-53 所示。

（三）制动夹钳

CR400AF 型动车组的制动夹钳单元采用模块化结构，如项目五中图 5-54 和图 5-55 所示，通过关节轴承与构架相连。所有制动夹钳单元都有内置的自动闸调器。所有拖车转向架每根轴中间一个夹钳单元带有弹簧驱动的停放制动缸。

（四）制动闸片

CR400AF 型动车组使用的 ISOBAR 闸片采用烧结粉末冶金材料，如图 6-19 所示，这种闸片安装接口按 UIC541-3 标准，采用弹性浮动结构、粉末冶金材料，每一个摩擦块由弹性元件支撑，单独安装到钢背上。摩擦块厚度为 32 mm，磨耗量大于 12 mm。

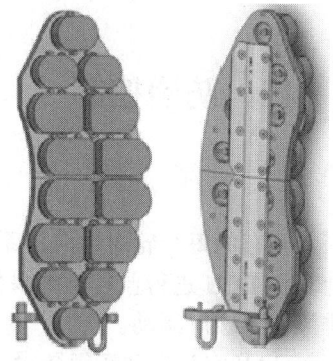

图 6-19　制动闸片

（五）踏面清扫器

为防止空转和打滑，改善轮轨接触面黏着条件，CR400AF 型动车组安装有踏面清扫装置，其具体结构见项目四中任务二基础制动装置中图 4-31 所示。

（六）气路原理

CR400AF 型动车组的转向架基础制动装置气路原理如图 6-20 和图 6-21 所示，从图中可以看出，动车转向架安装两个轮盘式盘型制动，拖车转向架安装三个轴盘式转向架，并且每一根轴中间的一个盘型制动装置带有停放制动（除 1、8 车 1 位转向架外）。每一个拖车转向架上安装了 4 个停放制动手动缓解装置，以方便动车组机械师操作缓解停放制动。

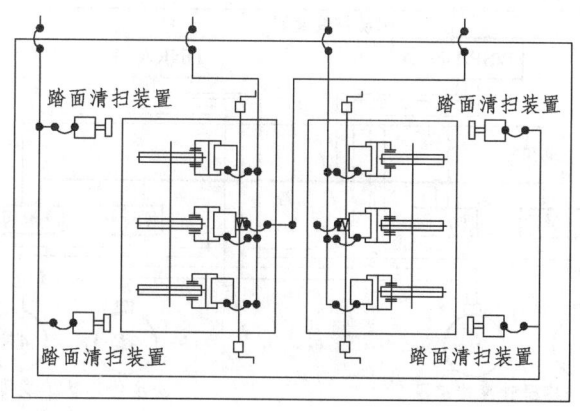

图 6-20　拖车基础制动装置

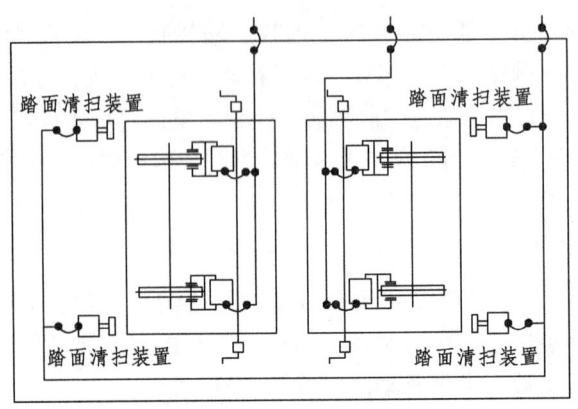

图 6-21 动车基础制动装置

四、防滑控制

(一) 结 构

列车的每个轮对由防滑系统监测,每个轮对的转速由速度传感器进行测量,由制动控制计算机 BCU 进行监控。如果发生滑动,各车的制动控制计算机 BCU 激活每个轮对的防滑器排风阀以缓解制动。

CR400AF 型动车组防滑系统的组成如图 6-22 所示,由防滑控制单元 WSP/DNRA(安装在制动控制箱的 BCU 中)、防滑排风阀、双通道速度传感器和测速齿轮等组成。每辆车均设置冗余的车轮不旋转检测装置(DNRA)。速度传感器与测速齿轮结构及安装位置见项目五中图 5-51 所示,防滑排风阀又称为防滑阀,其外形与原理如图 6-23 所示。防滑排风阀内部相当于两个二位二通电磁阀,分别为保压阀与排风阀。无滑行趋势时,防滑排风阀不排气。当滑行检测器检测有滑行趋势时,制动缸通过防滑排风阀排气口排风,降低制动压力,减小制动力,回到正常的黏着状态。防滑排风阀详细作用原理可以参照项目二任务三相关内容。

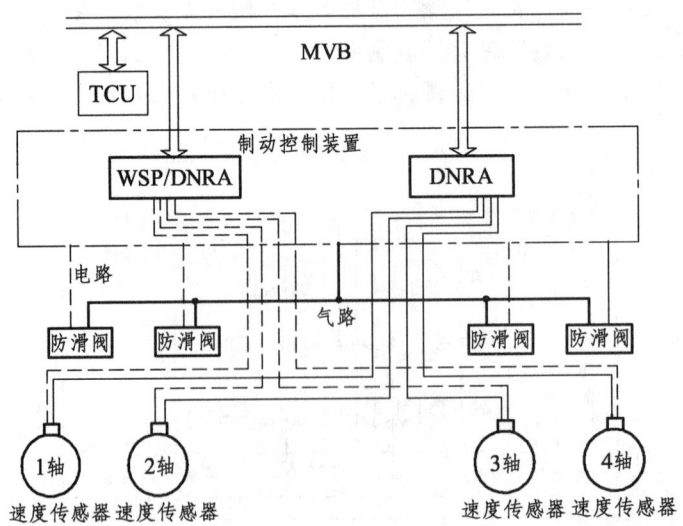

图 6-22 防滑系统组成示意

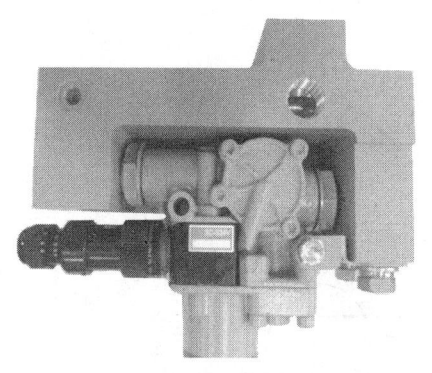
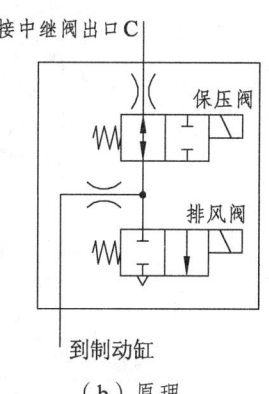

（a）防滑排风阀外形　　　　　（b）原理

图 6-23　防滑排风阀

（二）功　能

CR400AF 型动车组具有电制动防滑控制与空气制动防滑控制功能，优先使用电制动防滑。当采用电制动防滑时，某一轴的转速与基准轴速度之差大于预定值，或单轴减速度超过限定值，BCU 通过增大电制动防滑减量并发送给 TCU，实现电制动力的降低。当转速完全恢复正常时，BCU 通过降低电制动防滑减量并发送给 TCU，实现电制动力的恢复。当检测到全轴滑行时，BCU 向 TCU 发出电制动切除信号，如图 6-24 所示。

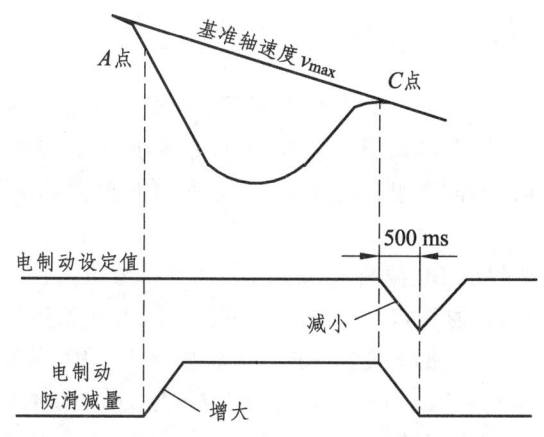

图 6-24　电制动防滑控制示意

在空气制动防滑控制过程中，当某一轴的转速与基准轴速度之差大于预定值时，或单轴减速度超过限定值时，BCU 通过对防滑排风阀的控制，阶段性降低制动缸压力，使这根轴的转速回升，避免滑行。当滑行轴速度有恢复趋势、转速差小于预定值时，该轴防滑阀排风口关闭，制动缸保压。当转速完全恢复正常时，BCU 通过对防滑排风阀的控制，使防滑阀进风，恢复制动缸压力，如图 6-25 所示。

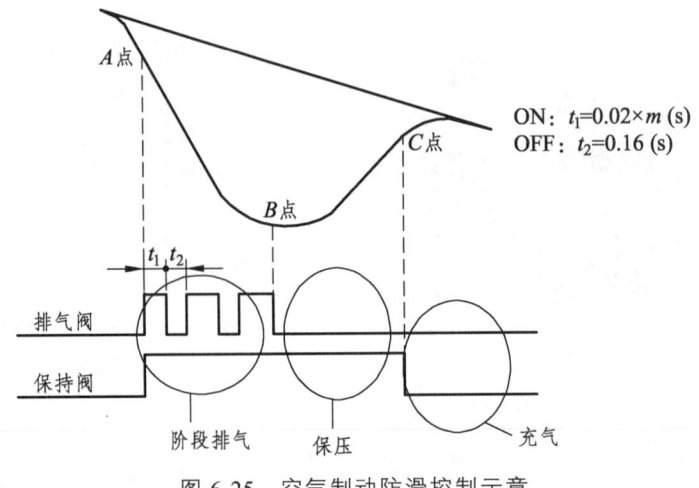

图 6-25 空气制动防滑控制示意

（三）特 点

在列车制动工况下，由 BCU 统一管理电制动和空气制动的防滑控制。根据轮轨的实际黏着条件，防滑系统按照减速度和速度差等判据来判断滑行状态，通过降低电制动力和控制防滑阀的动作，来减少制动力。当空气制动防滑系统失效时，空气制动仍能维持运用而无滑行保护，保证制动力。

五、BP 救援控制

在 CR400AF 型动车组每一个头车上均设置了 BP 救援装置。BP 救援装置可以接收制动手柄发出的制动指令，并将电制动指令转换为空气压力，通过 BP 管将空气压力传送至被救援车辆，从而实现对其他不同车型的车辆进行救援。BP 救援转换装置气路原理如图 6-26 所示。

BP 救援转换装置主要包括 BP 截断塞门、缓冲风缸、减压阀、电空转换阀、中继阀、节流阀、电磁阀、模式转换阀、测压接头、压力传感器、压力开关和紧急阀等元件。除 BP 截断塞门和缓冲风缸外，其余元件都安装在 BP 救援转换箱中。BP 截断塞门可以切除 BP 救援装置的功能。缓冲风缸容积为 5 L，可以减少压缩空气压力的波动，维持压力平衡。减压阀将进入 BP 救援装置中的压缩空气减压到 600 kPa 以内。电空转换阀将电信号转换为中继阀的控制压力 C_V。电磁阀.03 是紧急阀.11 的先导阀，当电磁阀.03 失电时，紧急阀.11 的 A1 口与 O 口接通，将 BP 管中的压力紧急排空，实施 UB 紧急制动；反之，则不排风。电磁阀.06 是模式转换阀.07 的先导阀，当动车组处于救援模式时，电磁阀.06 得电，模式转换阀.07 的 A1 口与 A2 口接通，使中继阀.04 的 C 口与 BP 管接通，为进行 BP 救援做准备；反之，动车组处于正常模式或者被救援模式。当压力开关.10 检测到 BP 管压力低于 400 kPa 时，动车组将使电磁阀.03 失电，实施紧急制动 UB。当压力开关.10 检测到 BP 管压力高于 550 kPa 时，动车组处于缓解状态。

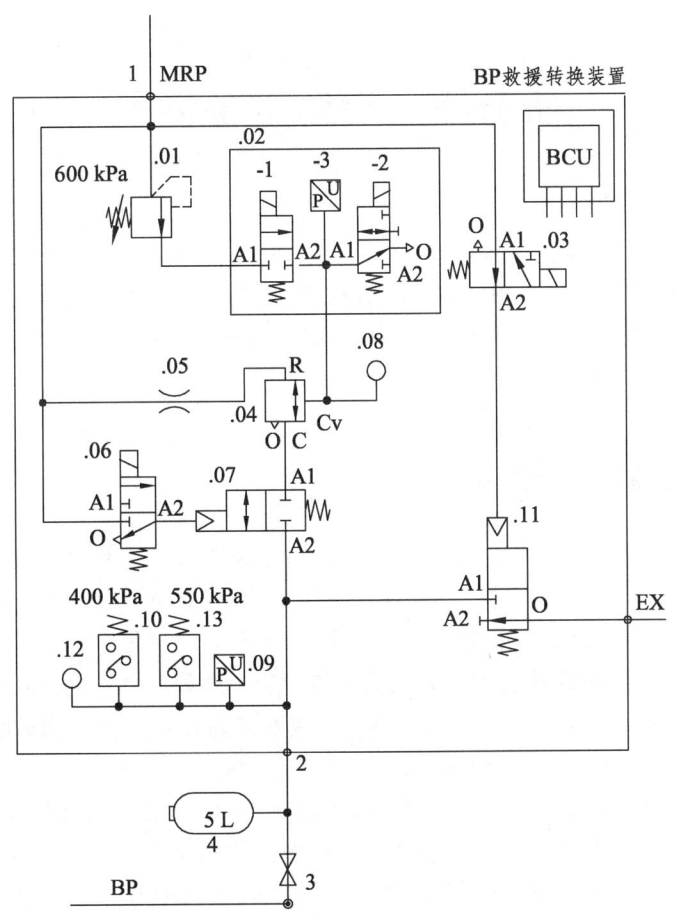

1—总风管压力入口；2—BP 管接口；3—BP 截断塞门；4—缓冲风缸；.01—减压阀；
.02—电空转换阀；.02-1—制动电磁阀；.02-2—缓解电磁阀；.02-3，.09—压力传感器；
.03，.06—电磁阀；.04—中继阀；.05—节流阀；.07—模式转换阀；
.08，.12—测压接头；.10，.13—压力开关；.11—紧急阀。

图 6-26　BP 救援转换装置气路原理

　　动车组在救援模式时，BP 救援装置将司机控制器的常用 7N 和紧急制动 EB 指令转换为列车管信号，控制被救援动车组。此时，BP 压力与制动指令对应关系，见表 6-3。动车组在被机车或其他具备自动制动系统的动车组进行救援时，BP 救援装置中的压力传感器.09 将救援车的列车管压力信号转换为电气指令控制被救援动车组的制动。此时，电空转换阀和中继阀不产生作用。

表 6-3　BP 压力与制动指令对应关系

序号	列车管压力（±10）/kPa	电气指令级别	序号	列车管压力（±10）/kPa	电气指令级别
1	600	缓解	6	470	5
2	550	1	7	450	6
3	530	2	8	430	7
4	510	3	9	≤400	紧急制动 UB
5	490	4			

任务四　辅助设备供风

CR400AF 型动车组供风系统除了给制动空气制动系统供风外，还给撒砂装置、空气悬挂系统、受电弓、塞拉门、车钩、汽笛、空调控制以及卫生间等供风。本任务主要讲解撒砂装置、空气悬挂系统。CR400AF 型动车组受电弓的气路控制原理见项目四任务二中辅助空气压缩机相关内容。

一、撒砂装置气路控制原理

CR400AF 型动车组在 TC01、MH04、MB05、TC08 四节车 1 号轴上设置了撒砂装置，根据列车运行方向进行切换撒砂控制，使得在运行方向的每个动车车轴的前轮对处进行撒砂，在不利的轨道状况下改善车轨之间的黏着力，撒砂装置布置如图 6-1 所示。

CR400AF 型动车组的撒砂装置主要由撒砂控制箱、砂箱、撒砂单元及撒砂管等组成。撒砂控制箱与砂箱安装在车体底架上，撒砂单元集成安装在砂箱底部，撒砂喷嘴安装于转向架扫石器支架上，如图 4-60 和图 4-61 所示。

撒砂控制箱中包括过滤器 4、电磁阀 11、电磁阀 12、电磁阀 13、测压接头 6、测压接头 9、测压接头 10、减压阀 7、减压阀 8、顺序阀 5 等元件。在撒砂控制箱外，还有单向阀 1、截断塞门 2 及风缸 3 等元件。撒砂控制单元气路原理如图 6-27 所示。单向阀与总风管相通，总风管送来的压缩空气经截断塞门后储存在容积为 50 L 的风缸中。当需要撒砂时，风缸中的压缩空气经过滤器过滤后，在经过溢流阀，分为两条气路，分别经过定压为 370 kPa 的减压阀和定压为 630 kPa 的减压阀减压后作用在 3 个电磁阀的 A1 口。电磁阀 11 出口的压缩空气送砂箱中，用于干燥砂箱中的砂子。电磁阀 12 控制低压撒砂；电磁阀 13 控制高压撒砂。为了节约型砂，撒砂控制箱能根据动车组运行的车速控制撒砂的压力。当动车组运行速度在 160 km/h 以下时用低压撒砂；当动车组运行速度在 160 km/h 以上时用高压撒砂。

单向阀防止风缸中的压缩空气逆流回主风管，截断塞门可以切除撒砂功能。当主风管气压低于 500 kPa 时，主风管不向撒砂控制箱中供风，主风管中的压缩空气优先供制动系统使用。

可以通过手动与自动方式开启撒砂功能。制动时，BCU 检测出单轴或全轴严重滑行时，向 MVB 发出自动撒砂指令，实现自动撒砂。各控制单元 CCU 汇总全列的自动撒砂请求，并与后向撒砂开关指令合并后，通过 MVB 向 BCU 发送后位撒砂命令，BCU 控制本车输出前进方向撒砂。

操作撒砂扳键开关前位为 1 车撒砂，后位为全列前进方向撒砂。撒砂扳键位置开关如图 6-4 所示。

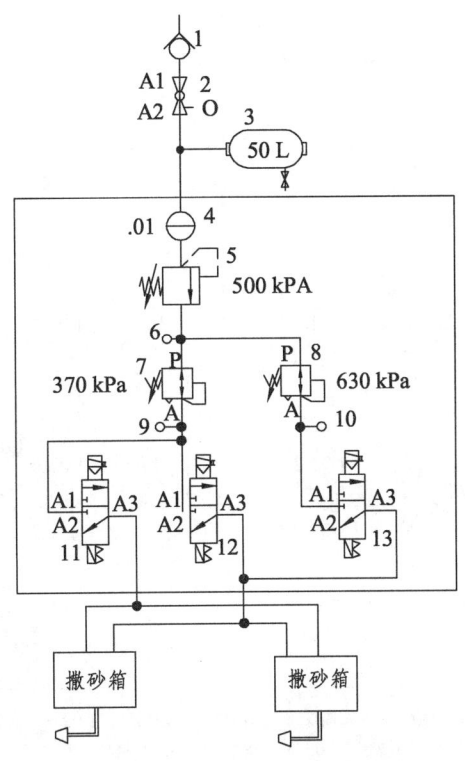

1—单向阀；2—截断塞门；3—风缸；4—过滤器；5—顺序阀；
6，9，10—测压接头；7，8—减压阀；11—电磁阀；
12—低压撒砂电磁阀；13—高压撒砂电磁阀。

图 6-27 撒砂控制单元气路原理

二、空气悬挂系统气路原理

空气悬挂系统能将车辆的载重情况以压缩空气压力信号的方式反馈给制动控制模块中的空重车调整阀 B12.06，并能使车体与轨面之间的高度维持不变，不随车辆载重情况而变化，还可以改善车辆的动力性能，提高旅客乘坐的舒适度。该系统主要由截断塞门（L01/1、L01/2、L01/3、L01/4）、高度调整阀（L02/1、L02/2、L02/3、L02/4）、截断塞门（L03/1、L03/2、L03/3、L03/4）、差压阀（L04/1、L04/2）、空气弹簧（L05/1、L05/2、L05/3、L05/4）、均压阀（L06/1、L06/2）、压力开关（L07/1、L07/2）、截断塞门（L08/1、L08/2）及管道等组成，图 6-28 为 CR400AF 型动车组空气悬挂系统组成气路原理。每一个转向架具有一套空气悬挂系统。从供风及空簧控制模块 B13 送来的压缩空气经过 3 口后分成左右对称的两路，左边经截断塞门 L01/1、高度调整阀 L02/1、截断塞门 L03/1 后送到空气弹簧 L05/1 中。

截断塞门 L01、L03 用于中断空气悬挂系统的供风，这些截断塞门带有排气口，当空气悬挂系统的元件出现故障或需要检修时，可以关闭该截断塞门。同时，空气弹簧及管道中的气体能从排气管排出。

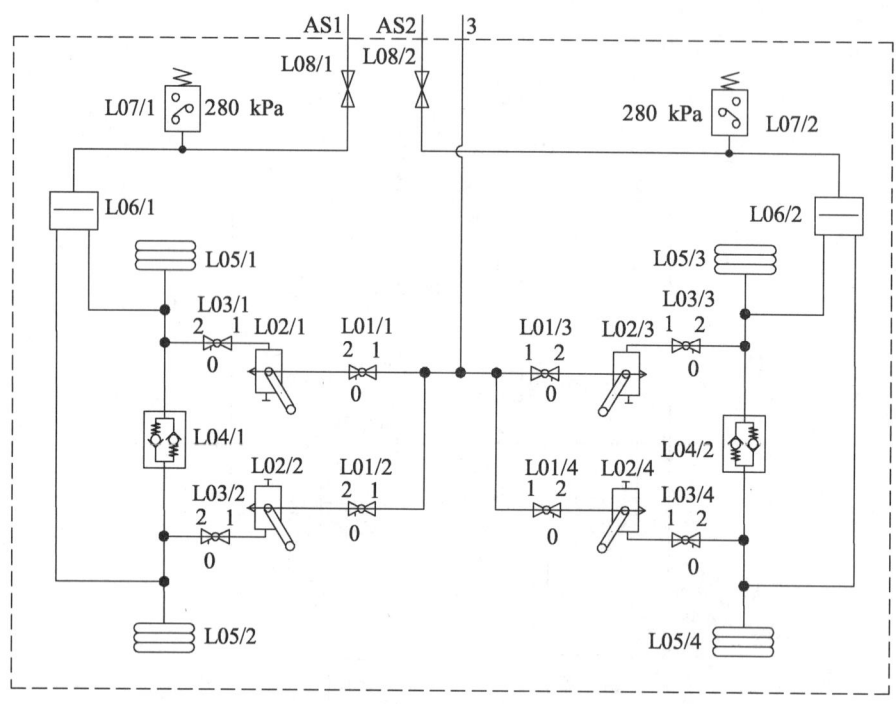

L01/1，L01/2，L01/3，L01/4—截断塞门；L02/1，L02/2，L02/3，L02/4—高度调整阀；
L03/1，L03/2，L03/3，L03/4—截断塞门；L04/1，L04/2—差压阀；
L05/1，L05/2，L05/3，L05/4—空气弹簧；L06/1，L06/2—均压阀；
L07/1，L07/2—压力开关；L08/1，L08/2—截断塞门。

图 6-28　空气悬挂系统气路原理

复习思考题

一、填空题

1. CR400AF 型动车组制动系统由_____与_____组成。
2. CR400AF 型动车组优先使用_____；紧急制动各轴均采用_____，在紧急制动 EB 时，动力轴上施加_____。
3. 停放制动满足动车组在定员载荷下停放在 20‰ 的坡道上不溜车，并具有不小于____倍的安全系数。
4. CR400AF 型动车组的风源由空气压缩机供应。主空压机有_____个，分别设在_____车的车体底架下。
5. 保持制动启动后，每个 EBCU 单独控制施加常用制动_____制动力。
6. 施加清洁制动，此时每辆车均施加_____的空气制动力。
7. CR400AF 型动车组轮装制动盘直径为_____，磨耗量为 _____。轴装制动盘的直径为_____，磨耗量为_____。
8. CR400AF 型动车组使用的 ISOBAR 闸片采用_____材料，摩擦块厚度为_____，磨耗量大于_____。

9. 为防止空转和打滑，改善轮轨接触面黏着条件，CR400AF 型动车组安装有_____装置。

10. 动车组在救援模式时。BP 救援装置将司机控制器的常用 7N 和紧急制动 EB 指令转换为_____信号，控制_____动车组。

11. 动车组在被机车或其他具备自动制动系统的动车组进行救援时，BP 救援装置中的_____将救援车的列车管压力信号转换为_____控制被救援动车组的制动。

二、选择题
1. CR400AF 型动车组是由（　　）两个公司生产。
   A. 青岛四方、庞巴迪　　　　　B. 唐山客车、长春客车
   C. 阿尔斯通、长春客车　　　　D. 西门子、日本川崎
2. CR400AF 型动车组司机制动手柄有（　　）个常用制动级位。
   A. 5　　　　　　　B. 6　　　　　　　C. 7　　　　　　　D. 9
3. CR400AF 型动车组（　　）可将车辆的动能转化为电能后反馈回电网，为其他车辆的运行提供能源，大大降低车辆运营成本。
   A. 电空制动　　　　B. 电阻制动　　　　C. 再生制动　　　　D. 磁轨制动
4. 当切除 CR400AF 型动车组常用制动时，可以关闭（　　）。
   A. B16 阀　　　　　B. B15 阀　　　　　C. B12.04　　　　　D. B12.02 塞门
5. 防止制动力叠加的控制元件是（　　）。
   A. 带电触点的截断塞门　　B. 减压阀　　C. 溢流阀　　D. 双向阀 B15.06
6. CR400AF 型动车组主空气压缩机正常工作范围是（　　）kPa。
   A. 650～800　　　　　　　　　B. 750～900
   C. 850～1 000　　　　　　　　D. 950～1 100
7. CR400AF 型动车组拉下乘客制动阀时，通过乘客紧急制动环路触发最大的常用制动。为避免列车停在不适宜逃生的轨道段（隧道、桥），司机可操作（　　）按钮，取消乘客最大常用制动请求。
   A. DSD 实际警惕装置　　　　　B. 紧急制动
   C. 乘客报警旁路　　　　　　　D. 牵引制动器
8. 为了允许停放制动的紧急缓解，CR400AF 型动车组在（　　）的两侧提供了金属绳索。通过每车的紧急缓解装置和空气截断塞门能够切除有故障的停放制动。
   A. 动力转向架　　　　　　　　B. 非动力转向架
   C. 动车两侧　　　　　　　　　D. 头车两侧
9. CR400AF 型动车组在（　　）四节车 1 号轴上设置了撒砂装置。
   A. TC01、MH04、MB05、TC08　　B. TC01、TP03、TP06、TC08
   C. TC01、M02、MB05、TC08　　　D. TC01、TP03、M07、TC08

三、简答题
1. 紧急制动 EB 触发的条件有哪些？
2. 紧急制动 UB 触发的条件有哪些？
3. 简述司机警惕装置的作用。

4. 根据图 6-29，写出 1~14 号的含义。

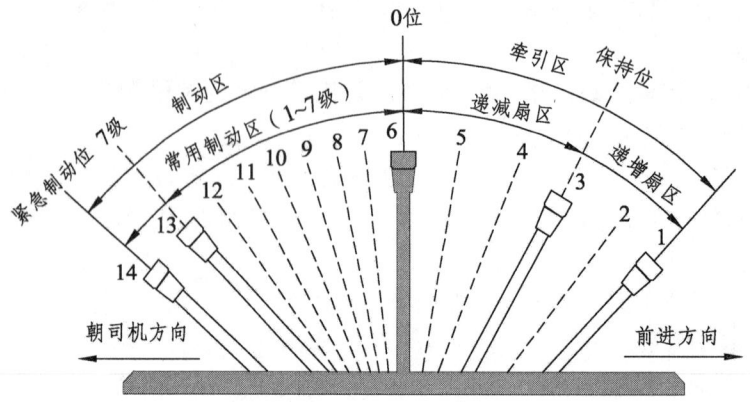

图 6-29　牵引制动手柄功能分区

5. 简述比例制动的作用与施加的方式。
6. 根据图 6-30，写出各元件的名称与作用。

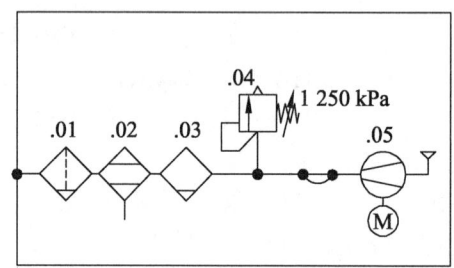

图 6-30　主供风系统

7. 简述制动分级的含义及实施过程。

参考文献

[1] 王月明. 动车组制动技术[M]. 北京：中国铁道出版社，2012.
[2] 胡准庆. 动车组制动系统[M]. 北京：北京交通大学出版社，2012.
[3] 饶忠. 列车制动[M]. 北京：中国铁道出版社，2003.
[4] 中国铁路总公司劳动和卫生部，中国铁路总公司运输局. CRH_{2C} 二阶段 $CRH_{380A（L）}$ 型动车组机械师[M]. 北京：中国铁道出版社，2015.
[5] 中国铁路总公司劳动和卫生部，中国铁路总公司运输局. CRH_{3C} $CRH_{380B（L）}$ CRH380CL 型动车组机械师[M]. 北京：中国铁道出版社，2015.
[6] 中国铁路总公司劳动和卫生部，中国铁路总公司运输局. CRH5 动车组机械师[M]. 北京：中国铁道出版社，2015.
[7] 铁路职工岗位培训教材编审委员会. CRH1 型动车组机械师[M]. 北京：中国铁道出版社，2009.
[8] 铁路职工岗位培训教材编审委员会. CRH2 型动车组机械师[M]. 北京：中国铁道出版社，2009.
[9] 铁路职工岗位培训教材编审委员会. CRH5 型动车组机械师[M]. 北京：中国铁道出版社，2009.
[10] 孙帮成. CRH380BL 动车组[M]. 北京：中国铁道出版社，2014.
[11] 郭北苑. 动车组司机室[M]. 北京：北京交通大学出版社，2012.
[12] 王文静. 动车组转向架[M]. 北京：北京交通大学出版社，2012.
[13] 王伯铭. 动车组运用与检修[M]. 北京：中国铁道出版社，2014.
[14] 王永辉，王勇. CR400AF 型动车组司机[M]. 北京：中国铁道出版社，2019.
[15] 王永辉，苗铮. CR400BF 型动车组司机[M]. 北京：中国铁道出版社，2019.

附 录

本书缩略语、惯用语对照表

我国部分动车组气路图